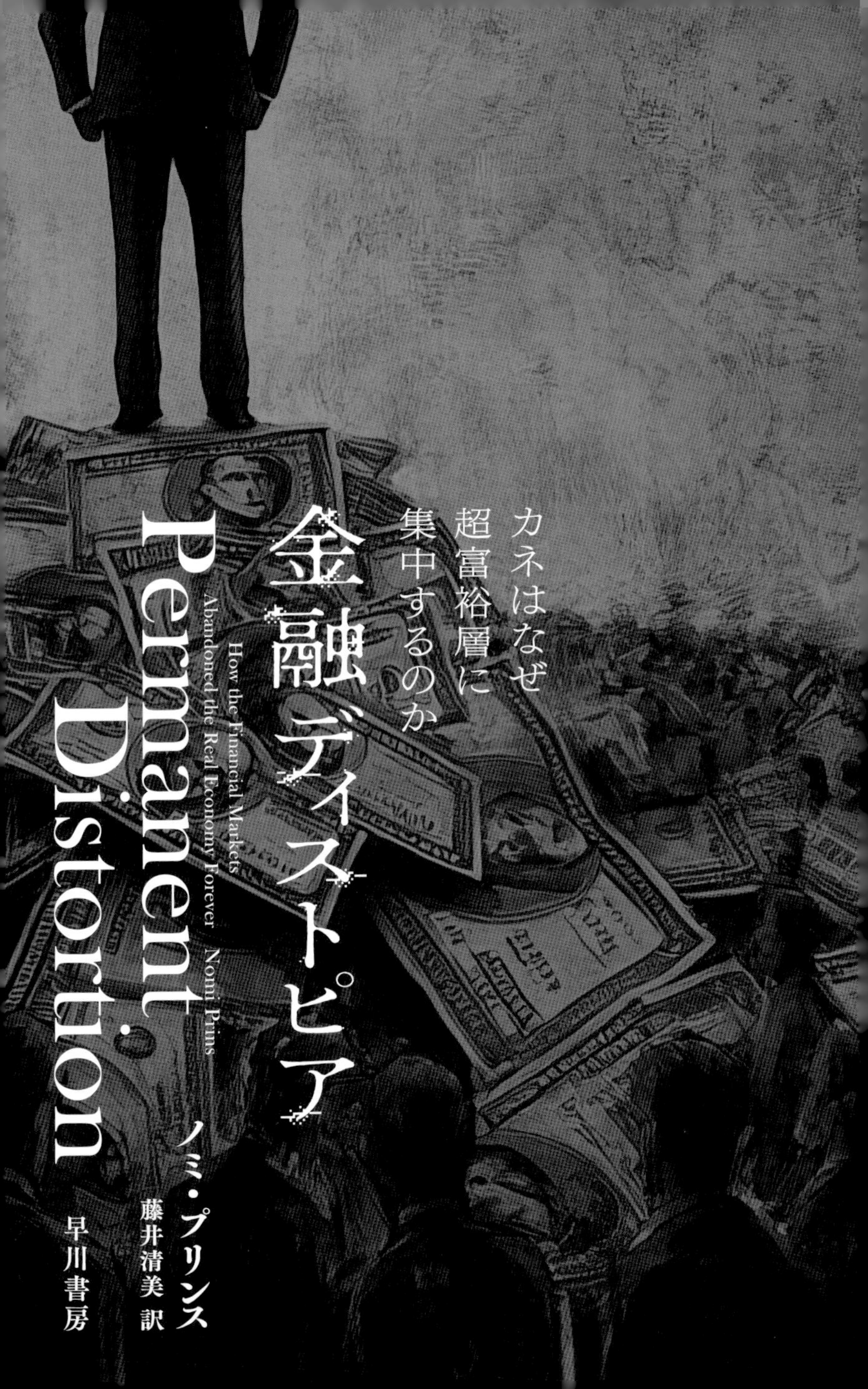

カネはなぜ
超富裕層に
集中するのか

金融ディストピア

How the Financial Markets Abandoned the Real Economy Forever　Nomi Prins

Permanent Distortion

ノミ・プリンス
藤井清美 訳

早川書房

金融ディストピア

——カネはなぜ超富裕層に集中するのか

PERMANENT DISTORTION

How the Financial Markets Abandoned the Real Economy Forever

by

Nomi Prins

Translated by
Kiyomi Fujii
First published 2024 in Japan by
Hayakawa Publishing, Inc.
This book is published in Japan by
arrangement with
The Stuart Agency
through The English Agency (Japan) Ltd.

装幀／西垂水敦・内田裕乃（krran）
装画／Murda by stock.adobe.com

亡き父に

目次

同じ場所にとどまるためには全力で走りつづけなければならない。
別の場所に行きたいのなら、少なくともその二倍の速さで走らなければならない。
——ルイス・キャロル『鏡の国のアリス』の中の赤の女王の言葉

はじめに

本当に見事で、しかもいらだたしいことは、明白で避けられないことをそれが起こるまで見ようとせず、起こったあとで予測不可能な大惨事について不平を言う人類の習性だ。

——アイザック・アシモフ

株式市場はいつも上昇しているように思えるのに、自分の経済状態はなぜよくならないのだろうと思ったことがある人に教えよう。そう思うのはあなただけではないし、あなたの頭がおかしいわけでもない。実体経済の安定を犠牲にして金融市場に燃料を注ぎ込む力が働いているのである。われわれの大多数が住んでいる世界では、人々は物価の上昇に苦しみ、収支を合わせるためにへとへとになるまで働いている。基本的ニーズを満たすのに苦労している人々と、大富豪たちが富を増やしている金融市場のまばゆさとの間には境界線があり、二つの集団は別々の宇宙に住んでいるようなものだ。倹約と巨額の金融取引は間違いなく併存しているのだが、よく見ると両者の間にはほとんど関係がない。お金が明らかな分断要因になっているのである。

実は、お金はウイルスのように、もっとも簡単に自己複製する方法をいつも探している。株式や債券に象徴される利益は、普通の人々に比べ、富裕な投資家階級の手に不釣り合いに多く流れ込んできた。その富の移行によって、世界はいくつもの経済・政治・社会階層に分断されており、不安定さが蔓延《まんえん》し、富は容赦なく上に流れている。こうした金融と実体経済の大きな乖離《かいり》を、わたしは「パーマネント・ディストーション」、すなわち「永続的なゆがみ」と呼んでいる。これは軽々しく選んだ言葉ではない。ここから後戻りすることは不可能なのだ。一方には経済成長と賃金とまともな生活水準の世界があり、他方には市場重視の政策で富が蓄積される世界がある。そして、後者の世界では破壊的なグローバル・パンデミックの間に二〇二〇年だけで五〇〇人近い新たな億万長者が生み出された（一七時間に一人のペースである）。二つの世界の間にはきわめて大きな亀裂があり、その亀裂は永遠に続くのだ。[1]

本書は今日の金融・通貨システムの勝者と敗者の話である。だが、持てる者と持たざる者の間に打ち込まれるくさびは不平等だけではない。不平等はたしかに永続的なゆがみの副産物だが、この話はもっと根が深い。

二一世紀に入ってから大きな金融危機が二度あった。二〇〇八年のグレート・リセッションと二〇二〇年のパンデミックである。だが、主要国の政府、諸機関、中央銀行、政治指導者の対応の仕方はひとつだけだった。彼らの集団的対応は、狂乱状態の経済という荒涼とした風景を育《はぐく》んできた。そしてそれは、深刻な社会不安の蔓延、世界各地での政治的混乱、危険な過激主義、激しい貿易戦争、完全な孤立主義の高まりを生み出している。

現代の経済的ディストピアは、単に一〇〇年に一度のパンデミックへの対応によるものではない。それ以上のものが作用しているのだ。指導者たちは今、怠慢、強欲、無能、縁故主義、もしくは純然たる腐敗から、平穏なときも危機のときもお金がどこにどのように流れるかを決めている。金融市場の歓喜と実体経済の停滞感との乖離は、普通の人々とそのニーズではなく市場とその要求が世界を変容させていることを意味している。

今日の金融システムは実体経済から乖離しているだけでなく、古典的資本主義の現実からも乖離している。中央銀行はマネーディーラーになり、不平等を促進する機関になっている。危機に直面したとき、中央銀行は最後の貸し手という役割を超えて、経済の中の誰が勝者になり、誰が敗者になるかを決定する裁定者になった。そして今ではマネー創出マシンになって、かつてないほど高リスクで大きなバブルを生み出しつつある。中央銀行の政策は、未来の危機と経済システム全体の崩壊のお膳立てをしている。金融機関が大きすぎてつぶせないとすれば、市場全体は今では大きすぎて放置できなくなっている。

この新しい時代は二〇〇八年の金融危機を起源としている。主要中央銀行が大手銀行に与えた低金利（ゼロからマイナスの金利）によって促進された、市場のチープマネーへの依存が始まったのはあのときだった。セントラルバンカーたちは、何兆ドルもの新規マネーを放出して大手銀行から何兆ドル分もの証券を買い取るという自分たちの実験的な政策決定を「緊急」対応と表現した。証券に対する需要を高めるためのウォール街へのカンフル注射として始まったものが、史上最長の上げ相場をもたらすことになった。あの措置が示した現実は、どんな政策決定にも必ず結果がついてくるということだ。

それから一五年近くたって振り返ると、あの政策とそれがもたらした結果は四つの主要部分に分けられる。まず、「緊急対応」と名づけられたものを成立させた金融危機の混乱があった。次に、中央銀行のマネーへの市場の依存が生まれた。続いて、次の大混乱に直面したとき中央銀行に過剰対応させた政策対応があった。最後に、われわれは今変化の段階に来ている。単なる金融政策の変化ではなく、広範囲に及ぶ新しい現実への変化である。

中央銀行の支援は、記録的な量の公債や民間債が発行される発射台として機能し、銀行や市場を活性化させた。こうした状態は説明責任をともなわない富の蓄積のうねりをもたらした。中央銀行は市場を現金で満たすことはできたが、その現金がどのように使われるかをコントロールすることはできなかった。金融錬金術で市場に介入することはできたが、増えた債務が経済成長によって返済されるように成長促進策を強制する権限は持っていなかった。この債務の存在自体が、世界中の政府が予算を縮小し、医療、教育、労働者の能力開発、インフラなどの分野で政府支出を削減する都合のよい口実になった。巨額の債務を抱えた企業は、それを埋め合わせるために雇用の削減、労働時間の延長、それを補償するための給付の削減に走った。株主が中央銀行の介入の恩恵を受ける中で、労働者は取り残され、締め出されていた。

二〇〇八年の金融危機は主要中央銀行の力を押し上げた。そのとき始まったのが、中央銀行流の金融支配だった。金融危機は、今では後戻りできなくなっている際限のないマネー創造と金融緩和という考えの到来を告げた。砂漠の中のオアシスのようなチープマネーがなかったら、銀行部門、金融市場、それに資金調達を銀行や金融市場に頼っている公的制度は、崩壊していただろう。実体経済の中の人々が最低限の支援しか受けられなかった一方で、中央銀行や政府からのお金の大部分が、実体経済に流れ出るのではなく、上方に流れて金融資産につぎ込まれた。

これは推測ではない。データや政策、それに二〇一九年半ばまで続いた事象によって裏づけられている。二〇一九年半ばは、グローバル経済の新たな減速が始まったことがますます明白になっていたときだった。一〇年以上にわたる中央銀行の支援と生ぬるいながらもリスクを軽減するための規制にもかかわらず、水面下で広がっていた銀行の諸問題が表に現れはじめていた。必ずしもすべてが順調というわけではなかったのだ。

パンデミックにみまわれる前から、金融政策のブラックホールへの後戻りには、先進諸国の中央銀行の介入を超えた介入という特徴があった。二〇一九年下半期には、経済規模がより小さい途上国の中央銀行も介入するようになったのだ。この動きと並行して、世界各地で内乱や社会の対立が急増した。

かつてはウォール街のための救済作戦だったものが、グローバルなマネーゲームに変貌していた。マネーを求めるこの熱狂の副産物のせいで、諸国はアメリカとの関係や世界のパワー序列における自国の位置の見直しを行なった。その結果が、貿易戦争、極端な二極化、ナショナリズムの高まりという惨憺《さんたん》たる時代の到来だった。

ほとんどの議員が二〇〇八年の金融危機の前、およびその後の市場の過熱の兆しを無視したが、その理由は単純だった。中央銀行のこうした極端な措置を可能にすることで、政策決定者たちは株価が上がりつづける多幸感をともに味わうことができたのだ。株価の上昇は投資家階級にとって、金融回《レジ》復力《リエンス》の象徴だった。連邦準備制度理事会（ＦＲＢ）が生み出したマネーはウォール街の意気を高め、株式市場を下支えするカンフル剤だった。他国の中央銀行による同様の活動が世界中でその戦略を推し進め、ゆがみをさらに悪化させた。ヨーロッパから南米までの労働者は株価高騰の見返りを直接感じることはなかったかもしれないが、市場がぐらつくたびに、失業、物価上昇、小企業やローカル企業への締め付けに対する底知れぬ不安は間違いなく感じていた。市場の振る舞いと経済の繁栄は互いに何の関係もなかった。そこから生じた経済的緊張は、広範な社会的混乱を誘発した。

中央銀行の政策は、他にも意図せぬ結果をもたらした。こうした金融操作はこれらの国から、物理的・社会的インフラの開発から生じる真の経済成長のための計画を策定する能力を自動的に奪い取った。なぜなら、魔法のように生み出されるマネーの流れのおかげで、政府は現状に甘んじていてもよくなったからだ。選挙で選ばれたわけではないセントラルバンカーが金融政策による刺激を与えれば与えるほど、選挙で選ばれた政治家たちが——危機のときを除いて——財政刺激策を約束し、実行する必要性は小さくなったのだ。

マネーの発生元と投入先との不均衡は、世界をより深刻な惨事に向かわせようとしている。FRBは他の主要中央銀行とともに、ますます変動の激しい金融システムを生み出した。彼らの実験的政策は経済にとっては一時的かつ表面的な慰めとして、市場にとってはカンフル剤として機能した。これらの中央銀行は、絶え間ない支援がなければ市場が確実に崩壊する状態を生み出している。これらの中央銀行が保有資産を完全に売却することは決してないだろう。それはグローバルな住宅の下から基礎を取り除くようなものだからだ。市場に対する中央銀行の気前のよさは、もっとも弱い立場の人々に打撃を与える緊縮措置によって釣り合いをとられ、その一方でシステミックリスクを途方もなく膨らませる金融バブルを助長してきたのである。

本書はマネーの動きを追いかける。それ以上に、ポピュリズム、社会不安、地域代理戦争、それに経済の脆さを推進力とするテクノロジー主導の金融代替手段の台頭が、なぜ加速するのかを明らかにする。劇的な進路変更がなければ、二一世紀の危機はどれもみなその前の危機よりひどくなり、ますます大きな債務や資産バブルや中央銀行の支援につながるだろう。市場と実体経済の乖離は拡大するだろう。これは世界のパワーパラダイムの巨大な変化に拍車をかけるだろう。壊れた金融システムから逃げ出すためにフィンテック（金融サービスと情報技術を組み合わせることで生まれる新しいサービスや事業領域）や分散化や他の代替手段を求める人が、ますます増えるだろう。これは金融・政治・社会経済の大混乱を増幅し、マネーそのものの新しい定義を生み出すだろう。

ようこそ、永続的なゆがみへ……

第一部

混　　乱

第一章　熱狂

われわれはみな楽に手に入るお金をほしがる。しかも大量にだ。われわれがそれをほしがらなければ、一攫千金《いっかくせんきん》を狙う詐欺計画は決して成功しないだろう。

——チャールズ・ポンジ

地球は地軸を中心に回転しているが、世界はマネーを中心に回っている。ポピュリズム、ナショナリズム、孤立主義、腐敗、貿易戦争、武力衝突、健康危機、不平等、経済的苦難、金融市場のバブル——これらのすべてがマネーに関係している。マネーは異なる階級、人種、ジェンダー、国の間にくさびを打ち込むだけではない。それ自体がくさびなのだ。

一九二〇年代に、チャールズ・ポンジの名前は大規模詐欺と同義になった。彼の詐欺は決して偶発的な出来事ではなかった。セールスパーソンや詐欺師や政治家と同じく、ポンジは人間の本性の特異な特徴を利用した。結局、人間はみな快適かつ安全に、自分の運命を自分でコントロールしながら暮らしたいのである。それが意味することは、それぞれの人間の境遇、経歴、金銭的野心、生き残る必要性、強欲さによって異なる。

ポンジは、その基本的な欲求と不安定な環境を自分に有利になるように利用した。一九二〇年には、アメリカは野蛮な世界大戦の影響による不景気と、悲劇的なグローバル・パンデミック、すなわちスペイン風邪に直面していた。人々は疲れ、ストレスを感じ、前進したいと強く願っていた。そのキャンバスの上に、ポンジは判断を停止する魅力的な理由を信頼性と混ぜ合わせた完璧なカクテルを添えた一攫千金の詐欺計画を描いたのだ。

ポンジがそのような極端な反応をあおり立てた時期こそ、彼の当初の成功の重要な要素だった。ポンジの投資スキーム――国際返信切手券を買って、それを買値より高い価格でアメリカ郵便公社に売ることで運用益が得られるとされていた――に熱狂した人々は、今で言うところの「取り残される不安（FOMO）」をかき立てられていたのだろう。

ポンジのスキームに最初に参加したボストンの人々の中には、金持ちもいたし、貧しい人もいた。彼らを結びつけたものは、共通の楽観主義だった。ツイッターもレディットもインターネットもない中で、多種多様な大勢の投資家たちが彼のゲームに参加したがった。それと同時に、彼らは自分たちを金持ちにしてくれるポンジの能力を本物だと信じたがっていた。ポンジは初期の投資家たちに約束どおりの配当をきちんと支払うことで、誰に対しても九〇日で五〇パーセントのリターンを提供できると信じさせることに成功した。銀行はまる一年で四パーセントのリターンしか提示していなかったので、九〇日で五〇パーセントというのは魅力的な見込みだった。加えて、かつて貧しいイタリア系移民だったポンジは、自身が今、巨額の収益を預けている銀行、ハノーバー・トラスト・カンパニーから融資を断られたことがあり、彼はその拒絶をマーケティング戦略として利用した。貧乏人から大金持ちになったというその物語は、巨人ゴリアテを倒したダビデのような魅力を彼に与えた。ダビデ対ゴリアテの物語は、新参者や虐げられている人々に対するアメリカの約束の本質を表すものでもあった。ポンジに与えられたその魅力は、彼と彼がオファーしているスキームに対する人々の信頼を増大させた。その信頼こそ、彼の詐欺が成功するために決定的に重要なものだった。

顧客に最大限の信頼を抱かせるために、あらゆる細部——彼の郵便切手詐欺を実行する会社の名称選びに至るまで——が、信頼を呼び起こすように慎重に考えられた。実際、それが肝心な点だった。彼はのちにこう書いた。

証券取引会社（Securities Exchange Company）はきわめて幸先のよいスタートを切った。たしかに資本はなかった。だが、悪い評判もなかった。[1]

歴史の皮肉で、アメリカ証券取引委員会の頭字語、ＳＥＣは、ポンジが詐欺のためにつくった会社の頭字語とまったく同じだった。この政府機関は一九三四年証券取引法にもとづいて設立された。[2]その目的は、一般の人々を株式公開会社の詐欺的主張から守ることだったが、これは必ずしもいつも大成功を収めたわけではなかった。

ポンジの動機は、ウォール街が得意とするゲームでウォール街に挑戦し、打ち負かしたいという欲求から生まれていた。いったん始めると、彼は進みつづけた。ポンジは自伝でこう説明している。

「止まったら何に直面するかはわかっていた。進みつづけたら、何に出会う可能性があるかわからなかった。わたしは自分の運とそれを生かす能力に限りない自信を持っていた。だから、陶器店で暴れる牛のように猪突猛進した。ウォール街で力説されていたが実践されてはいなかった巨額金融取引の前例や原則をすべて粉砕するために[3]」

ポンジが歴史の中で永続的な地位を占めていることは、彼の詐欺を超越した理由で教訓的だ。マネーに関する広く受け入れられている物語について、それを広めているのが誰だろうと、われわれが疑問を持ったり、深く掘り下げたりしないかぎり、危機が繰り返されることは避けられない。その物語を支持しているのが詐欺師だろうと、金融業者だろうと、薄い氷の上で滑っている金融システムだろうと、粉飾や偽りの約束は大惨事を引き起こすおそれがある。マネーは政治や行動主義のことは気にしない。だが、人々がマネーを今現在どのように創造したり、使ったり、儲けたりしているか――それがおもしろくなる出発点だ。マネーが実体経済より金融市場のほうにはるかに多く流れ込んでいる場合には、マネーは書類の渦の中に永久に消えてしまうことがある。だが、流れているときは、マネーは複雑な問題に対する簡単な解決策という体裁を示すことができる。

メリアム＝ウェブスターの辞典は、「イージーストリート」を「なんの心配もない状態、裕福で気楽な状態」と定義している。金融政策の用語「イージーポリシー」は、マネーのコストを安くすること、すなわち金利を低水準もしくはゼロに、場合によってはマイナス領域にまで引き下げることを意味する。平均するとゼロ金利になる政策がとられた主な期間は、二一世紀に入ってこれまでに二度あった。

一度目は、二〇〇八年の金融危機から二〇一五年末までだった。アメリカの中央銀行に相当する連邦準備制度理事会（ＦＲＢ）は、金利をゼロに引き下げることによって金融緩和政策のグローバルリーダーとして行動した。その後は二〇一九年半ばまで若干利上げしたが、再び利下げに転じた。ＦＲＢは、拡大し、それから若干弱められ、その後再び拡大した継続的な量的緩和（ＱＥ）プログラムによって、ウォール街と金融システムに巨額の補助金を与えたのだ。ＱＥは中央銀行が銀行から証券（通常は債券または株式）を買い取り、それと引き換えに電子マネーを生み出すプロセスだ。この政策は銀行システムに流入するマネーの量を膨らませるのに役立つ。

中央銀行は、世界中の民間銀行にとって主なマネー供給源になる機関である。中央銀行はマネーを創出することができ、民間銀行がマネーを借りるために支払わねばならない金利を設定することができる。設定される金利が低ければ低いほど、マネーは安価になる。チープマネー、すなわち安価なマネーが銀行の経済的問題や銀行システム全体の問題の治療法だという考えが、二〇〇八年の金融危機に対応する際、主要中央銀行によって売り込まれた。民間銀行が個人や小企業にチープマネーを貸し出したら、個人や小企業は実体経済を刺激するような形でそのお金を使うという考えだった。だが実際に起こっていることは、これから見ていくように少し異なる。

二〇〇八年から二〇一二年までの間、主要国の中央銀行はメガバンクに対して、チープマネー、債券の買い取り、好条件の融資という形で、前例のない支援を与えた。中央銀行の措置は、ウォール街の最大級の銀行が背負っていた巨大なリスクやこれらの銀行が自らの経営ミスや強欲さや詐欺的慣行のせいでこうむっていた損失を、事実上、埋め合わせた。わたしは自著 ***It Takes a Pillage***（略奪が必要だ）で、このとき大々的に起こったことを詳しく説明した。FRBの支援、金融緩和策、政府の気前の良さという三点セットがなかったら、ゴールドマン・サックスやモルガン・スタンレーなど、大きなレバレッジをかけていた投資銀行は、破綻していたかもしれない。[4]

それなのに、JPモルガン・チェース、ドイツ銀行、HSBC、サンタンデールなどの大手グローバル銀行には、大規模な救済を受ける条件として、実体経済とその中の小企業への貸し出しの増加が義務づけられたことは一度もなかった。銀行自身の不健全な融資から生じた広範な経済的苦難に打ちのめされた個人の債務について、その再編を手助けするための適切な監視やインセンティブが与えられたことは一度もなかった。

それどころか、ウォール街の巨大銀行とその大企業顧客はマネーを貯め込み、そのかなりの部分を自社株の買い戻しに使って自社の株価を押し上げ、実際より財務健全性が高いように見せかけていた。[5]これには株価を押し上げ、株価に連動する役員ボーナスを押し上げる効果があった。これらの企業は中央銀行の支援で自社の株価を事実上操作していたのであり、そうすることに対して自社の役員にボーナスを支払っていたのである。これが金融危機の結果だった。

　これらの企業は完全な強奪を公然と成功させた。刑務所に送られた者は一人もいなかった。実質的な長期的影響を受けた者も一人もいなかった。その一方で、世界中の人々が緊縮政策の影響を受け、とりわけ学生や弱者や低所得者は大きな打撃をこうむった。食品から交通機関まであらゆるものの価格が急上昇した。インフレが進行し、四〇年ぶりの高水準になった。税金は大手企業の回復を後押しするために使われた。銀行を解体して規制せよという声は無視され、却下された。それどころか、FRBは合併を承認する権限によって、大手銀行をさらに大きくしたのである。

「ピーターから奪ってポールに払う」という慣用句は、遅くとも一五世紀には存在しており、もともとは税の徴収と配分に関連した言葉だった。教会税はロンドンのセント・ポール大聖堂とローマのサン・ピエトロ大聖堂（ピエトロは英語ではピーター）に支払う必要があった。この慣用句は（セント・ポール大聖堂の建設資金をまかなうための）ポールへの税金を十分払えるように、（サン・ピエトロ大聖堂の建設資金をまかなうための）ピーターへの税金の支払いを怠るということだった。一方からお金を取って、他方に与えることを言い表したものだが、この言葉はそれ以上の意味を持つこともある。債務に関して、二つの借金を両方返済するだけのお金がないときに、一方の借金の返済に充てられるはずのお金をもう一方の借金の返済に回すことを意味するのである。

　この考えは、現在の費用をまかなうために未来からお金を引き出す行為に拡大することができる。連邦レベルの債務に関しては、アメリカ財務省は（というより、国の政策に必要な資金を調達するために国債を発行したり借金したりすることに責任を負う、すべての政府機関が）、この債務はやがて返済されるという想定の下で活動している。政府は自身の活動に必要な資金を調達する方法を必ず見つけられると考えられているのである。たとえそれが調達コストをまかなうためにさらに借金することを意味していたとしてもだ。企業も債券を発行して資金を調達する。個人の場合、ローンやクレジットカードという形でお金を借りることは、国や企業の場合よりははるかに高くつく。

ポンジの事例では、このスキームは約束したリターン、すなわち出ていく費用をまかなうのに十分な額のお金が流入することに支えられている。どんな市場の賭けも、根底には同じ原理がある。この場合、「ピーターから奪ってポールに払う」は、新たに入ってくるお金を使って約束どおりのリターンを払うということだ。その手法は明確なプラスの結果を出す必要はないかもしれないが、絶え間ないマネーの流入のおかげでプラスの結果が出ているかのように見える。

アメリカの債務の規模は、金融危機以降、爆発的に拡大した。二〇〇九年の一一兆九〇〇〇億ドルから二〇二〇年一二月には二七兆ドルに増加しており、二〇二一年末には二八兆四〇〇〇億ドルに達していた。[6] ＦＲＢは量的緩和と呼ばれるプロセスを通じてその大部分を買い取ることによって、その債務を事実上支えていた。その行為は国債の価格を押し上げ、したがって国債の利回り（国債の買い手にとっての利益率）を低下させるという影響をもたらした。金利を低く抑えつづけることによって、ＦＲＢは財務省が国債保有者に支払わねばならない利息を制限しているのである。

アメリカ財務省はどの国債についても満期まで利払いを履行するはずだと考えるのは妥当である。アメリカは一九七九年に一度、財務省証券の一部についてデフォルト（利払いを停止）したことがあるだけで、利払いが遅れたことも二〇一三年に一度あっただけだ。[7] 議会は発行できる国債の額（債務上限として知られる数字）について定期的に議論し、それから条件付きで政府の要請を受け入れる。

ＦＲＢがアメリカ国債を買いつづけるかぎり、アメリカはより低い金利でさらに多くの借金をすることができる。つまり、政府はピーター（未来）から奪ってポール（現在）に払うという手法を続けられるのだ。その間、ＦＲＢはますます多様になっている方法を使って利払い費を低く抑えつづけることができる。

この仕組みはアメリカ政府にとって金銭的不都合はまったくない。だが、必ずしもすべての国が永遠に、もしくはそのような低金利で、借金しつづけられるわけではない。危機の間はとくにそうだ。たとえばアルゼンチンでは、二〇〇八年一〇月二一日に、クリスティーナ・フェルナンデス・デ・キルチネル大統領が、政府は三〇〇億ドル相当の民間年金基金を、政府の暗黙の支援がある国債に変換すると発表した。これはラテンアメリカ諸国ではよくあることだ。この措置は、グローバル金融危機が猛威をふるう中で株価や債券価格の急落から年金生活者を保護するためとされた[8]。だが、野党からは国庫を膨らませるための措置だと批判された。アルゼンチンは当時、国内経済を苦しめていた一次産品価格の下落に対処しながら、二二四億ドル近い債務の返済をどうすれば履行できるかという難題に取り組んでいたのである。

巨額の借金をすることには、もうひとつ隠れたコストがある。実体経済と比較した債務の規模が大きければ大きいほど、政府は現在に支払うために未来から多額のお金を盗んでいることになる。この債務は、それが実体経済の成長をどれくらい促進するか、もしくは実体経済の成長のためにどれくらい使われるかによって、プラスの結果をもたらすことができる。だが、債務が経済成長より速いペースで増大した場合は、トータルではマイナスになる。ＧＤＰ、すなわち国内総生産（国内で生産された財・サービスの付加価値の合計額で、消費者が支出する金額を含む）は、国民の日々の経済生活の不完全なバロメーターではあるが、特定の期間における経済の規模の比較測定値としては役立つことがある。

債務の対GDP比（パーセントで表される）は、長年の間に上がったり下がったりしてきた。一九二九年、すなわち株式市場の大暴落が起こった年には、アメリカの債務の対GDP比は一六パーセントだった。[9] それは国の借金一六セントごとに、一ドル分の経済成長を支えていたということだった。ところが、一九二九年一〇月二九日のブラック・チューズデーに、地獄のような大混乱が生じた。主要銘柄の指数であるダウ・ジョーンズ工業株価平均は、それまでの二日間で二五パーセント下落していた。その前は、この指数は期待とごまかしによって支えられていた。信頼が急低下する中で、そのゲームが突然終わったのだ。恐怖と不安が金融部門と実体経済に広がり、ダウ平均は六週間で半分近く下落した。

一九三二年の夏には、ダウ平均はピーク時から八九パーセント下落していた。株式市場の大暴落から一九三三年三月までの間に、大恐慌がアメリカを、また世界を苦しめる中で、アメリカ各地の何千もの銀行が永久に営業を停止した。新大統領フランクリン・デラノ・ローズヴェルトは、一九三三年三月四日の就任演説で「すべての銀行業務、信用取引、投資を厳しく監督」することを求めた。[10] 三月六日には、銀行の活動と金および銀の引き出しや移送を停止する一週間の「バンク・ホリデー」を命じる布告を出した。不安に駆り立てられてドル紙幣を金や銀と交換しようとする狂乱的な動きが起こっていたのである。数日後、財務長官ウィリアム・ウッディンと銀行は、通貨システムを変更することで合意した。銀行は紙幣に対する準備金を金で保有する必要がなくなり（他の資産で十分ということになった）、FRBはどれだけの金準備があるかを心配せずにマネーサプライを自由に増やせるようになった。ウッディンはこう述べた。「連邦準備法によって、われわれは必要なだけ紙幣を刷ることができる。しかも、それによって国民を不安にさせることはない。それは偽物のお金には見えないはずだ。本物のお金に見えるお金になる」[11]。ローズヴェルト大統領は次に税金を引き上げ、経済を急速に活性化させるために連邦政府の債務を増大させて、債務の対GDP比を四〇パーセントに押し上げた。その比率は第二次世界大戦終結後の一九四六年には一一八パーセントに跳ね上がった。ハリー・トルーマン大統領が債務を増大させたのは、戦後の景気後退を防ぐとともに、食料、機械、その他のインフラ・プログラムに資金を提供したマーシャル・プランなど、世界の復興支援計画に資金を投入するためだった。

それから六〇年の間、アメリカの債務の対GDP比は三〇パーセント台前半から七〇パーセント台前半の間で推移した[12]。しかし、二〇〇九年には金融危機の影響が増大する中で八二パーセントに上昇し、二〇一九年には一〇八パーセントに達していた。二〇二〇年には、コロナ対策給付金に経済活動の停止とFRBの債券買い取りプログラムの拡大があいまって、この比率は一三六パーセントに上昇した。

通常、債務の対GDP比が高いことは、巨額の財政赤字（すなわち政府の支出が歳入を上回っている状態）を意味する。債務については、規模は必ずしも問題ではない。重要なのは、債務が実体経済のためにどのように使われるかだ。問うべきことは、FRBが金融システムに注入する債務、すなわちチープマネーが、その規模と釣り合う形で実体経済を直接助けないとしたら、そのマネーは何をしているのか、である。明白な答えは、ウォール街やグローバル銀行や金融市場に流れ込んでいるということだ。

『ニューヨーク・タイムズ』紙は、アメリカの金融業者で元ニューヨーク証券取引所会長のバーニー・マドフがクライアントに対して行なった六五〇〇万ドルの信用詐欺を、「史上最大かつ最長のもっとも広範囲に及んだポンジ・スキーム」と呼んだ。彼が約束していた高いリターンは、すでにそのスキームに参加している投資家に支払うお金は新規の投資家からいつでも集められるという予想にもとづいていた。彼の詐欺が最終的につぶれたのは、二〇〇八年の金融危機の衝撃のせいだった。人々が突然、市場から資金を引き揚げたり、市場に参加するのを怖がったりするようになる中で、マドフはポールたちに支払うのに十分な数のピーターを見つけられなくなったのだ。彼は尋問され、起訴された。投資家たちから約一七五億ドルだまし取ったことに対して、マドフは禁錮一五〇年の刑を言い渡された。[13]

ポンジ・スキームが結局は失敗する理由は、約束したリターンを支払うのに十分な新規のお金が入ってこなくなることにある。中央銀行がメガバンクの便宜をはかったり、ウォール街の金融企業に補助金を与えたり、グローバル市場を活性化したりするために金融政策を緩めたとき、自由で開かれた市場と自由な投資活動という概念自体が死んだのだ。金利を引き上げるとか、債券買い取りを停止するといった脅しは、パニックや不安定や混乱を引き起こすおそれがあった。だから、そのような脅しが行なわれたことは一度もなかった。FRBのQEは、誰一人ポンジ・スキームとは呼びたがらなかった。だが、それはポンジ・スキームだったのだ。

二〇〇八年の金融危機とその後の展開に対する中央銀行の極端な対応には出口戦略がなかった。カンフル剤が必要なときはいつでも市場にマネーを注入することが、緊急措置ではなく標準になった。

二〇〇八年の金融危機の直後には、QEの目的は金融システム内のマネーサプライを増やし、中・長期金利を下げることだった。この政策は、その人為的な刺激によって、買い取り対象の証券や似通った証券の価値を上昇させた。二〇〇八年以前に、さまざまなバージョンのQEが実施されたが（FRBは大恐慌のときQEを実験的に実施したし、日本銀行は一九九〇年代末から二〇〇〇年代初めにかけてQEを熱狂的に推進した）、過去のバージョンは比較的控え目だった。大きな嘘は、このお金は何らかの形で実体経済にトリクルダウンする（したたり落ちる）ということだった。
株価の暴落を落ち着かせるためであれ、サブプライム住宅市場のバブルの破裂に対処するためであれ、パンデミックの影響を緩和するためであれ、二〇〇八年の金融危機とその後の危機に対してＦＲＢがとってきた対応は、この機関が資本主義のもっとも富裕な参加者たちと民間銀行のために資本主義を円滑に動かす方法を必ず見つけようとするということを裏づけてきた。結果がすべてを物語っている。貧困問題に取り組んでいる慈善団体オックスファム・インターナショナルの二〇二二年の報告書は、次のように述べている。

パンデミックの最初の二年間に、人類の九九パーセントの所得が低下し、一億六〇〇〇万人が新たに貧困に追いやられたのに対し、世界のもっとも富裕な一〇人は、保有資産を七〇〇〇億ドルから一兆五〇〇〇億ドルへと、倍以上に増加させた。一秒当たり一万五〇〇〇ドル、一日当たり一三億ドルのペースである。

これは次のような、さらに冷徹な数字につながる。

「これら一〇人が明日、自分の資産の九九・九九九パーセントを失うことになったとしても、彼らはまだ地球上の全人類の九九パーセントより裕福なのだ」と、オックスファム・インターナショナルのガブリエラ・ブッチャー事務局長は述べた。「彼らは今では、もっとも貧しい三一億人の六倍の資産を持っている」[14]

オックスファムはこの資産格差について、その責任の多くは政府の政策と税制にあるとした。だが、それは話の一部にすぎない。中央銀行は人為的にマネーサプライを生み出し、そのお金の不釣り合いに大きな割合を金融システムの最上層に注ぎ込むことで格差を拡大したのである。このお金は世界中の経済の基盤に対してではなく市場に流れ込んだ。主要国の中央銀行や政府や金融市場にとって、ポールに払うためにに奪う相手、ピーターは、たとえそれが無から作り出されたものだとしても、つねに存在している。普通の人々にとってはそうではない。

株式市場には、より多様な源《みなもと》からマネーが流れ込む。そのマネーが求めるのはひとつのこと、すなわちどんな国債や社債の利回りよりも大きく、タンス預金よりはるかに大きいリターンである。株式市場に（株式を買うお金であれ、売ったお金であれ）マネーが存在するという、その事実の力だけで、市場を動かすには十分だ。一部の大手プレーヤーは他のプレーヤーより大きな影響力を持っており、それは一般のリテール投資家に比べるとはるかに大きい。

金融市場における投資とギャンブルの間には微妙な違いがある。それはたいていの場合、投じられた資金がどれくらい長くそこにとどまっているかという違いだ。実体経済では、資金は影響をもたらすためには株式市場の場合より長くとどまる必要がある。長く残るインフラ・プロジェクトが公的資金と民間資金の両方に頼るのはそのためだ。フーバー・ダムやローマ水道、ブラジルのイタイプ水力発電所などは、真の永続的資産である。投資した資本を永続的なリターンに変えるためには、時間と計画と複雑な実行が必要だ。また、その過程で雇用を提供することもできる。残念ながら、バンカーや大手金融機関は、こうした有形の結果より市場での賭けによって得られる手っ取り早い利益を重視する。

マネーを安く借りられるとしたら、その場合、投資・投機マネーはより簡単に、より速く増殖する方法を見つけようとする。企業は往々にしてその追加資金を使って自社株を買い戻すことができ、実際に買い戻す。その行為が寄り集まって、たとえ基礎経済が無視されていても、株式市場を押し上げる。

投機のトランスファーマシンとして機能することで、株式市場は生産的投資とはほとんど関係がない存在になる。デイトレードはもちろん、短期投資でさえ、企業の研究開発資金の調達にはほとんど関係がない。市場を押し上げたり、特定の企業を当該企業の財務諸表の状態から判断されるより高く評価させたりする投機家の力は、（キャッシュフローや債務負担などの情報によって示される）企業の基本的価値と当該企業の株価との乖離を生じさせてきた。株価が一気に高くなる企業もあれば、より戦略的に行動して金融当局と長期にわたる関係を築く企業もある。たとえば巨大資産運用会社ブラックロックは、金融危機の間に、債券買い取り作戦についてFRBに助言と支援を提供する中心的な金融企業として浮上した。[15] 同社の株価は二〇〇八年五月から二〇一二年六月の間に二四パーセント下落したが、同社は未来のために種をまいていた。影響力と資金力と政治的力の点で、永続的なゆがみの時代のゴールドマン・サックスになる道を確固として歩んでいたのである。

FRBが二〇〇九年に大量のアメリカ国債や住宅ローン担保証券を買い取りはじめてから、株式市場の年間成長率は実体経済の成長率をはるかに上回ってきた。二〇〇九年三月の二一世紀の最低水準から新型コロナ・パンデミックが始まった二〇二〇年三月までの株式市場の成長率は、年平均一二パーセントだった。その期間のアメリカのGDP成長率は年平均約二パーセントだった。それを年ごとに見ると、アメリカのGDPは二〇〇八年に〇・一四パーセント減少し、二〇〇九年にさらに二・五四パーセント減少した（図1参照）。[16]

アメリカの株式市場の規模は二〇二〇年一二月三一日の時点で四〇兆七〇〇〇億ドルに達しており、

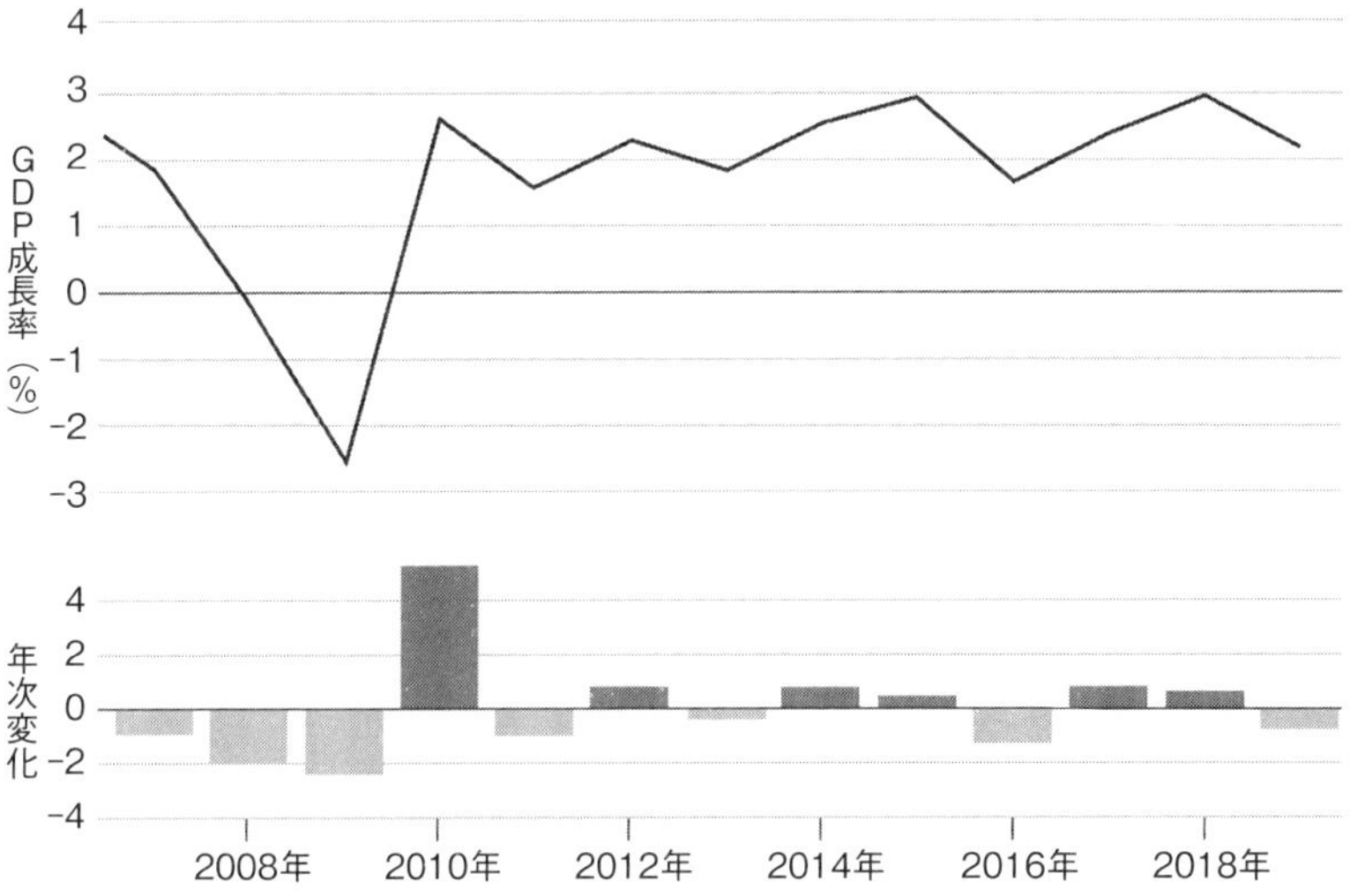

図1　GDP成長率とその年次変化

GDP二一兆ドルというアメリカ経済の規模の二倍だった。[17] 二〇二〇年の世界の株式時価総額は九五兆ドルで、二〇〇九年の三倍以上になっていた。それに対し、二〇二〇年の世界全体（一九三の国・地域対象）のGDPは、八四兆五〇〇〇億ドルと、二〇〇九年の六〇兆五〇〇〇億ドルから四〇パーセントしか伸びていなかった。[18]

アメリカのGDPは二〇一〇年に対前年比で二・五四六パーセント増加した。その後、二〇一一年から二〇一九年までは、年間一・五五から二パーセントというパッとしない伸びにとどまった。世界中で似通った展開が見られた。たとえばイギリスでは、その期間のGDP成長率は平均二パーセント弱という低調な数字だった。欧州連合（EU）や日本についても同じことが言えた。[19] 拡大する株式市場と低い経済成長というパターンは、過去にも例はあったが、金融危機後に見られたほどの大きな開きは初めてだった。革新的な決済サービス会社ペイパルを設立し、成功させていたイーロン・マスクという起業家が、満を持して二〇一

○年六月に自分の電気自動車会社テスラを公開価格一七ドルで上場した。二〇一一年一一月にテスラに一〇〇〇ドル投資していたら、二〇二一年一一月にはそれが二〇万ドル前後になり、トータルリターンは二万パーセントになっていただろう。それに対し、S&P500全体のリターンは三五七パーセントだった。[20]

歴史は一連の出来事と選択の上に成り立っている。決定がなされ、賽《さい》が振られる。一〇年とか一〇〇年といった大きな流れの中では、重要性がないように見える瞬間があるかもしれないし、きわめて重要で絶対に後戻りできない瞬間もある。

戦争は破滅的な行為を契機として開始される。第一次世界大戦は、一九一四年のフランツ・フェルディナント大公の暗殺がなかったら、あのようには展開していなかったかもしれない。一九二九年の株式市場の大暴落が世界恐慌を生み出していなかったら、第二次世界大戦は起こっていなかったかもしれない。世界恐慌がドイツにおいてナチス党、ナショナリズム、それに大量虐殺を行なったナチス総統アドルフ・ヒトラーの台頭を促進したのである。

巨額の金融取引の物語には、投機や危機の重要な瞬間がたくさんある。金融恐慌を引き起こした一九〇七年の銅山株買い占めがなかったら、FRBは誕生していなかったかもしれない。あの危機がJ・P・モルガンに、セオドア・ローズヴェルト大統領の承認の下、財務省の資金を使ってアメリカを救う瞬間を与え、その結果、彼は一九一〇年にジョージア州ジキル島で開かれた銀行家・政治家グループの会議の主催者になった。彼自身は出席しなかったものの、この会議で一九一三年に連邦準備制度になったものの最初の青写真が描かれたのだ。

われわれが使う用語や言い回しでさえ、歴史の選択プロセスを明らかにする。「ポンジ・スキーム」という言葉は、ポンジが約束した持続不可能なリターンの根拠を人々がうのみにするのも無理からぬ環境が一九二〇年代に生まれていなかったら、詐欺を表すこのような一般的な言葉にはなっていなかったかもしれない。数カ月でゼロから一五〇〇万ドルの帝国に成長したものは、多くのバブルが最終的にはそうなるように、ほぼ同じ期間で崩壊してポンジを禁錮刑に追いやった。

ＦＲＢは二〇〇八年に、二一世紀のマネーと力の進路を変えた金融のモンスターを生み出した。それは、必要なことは何でもやって（二一世紀の中央銀行の発言の中で繰り返し使われた表現）、無謀な銀行システムの崩壊の衝撃を和らげることが、実体経済、すなわちメインストリートを守ることにつながるという考えによるものだった。

自分たちが生み出したローンや毒入り資産の状態が悪化するのを見ていたウォール街の人々にとって、グローバル金融危機は二〇〇六年初めから徐々に醸成されていた。そのころから、サブプライムローンの担保の差し押さえが急増しはじめたのだ。やがてサブプライムローンを使った金融工学から生まれた危機の深刻さが明らかになる。過剰な借り入れを行なってサブプライム債権や複雑なデリバティブを組み入れた毒入り債券を購入していた、ベアー・スターンズ傘下の二つのヘッジファンドが破綻したのである。この破綻は、二〇〇八年五月三一日のＪＰモルガン・チェースによるベアー・スターンズ買収につながった。これはＦＲＢの承認と金銭的支援を得たうえでの買収であり、ＪＰモルガン・チェースは安値で買収し、ＦＲＢがリスクの大部分を負うことになった[21]。ＦＲＢの行為が完全雇用の維持と物価の安定というこの機関の二つの使命を果たすことになるのかどうかはもちろん、二つの使命に関係があるのかどうかさえ、当時は誰も問いただそうとはしなかった。

社会の上層で懸念されていたのは、銀行がきちんと機能しておらず、株式・債券市場が急落しており、多くの投資銀行家が自分のボーナスが消えるのを目の当たりにしていることだった。経済階層の下のほうでは、家賃を払えない、仕事を失う、住宅ローンが返済できず自宅から追い出される、将来が不安定になるなど、より本能的な不安があった。

その後起こったパニックにはいくつもの相があったが、ひとつの重要な瞬間があらゆることとの調子を変えた。それはウォール街のもっとも古く由緒ある投資銀行のひとつ、リーマン・ブラザーズが二〇〇八年九月一五日に破産したあとのことだった。[22] その出来事は、計画された行動によるものには見えず、むしろ気持ちを伝えようとする身振りだった。ゴールドマン・サックスのCEO兼会長から財務長官に転じていたハンク・ポールソンが、ナンシー・ペロシ下院議長にひざまずいて哀願したのである。

報じられたところによると、ポールソンはペロシに彼女の少なからぬ政治的影響力によって支持をかき集められることは何でもしてほしいと懇願した。元ウォール街の大物は、市民に対するわずかな支援とメガバンクに対する十分な支援を含む財務省の七〇〇〇億ドルの救済パッケージを下院で承認してもらう必要があったのだ。世界中のATMが顧客に新しいお札を吐き出すのを事実上停止するかもしれないという不安が広がっていた。一九二九年の株式市場の暴落とそれに続く大恐慌の間に起こった銀行閉鎖の二一世紀版が起こるかもしれないと懸念されていたのである。[23]

緊急経済安定化法が可決されれば、危機をなんとか乗り切れると——すなわち、少なくともウォール街を救えると——ポールソンは言った。[24] 市場は急落しており、これはさらに悪いことが起こる兆候だった。それは銀行が引き起こした大惨事のために、ポールソンが財政的解決策（すなわち議会によって承認され、最終的には納税者によって支払われる資金）を要請した日のことだった。そして、ついに始まったのだ……。

二〇〇八年一二月一六日、ＦＲＢは金利をゼロに引き下げ、大手銀行が何の条件も課されずに安価な資金を利用できるようにした。だが、コストがゼロの資金は十分ではなかった。信用凍結の不安が市場を苦しめ、景気後退が世界を飲み込んだ。これは主として大手中央銀行による利下げにつながった。

世界中の政治指導者が、ウォール街の根底にある傲慢さと強欲が市場を、ひいては実体経済を崩壊させることを強く懸念していた。混乱の広がりによって、権力中枢に入っていない国々は米ドル中心の国際通貨システム全体に疑問を持つようになった。比較的小規模な新興国、中国やロシアのような大規模新興国、それに国連や経済協力開発機構（ＯＥＣＤ）が、口をそろえてアメリカの銀行業務に対する監視不足を非難した。[25]

途上国はさらに大きな不平等や内乱に直面した。外資の直接投資も長期的な経済プロジェクトより市場を好んでいたからだ。[26] それから数年の間に発生したことは、香港からブラジルまでの、またスペインからイギリスまでの社会的騒乱だった。金融市場が回復する一方で、人々は政府によって経済的権利を侵害されていると感じていたからだ。

イージーマネーはラテンアメリカ諸国からアジア諸国、それにＥＵ全域の国々の政治的決定や経済に重大な影響を与えた。中央銀行の緊急措置は実体経済を救うはずだという前提にもかかわらず、世界の主要中央銀行から銀行や市場に与えられた前例のない金融支援は、不平等を拡大し、債務を増大させ、孤立主義を招き、富と力を持つ人々を押し上げた。結局、その支援は国際経済の不安定化を促進したのである。

ブレトンウッズから金融危機へ

第二次世界大戦は、市場と経済と地政学を支配するようになるアメリカ主導の通貨システムと金融構造を生み出した。一九四四年に、四四カ国のエリート金融リーダーたちがニューハンプシャー州ブレトンウッズで会議を開いた。彼らの目的は、アメリカおよびヨーロッパの通貨と利益を中心とする通貨システムを築くことだった。表面上は、第二次世界大戦後の国際収支危機を防ぐためとして、国際通貨基金（ＩＭＦ）が設立された。その設立目的としては、加盟国間の通貨協力を確立すること、為替の安定を促進すること、ＩＭＦの要件を満たす加盟国に融資を提供することによって当該加盟国が国際収支を一時的に均衡させる手助けをすることなどが掲げられていた。[27]

しかし実際には、ＩＭＦも、同時に設立された国際復興開発銀行（世界銀行）も、米欧同盟のグローバルな経済的影響力を強化した。[28] これらの多国間金融機関は、きわめて重要とみなされる開発プロジェクトに奨励金や融資や助成金を提供することによって、これを行なった。こうした資金は新興市場諸国にとってひも付きで与えられるものだった。これは通常、途上国は水からエネルギーや輸送まで、自国経済の一部を売却し、しかも厳しい緊縮措置を実施するよう圧力をかけられるということだった。史上もっとも悪名高い例のひとつは、アルゼンチンのＩＭＦへの依存である。二〇〇〇年三月、アルゼンチンは二〇〇三年までに公的部門の赤字を解消するためにＩＭＦから七四億ドル借り入れた。二〇〇〇年九月には、アルゼンチンがその目標を達成できないことが明らかになった。ＩＭＦは債務を免除したり、融資条件を見直したりするのではなく、別の融資を与えた[29]（別件として、新たに数十億ドルのＩＭＦ融資が二〇一八～二〇一九年に実施された）。アルゼンチンが債務を返済することは、水道などの重要な公共財を民営化していた間でさえ不可能だった。同様の理由で、ボリビアでは一九九九～二〇〇〇年に「水戦争」と呼ばれる一連の抗議運動が起こった。

したがって、ＩＭＦと世界銀行は実世界のポンジ・スキーム、すなわち通貨・融資政策の衣をまとっていたが、事実上、国際的規模でピーターから奪ってポールに支払うスキームの要素を明白に示したと言える。その結果、自国の通貨制度を米ドルときわめて強く連動させているラテンアメリカ、アフリカ、東欧、東南アジアの多くの途上国政府は、相対的に金と力を失うか、でなければ通貨の変動《ボラティ》性《リティ》の高さに苦しんだ。これらの国の貧困層はさらに貧しくなった。

　その過程で、途上国はこの新しいグローバル通貨システムの中であまり目立たなくなり、無力になった。ブレトンウッズ体制という枠組みの直接的な結果として、ラテンアメリカやカリブなどの地域は、国内の経済的ニーズを犠牲にしてでも新自由主義の計画を採用するよう求められた。

　この力に対しては、ある程度の抵抗はたしかにあった。たとえば、先進諸国から押しつけられる措置の影響を緩和するために、一九四八年に国連ラテンアメリカ・カリブ経済委員会が設立された。世界の他の地域では、一九六七年に東南アジア諸国連合（ＡＳＥＡＮ）が、同様の条件下で、東南アジアの経済成長を加速することを目標に設立された[30]。

　しかし、これらのグループにもかかわらず、多くの国がＩＭＦや世界銀行からの金銭的支援を検討してもらうためには自国の財政政策を捻じ曲げなければならなかった。途上国は国民にとって最善のことと緊縮政策や市場開放やインフレを求める外圧との間で、厳しい選択をせざるをえなかった。このパターンはアルゼンチンからベネズエラまで、ギリシャからトルコまで、ナイジェリアから南アフリカまで、グローバルに行き渡っていた。

　ブレトンウッズ体制というパラダイムゆえに、この新しい世界秩序で重要な役割を果たす中央銀行はＦＲＢに従うよう運命づけられていた。これは米ドルの準備通貨という地位によるものだった。金本位制は、ドル以外の通貨の価値をドルに固定するものとして確立された。この仕組みは、金と交換できるドルを多く入手できる先進諸国にとってはうまく機能した。だが、ラテンアメリカ諸国や東南アジア諸国では、ある程度、ハイパーインフレ傾向を生じさせた。これらの国の政府は、為替レートや金利やインフレ率の急激な変動に対処しなければならなかった。問題は、外部通貨やマネーフローとの関連で生じるそうした変動はコントロールできないことだった。

しかし、一九七一年八月一五日、ウォール街とＦＲＢからの圧力を受けて、リチャード・ニクソン大統領はジョン・コナリー財務長官に米ドルの金との交換を停止するよう指示した。金の価値は一九三四年にフランクリン・デラノ・ローズヴェルト大統領によって一オンス三五ドルに固定されていた。[31]

ドルと金がこのように固定されていたことは、ブレトンウッズで定められた国際通貨体制の核心だった。それがなくなったら、外国の政府は自国が保有する米ドルをもう金と交換できなくなる。通貨システムがハードアセットやハードコモディティに裏づけられた通貨から、完全な「不換」通貨、すなわち統治システムに対する信認だけに支えられた通貨に移行した瞬間だった。これによって、中央銀行が電子資金を意のままに「創出」する道が開かれた。これは中央銀行がマネー創出に対してより大きな支配権を持つようになり、政府が国債発行に関して中央銀行とより協力しやすくなった始まりだった。

アメリカの一般国民に対しては、金本位制の停止は、米ドルが外貨投機家による取り付けにあっても持ちこたえられるようにするための措置と説明された。この措置はＦＲＢに、より幅広い影響力と、将来、金に関連する配慮に邪魔されずに通貨関連のオペレーションを行なう自由を与えた。また、金やドルをたくさん持っている諸国と持っていない諸国との力の不均衡を増大させた。

この国際的不平等という難問は、二一世紀に再び表に現れた。金融危機の結果、先進諸国の中央銀行の指導者たちは、インフレによる制約を受ける新興諸国の中央銀行より多くのマネーを創り出すことができた。ラテンアメリカ諸国や東アジア諸国の政府は、「ソフィーの選択」をせざるをえなかった。より魅力的な金利と為替レートと失業率の中でハイパーインフレに耐えるか、それとも国内の厳しい信用状況と失業率の上昇というリスクを冒して利上げすることでインフレを抑制しようとするかという厳しい選択だ。東アジア諸国はある意味で「比較的幸運」だった。単に民営化して外国の投資と支配を受けるのではなく、マネーを生産や産業に投入し、予算を均衡させるために公有資産や民間資産を売却することができたからだ。

この国際的不平等は実体経済と金融市場の巨大な乖離をどのようにして促進したのか？　先進国と途上国の分断をどのようにしてさらに深めたのか？　生産経済とその参加者たち——労働者、消費者、メインストリートの小売業者、家庭——に目を向けずに、無限のマネーを創り出すシステムを制度化することによってそうしたのである。

中央銀行は実体経済に支援を注入することはできなかったし、そうするつもりもなかった。しかし、そのことは議会の承認が不要な資金をウォール街に提供する妨げにはならなかった。市場と実体経済は緊密に結びついていると、中央銀行は主張した。だが、金融危機以降に得られた証拠は、そうではないことを示している。中央銀行はもはや、その使命に従ってマネーと信用を釣り合わせる仕事を行なっているだけではなかった。[32] 市場自体を動かす力になっていたのである。

金融システムが世界に負わせた不平等は、不快な結果をもたらした。その破壊的な力はアメリカとヨーロッパの銀行ハブの間でブーメランのように行ったり来たりした。それは二〇〇九年にギリシャ危機を引き起こし、ヨーロッパ各地の危機や他の地域の危機がそれに続いた。これらの危機には一連の厳しい条件つきの救済措置がとられ、そうした措置は弱小経済国に負荷をかける一方で、経済強国に利益をもたらし、危機を引き起こした当の銀行家たちにも利益をもたらした。

ギリシャの元財務大臣ヤニス・バルファキスは、『わたしたちを救う経済学——破綻したからこそ見える世界の真実』でこう述べている。「ギリシャの救済、その後のアイルランド、ポルトガル、スペインの救済は、何よりもフランスとドイツの銀行のための救済策だった」[33]。このプロセスは赤ちゃんからキャンディを取り上げていじめっ子に与え、そのことで泣いているとして赤ちゃんを非難するようなものだった。

マネーはヨーロッパ中を流れたが、その行先の決定には、トロイカ、すなわち欧州委員会と欧州中央銀行（ＥＣＢ）と国際通貨基金（ＩＭＦ）の三者が大きな影響力を持っていた。表面化したのは、ヨーロッパは大方の人が思っていたよりはるかに分断されているということだった。いわゆるＰＩＩＧＳ諸国（ポルトガル、アイルランド、イタリア、ギリシャ、スペイン）は、ドイツやフランスなど、ヨーロッパの経済大国に比べると、与えられる支援もルールを迂回する余地も小さかった。

このパターンは一九九三年にマーストリヒト条約に従ってＥＵが設立されたときから存在していたが、金融危機とＥＣＢの危機後の差別的対応が問題を悪化させた。それはヨーロッパのさまざまな国の市民の間に見られた緊張の高まりを促進した。反感は単一通貨圏の外にも広がり、ＥＵ全域、とりわけイギリスの長年の不信感をあおった。オーストリア、ハンガリー、オランダなど、ＥＵのさまざまな国でナショナリズムが高まった。左右双方の一般市民からの抗議は、彼らを打ちのめした中央銀行や金融システムに焦点を当てたものではなかったものの、沸点に達した。

ＦＲＢの破滅的な誤りは、ウォール街の巨大銀行が「つぶせないほど大きくなる」ことを可能にしつつあった。これはまさにＦＲＢが防ぐ責任を負っていた状況だった。この状況はいくつかの点でタイタニック号の沈没に似ていた。あの典型的な失敗は、自分たちが投資した巨大客船から速くリターンを回収したがった投資家たちの自己中心的な考えの結果だった。それなのに、展開された悲劇は下層階級の人々にもっとも大きな打撃を与えた。彼らは文字どおり「デッキの下の世界」で死んだのだ。

タイタニック号が一九一二年四月一〇日午前一二時二〇分――氷山に衝突してからわずか三時間後――

―に沈没したとき、救命ボートは定員いっぱいにはなっていなかった。その結果、一等客室の乗客の約六〇パーセントと二等客室の乗客の四二パーセントが助かった。それに対し、三等客室の乗客と乗員の七五パーセントが死亡した。そうした死にさらに階級による侮辱を加えるように、タイタニックはイギリスの船舶として登録されていたが、アメリカの大富豪ジョン・ピアポント・モルガンによって所有されていた。モルガンが率いていたJPモルガン銀行は今日もなおJPモルガン・チェースとして繁栄している。モルガンはまったくの偶然で、この航海への参加を逃していた。パリで病気にかかっていたのである。

銀行は長年の間に、自分たちの活動を制限している障壁や制限を削減するために、数えきれないほどの取り組みを行なった。議会の指導者たちや連邦政府の監視機関に日常的に圧力をかけ、規制が競争を妨げていると主張した。だが、一九二九年の株式市場の大暴落をきっかけに一九三三年に生まれたひとつの重要なルールは、何十年もの間なんとか生き残っていた。超党派で可決された有名な一九三三年銀行法（グラス＝スティーガル法としても知られている）だ。この法律は、ウォール街の銀行が顧客の預金を大規模な投機や資産創出のための担保として使うことを制限していた[34]。しかし、銀行から何十年も批判されたのち、この法律はクリントン政権時代の一九九九年一一月一二日、上院で九〇対九という大差で廃止された。

その廃止こそ、サブプライム住宅ローン問題が本格的な金融危機に発展した理由の大きな一部だった。グラス＝スティーガル法の一環として設立された連邦預金保険公社（ＦＤＩＣ）によって預金を保護されていた銀行が、今では公然と住宅ローンを組成したり、住宅ローン債権を買ってそれを資産担保証券に組み入れたり、それに余計なものを加えたりして、その結果生まれた投資商品を売買できるようになった。この金融工学の妙技は、単に住宅購入者に資金を貸し出すビジネスよりはるかに儲かった。おまけに、顧客の預金がＦＤＩＣの保険で保護されていたことで、メガバンクは大手ヘッジファンドにより多額の資金を貸し出すことができ、ヘッジファンドは銀行や他のヘッジファンドからこうしたパッケージ証券を買うことができた。それは最終的に発生した大惨事を生み出すこと間違いなしのレシピだった。銀行やヘッジファンドはこれらの証券を融資の担保として使うこともできた。

二〇〇八年末までには、ＦＲＢはアメリカのサブ・スーパー権力という新しい役割を作り上げていた。世界中の主要中央銀行にスワップ枠を提供して、これらの中央銀行が自国通貨をぜひとも必要なドルに変換できるようにしていた[35]。主要中央銀行（ＥＣＢ、日本銀行、イングランド銀行など）は主として二つの理由から――政治的同盟関係を大切にするためと、従わなければ流動性危機がもっと長引くのではないかと恐れたため――ＦＲＢの方針に従った。それは主要中央銀行に有利な方向への全体的なパワーシフトを意味していた。ヨーロッパ全土で、また日本や他の国々で展開されたのは、市場と実体経済を永続的に変えることになる実験的な政策だった。

危機の間、ＦＲＢと他の主要中央銀行は、ＱＥ戦略に対する支持を獲得しようとした。世界最大級の経済圏を代表するセントラルバンカーたちは、自分たちが生み出すマネーは一般経済を安定させるために必要なのだという理論を唱えつづけた。効果を上げるためには、セントラルバンカーたちは自分たちの影響をグローバルに広める必要があった。それこそが、二〇〇八年の危機の初めにＦＲＢが他の中央銀行と結託してマネーのコストを世界的に低下させた理由だった。ＦＲＢは一九一三年連邦準備法一三条三項にもとづく権限を行使することによってこれを行なった。この条項はＦＲＢに「異例かつ緊急の状況において融資や他の方法によって流動性を供給する幅広い権限」を与えていたのである[36]。

これは通貨システムの内部だけでなく金融システム全体にも力を及ぼせるようになるということだ

った。それはウォール街全体に広がる影響をもたらした。大手銀行は二〇一七年までに自行の詐欺的活動に対して三二一〇億ドルの和解金を支払うことになるのではあるが、それはFRBがQE政策を通じてこれらの銀行に提供していた資金の一部にすぎなかった[37]。

二〇〇九年一月には、FRBのバランスシートには、約二兆ドル相当の債券、すなわち資産が計上されていた（これは一年前の二倍近い額だった）。それが意味していたのは、二〇〇九年三月に始まった公式なQE第一弾の前から、FRBはすでにQEを実施していたということだ[38]。ベン・バーナンキFRB議長は二〇〇九年一月一三日に次のように述べた。

一部の観察者は、FRBはバランスシートを拡大することによって、事実上お金を増刷しており、この行為は最終的にインフレを招くことになるという懸念を表明している。……だが、ある時点で、つまり信用市場と経済が回復しはじめた時点で、FRBはさまざまな融資プログラムを巻き戻す必要があるだろう[39]。

その巻き戻しは一度も実現しなかった。たしかに一部の融資プログラム（すなわち「ファシリティ」と呼ばれていたもの）は終了したが、結局、その代わりに他のプログラムが登場したのである。

その間、現実の世界では、人々は自分の住まいを失っていた。不動産調査会社リアルティトラックは、こう述べていた。「少なくとも一件の差し押さえ申請を受けているアメリカの居住用不動産の数は、二〇〇九年に二一パーセント増加して史上最高の二八二万件になった」。報告書は、アメリカの全住宅の二・二一パーセント（四五軒に一軒）が、二〇〇九年に少なくとも一件の差し押さえ申請を受けていたことも示していた。二〇〇八年の一・八四パーセント、二〇〇七年の一・〇三パーセント、二〇〇六年の〇・五八パーセントと比べると、明らかに増加していた[40]」

　こうした状況は決してアメリカだけのものではなかった。似通った状況はヨーロッパでも生まれていた[41]。フランスでは二〇〇八年に、低所得世帯の約一二パーセントが差し押さえを受けた。世帯全体の差し押さえの割合の三倍だ。スペインでは、二〇〇八年の差し押さえ件数は二〇〇七年の二倍以上になり、やはり貧困地域での差し押さえの割合が大きかった。イギリスでは住宅ローンの返済遅延件数が、二〇〇九年の第1四半期末には二〇〇八年の第1四半期と比べて六二パーセント増えていた[42]。

　金融危機は西側で始まった。だが、それが引き起こした破壊はグローバルだった。中国からブラジルやインドまでの経済成長著しい国々は、自らを新興政治大国と位置づけていた。西側発の危機の負の要素に取り囲まれた中国は、もはや金融政策の問題に関して中立のアクターとして傍観しているつもりはなかった。

　二〇〇九年三月二三日、中国人民銀行（ＰＢＯＣ）は同行総裁、周小川による「国際通貨システムを改革せよ」と題した重要な文書を発表した。周はＩＭＦの特別引出権（ＳＤＲ）バスケットに関連づけた超国家的な準備通貨の創設を、初めて公然と提唱した。「このたびの危機は、世界の経済的・金融的安定を守るという目的を達成するために、現行の国際通貨システムを創造的に改革すること、すなわち安定した価値を持ち、ルールにもとづいて発行され、供給量を管理できる国際準備通貨という方向に改革することを改めて求めている」と主張したのである[43]。

　ＳＤＲはＩＭＦが加盟国の公的準備資産を補完するために一九六九年に創設した国際準備通貨である。ＳＤＲの価値は当初は、国際通貨システムおよび世界各地の救済努力を支えるために使われる四つの通貨のバスケットにもとづいていた。このバスケットは二〇一六年一〇月までは米ドル、ユーロ（ユーロの前は、ドイツ・マルクとフランス・フラン）、日本円、イギリス・ポンドで構成されていた。二〇一六年一〇月からは、これに中国元が加えられた。[44]

周の主張を受けて、バラク・オバマ大統領、ベン・バーナンキFRB議長、ティム・ガイトナー財務長官は、グローバル通貨、すなわちSDRを格上げするという案に反対した。二〇〇九年三月二四日の記者会見で、オバマは「グローバル通貨が必要だとは思わない」と明言した。[45]一週間後ロンドンで、（国際的な危機の解決策について議論するために開催された）第二回G20首脳会合の首脳宣言が、アメリカのこの反対をくつがえした。その後、ブレトンウッズの壁にさらに多くの裂け目ができることになる。

その一方で、市場はFRBや他の中央銀行の前例のないマネー創出活動によって甘やかされていた。たとえばイングランド銀行は二〇〇九年三月五日、表向きはイギリス経済に注入するためとして七五〇億ポンドの新規マネーを創出した。[46]なぜそうしたのかというと、イングランド銀行は自ら認めたように、すでに弾が尽きていたからだった。すでに金利をゼロ近傍まで切り下げていたので、「デフレに陥るのを防ぐためには」、量的緩和など他の「異例の追加措置」が必要だったのだ。ギルトと呼ばれるイギリス国債の価格は急上昇した。五年物から二五年物の発行済みギルトの約三分の一を買い取るという中央銀行の計画を投資家が大歓迎したからだ。それからまもなく、欧州中央銀行が金利を一・五パーセントに引き下げた。これはその時点では、一九九九年のユーロ圏設立以来もっとも低い金利だった。

二〇〇九年三月一八日、FRBは国債や不動産担保証券を買い取ることによって金融システムに一兆ドル注入すると発表した。[47]主要政策金利がすでにゼロ近傍で推移していたので、FRBにできることはそれしかなかった。無から生み出されたお金で（長期国債や住宅ローン担保証券などの）証券を買い取ることは、FRBが経済に、すなわち市場に、さらに多くのドルを注入するもうひとつの方法であり、実際、生み出されたお金の多くが市場に流入した。これはFRBの過去最大の資金創出活動で、二〇〇八年の措置で生み出された額の二倍近いマネーが創出された。狙いは、銀行をなんとかして不良な投資から脱出させることによって経済活動を促進することだった。市場は歓喜の反応を示した。この発表を受けてS&P500指数は二パーセント上昇したのである。

だが、この中央銀行の介入の裏側で、大きな亀裂が生まれつつあった。世界はFRBの政策に依存している国々、FRBの政策によって打撃を受ける国々、その中間に位置する国々の三グループに分断されつつあったのだ。外国資本が世界中をヘビのように這いずり回っていた。投機や中央銀行の刺激策は、基礎となる経済が停滞しているときでも、金融市場を上昇させた。

先進諸国における中央銀行の政策は、途上国の公的債務や企業債務の増加を促進した。先進国の政府によるQE政策や商業銀行の買収が効果をあげたら、自国の銀行を保護したりインフレ圧力を抑え込んだりする同様の仕組みを持たない途上国に、債務が移転されるからだった。どのように移転されるかというと、ブラジルなどの国々でインフレ抑制のために金利を引き上げたら、それらの国のドル建て債務の返済コストが上昇するのである。代わりに、中央銀行がインフレについてさほど心配せずに金利を引き下げたら、債務のコストは一般にもっとうまく制御できる。途上国にとってそうした債務は返済しなければならないものだ。返済しなければ、デフォルト（債務不履行）と国際的な軽蔑という脅威が待っているからだ。これは通常、経済成長のために使えたはずの資金が、債務返済のために使われるということだった。先進国はこの累積債務を理由に途上国に緊縮政策をとらせた。

緊縮政策は既存の経済・社会プロジェクトを圧迫した。生産的経済活動におけるこの足かせは新興市場全体に広がり、メキシコ、ブラジル、アルゼンチン、ベネズエラ、南アフリカ、トルコにとくに大きな打撃を与えた。

金融危機は新興市場経済をさらに混乱させた。新興市場諸国では国内資産が格安価格で売却されたうえに、資本逃避によって流動性が枯渇したのである。これは新興市場諸国の国債の利回りを、またそれとともに借り入れコストを急上昇させた。新興市場諸国の中央銀行はドルを買うために自国通貨を売ったり、切り下げたりすることで問題をさらに悪化させた。自国通貨の売却や切り下げは、通貨価値の下落のせいですでにドルが逃げ出している自国経済に人為的にドルを注入するために、これらの中央銀行がとる通常の方法だった。たとえばブラジルは、通貨危機や激しいインフレの際にはこの方法を使う。だが、これは悪循環を招いた。流動性不足と全般的な不安定さを恐れて、国内外の投資家がラテンアメリカのような比較的不安定な地域から資金を引き揚げたのだ。ラテンアメリカでは、アルゼンチンとウルグアイの中央銀行が二〇〇二年に、またドミニカ共和国の中央銀行が二〇〇三年に、銀行危機とシステム全体の崩壊の不安に対処するために、金融システムにマネーを注入した。[48]

新興市場諸国の中央銀行は、グローバル市場をコントロールしたり、他国の中央銀行の政策に影響を及ぼしたりする力を先進国の中央銀行ほど持っていなかった。そのため、ブラジル、トルコ、インド、ナイジェリアなどの国々は、主要中央銀行の措置から生じた国内の金融・経済政策の問題に対処する別の方法を見つけざるをえなかった。[49]

行き過ぎた金融政策や金融システムの問題が普通の人々の生活に及ぼす影響は至るところで明白だった。ヨーロッパ全土で、労働者や学生が、大手グローバル銀行の行為のせいで一般市民の利益を盗もうとしている政府に対して、反対票を投じ、怒りの声を上げていた。二〇一一年七月には、イギリスの何万人もの教師や公的部門の労働者が年金プランを変更する計画に抗議して職場を放棄した。[50]イギリスの学生たちは、授業料の値上げと政府の教育支出の削減に怒りの声を上げた。彼らは似通った懸念を持つ大陸ヨーロッパの大勢の労働者たちと力を結集した。アイルランドとポルトガルの政府は、緊縮措置に怒った有権者によって政権の座から追い出された。ギリシャでは、多すぎる緊縮案をめぐって住民が暴動を起こした。

世界中でさまざまな集団が、経済的不公正と闘うために結集して声を上げ、運動を起こした。「ウォール街を占拠せよ」運動が二〇一一年九月に始まり、それに刺激されて世界中で似通った運動が起こった。反政府運動「アラブの春」が、トルコ、レバノン、イラン、サウジアラビアで発生した。これらの反乱は孤立した事例ではなく、むしろ株式市場は明らかに回復しているのに、金融システムの失敗のせいで繰り返し経済的打撃を受けていた市民たちのグローバルな憤激の現れだった。

市民たちが抗議する中で、政治の風向きが変わった。ポピュリズム（左派、右派双方の）、ナショナリズム、好戦的愛国主義、過激主義が大々的に支持されるようになった。超大国間や地域大国間の再編や新たな同盟構築が、第二次世界大戦の終結時以来の勢いで進められた。中華人民共和国の経済的・通貨的・政治的超大国としての二一世紀の急浮上は、アメリカの金融危機と中国人民銀行によるＦＲＢの政策に対する批判によって加速された。この批判は、途上国全体の共感を呼んだのだ。

ＦＲＢの政策の国際的影響は、さまざまな形で現れた。アメリカの金利がきわめて低い中で、投資家たちはアメリカ市場にまだ片足を残しながら、他の国でもっと高いリターンを得ようとした。世界中にあふれていたレバレッジを利かせた投機資本は、持続可能なインフラ・プログラムや長期的な開発プログラムに出資しようとする類《たぐい》の資本ではなかった。それどころか、市場や経済や政治が少しでも混乱する兆しが見えたら引き揚げることができるものだった。

この「ホットマネー」は、中国が世界各地で自国との関係強化の見返りとして提供していた、より長期的な投資資本に比べると信頼性が低かった。中国は米ドルの力を弱めるために自国の通貨、人民元のプレゼンスを拡大しようとした。中国は力をつけるにつれて、米ドルを外国の市場や投資や開発における妨害的要素とみなすようになった。しかしながら、支配的通貨の真の交代はたびたびあることではない。米ドルの終焉は近いと学識者たちはしょっちゅう予言しているが、それはさほど近くに迫っているわけではない。

　歴史上の例をいくつか挙げると、オランダ・ギルダーは一七世紀から一八世紀にかけて支配的通貨の地位にあった（当時はスペインとフランスが支配的な政治・軍事大国だったにもかかわらずだ）。第一次産業革命後に英ポンドがオランダ・ギルダーにとって代わり、その優位は第二次世界大戦まで続いた（一九世紀末にはアメリカ経済が規模の点でイギリス経済を上回っていたのではあるが）。第二次世界大戦後は、米ドルが一貫して世界の支配通貨の地位を占めてきた。歴史が示しているのは、通貨秩序の劇的な変化を生じさせるためには、何十年、場合によっては何百年にもわたり、いくつもの要因が作用しなければならないということだ。とはいえ、それは小規模な変化が起こりえないということではない。

　アイザック・ニュートンの運動の第一法則はこうだ。「すべて物体は、外部から力を加えられないかぎり、静止状態であればその静止状態を続け、運動中であれば同じ速さで直線運動を続ける」[51]。グローバル通貨の場合、その力は巨大で長く続かなければならない。リーマン・ブラザーズ倒産の衝撃はすでに成長しつつあった危機を爆発させたが、その危機に対する反応は、アメリカをはじめとする世界の投資家たちによる安全なドル建て資産への大規模な逃避だった。「安全な避難先」というドルの地位のおかげで、ＦＲＢのバランスシートの拡大にもかかわらず、ドルは他の通貨に対して上昇した。

　この上昇は金融リーダーにとって太鼓判になった。二〇一〇年一月二八日、ベン・バーナンキはオバマ大統領によって任期四年のＦＲＢ議長に再任された。上院の承認投票ではＦＲＢ史上もっとも僅差の七〇対三〇で承認された。それでも、それは（二〇〇八年に三一パーセント下落した）ダウ平均を二〇〇八年一二月から二〇〇九年一二月の間に一六パーセント上昇させた現行金融政策が、アメリカの失業率は九パーセントを超えていたにもかかわらず、成功とみなされていた証だった[52]。

それでも、諸国の中央銀行や財務大臣は次々にＦＲＢの政策を疑問視するようになった。中国のあからさまな批判に同調しはじめたのだ。ブラジルの財務大臣ギド・マンテガは、二〇一〇年一〇月八日に懸念を表明した。ドイツの財務大臣ヴォルフガング・ショイブレは、その一カ月後にドイツの雑誌『デア・シュピーゲル』のインタビューで、自身の懸念を口にした。それを受けてオバマ大統領は、翌月韓国で開かれたＧ20首脳会合でＦＲＢのＱＥ政策を擁護した。その間ＦＲＢは、実体経済を助けるという名目で、二〇一四年一〇月まで続いた一連のＱＥを含むさまざまな方法で、金融システムにマネーを注入しつづけた[53]。

悪化するヨーロッパの問題

ヨーロッパの債務危機は終わりがないように見えた。二〇〇九年末には、ユーロ圏の周縁国であるポルトガル、アイルランド、イタリア、ギリシャ、スペイン、キプロスが、外部からの支援がなければ政府債務を予定どおり返済することも借り換えることもできなくなっていた。これらの国々の運命は、ＥＣＢとＩＭＦ、それに欧州金融安定ファシリティ（ＥＦＳＦ）によって、ほとんど決定されることになる。ＥＦＳＦは、表向きは苦闘している国々に金銭的支援を提供するためとして、二〇一〇年六月に一時的な危機解決機構として創設された組織だった[54]。

二〇一〇年初めには、債務危機が拡大する中で、ＰＩＩＧＳ諸国の経済は止まりかけていた。政府債務の借り入れコストは上昇し、とりわけドイツと比較した信用スプレッドの差は拡大する一方だった。借り入れコストの上昇と赤字の増大があいまって、すでに低成長に直面していた一部の国は、収支を合わせるのが不可能になった。それがより大きな社会の混乱と市民の暴動をかき立てた。

二〇一〇年一一月にはアイルランドが、ギリシャに続いて救済を必要としていた。二〇一一年五月にはポルトガルが同様になり、二〇一二年六月にはスペインとキプロスがそれに続いた。ギリシャは政府支出の削減や増税など、ＥＵが指示する厳しい緊縮措置を採用することと引き換えにＥＵとＩＭＦから数回、救済資金を受け取った。だが、これらの冷酷な措置はふらついていた経済を悪化させ、社会不安をかき立てた。国際信用格付け会社は（二〇一〇年に）ギリシャ、（二〇一一年に）アイルランド、（二〇一二年に）ポルトガルの国債の格付けを投資不適格に引き下げて、事態をさらに悪化させた。ますます多くの投資家がこれらの国から資本を引き揚げ、国家予算をさらに縮小させた。それは下降スパイラルだった。

その間、救済パッケージと救済条件の主な決定者であるＩＭＦは、独自の問題を抱えていた。元フランス財務相で、ＩＭＦ専務理事のドミニク・ストロス＝カーンの性的スキャンダルだ。ストロス＝カーンはＩＭＦでの任務を終えたらフランスの大統領選挙に出馬するだろうと広く予想されていたのだが、二〇一一年五月一八日にＩＭＦ専務理事を辞任した。[55]彼の代わりにクリスティーヌ・ラガルドが七月五日、第一一代の（そして女性初の）ＩＭＦ専務理事に選出された。

ラガルドはＩＭＦリーダーとしての初演説で楽観的にこう語った。「二〇一一年、二〇一二年の成長予測を見ると、明らかに回復傾向にあり、事態は改善され、危機がもっとも深刻だった二〇〇九年の状況に比べると立ち直ってきている」。そして、新興市場諸国が突如として先進諸国よりはるかにハイペースで成長するようになっているため、経済成長は依然として「不均衡」だと指摘した。だが、ギリシャの状況に関する質問には答えなかった。次のギリシャ救済措置の条件について議論するのは時期尚早だという考えを彼女はすでに表明していたので、それは計算されたうっかりミスのように思われた[56]。

金融緩和策は経済の安定につながってはいなかった。おまけに、必ずしもすべてのEU加盟国がそれを望んでいたわけではなかった。とりわけ、ドイツの連邦政府と連邦憲法裁判所を構成していた人々は、QEの合法性に疑問を抱いていた。さらに、失業率が徐々に上昇していたので、QEの経済効果を主張する言葉は誇張されているように見えた[57]。

結果的には、ウォール街によって引き起こされた激しい金融・経済混乱から二〇〇九年から二〇一二年まで保護されたのち、途上国のGDP成長率は先進国のそれをはるかに上回った。先進諸国は債務に足を引っ張られて、その三年間に世界のGDPの成長に二〇パーセントしか貢献しなかった。それに対しBRICS諸国（ブラジル、ロシア、インド、中国、南アフリカ）は、その期間に世界の成長に五五パーセント貢献しており、二〇一二年に世界全体のGDP成長率が二・五パーセントに達したのはそのおかげだった[58]。二〇一一年から二〇一二年にかけてのユーロ信用危機の間、これらの新興国は解決策を望んでいた。二〇一一年八月に開かれたIMFと世界銀行の合同会議で、ブラジルの財務大臣ギド・マンテガは新興国を代表して、ヨーロッパの人々にはユーロ圏周縁国の外への伝染を止める措置をとる責任があると語った。

だが、マネーが国境を無視して勝手に市場に出入りする相互依存の世界では、経済状況の悪化を前にして中央銀行の力を行使する能力がもっとも低い国々が、通貨システムの『動物農場』式淘汰《とうた》プロセス（後述）の矢面に立たされた。アルゼンチンは結局二〇一四年に債務不履行に陥ることになる。同国の中央銀行が、国内経済の弱さに直面していながら主要中央銀行の通貨政策圧力を無視して行動することができなかったからだ[59]。ギリシャや他の南欧諸国の経済状態も、決して好転してはいなかった。もっとも深刻な景気後退に直面したEU加盟国は、もっとも力が弱く、トロイカからもっとも少ない支援しか受けられなかった。

大々的に実施された金融緩和政策は、持続的な経済成長は促進していなかった。だが、株式市場は活性化させていた。アメリカ経済は二〇一二年に二・二パーセントしか成長しなかったが、S&P500指数は一三・四パーセント上昇した。中国の経済もふらついていた。二〇一二年七月の時点で、中国の第2四半期のGDP成長率は七・六パーセントに低下していたが、深圳《しんせん》総合指数は前年より二二・九パーセント上昇して二〇一二年を終えた。ブラジル経済の二〇一二年の伸びはわずか〇・九パーセントと、過去三年間でもっとも低かったが、ブラジルの株式市場は二〇一一年一二月から二〇一二年一二月の間に五パーセント上昇した[60]。

国連は二〇一二年の経済見通しで次のように警告した。「景気後退の二番底が来るリスクが高まっている。……より悲観的なシナリオ――ヨーロッパの政府債務の無秩序なデフォルトと、さらなる緊縮財政を含む――では、先進諸国は新たな景気後退に突入し、グローバル経済は停止に近い状態になる」。そして、こう付け加えた。「二〇一一年第2四半期から、ほとんどの途上国および移行期経済国の経済成長が著しく鈍化しはじめた[61]」

一方、アメリカの金融システムはFRBの支援で持ちこたえていた。ヨーロッパの危機の影響はアメリカのいかなる回復をも脅かすおそれがあった。実際、ユーロ圏危機のアメリカへの影響に関する二〇一二年の議会への報告書は、こう述べていた。「アメリカはヨーロッパと強い経済的つながりがあり、多くのアナリストがユーロ圏危機をアメリカの景気回復に対する最大の潜在的脅威とみなしている」。FRBが金融緩和政策をさらに拡大するために知る必要があったのは、それがすべてだった。

二〇一二年九月、ＦＲＢは「景気回復の鈍さ」を理由として量的緩和第三弾（ＱＥ３）を開始した。[62] ＦＲＢが理解していないように思われたのは、この大量のチープマネーは経済的苦難を解決しないし、社会不安を和らげもしないということだった。ヨーロッパはその好例だった。

二〇一二年一一月半ば、ヨーロッパ各地で行なわれた反緊縮政策ストライキが暴力的なものになった。『ガーディアン』紙はこう報じた。「水曜日、何十万人ものヨーロッパの困窮した市民たちが、政府は福利厚生の削減を取りやめ、雇用をもっと生み出せと要求して、ストライキを行なったり、一部の国の首都で通りを混乱させたりした。ときおり機動隊と衝突することもあった」。[63] セントラルバンカーが彼らの考えでは経済のために行なっていることと、市場の反応の仕方、およびそれらすべてに関する人々の感じ方の間の緊張の糸は、不安で今にも切れそうだった。

第二章　幕《まく》　間《あい》

困難に打ちひしがれている人々は振り返らない。不運がついてくることをいやというほど知っているからだ。

――ヴィクトル・ユゴー『レ・ミゼラブル』

金融危機が最初に襲ってから五年後、グローバル通貨システムの上層部には安堵感が広がっているように見えた。銀行部門では、何十億ドルもの罰金や和解金にもかかわらず、明るさが広まりつつあった。ウォール街はチャンスを嗅ぎつけた。これは経済成長がとくに刺激的だったからでも、社会的混乱が終わったからでも、持続的な不平等が一八〇度方向転換したからでもなかった。実際には、その逆だった。

ウォール街がチャンスを見て取ったのは、細部の問題を無視すれば、金融市場のセンチメントが落ち着いていて明るかったからだった。一部の部門、とりわけ自分たち自身が生み出した嵐を乗り切って、以前より大きく強くなっていた銀行には、それで十分だった。[1] FRBのデータによれば、アメリカの五つのメガバンク――JPモルガン・チェース、バンク・オブ・アメリカ、シティグループ、ウェルズ・ファーゴ、ゴールドマン・サックス――は、二〇一三年までに八兆五〇〇〇億ドル以上の資産を保有するようになっていた。その規模はアメリカ経済全体の五六パーセントに相当し、二〇〇八年以前の四三パーセントから上昇していた。「大きすぎてつぶせない」は、「そのとおり、われわれは大きい。だから何なんだ」に変わっていた。

　FRBは世界の他の中央銀行と同じく、自身を非政治的アクターと位置づけていた。中央銀行の指導者たちは金融政策以外の問題では自分の意見を主張せず、ましてや選挙に影響を与える手助けなどしないものとされていた。しかし、その努力にもかかわらず、FRBはチープマネーの創出が政治プロセスの成功にかつてないほど影響力を持ち、不可欠になっていることを世界に見せつけた。世界は変化しており、中央銀行の影響力は故意か偶然か高まっていた。

　二〇一二年一一月のバラク・オバマ大統領の再選とFRBによるQEの継続は、二〇一三年にアメリカの株価を二六・五パーセント押し上げるのに役立った。シリコンバレーが投資家にとって進むべき道として浮上した。フェイスブック、アマゾン、アップル、ネットフリックス、アルファベット（元グーグル）――まとめてFAANGと呼ばれていたが、これは二〇一三年にジム・クレイマーが彼の番組『マッド・マネー』で作り出した言葉である――の株価は、限界はないというメンタリティを象徴していた。[2]ネットフリックスの株価は二〇一三年一月から二〇一五年の間に八二四パーセント上昇した。[3]アマゾンの株価も同じ期間に一六五パーセントというすばらしい上昇を記録した。[4]

　それにもかかわらず、アメリカはまだ過去八〇年で最悪の景気後退から抜け出しておらず、雇用の増加は正常とはほど遠いものだった。アメリカの失業率は二〇一二年一一月には四年ぶりに七・七パーセントに下がっていたが、その低下の多くは、就業者数の実際の増加というより労働力人口自体の縮小によるものだった。[5]

市場にとっては、行く手に暗雲が立ち上りつつあった。ＦＲＢがチープマネーの蛇口を閉めるかもしれないという不安である。この「テーパー・タントラム」は、メディアに登場する人々にとってもっとも重要な話題になった。金融メディアが使いはじめたこの言葉は、ＦＲＢの量的緩和プログラムが何らかの形で縮小、すなわち「テーパリング」されるという考えに対してさえ市場が示す理屈抜きの否定的反応を言い表すものだった。

この反応は、幼児がおしゃぶりを取り上げられて癇癪《かんしゃく》を起こすのに似ていた。ウォール街がきわめて重要な「陰のカンフル剤」になっていたものを手放すよう求められたら、ハイ・ファイナンスがどれほどそれに依存するようになっていたかが露呈するだろう。機関投資家や大手銀行は、ＦＲＢが（さらに言えば、主要中央銀行のいずれかが）イージーマネーのパーティからパンチボウルを片づけることに対応する用意がまったくできていなかった。

しかも、その用意ができることは決してなさそうだった。顧客の（学生ローンやクレジットカードなどの）利払いからもっと利益を得るために利上げを望む銀行に関する記事や、物価上昇の懸念（急上昇していた株価については懸念されていなかったが）に関する記事はときおり登場したが、それらの記事はより大きな現実を映し出してはいなかった。どこから得ようとマネーはマネーだった。マネーを容易に入手できればできるほど、またそのマネーが安ければ安いほど、銀行はハッピーだったのだ。

テーパリングのより明確な兆しが現れたのは、二〇一三年五月二二日、アメリカ連邦議会上下両院合同経済委員会での質疑応答のときだった。ベン・バーナンキＦＲＢ議長がこう断言したのである。「次の二、三回の会合で、われわれは買い取りのペースを落とすことにするかもしれない」[6]。市場はそれをまったく歓迎せず、松葉づえが取り去られることに独自の方法で抗議した。アメリカ国債を大量に売却したのである。それは自動的にアメリカ国債の利回りの（また日本やドイツなど、他国の国債の利回りの）急上昇を招いた。[7] FRBはこの先アメリカ国債や住宅ローン担保証券をこれまでほど大量には買わなくなるだろうという不安は、これらの証券に対する単一機関としては最大の需要源が消え去り、代わりの需要源は現れないということだった。一〇年物のアメリカ国債は価格が急落し、利回りは二〇一三年の五月から九月の間に一四〇ベーシスポイント上昇した。[8]

それはまるでドラッグの売人が供給を打ち切ろうとしているかのようだった。FRBは、株式市場の最大手プレーヤーたちのニーズに対して公平だとされていた一方で、自身が占めている地位を認識していた。ダラス連邦準備銀行（連銀）のリチャード・フィッシャー総裁は、トロントのC・D・ハウ・インスティテュート・ディレクターズ・ディナーで参加者たちにこう語った。「われわれは、市場にマネーというコカインをもっと供給しないことを市場が不満に思うのを恐れながら暮らすことはできない」[9]。カナダの団体に対して語りながら、フィッシャーはさらに踏み込んで、市場は「無限のQE」を期待すべきではないし、FRBが自身のバランスシートでできることには「現実的な限界」があると言った。

だが、FRBの限界に関する指針となる歴史は、FRBが見るのを拒んでいたものだった。FRBのワーキング・ペーパー「金融危機の影響」で、著者のカーメン・M・ラインハートとケネス・S・ロゴフは、システム全体に影響を及ぼす金融危機のあとには、往々にして低い成長率と高い失業率を特徴とする長く深刻な景気後退が続くと述べていた。[10] それは二〇世紀の有名な危機、一九三〇年代の大恐慌には、間違いなく当てはまった。あのときは、諸国の経済が大恐慌前の状態を取り戻すには、平均で一〇年以上かかった。ラインハートとロゴフはこの論文で、第二次世界大戦後の一五回の深刻な金融危機（うち七回は二番底の景気後退だった）のうち一〇回で、失業率は一〇年たっても危機前の水準に戻らなかったと指摘していた。

だが、それらの景気後退は、金融システムを動かしつづけるためにこれほど緩い金融政策に頼ってはいなかった。それらの例と二〇〇八年の金融危機後の景気後退との違いは、二〇〇八年の後には巨額のマネーが市場に注入されていたことだった。深刻な影響を生じさせずに、市場をマネーの供給者と切り離せるのかどうかは定かではなかった。

結果として、ＦＲＢがＱＥプログラムの縮小について議論していた間、市場に対するＦＲＢのメッセージは揺れ動いた。二〇一三年六月一九日、ベン・バーナンキＦＲＢ議長はひと月当たり八五〇億ドルを市場に送り込む計画を発表した。[11] しかし、それに続いて、経済が十分な改善を見せたら、今年中にその額を削減し、二〇一四年半ばにはＱＥを完全に停止すると断言した。「十分な」改善とはどのようなものかは、誰も確実にはわからなかった。それはあいまいな基準だった。

バーナンキは自身を「南北戦争マニアと同じような意味での大恐慌マニア」と評していた。[12] 彼の研究は、資産価格の下落と金融機関の資金の枯渇がどのように貸し出しに――したがって潜在的経済成長に――打撃を与える可能性があるかを探るものだった。現実はというと、一九三〇年代には国債と引き換えに数兆ドルもの資金を注入するプログラムと同等のものは存在していなかった。

ＦＲＢが二〇一三年にＱＥ政策を縮小するという可能性でさえ、世界中の市場を震え上がらせた。ＦＲＢの支援を少しでも縮小することは、チープマネーに対する市場の依存を浮き彫りにするだけでなく、米ドルを他の通貨に対して強くする可能性があった。それはそれらの国に投資として流入する資金の勢いをそぐことになるし、企業の米ドル建て既存債務の返済コストを押し上げることになる。

中央銀行は国内債券市場に影響を及ぼし、株価水準を人為的にゆがめて、これこそがインフレを生じさせずに実体経済を助ける方法だと主張できるということをＦＲＢと世界に示したのは、日本だった（日本の平均年間インフレ率は三〇年近くゼロだった）。日本独自のQE政策は二〇〇一年から二〇〇三年の間に形成された[13]。だが、それは日本が金融危機後に行なったことに比べればたいしたことはなかった。

安倍晋三首相は、二〇一二年に政権に復帰したとき、自身の経済プログラム「アベノミクス」を発表した。アベノミクスはマネーサプライの増加、政府支出の拡大、日本経済のグローバル競争力を高めるための構造改革の三本柱で構成されていた。二〇一二年から二〇一三年の間に、日経平均株価は七〇パーセント上昇した。だが、長期的な成長ははっきりしないままだった。日本銀行は大規模なQEプログラムを約束し、日本のマネーサプライを倍増させる作業に取りかかった。同行はその過程で、二〇一三年までに日本の国債市場の二五パーセント近くを買い取った[14]。日本の例は、中央銀行が国債を大量に買いつづければ、政府は債務を無限に増やすことができることを示した。

主要中央銀行は経済を助けるためとして、共謀して金融システムに何兆ドルものお金を注入していた。これはFRB、ECB、日本銀行、およびイングランド銀行が、自分たちが金融システムを支配している現状を守るために、また、資金の流れをコントロールする力を維持する必要性からも行なったことだった。この共謀は、グローバル経済を破壊しそうになっていたグローバル銀行にも大いに役立った。ベン・バーナンキは二〇一三年一一月一四日、銀行業界の健全性について次のように語った。

もっとも重要な目標のひとつは、銀行がより多くの、より質の高い資本を保有するとともに、市場のショックや深刻な景気後退を乗り越えられるだけの十分な流動資産を手元に持っているようにすることだ。加えて、われわれはあらゆる規模の銀行に、報酬を業績に連動させ、過度なリスクテーキングを助長しない報酬慣行を実施させなければならない[15]。

それは最上層の人々にとっては結構なことだった。ＦＲＢのＱＥプログラムの開始からバーナンキのこの発言の間に、アメリカのＣＥＯの平均報酬額は、給与と株式報酬とストック・オプションを合わせて、二〇〇九年の一一二六万ドルから二〇一三年には一六三八万ドルに上昇した。二〇一二年から二〇一三年の間のウォール街のＣＥＯたちの報酬の伸びは、中央値で見て、普通のＣＥＯの報酬の伸びの約四倍で、毎年二二パーセントも上昇していた。[16] 二一世紀のＦＲＢの政策のおかげで、ウォール街のＣＥＯたちは金融危機から他の誰よりもうまく回復することになる。それに対し、二〇一二年一月から二〇一三年一二月の間に、アメリカの労働者の実質時給（全般的なインフレの影響を考慮して調整した賃金）は、労働者の上位一パーセントが得た賃金を例外として、停滞したままだった。[17]

中央銀行の力は、ウォールストリートを救い、メインストリートの安定を築くためにきわめて重要だという考えは、深く染みついていた。バーナンキはアラブ銀行連合の年次総会で次のように述べた。「過去および現在の危機はもうひとつの教訓を浮き彫りにする。当時も今も、国際的な金融危機や地域的な金融危機には、世界の金融システムの安定を守るために協調して対応する必要があるということだ[18]」

だが、金融政策行動を単なる市場刺激策ではなく実体経済の問題に対する解決策だと偽ることは、見え透いた言い訳を永続させることになる。セントラルバンカーが金融政策の欠点を認識するためには、金融チャネルに対する自分たちの資金配分が重要な結果をもたらすことを認める必要があった。彼らの途方もなく大きな金融上の影響力は、資金がどこに行き、どこに行かないかを決定していた。それが意図した結果であろうとなかろうと、セントラルバンカーは一般経済における勝者と敗者に作用を及ぼしていた。彼らの決定は世界中の生身の人間に影響を与えていたのである。

だから、抗議の声が世界中で上がり、次第に激しくなったのだ。こうした抗議は、労働者たちが被《こうむ》っていた経済的不平等や他の不平等によって促進された。大手銀行とは異なり、一般の人々は何兆ドルもの中央銀行のお金で訳あり資産を買い取ってもらうことなどできなかったので、街頭では社会的騒乱が激化していた。[19]

二〇一三年一二月、ＦＲＢはＱＥプログラムの規模を徐々に縮小していくと発表した。[20] これは大きな政策変更とはとうてい言えず、二〇一四年一月にひと月当たりの債券買い取り額を八五〇億ドルから七五〇億ドルに減らすというだけだった。ＦＲＢはこの変更の理由を、アメリカ経済はそれ以上の刺激策を必要としていないからだと説明した。ＦＲＢは資産を積極的に売却してはいなかったので――そんなことをしたら市場は完全な混乱に陥っていただろう――ＦＲＢのバランスシートの規模は、経済に対してまだある程度のプラスの影響を与えるだろうと期待された。ＦＲＢは刺激策に関するごまかしがばれるのを恐れていたか、でなければウォール街のパーティからパンチボウルを片づけることが金融の惨事につながることを認識していたのだろう。ウォール街の銀行は二〇一〇年には帳簿にたっぷり現金を持っていたので二〇〇八年の金融危機以前より健全で、低リスクになっていたというＦＲＢ指導部の主張は、ずいぶん誤解を与えるものだった。これらの銀行の帳簿を生き返らせたのはＦＲＢだったのだから。

ＦＲＢの小さな政策変更について懸念を強めたのが国連だった。[21] この国際機関は伝統的に、国内の金融政策には関与してこなかった。だが、ＦＲＢの措置はアメリカ一国を超えて他の国々にも影響を及ぼすはずだった。国連は、ＱＥプログラムからのＦＲＢの無秩序な退出はグローバル経済に脅威をもたらすおそれがあると警告した。そして、金融緩和政策を反転させるにあたっては、より協調的なアプローチをとるよう求めた。さらに、金融システムの改革の進捗状況は期待よりはるかに遅いと指摘した。アメリカは画期的な金融規制法案と宣伝されたものを可決していたが（二〇一〇年七月二一日にオバマ大統領によって署名され、法律になったドッド＝フランク・ウォール街改革・消費者保護法）、これはウォール街を抑制するには十分ではないことを国連でさえ理解していた。この法律は規制の微調整を行ないはしたが、銀行を解体したり、銀行に再びグラス＝スティーガル法の制約をかけたりする政治的意志はほとんど存在していなかった。

その間、社会経済階級の違いによって一層深まった絶望の壮大な物語――いかなる形でも中央銀行のお金によって支援されることはないもの――は、沸点に近づいていた。人々は激怒していた。二〇一三年一二月、『エコノミスト』誌はこう記した。

ウクライナ、ブルガリア、ブラジル、アルゼンチン、メキシコ、チュニジア、エジプト、それにトルコは、すべて過去一二カ月の間に抗議行動が爆発した国だ。日本やシンガポールなど、伝統的にもっと穏やかだった国々においてさえ、街頭デモが発生している。社会的不平等や政治的不満が市民の結集を促進している。スマートフォンの時代には、抵抗運動はかつてないほど簡単に連携できるのだ。[22]

市民の騒乱は株価の上昇を求めるものではなかった。抗議運動は投資ポートフォリオのパフォーマンスの評価基準をめぐるものではなかった。緊縮政策に反対するデモは、債券市場とは何の関係もなかった。結局、そうした抗議は経済的公正の実現を求めていたのである。

ナショナリズムが噴出した二〇一四年

　ＦＲＢのテーパリングの可能性が二日酔いのように市場参加者を苦しめている中で、二〇一四年の幕開けのＳ＆Ｐ５００指数は、一月としては二〇一〇年以降最大の下落を見せた。[23] そうした不安をはぐらかすために、ベン・バーナンキＦＲＢ議長は二〇一四年一月三日に経済の勝利宣言を行なった。「金融市場の回復、住宅市場のバランスの改善、財政的制約の縮小、それにもちろん金融政策の持続的な調整があいまって、これから先のアメリカ経済の成長見通しは明るい」と。他の国々については、バーナンキは慎重な楽観論を表明した。「アメリカの回復は大方の他の先進工業国の回復よりいくぶん早いように見える。たとえば実質ＧＤＰは、日本ではまだ景気後退前のピークを若干下回っているし、イギリスとユーロ圏では景気後退前のピークよりそれぞれ二パーセントと三パーセント低いままだ[24]」

　三日後、クリスティーヌ・ラガルドＩＭＦ専務理事は、ナイロビで民間セクター連携フォーラムに対して、バーナンキの見方よりいくらかバランスがとれてはいるが、大筋では似通った前向きな演説を行なった。「世界経済は現在、金融危機がもっとも深刻だった五年前より間違いなくよい位置にいる。だが、まだ森を抜け出してはいない」と、ラガルドは語った。[25]

　先進諸国の経済活動は勢いを増しており、これは「民間需要が活発になっているアメリカでとくに顕著であり、それによってＦＲＢは金融環境がやがて正常化するというシグナルを発出している」とラガルドは主張し、さらに、こう指摘した。「日本では政府が成長を刺激するための重要な措置をとっている。また、ヨーロッパは深刻な景気後退からゆっくり浮上しつつあるが、まだ多くの課題に対処する必要がある」

　ヨーロッパが二番底の景気後退から回復の兆しを見せていたのは確かだったが、社会がどこに向かっているかについて楽観的な見方をしているヨーロッパ人はほとんどいなかった。ピュー・リサーチ・センターは次のように報告していた。「自国の事態の進展に満足していると答えたのは、ギリシャでは一般国民のわずか五パーセント、スペインでは八パーセント、イタリアでは九パーセント、フランスでは二二パーセント、ポーランドでは二七パーセントだった。このような感情はこれらの国では二〇一三年と比較してほとんど変化がなかった。いくつかの社会――フランス、イタリア、ポーランド――では、この満足感の欠如はユーロ危機以前から存在していた[26]」

だが、必ずしもEU全体が沈んだ気分だったわけではない。ドイツとイギリスの国民は、物事が進んでいる方向に満足していた。この分裂は、金融政策に対するEU域内での姿勢の違いの表れだった。

IMF専務理事の発言から一カ月後、マリオ・ドラギECB総裁がブリュッセルで開かれた欧州通貨機構の設立二〇周年を記念する会議で、講演を行なった。この講演でドラギは銀行システムの統合を提唱した。彼の狙いは、EUの通貨・政治同盟に加えて金融同盟を構築することだった。かつてゴールドマン・サックスの副会長兼マネージング・ディレクターだったドラギは、それを次の金融危機を防ぐ措置と位置づけていた。彼はこう説明した。「不完全な金融統合はアキレス腱だ。脆弱性を生み、分裂しやすい[27]」。ドラギは銀行産業に対する規制の強化を求めたが、彼の案はどちらかというとEUの政治メカニズムの強化を狙ったもののように見えた。EUは市民や政治家からますます攻撃されるようになっていた。EUの金融システムが構築されれば、ECBはより大きな集権的権力を持つことになっていただろう。だが、この案は一度も本格的に検討されることはなく、EUでは銀行業の諸問題が続き、さらに拡大した。

中国、カナダ、アメリカ、イギリス、ドイツ、日本など、一部の主要経済国は明るい方向に動きはじめていたが、この前進は金融市場全体のパフォーマンスのほんの一部を反映していただけだった[28]。

これが意味していたのは、市場に大規模に参加していた富裕な個人や大企業が、利益の大きな部分を受け取っていたということだ。市場に参加できない人々は取り残された。金融市場の成長は、トリクルダウンしてみんなに経済的利益をもたらしはしなかったのだ。

市場の富の創出に参加するためには、そもそも富を持っていることが必要だ。オックスファムは二〇一四年一〇月に行なった調査の結果を次のように報告している。「世界のもっとも富裕な八五人が、世界人口のもっとも貧しい半分と同額の富を持っている。……二〇一三年三月から二〇一四年三月までの一年間に、これら八五人の富はさらに一四パーセント、額にして二四四〇億ドル増加した。一日当たり六億六八〇〇万ドルの増加である」[29]。中央銀行の極端な政策と時を同じくして世界各地で抗議行動が発生したのは、これがひとつの理由だった。人為的に生み出されたマネーが上に流れる中で、世界のほとんどが取り残されたのだ。

二〇一〇年代が進むにつれて、スリランカやドイツの抗議行動など、一部の抗議行動は宗教的過激主義や人種差別的過激主義に姿を変えたり、そうした過激主義に主導されたりするようになる[30]。カナダ、アメリカ、ブラジルなどの抗議行動は、人々が経済的観点に加えて人種的観点からもより公正に扱われることを求めるものだった[31]。現状はもはや持ちこたえられなくなっていた。人々は自分たちの指導者からの支援を求めていた。それにもかかわらず、概して既存の制度は人々の期待を裏切っていた。CNBCは二〇一四年一一月一一日に次のように報じた。「ブルキナファソのクーデターから香港の民主化運動まで、社会的騒乱は、経済的不平等、腐敗、政府に対する不満などの要因によって引き起こされた[32]」

これは新興国や途上国の国民が自分たち自身のために闘っていた事例だけに言えることではなかった。世界中で不満の波が高まっていた。政治分野では、それはこの不満を利用しようとする「抗議」

政党や弱小政党、それによりナショナリズム色の強い政党の台頭につながった。

ワシントンでは、オバマ大統領はベン・バーナンキの後任のＦＲＢ議長にジャネット・イエレンを選んだ。イエレンは二〇〇四年からサンフランシスコ連銀総裁を務めていた。つまり、ウォール街でサブプライム危機が醸成されていたとき、地区連銀を指揮していたのである。当時、彼女は私的な場では懸念を表明していたが、公《おおやけ》の場では、サブプライム住宅ローンを毒入り資産に組み込んでいたメガバンクが拡大させていたリスクを軽く扱っていた。サンフランシスコ連銀は消費者の破産や差し押さえがアメリカでもっとも多かった四つの州のうち三つを監督していた。[33] また、破綻した銀行の多さで見ると、同連銀は一二の地区連銀のうち上から二番目（八行が破綻）だった。[34]

イエレンはビル・クリントンによってＦＲＢ理事に選ばれたときから金融的・経済的支配階層の一員になっており、一九九四年八月から一九九七年二月までＦＲＢ理事を務めた。[35] オバマ大統領による指名ののち、彼女は二〇一四年一月六日、上院で超党派の五六の賛成票を得てＦＲＢ議長として承認された。反対票を投じた二六人の上院議員は全員共和党で、棄権もしくは「出席」票だけを投じた一八人は両党に分かれていた。[36]

二〇一四年三月二〇日、ＦＲＢ議長としての初の記者会見で、イエレンは覚悟を決めて難しい発表を行なった。ＦＲＢはＱＥプログラムを二〇一四年秋に終了するという発表だった。[37] そのおかげで、バーナンキはＦＲＢの方針転換によって間抜けになることを免れた。イエレンの発言は債券や株式の価格の急落を招いた。方針転換と連動して政策金利の誘導目標も変更されたら、金利が予想より早く上昇することになると心配するアナリストもいた。[38] 金融市場と大手の市場参加者はコンスタントに利用できるチープマネーに強く依存していたので、資金調達コストの上昇という予測される脅威は受け入れがたかったのだ。

ブラジルの新聞『エスタダン』は次のように報じた。「ジャネット・イエレンFRB議長は、予想より早い二〇一五年上半期に始まるアメリカの金融引き締め策は、ドルの主な競争相手に打撃を与える可能性があると述べた[39]」

ところが、その反対のことが起こった。二〇一四年三月二四日、米ドルは下落した。投資家がユーロや豪ドルに向かったからだ[40]。イエレンがFRBは二〇一五年初めに利上げにまで進む可能性があると示唆したあと、投資家たちは一斉に逃げ出した。実はアメリカ経済はこの先減速すると予測されており、それがドルの上昇を妨げたのだ。それがなかったら、利上げは理屈の上ではドルの上昇を意味していただろうし、外国の資本が高金利による利益とアメリカに投資する安全性を求めてアメリカに流入するのを促進していただろう。

FRBの姿勢が揺れる中で、ドイツ連邦銀行総裁でECB政策理事のイェンス・ヴァイトマンは好機を見出した。そして、ECBがデフレと戦うために債券を買い取ることは「ありえないことではない」と語った[41]。それはQE政策に対して伝統的にEUの他のほとんどの中央銀行よりタカ派的な立場を取ってきたドイツ中央銀行の、大きな軟化だった。この発言が伝えたのは、アメリカが一歩後退するのならヨーロッパはチープマネーのバトンを受け取る用意があるということだった。

中央銀行の政策や緊急措置は、労働者の側と政府、中央銀行、一流企業、それに金融エリートの側とのギャップを共感の点でも富の点でも拡大する影響をもたらした。マネーの注入は労働者の経済的ニーズを無視して市場のバブルを直接膨らませていた。

経済政策研究所が「ますます不平等になっているアメリカの諸州」と題した報告書で引用しているように、カリフォルニア大学バークレー校の経済学者エマニュエル・サエズは、「二〇〇九年から二〇一二年の間に、上位一パーセントが所得の伸び全体の九五パーセントをぶんどった」と推定している。[42]この報告書は、一九七九年以降の不平等の全体的な拡大にもかかわらず、「金融危機後は最上層への富の集中がさらに急速に進んだ」としている。二〇〇九年から二〇一一年の間に「ほとんどの州で上位一パーセントの所得は、またしても下位九九パーセントの所得より速いペースで増加した」。これは所得の不平等の拡大は目新しいことではないが、富の格差の拡大が加速して新たなレベルに達したということだった。マネーは実体経済より株式市場のほうに速く流れ込んだ。家賃や光熱費、家族の食費、それに累積する医療費の支払いに苦しんでいる人々は、金融政策対応の中心からほど遠いところにいたのである。

ジョージ・オーウェルの『動物農場』は、第二次世界大戦の直後に、どのような形のものであれ独裁支配を受け入れるのは危険だと警鐘を鳴らすために書かれた。同書の時代を超越したメッセージは、どのような形の過激主義が支配権を握っても、権力は腐敗するということだった。ポピュリズムから独裁主義への漸進的な変化は、「すべての動物は平等だ」という考えから、より不吉な「すべての動物は平等だ。だが、一部の動物は他よりもっと平等だ」という考えへの変化によって示されている。株式市場に『動物農場』との類似性があるとしたら、ナポレオン（動物農場で独裁政治を行なう豚の名前）は金銭的・権力的利益を集めている株式市場であり、スクウィーラー（ナポレオンの右腕として活躍する豚）はウォール街と市場への補助金は人々の利益のためだと言い放つ中央銀行だろう。

『動物農場』と同じリスクが今日、明白になっている。それは極左または極右のポピュリスト指導者が権力を握り、それから市民の権利や自由を徐々に奪い取っていることに見て取ることができる。国内で、あるいは国際舞台で政治権力を得るために戦う中で、指導者たちは自分たちの大義のために資源を蓄積しようとして、すでに経済的困難にあえいでいる人々に厳しい緊縮措置を押しつけている。

誰が指揮していてもマネーは最上層に絶え間なく流れるにもかかわらず、いつの日か正しい指導者が登場すれば事態はもっとよくなるという考えは、時代の悲劇である。左派か右派かを問わず、今日のポピュリスト指導者たちが普通の労働者に押しつけている大きな不正は、自分たちの条件を受け入れれば事態はよくなるという彼らの約束だ。事態がよくならなければ、それはいつも他の誰か――他の少数派宗教、他の文化、他の何か――のせいなのだ。

二〇一〇年代はこのような状態だった。人々はますます現在の政治機構に反対票を投じ、それより大してよくもない新しい政治機構を選ぶようになった。オーストリア、オランダ、スペイン、イタリア、それに中欧のいくつかの国で、またドイツ、フランス、北欧諸国の議会で急進派の躍進があった。経済的不満が世界中で高まった。

必ずしもすべての文化的怒りや激しい選挙戦や愛国心を誇示する動きが、少なくとも表面上は純粋に経済的不満によるものではなかったが、二〇〇八年の金融危機の亡霊は消え去ってはいなかった。かつては排除されたであろうナショナリストや国民を二分する人物が、主流の人々を味方に引き入れていた。

スコットランドでは長年の不満からナショナリストへの移行が進んでいたが、金融危機後の状態のせいでそれが加速した。二〇一二年一〇月、イギリスの保守党政権の首相デイビッド・キャメロンは、スコットランドがイギリスからの独立の是非を問う住民投票を実施することに同意したが、彼はそのとき、スコットランド人の間に独立を求める感情がどれほど沸き上がっているかを考慮していなかったかもしれない。だが、二〇一四年九月一八日の住民投票で一〇ポイントの差で（五五パーセント対四五パーセント）イギリスにとどまるという結果が出たとき、キャメロンは一種の一時的救済を与えられた[43]。

キャメロンはその「独立しない」という投票結果に対する見返りを約束していた。住民投票が実施される前にこう述べていたのである。「わたしはスコットランドがイギリスにとどまるという決定を下すことを期待し、望んでいる。それはわたしがスコットランドにわたしの利益になる取り決め、率直に言うと、わたしの党の利益になる取り決めを押しつけたいからではない[44]」

キャメロンを失望させたことに、住民投票の結果はナショナリズムの勢いが急上昇したことを示していた。それでも、住民投票はキャメロンにひとつ恩恵をもたらした。イギリス議会における労働党の影響力を低下させるのに役立ったのだ。スコットランド民族党（ＳＮＰ）が、イギリスからの独立を支持する姿勢によって労働党から議席を奪っていたからだ。『ガーディアン』は二〇一四年九月二二日に、こう報じた。「スコットランド民族党（ＳＮＰ）はイギリス最大の政党のひとつになる用意ができている。……グラスゴーで労働党の『独立反対』キャンペーンが住民投票で大敗したことを示す証拠が浮上する中で、ＳＮＰは月曜日に、わが党の党員数は四日間で七〇パーセント増加したと発表した[45]」。また、二〇一五年以降、スコットランド民族党はスコットランド議会で完全に支配的な政党になっており、イギリス議会でも議席を大きく伸ばしている。

ポピュリズムと混じり合ったナショナリズムの最大の特徴は、右派にも左派にも分類できないことだった。代わりに、課題ごと、もしくは地域ごとに結集する傾向があった。スコットランドは結局、イギリスに残留したが、多くのスコットランド人の独立への思いは、世界有数の経済・軍事大国における過激な変化を際立たせ、これは幅広い影響をもたらした。ＥＵの他の地域は、自分たちもスコットランドのナショナリストに倣って一歩前進したいと思った。スペインのさまざまな形のカタルーニャ分離独立運動は、一四六九年にカタルーニャがスペイン王国の一部になったときから、ずっと存在してきた。一九七八年憲法の制定とフランコ独裁の終結以降、この運動は勢いを増し、金融危機後にはさらに活発になった。もしスコットランドの住民投票で独立賛成票が多数を占めていたら、二〇一四年一一月九日に実施された「カタルーニャの政治的未来に関する市民参加プロセス」と呼ばれていたこの地域の非公式な住民投票に、弾みを与えていただろう。

ナショナリスト運動は通常、特定の住民を保護しようという考えから始まる。二〇一四年の株式市場を見ると、人々がなぜ自分たちには保護が必要だと感じたのかは理解しがたかっただろう。市場は一年中陽気に前進していたのだから。バンガード全世界株式上場投資信託（先進国、途上国を含む全世界の株式の動きをとらえようとするもの）に代表される世界の株価指数の複合指標は、市場のレジリエンスに関するバラ色の見方を裏づけていた。[46]その値は二〇〇九年の二四・四九ドルという最低値から二〇一四年には二倍以上の六二・九七ドルに上昇していた。[47]だが、世界経済全体にはさほど活発な成長は見られなかった。世界全体のGDPは二〇〇九年の六〇兆五〇〇〇億ドルから二〇一四年には七九兆ドルになり、二〇パーセントの伸びにとどまったのだ。

スコットランドからカナダ、ベネズエラ、スリランカに至るまでの平均的な労働者は、上場投資信託（ETF）の世界で展開していることに関心はなかった。それよりも、どうすれば自分と家族が食べていけるかを心配していたのである。彼らの未来は、広い視野で見ると金融市場と絡まり合っていたが、日常ベースでは金融市場に支えられてはいなかった。市場のリターンやオプション戦略や馴染みのない金融操作は、食べ物を提供してくれるわけでも、子供たちの教育費を払ってくれるわけでも、本当の心の平穏を与えてくれるわけでもなかった。

真の経済成長が行く手に見えない中で、経済の不確実性を背景にしたナショナリズムの上げ潮は引き続き激しくなった。二〇一四年六月二日、ドイツの株価指数であるDAX（ドイツの主要三〇銘柄で構成される株価指数）が一万ポイントに達したとき、経済学者のヌリエル・ルービニは『ガーディアン』で状況を次のように概説した。

この新しいナショナリズムはさまざまな経済形態をとっている。貿易障壁、資産保護、外資直接投資への反発、国内の労働者や企業に対する優遇政策、反移民措置、国家資本主義、資源ナショナリズムなどだ。[48]

金融システムと市場が受けてきた豊富な金銭的支援——これは経済的不平等、高い失業率、賃金の停滞の一因になってきた——に具体的に触れはしなかったものの、彼は経済的不安定と政治的変化の関連を指摘した。

その結果生じた労働者階級や中産階級の経済的不安定は、ヨーロッパとユーロ圏でもっとも深刻で、先週末の欧州議会選挙では、多くの国で主として極右のポピュリスト政党が、主流の勢力を上回る議席を獲得した。

彼はさらにこう続けた。

（これらの政党は）保護主義政策を推進し、長引く低迷を外国貿易と外国人労働者のせいにした。これに加えて、ほとんどの国で所得や富の格差が拡大した。エリートだけに利益をもたらし、政治システムをゆがめる勝者総取りの経済という認識が広まったのも無理からぬことだ。

経済的には、ヨーロッパは依然として死人も同然だった。二〇一四年、ユーロ圏は五年間で三度目の景気後退に直面した[49]。ヨーロッパ全体のＧＤＰはわずか〇・九パーセントしか増加しなかった[50]。全部で五億人の人口を抱えるＥＵ加盟二八カ国は、一〇パーセント近い失業率が続いていることに苦しんでいた[51]。なかでも若者の失業率は圧倒的に高く、二〇一四年一二月の若者の平均失業率は二一・四パーセントだった。とはいえ、必ずしもすべての国が同じように苦しんでいたわけではない。ドイツでは若者の失業率は七・二パーセント、オーストリアでは九・〇パーセント、オランダでは、九・六パーセントだった。それと劇的な対照をなすように、スペインやギリシャでは、若者の失業率は五〇パーセントを超えていた。若者世代にとって破滅的な状況だった。

世界は二つの現実、すなわち市場の現実と実体経済の現実の境目があいまいな正真正銘の「トワイライトゾーン」だった。主要中央銀行は前者の住人だった。中央銀行が助けていると主張していた普通の労働者は、間違いなく後者にいた。

政治指導者に対する不満と経済的不安の広がりが、あらゆるところで大転換を引き起こした。二〇一四年五月、ナレンドラ・モディがインドのヒンドゥー・ナショナリズム政党、インド人民党を総選挙での勝利に導いた[52]。ひとつの政党がインド議会で絶対多数を占めたのは一九八四年以来だった[53]。紅茶売りの息子に生まれたモディは、故郷のグジャラート州の首相を務めていたとき、同州の経済成長を実現したという実績（これについては疑問視する向きもある）を手に選挙を戦った[54]。選挙綱領では、インフレの抑制とインドの老朽化したインフラの整備を約束した[55]。彼の綱領の二つ目の柱は、さほど直接的に表現されてはいなかったが、右派のヒンドゥー・ナショナリストの政策を軸にしたものだった[56]。

国際舞台に向かうインドの動きは、マンモハン・シンの政権下でゆるやかに加速していた。モディはインドの存在感をなんとしてもさらに高めたいと思っていた。だが、国内・外交政策にナショナリズムの要素を盛り込むことも固く決意していた。[57] この政策はインドの二つの主要宗教、ヒンドゥー教（インド人の約八〇パーセントがヒンドゥー教徒）とイスラム教（約一四パーセントがイスラム教徒）の間の亀裂を深める働きをした。インドを外国人投資家にとってより魅力的にするというひとつ目の目標に集中するために、モディは世界各国への訪問を開始した。秋には国連総会のオープニング・セッションで演説し、マディソンスクエアガーデンで歓呼する群集の前に姿を見せ、ホワイトハウスで公式晩餐会に出席していた。[58] また、ソーシャルメディアもうまく使いこなしていた。実質より誇張した表現を助長するソーシャルメディアは、新しいポピュリスト政治家たちにとって流行《はや》りの発信手段だった。

世界第四位の人口を持つインドネシアでは、「ジョコウィ」という通称で広く知られているジョコ・ウィドドが、二〇一四年七月九日の選挙で辛勝してインドネシアの第七代大統領になった。[59] 家具製造会社の経営者から政治家に転じたジョコウィは、アウトサイダーとして出馬し、どちらかというと著名人のファンに似た支持者を集めた。[60] 彼は政治エリート階級の出身でもなければ将軍として軍を指揮した経験もない初の大統領だった。[61] モディと同じく、ジョコウィも個人的カリスマ性を強く打ち出した。

ソーシャルメディアは個人崇拝を現代のポピュリズムと融合させることを可能にした。政治的・社会的利益のためにメディア・プラットフォームを利用することは、たしかに今に始まったことではない。フランクリン・デラノ・ローズヴェルトは、ラジオ演説や炉辺談話でそれを行なった。エバ・ペロンは自身のラジオ番組で、権利を奪われていたアルゼンチン国民とつながり、夫の政党を支援して、ファン・ペロンが一九四六年の選挙で地滑り的勝利を収める手助けをした。

しかし、二一世紀版のポピュリスト指導者は別の種類の生き物だ。政治家は選挙運動をするとき、ツイッター、フェイスブック、ユーチューブなどのプラットフォームでスーパースター並みのフォロワーを獲得しようとする。スマート・テクノロジーの急成長によって、国中のオーディエンスとつながることが、かつてないほどたやすくなった。それはメッセージの発信を、特定の属性を持つ集団に向けて戦略的に行なえるようになったということだった。

人々は政治支配層とはまったく異なる指導者に、その人物が右か左かに関係なく引き寄せられた。新しい政治家たちは、経済的不安定のせいで高まっていた現状への不満を利用することで、よりポピュリスト的、ナショナリスト的、保守的な綱領にもとづいて権力をつかもうとしたり、その基盤を固めたりした。

アメリカでは、二〇一四年の中間選挙で共和党が上院を制し、結果として議会両院の支配権を握った。[62]韓国の二〇一四年六月の選挙では、右派ポピュリスト政党である朴槿恵《パク・クネ》大統領のセヌリ党（後に自由韓国党に改称）が権力を維持した。

世界でもっとも人口の多い国、中国では、二〇一二年から一貫して、最高位の政治指導者は習近平だった。彼の任期はためらいがちに始まったが、習は年を追うごとにあからさまにナショナリスト的、権威主義的になり、彼の政権は抗議活動やデモをますます厳しく退けるようになった。中国のデモは、理論上は合法だったが国家の承認が必要で、そのことが弾圧の余地を残していた。中華人民共和国憲法は、「中国の社会主義制度システムに敵対的で、それを弱体化させようとする……勢力や分子と戦う」ことを国民の義務と断言している。集会や言論の自由やデモなどの権利を行使した個人を刑事訴追するために、刑法一〇五条など、政権転覆活動を防止する諸法が使われるかもしれない。それで抗議活動がなくなったわけではないが、そうした活動はより物議をかもすようになった。

浸透していた不安は新たなレベルに達しようとしていた。香港の住民が政府の一党支配、検閲、自由の抑圧に反対して結集した。一九九七年にイギリスが香港を中国に返還して以来、香港は「特別行政区」という特権と、中国の他の地域には与えられていない恩恵を享受していた。二〇一四年六月に天安門事件二五周年を記念して香港で行なわれたデモに対して北京が厳しい対応をとったあと、緊張が一気に高まった[63]。民主的選挙を要求する抗議活動、「中環を占拠せよ」が九月二六日に始まり、警察の暴力を背景に一〇月初旬には最高潮に達した[64]。

二〇一四年の夏には、さまざまな国の市民が抗議デモを行なった。ブラジルでは、同国有数の大規模労働組合の労働者が、物価上昇、給与の減少、政府の予算管理能力の欠如に抗議してストライキを打った。二〇一四年ワールドカップのホスト国になることに反対する暴動が、いくつかの都市で混乱を生じさせた。二〇一三年の景気後退からまだほとんど回復していない中で、暮らしに不可欠なインフラではなくスポーツ・スタジアムの改修に税金を使うという決定に対し、怒りの波が高まったのだ。

中東では、国際的な制裁措置がイランの経済を麻痺《まひ》させた。食料価格は二〇一四年に一二パーセント上昇した。失業の蔓延や政治的自由の制限や女性に対する暴力をめぐる緊張が高まった。サウジアラビアでは、二〇一一年の「アラブの春」以降、君主制に対する反対が徐々に広がっていた。サウジアラビアのスンニ派イスラム教徒と、とりわけ東部州のシーア派イスラム教徒との緊張は、二〇一四年を通じて一貫して高かった。シーア派は全住民の五パーセントという少数派で、その大多数が東部州に住んでいる。サウジアラビアの油田のほとんどが、この東部州で発見されている[65]。

アフリカ最大の経済大国ナイジェリアでは、過激派組織ボコ・ハラムがイスラミック・ステートを樹立しようとする中で、この組織による自爆テロ攻撃や拉致が増加した。二〇一四年の前半には、ベネズエラで人々が犯罪の増加、記録的な殺人率、生活必需品の深刻な不足に抗議するデモ行進を行なう中で、十数年ぶりの大規模な暴動が発生した。インフレ率は六五パーセントに跳ね上がった。ベネズエラは世界最大の原油確認埋蔵量を誇っているにもかかわらず、その原油の多くが市場価格を下回る価格で輸出されていた。食料価格の激しい上昇がもっとも弱い立場の人々を絶望的な状況に追いやり、闇市取引がさらなる物価上昇を招く中で、物価統制が破壊的な影響をもたらした。

二〇一四年の秋に発生した抗議活動はこれだけではなかった。ロシアでは、反クレムリン感情が高まる中で、ウラジーミル・プーチンの支持率が徐々に低下した。二〇一四年九月には、何千人もの市民がモスクワに集まって平和行進を行なった。これはウクライナ東部の紛争にロシアが関与していることに抗議するデモだった。経済成長が鈍化する中で国内の経済や格差の問題も表面化しはじめた[66]。限られた国内供給のせいで食料価格が急騰し、問題をさらに悪化させた。ロシアは自国の農産物のほとんどを輸出していた。ルーブルの下落により、ロシアの農家にとって育てたものを輸出するほうが利益になっていたからだ。

クリミアの占領とウクライナ東部の分離派支配地域をめぐる、ロシアの支援を受けた分離派と西側とのにらみ合いは、不満の高まりを激化させた。事態をさらに悪化させたのが西側の対ロ制裁で、これによりEU、アメリカ、カナダ、オーストラリアからの食料輸入が全面的に禁止された。西側の制裁は原油価格の低迷とあいまって、ロシアに年間一四〇〇億ドルの負担を負わせていると、ロシアの財務大臣は推定した[67]。それがこの先、戦争を引き起こすことになる。

アメリカにおいても警官の残虐行為や人種差別をめぐる社会不安が高まっていた。ミズーリ州ファーガソンで、マイケル・ブラウンが白人警察官に射殺された翌日の二〇一四年八月一〇日、抗議行動や暴動が始まった[68]。こうした抗議や暴動は二〇一四年一一月、陪審員が黒人少年の殺害について警官を不起訴にしたあと激化した。司法省がこの射殺事件について調査しはじめてからも、抗議や暴動は続いた。ブラウンの殺害は、アフリカ系アメリカ人コミュニティで人種差別と経済的不平等の問題を高い関心事に押し上げた。市場中心の金融政策と直接関係していたわけではないものの、経済的流動性の欠如は決定的な要因だった。金融市場に大量に流れ込んでいるマネーは、あらゆる人種、ジェンダー、経済的背景の人々に門戸を開いてはいなかったのだ。

グローバル経済のうち、消費支出に依存していた部分は衰退していた。世界中で、多くの消費者があまりにも貧しく、あまりにも疲弊していた。一方、富裕層はコストを心配する必要はなかったが、グローバル経済全体の成長に影響を及ぼすほど十分には購入していなかった。人々が貧困に追いやられ、権利を奪われ、怒っているとき、消費は生存ほど重要ではない[69]。中産階級は使えるお金がますます少なくなったと感じており、それは財やサービスに対する需要をさらに低下させただけだった。

この問題は目新しいものではなかったが、中央銀行の政策が世界に及ぼすとてつもない影響は初めて目にするものだった。システムは永続的に歪められ、大企業や金融エリートや有力な企業幹部は、チープマネーを利用できることを考えると、計り知れないほどの富を手に入れていた。メガバンクと巨大グローバル企業は引き続き混乱期には莫大な補助金を受け取り、一方普通の労働者はそのような緩和措置はまったく得られなかった。これは決して一時的な現象ではなかった。

ＦＲＢ、債券買い取りを停止

二〇一四年一〇月二八日、ＦＲＢはすでに発表していたとおりＱＥプログラムの拡大を停止した[70]。保有している債券は売却せず、新規の買い取りを停止しただけだった。これはＦＲＢの金融緩和政策を事実上強化することになる。長期国債を保有しつづければ、長期金利を引き続き低く抑えることになるからだ。市場がまともだったら、つまりＦＲＢの支援がなくても自律的に機能できる状態だったら、この措置は実際に起こったような反応を引き起こしはしなかっただろう。だが、グローバル市場やグローバル経済はまともな状態ではなかった。それはQEが一部の人々にとってのみ有効だったからだ。市場はきちんと反発したが、回復は金融部門に集中していた。銀行株はほとんどの他部門の株式より好調だった。CNNビジネスはこう指摘した。大手銀行の株価指数は「(二〇〇九年三月九日に) 弱気相場が底打ちしたときから二八〇パーセント近く上昇している。S&P500は約一九〇パーセント上昇している[71]」

マネーを実体経済に投入することが義務づけられていなかったので、FRBのからウォール街に流れた資金は銀行にとどまっていた。FRBは銀行が資金を退蔵するのを容認した。マネーがきわめて安かったので、銀行にとって小規模事業者に賭けるより市場で投機を行なうために使うほうが、リスクが小さかったのだ。CNNはこう報じた。「QEは金利を低く抑えるのに役立ってきたが、それは銀行から資金を借りられる幸運な人々にとって朗報であるだけだ。貸出基準は今なおかなり厳しい[72]」

豊富な金銭的支援が経済活動を活性化させるという物語は、依然として広く語られていた。それは主として、大手銀行は資本水準を強化できたので、実体経済への貸し出しという点でこれまでより大きなリスクをとることができるという考えによるものだった[73]。この論理は、大手銀行が人為的な資金源に依存している事実を無視したものだった。FRBはゼロ金利を五年間続け、バランスシートを四兆五〇〇〇億ドルに拡大したのち、その政策の負の影響について責任をとらないまま、事実上、金融危機に対する勝利を宣言したのである[74]。

こうした動きのどれひとつとして、労働者、とりわけマイノリティの状況を変えはしなかった。二〇一四年一二月に発表されたFRBの消費者金融調査を分析したピュー・リサーチ・センターの報告書によると、グレート・リセッションの終結以降、「富の不平等は人種や民族の境界線に沿って拡大してきた」[75]。たとえば白人世帯の資産の中央値は、二〇一〇年にはアフリカ系アメリカ人世帯の八倍だったが、二〇一三年には一三倍になっていた。さらに、二〇一〇年には白人世帯の資産は二〇一〇年には中産階級やヒスパニック世帯の九倍だったが、二〇一三年には一〇倍になっていた。住宅・金融市場の危機が中産階級や貧困世帯にもっとも大きな打撃を与えただけでなく、経済の回復は彼らと上層階級との格差を拡大したのである。それは回復が「資産価格でもっとも明らかで」、必ずしもすべての世帯が資産を持っているわけではなかったからだった。

G20諸国全体では、成長は芳しくなかった。それはFRBが（ほとんど）置き去ろうとしていた金融政策の明らかな空白を誰かがカバーする必要があるということだった。G20内の他の大規模中央銀行が、欧州中央銀行と日本銀行を中心に、その役目を素早く引き継いだ[76]。二〇一四年一一月にオーストラリアのブリスベンで開かれたG20首脳会合で、首脳たちは楽観的にもG20全体のGDPを少なくとも二パーセント、すなわち二兆ドル相当増大させることで合意した。ブリスベン行動計画によると、彼らの狙いは数百万人分の雇用を生み出すことだった[77]。この行動計画は「マクロ経済面での協力と結果の向上、投資の拡大と育成、競争の促進、貿易の拡大、雇用と参加の向上」を公式に目標としていた。しかし一年後、それらの目標は効率的に実施されてはいなかった[78]。

ヨーロッパでは、二〇一四年が終わるころイタリアが景気後退に陥っていた。イタリアでは一一月末に反緊縮措置の抗議活動が全国各地で噴出し、現行の雇用保護規定の政府による見直しに反対して、労働組合も学生も移民も同様にストライキを行なった[79]。

ドイツやフランスなど、EUの核をなす強国でさえ、足踏み状態だった。フランスでは二〇一四年に求職者の総数が過去最高になった。フランスのマニュエル・ヴァルス首相とエマニュエル・マクロン経済相は、日曜日に営業する企業の数を増やすとともに、特定の規制部門にもっと競争を持ち込むプランを打ち出した。このプランには何千人ものパリ市民が即座に抗議したうえに、与党である社会党内からも反対の声が上がった。深刻な経済危機で苦しんでいた国、ギリシャが予想外の明るい場所として立ち現れたことは、ヨーロッパの状況がどれほどひどかったかを示す指標だった。もっともそれは、ギリシャの解散総選挙と「グレグジット」（ギリシャのEU離脱）の話がギリシャの株式市場を崩壊させるまでのことだった。[80]

欧州中央銀行はEUという船を沈没させるつもりはなかった。だから、市場にマネーを注入しつづけた。そのマネーが実体経済にしたたり落ちることを期待してのことだ。ECBのバランスシートはQE政策の下で、二〇〇九年一月の一兆九〇〇〇億ユーロから二〇一三年には三兆ユーロに増加していた。[81] 二〇一四年一二月には二兆一五〇〇億ユーロに減少したのではあるが、経済の回復が弱いにもかかわらず、マリオ・ドラギECB総裁は、二〇一二年七月にロンドンでの国際投資会議で自身が約束していた、ユーロを守るために「必要なことは何でもする」という戦略を断固として実行しようとしていた。[82]

ドイツ、フランスをはじめとする西欧諸国は、実体経済も市場も南欧や東欧の国々より好調だった。ドイツの株価指数DAXは、二〇〇九年の最安値だった二月二七日の三八三四から二〇一四年六月には一〇〇〇〇を超える水準になっていた。二六〇パーセントの上昇だった。[83] ドイツはECBと欧州委員会で、したがってEU全体の政策決定にかなりの影響力を持つ国でもあった。

二〇一四年一二月には、アメリカ経済はついに強さを取り戻しており、この月の雇用の伸びは一〇年半で最大となり、消費者信頼感も上昇していた。[84] FRBはこの一時的な成長について完全に自信を持っているようには見えず、金利をゼロ近傍に抑えつづけた。そして、インフレ率が二パーセント未満の間は「じっとがまんして」、「金融政策の正常化」には着手しないと語った。FRBはできるかぎりの方法でパーティを続けさせたかったのだ。ＦＲＢの指導者たちは、自分たちの監督下で生じる引き締め策の結果を恐れていたのである。

一方、政治家たちは、経済状況が悪化し、市場が崩壊し、その結果、信用がさらに逼迫《ひっぱく》した場合に起こることを恐れていた。選挙のことを考える必要があったのだ。

有権者と救済融資機関の衝突はギリシャではとくに激しく、おそらく必然的にと言えるだろうが勝者は一方だけだった。ギリシャの有権者たちは、二〇一五年一月に新しい左派政権を選び、反緊縮政策を掲げるアレクシス・チプラスが首相に選出された。ギリシャが二〇一五年六月に債務不履行に陥るおそれがある中で、チプラスはギリシャの巨額の債務についてよりよい返済条件を勝ち取ると約束したのである。だが、選挙公約と現実の交渉はまったくの別物で、チプラスはＥＵを説得することができなかった。チプラスはＥＵの救済条件を受け入れるか否かを問う国民投票を七月に実施するよう求め、その結果、ギリシャ国民の六一パーセントが受け入れに反対票を投じた。救済条件には痛みをともなう緊縮措置が含まれていたからだ。この決定はグレグジットの可能性を高めたが、国民を助けるギリシャの能力を損なう緊縮措置の要求を阻みはしなかった。

ギリシャ経済は金融危機以降二五パーセント縮小しており、ギリシャの失業率は二五パーセント前後で推移していた。ギリシャはさまざまな問題に直面していた。長引く景気後退、二五パーセントという若者の厳しい失業率、貧困の増大、医療を含む基本的なサービスの削減、うつ病罹患《りかん》率や自殺率の上昇、エンジニア、医師、科学者たちが国外に去る頭脳流出などだ。[85] それでも金融危機前は、ギリシャ経済は比較的活気があった。金融投機家たちが経済の大惨事を引き起こしていたのである。ギリシャ国民にとって残念なことに、救済を受けられなければさらに悪化するという事態を前に、チプラスはＥＵの救済条件を受け入れた。[86] 彼は次の選挙で勝利したが、教訓は明白だった。政府は銀行より弱いということだ。

二〇一五年にきわめて重要な選挙が行なわれたEU加盟国はギリシャだけではなかった。二〇一五年五月七日にイギリスで総選挙が実施された。イギリスのEU離脱を支持するナイジェル・ファラージのイギリス独立党（UKIP）が、勢いを増していた。同党はポピュリスト的公約を掲げて選挙戦を戦った。同党の多くの政策案件は外国人労働者に的を絞ったもので、移民受け入れ数に上限を設けること、イギリス残留を望むユーロ圏からの移民労働者への永住権付与を止めること、イギリスの雇用主にイギリス人を先に採用するインセンティブを与えることなどだった[87]。UKIPの綱領はブレグジットに関する国民投票のできるだけ早期の実施を要求していた。また、対外援助の削減を求め、「イギリス的価値観」を強調し、その一方で相続税や他の税の廃止をめざしていた[88]。スコットランド民族党の支持率も上昇していた。どちらの政党もデイビッド・キャメロン首相に、再選されたらイギリスのEU離脱に関する国民投票を実施するという公約を守るよう圧力をかけていた。同時に、イギリスの緊縮措置反対運動も勢いを増しており、二〇一五年に行なわれた抗議デモの件数は一九六〇年代以降ではもっとも多かった。

地球の反対側では、二〇一五年六月七日にメキシコで下院議員選挙が行なわれ、前例がないほど多くの市民が投票に行った[89]。彼らは従来の選挙の傾向と決別し、政権内の協調組合主義者の腐敗分子を追い出そうとして、独立系の候補者に投票した。現職のエンリケ・ペーニャ・ニエト大統領の支持率は急落した。彼もまた選挙公約を守れなかったからだった。ペーニャ・ニエトは二〇一三年一二月にメキシコの議会に、同国の石油産業を外国からの投資に開放するよう圧力をかけていた[90]。野党勢力は、そんなことをしたら国益が損なわれると思っていた。二〇一四年に原油のグローバル価格が急落すると、メキシコの予算や社会プログラム、それに同国最大の経済部門が打撃を受けた。二〇一四年一一月には何千人ものメキシコ人が街頭に出て、腐敗の蔓延、経済状況、暴力、それに教員養成大学の学生四三人が虐殺された事件に抗議するデモを行なっていた。[91]

アルゼンチンは二〇一五年一〇月二五日の選挙に進む中で、グローバルな改革の波に加わるチャンスを得た。ペロン党を基盤とする「勝利のための戦線」のクリスティーナ・フェルナンデス・デ・キルチネル大統領は、憲法の制約により再選はめざせなかった。四〇パーセントのインフレ率とアルゼンチン・ペソの急落、さらに対外債務の不履行によって、経済は大変な状態になっていた。[92]「勝利のための戦線」はダニエル・シオリを候補者に立てたが、二〇一五年一一月二三日の決選投票で、保守派のブエノスアイレス市長で、「共和国の提案」党代表のマウリシオ・マクリが、シオリを僅差（五一・五パーセント対四八・五パーセント）で破った。[93]

二〇一五年を締めくくったのは、一二月に行なわれたスペインの議会選挙だった。それはマリアーノ・ラホイ首相と保守系の国民党（ＰＰ）に対する事実上の信任投票だった。[94]スペインでも巨額の債務問題が過酷な緊縮措置につながっていた。他のＥＵ加盟国の低迷している経済に比べ、スペインの経済は改善されているように見えていた。[95]国民党は第一党の地位は維持したものの大きく議席を減らして単独での政権樹立は不可能になり、一連の連立交渉も不調に終わって苦境に陥った。この選挙のもっとも重要な結果は、極右政党ＶＯＸの台頭だった。もうひとつの影響は、カタルーニャの分離独立派との緊張が高まったことで、カタルーニャは翌年、独立の実現にほぼ成功した。

二〇一五年には他にも三つの重要な出来事があった。これらの出来事は世界の力の序列に永続的な影響を及ぼすだろう。ひとつは、七年の交渉ののち、二〇一五年一〇月に環太平洋パートナーシップ協定（ＴＰＰ）が動き出したことだ。アメリカをはじめとする一二カ国が、史上最大の地域貿易協定を締結することで大筋合意に至ったのだ。ＴＰＰはグローバル経済の四〇パーセント弱に対して貿易ルールを確立することになる。オバマ大統領は、二〇一五年六月に議会から与えられた貿易促進権限（ＴＰＡ）にもとづいてこの協定に同意することができた。だが、アメリカの世論が不安にかられて保護主義に向かっていた時代にあって、この多国間協定、すなわち「グローバリスト」の政策には圧倒的な支持があったわけではなかった。下院でＴＰＰに賛成票を投じたのは四一人の民主党議員だけだった。

大きな変化をもたらす二つ目の出来事は、二〇一五年一一月に起こった。一九五カ国の指導者や代表がパリでの気候変動サミットに出席し、パリ協定を締結したのである。この協定には、ほぼすべての関係国に化石燃料への依存度を減らして二酸化炭素排出量を削減するよう求める拘束力のない規定が含まれていた。これは何かを保証するものではなかったが、環境保護の方向への大きな一歩だった。また、エネルギー効率を高め、持続可能な政策の枠組みを構築するグローバル競争を促進した。

三つ目は、中国経済の成長鈍化だった。途上国はとりわけ二〇〇八年以降、中国の需要と資金提供にますます依存するようになっていた。しかし、一次産品価格の下落と中国の需要縮小によって、多くの新興経済国が大きな打撃を受けた。二〇一五年八月に景気減速に直面して、中国人民銀行は人民元を切り下げることにした[96]。公式の話としては、中国は西側諸国の政府が長年要求してきたように、市場に人民元の価値を決めさせたいと思っていると主張された。だが、切り下げは意図せぬ結果をもたらした。投資家たちが、切り下げは中国経済が公表されている数字が示すよりも速いペースで減速していることを意味していると推論したのである。その結果、上海株式市場は暴落し、二〇一五年六月一二日から二〇一五年八月二六日の間にその価値の四三パーセントを失った[97]。中国は第３四半期の成長率を六・九パーセントと発表した。これは予想を上回ってはいたものの、中国の過去三〇年の平均成長率一〇パーセントよりはるかに低かった。

中国のエリート層はアメリカ中心の通貨システムに公然と抵抗してきており、アメリカを飛び越して地域経済同盟や国際経済同盟を発展させることに重点を置いていた。自国の景気減速にもかかわらず、中国は二〇一五年に史上最高額に近い二九〇億ドル相当の対外融資を行なった。二〇一四年の同国の融資額の三倍であり、二〇一五年の世界銀行と米州開発銀行の融資を合わせた額より多い。中国は自国を助けると同時に他の国々も助けていたが、それは中国の経済成長のいかなる鈍化も同国の主要貿易相手国に広範囲に及ぶ経済的影響を与えるということだった。

二〇一五年一一月末には、ブラジルのインフレ率が十数年ぶりに一〇パーセントを超えた。それに対応するため、政府は特定の裁量支出を凍結した。ブラジルの中央銀行ＢＣＢは、インフレを抑制しようとして、すでに基準金利を二〇一三年三月の七・二五パーセントから二〇一五年七月二九日には二倍近い一四・二五パーセントに引き上げていた。[98] 中国の景気減速の影響もあってブラジル経済が急降下する中で、ジルマ・ルセフ大統領の辞任と弾劾を求める声が高まった。ルセフの政敵たちは、彼女が政府系金融機関の資金を使って財政赤字の額を小さくしようとしたと――これは「財政の自転車《ペダラーダス・》操業《フィスカイス》」として知られていた慣行だった――彼女を糾弾した。いくつかの企業が刑事捜査を受けた。土木部門のオデブレヒト、アンドラーデ、グティエレス、ケイロス・ガルバン、ＯＡＳ、石油部門のペトロブラス、食肉加工部門のＪＢＳなどだ。

グローバル経済にはひとつのパターンが現れていた。中央銀行が少しでも利上げしたり、引き締め策をとったりすると、消費者融資に対する影響が拡大されるというパターンである。これは大手銀行が本業――中央銀行から安価な融資という支援を受けながら、借り手からもっと高い利子を徴収して、差額を自分のものにすること――でたっぷり儲けるひとつの方法だった。

二〇一五年末には、ＦＲＢで利上げすべきだという意見が再浮上した。クリスティーナ・ラガルド

ＩＭＦ専務理事をはじめとする世界の指導者たちが、新興市場にとくに打撃を与えるおそれがあるとして、利上げしないよう懇願していたにもかかわらずだ[99]。ＦＲＢは二〇一五年一二月の会合で、二五ベーシスポイントの利上げを決定した。二〇〇八年の金融危機以降、初めての利上げだった。ＦＲＢがここにきて打ち出し、アメリカの金融メディアが広めた認識は、七年間の「緊急措置」と緩和政策は効果を上げたというものだった[100]。成功したというこの見方と、金利の上昇によってアメリカに引き寄せられる投資家や外国資本が増えるという読みに支えられて、米ドルは上昇した。

　小幅な利上げは何よりも慎重さを示していた。経済の回復能力に対するＦＲＢの控えめな自信を伝えていた。それにもかかわらず、市場は年末にかけて引き続き大きく下落した。歓迎されない親戚のように混乱が再び訪れた。株式市場はチープマネーに依存するようになっており、ＦＲＢの方向転換は蛇口が締められる兆しを示していた。新興国や途上国の市場は、その決定の影響をまともに受けた。投機資本が競って本拠地であるアメリカに戻ったからだ。

　マネーを生み出すというＦＲＢの政策は、古いタイヤに空気を入れるようなものだった。空気を入れつづけたら破裂するが、十分な空気を入れなければ、行く必要があるところまで乗っていけない。人為的に膨らませたバブルがはじけたら、ひ弱な金融システムとその基礎をなす経済は、パニック、危機、景気後退、恐慌に追いやられる。チープマネーによって下支えされている商業銀行などの機関は、危機に陥るおそれがある。安価な資本を利用できるからこそ無謀な行動ができていたヘッジファンドやプライベートエクイティ・ファンドなどの投機家は、市場が突然暴落したら巨額のお金を失うおそれがある。ＦＲＢが再び慎重な利上げ――やはり二五ベーシスポイントという形ばかりの利上げ――をはじめるには、丸一年を要することになる。

第二部

依　存

第三章　ドラッグ、ポピュリズム、パワープレイ

それは空が落ちてくることがずっとわかっていて、その後、実際に落ちてきたら驚いたふりをしたようなものだった。

――エリン・ヒルデブラント、*The Love Season*

金融の宇宙で恐怖とドラマが結ばれて子どもを産んだとしたら、その子どもは二〇一六年一月の市場によく似ていたことだろう。市場は完全に恐怖に支配されていた。中国の景気減速や原油価格の暴落から、ダウ平均株価が一八九七年の創設以来もっともひどい年明けを迎えたことまで、あらゆることに関する恐怖である。[1]

二〇一五年のクリスマス前のＦＲＢによる利上げは、金融システムにとってまさにボディーブローだった。世界中の市場が、ドラッグの供給が途切れたときの薬物依存者のような反応を示した。市場はチープマネーの注入を、少なくともチープマネーはいつでも入手できるという安心感を必要としていた。

市場は心理的な生き物だ。人間の感情、人間によって書かれたコンピューター・アルゴリズム、お

よび市場を流れるマネーの三つが掛け合わされて生まれたものだ。これらの要素のいずれかが不確実性によって衝撃を受けたら、激しい値動きがそれに続く。通常、下方への値動きは上方への値動きより速く起こる。金融の世界では、人生と同様、恐怖のほうが楽観主義より強力なのだ。二〇一六年初めの不確実性の襲来によって、グローバル市場は前回の金融危機が始まったときの状態と不気味なほど似通った状態となった。新たな危機に関する不安が満ちあふれていた。それはすべてFRBのごく小幅な利上げのせいだった。この利上げに加えて、二〇一六年一月六日に原油価格が一一年ぶりの低水準に下落したことは、既視感を振り払う助けにはならなかった。[2]

その光景は舞台の千秋楽の幕が下りるのに似ていた。世界各地の株式市場に目を向けると、中国の上海総合指数は二〇一六年一月に二四パーセント下落した。[3]香港のハンセン指数は一一パーセントの下落となった。どちらの指数も二〇〇八年一〇月以来最悪の月だった。中国の株式市場は下落幅がきわめて大きかったので、一月第一週に二度にわたり取引停止となり、中国人民銀行が人民元の急落を防ぐために介入する事態となった。日本の日経平均株価は、年初としては一九九七年以来の安値を記録した。[4]ドイツのDAX指数も負けてはおらず、年明けとしては四半世紀ぶりの低い数字になった。一方、ダウ平均株価は二〇一六年の最初の五営業日の間に一一〇〇ポイント（六・二パーセント）近く下落し、この有名な優良株価指数の一年のスタートは史上最悪になった。[5]この月には不安が強欲さを打ち負かしていたが、市場の動揺の原因は景気減速の不安ではなかった。本当に恐ろしかったのは、FRBのチープマネー政策が永久に変わる可能性があることだった。

この市場の急落にはFRBでさえ神経質になった。連邦公開市場委員会（FOMC）は市場の不安を鎮めるために後退して、一月に再び利上げすることは取りやめ、その代わりに「世界の経済・金融状況の進展を緩やかにモニター」すると発表した。[6]市場のパニックは、気がかりな経済要因とあいまって、ＦＲＢに二〇一六年末まで利上げを停止させるのに十分だった。この混乱の前には、ＦＲＢは二〇一六年に三、四回利上げすることを検討していたのだが。

ＦＲＢのバランスシートには、依然として史上最高に近い四兆五〇〇〇億ドル分の債券が載せられていた。[7] かくして、市場は銀行システムを通じて注入される創出されたマネーのおかげで、今なお人為的な高値を維持していた。それは他の主要中央銀行からの補助金に加えての話だった。ＦＲＢがＱＥポートフォリオ内の債券を公然と売却して、状況をさらに混乱させるリスクを冒すことはありえなかった。

バランスシートの「テーパリング」を行なうにあたり、ＦＲＢは新しい国債の買い取りは行なわず、満期を迎えた国債を償還するという形を主としてとっていた。ＦＲＢが積極的に公然と国債を売却したら、アメリカ国債の市場がまともに機能しなくなり、利率が急上昇するおそれがあることを、ＦＲＢの指導者たちは熟知していた。ＦＲＢの人為的な需要プランの対象ではなくなった国債を投資家が投げ売りするからだ。国債の利率が上昇したら、政府は債務に対してより高い金利を支払わねばならなくなる。それはＦＲＢにとってもアメリカ政府にとっても好ましくない状況だ。

他の中央銀行は、市場の不安と戦うための援軍になった。たとえば日本銀行が一月二九日に発表したマイナス金利政策の採用というサプライズは、グローバル市場にとってありがたい贈り物だった。[8] その対応は、利上げのペースを落とすというＦＲＢのメッセージとあいまって、市場を落ち着かせた。チープマネーがどの国から来ようが、それが市場に届くかぎり、市場は気にしなかったのだ。

その間、不平等は拡大していた。大きな資産と所得を持つ人々は、株式市場に投資してさらに儲けていた。金融の最上層では、ＦＲＢはマネーサプライの縮小も市場の崩壊も起こさせないはずだという確信が生まれ、それが市場でポジションを保有できる人々にとって新しい現実になった。その裏側には、さほど資産を持っておらず、お金に余裕がなくて投資を検討することさえできない人々がいた。二〇一六年四月に発表された、不平等と株式市場に関するFRB自身の調査報告書は、次のように述べて、これを裏づけていた。「株価が上昇する中で、利益は富裕層に偏って分配されている。低・中所得世帯は資産も乏しく、自分の貯蓄を株式市場のより高いリスクにさらす可能性は低い」[9]

年初は不安定だったものの、二〇一六年には世界のほとんどの株式市場が好調なパフォーマンスを示した。アメリカではダウ平均株価が一六パーセント上昇した。新興市場諸国の株式市場は、二〇一二年以来の高いパフォーマンスを記録した。それは主として、国内では支持されなかったにしても、外国人投資家に事実上の緊縮措置とみなされ支持された「改革」努力のおかげだった。

金融政策の視点からは、国際貿易や通貨活動に占める割合が低い国々は、必ずしも自国の最善の利益にはならない政策を選択せざるをえなかった。これは政府が往々にして国内の経済的ニーズより、大きなリターンを探し回る大手金融プレーヤーに注意を払うということだった。市場が緊縮政策を好むのは、この政策は政府が余剰資金を債務の利払いに使えることを意味し、それによって政府の債務返済能力が高まるからだった。悲しい現実として、新興市場国の債務がその国のGDPを上回ったら世界はそれを問題とみなしたが、アメリカや日本など、より複雑な先進国経済については、債務の対GDP比が一〇〇パーセントを超えても、ほとんど問題にされなかった。

年初の市場のボラティリティと、FRBがこの先さらに利上げするかもしれないという不安にもかかわらず、グローバル経済の全体的な見通しは、いくらか留保を残しながらも、明るい方向に転じた。二〇一六年一月一九日、IMFの世界経済見通しは、二〇一六年の先進諸国の成長率を三・四パーセントと予測した。[10] しかし、新興市場諸国は成長がよりゆるやかで、しかも一次産品価格と原油価格の下落によって債務負担が深刻化するおそれがあると警告した。

ＩＭＦの主な懸念のひとつは依然として、ＦＲＢのチープマネー政策が止まったら開発途上諸国の状況がどうなるかということだった。停止の余波が途上国に大きな影響をもたらすことをＦＲＢは理解していた。新興市場国の非金融企業が抱えていた国内・国際債務の総額は、二〇〇七年から二〇一五年の間に二兆四〇〇〇億ドルから三兆七〇〇〇億ドルに増大していた。発行済み国際債券の額は三六〇〇億ドルから一兆一〇〇〇億ドルに膨らんでおり、政府が巨額の借り入れを行なったことを示唆していた[11]。その債務の返済は、新規国債の金利が経済成長率を上回る上昇を見せた場合は難しくなるおそれがあった。

ＩＭＦのある報告書は、マネーフローが重要な問題になる可能性があるとはっきり述べていた。

アメリカの政策金利が徐々に上昇するという見通しは、新興市場の成長見通しが懸念される中での突発的なボラティリティの上昇とともに、多くの新興市場国で外部金融環境の引き締まり、資本流入の減少、およびさらなる通貨安の原因になってきた[12]。

世界中の市民が、自分たちの経済環境が変わったことを、そしてそれはよいほうへの変化ではないことを理解していた。彼らは現在の政権や政党指導者に狙いを定めた。二〇一六年には、多くの政府指導者が不満を持つ国民や自分バージョンのポピュリズムを掲げる政治的ご都合主義者によって退陣に追い込まれた。ブラジルと韓国（世界第九位と第一一位の経済大国）はどちらも、（女性）大統領、ジルマ・ルセフ（ブラジル）と朴槿恵（韓国）を弾劾裁判で罷免した。弾劾裁判は韓国では全国的な抗議デモの結果であり、ブラジルでは政権側が「クーデター」と呼んだ画策によるものだった[13]。

ブラジルは二〇一六年の夏に初めてオリンピックを開催することになっていた。ブラジルの前大統領ルイス・イナシオ・ルーラ・ダ・シルバが招致を勝ち取ったときには、これはすばらしいチャンスのように思われた。オリンピックはブラジルに威信、外国の関心、世界各地からの観光客をもたらすと期待された。だが、景気低迷の苦しみの中で、一般国民に直接役立つ経済プログラムより、オリンピック関連のインフラへの支出を優先させることをめぐって大規模なデモが勃発した。[14] 二〇一六年八月には、ブラジルの失業率は二〇一四年のほぼ二倍で、過去四年でもっとも高い一一・八パーセントに達していた。[15] 活気のない経済と、国営石油会社ペトロブラス――ルセフ大統領は二〇〇三年一月から二〇一〇年三月まで同社の取締役会議長を務めていた――で浮上した不祥事により、ルセフの支持率は過去最低に落ち込んだ。[16]

ルセフはペトロブラスの不祥事に直接関わっていたわけではなかったが、政敵たちは彼女が二〇一四年に、自身の再選を勝ち取るためにブラジルの赤字の拡大を隠そうとして財務書類を改ざんしたと主張した。ブラジル経済が不調になるにつれて、そうした非難は勢いを増した。

二〇一六年八月三一日、ルセフは上院の弾劾投票で賛成六一、反対二〇で罷免された。[17] 副大統領だったミシェル・テメルが後任の大統領に就任した（テメルは数年後、これがルセフを失職させるためのクーデターだったことを公の場で認めた）。[18] テメルの暫定政権はインフレ・リスクを引き合いに出して、政府支出に上限を設けた。[19] ルセフが失脚して、代わりにより市場重視のリーダーが据えられたことで、ブラジルの株価指数ボベスパは、二〇一六年に四五パーセント近く回復した。[20] 実体経済のためになることと、外国の消費や投機的消費のために株価を上昇させることとの間に何のつながりもないことは明白だった。

土台が不安定な経済の場合、道路のほんのわずかな凹凸でも極端な結果をもたらす場合があることがますます明白になった。ヨーロッパでは、もうひとつの対立が拡大して、深刻な景気後退から抜け出そうとするEUの戦いを妨げていた。シリアの内戦とそれがもたらした経済的不安定から逃れようとする難民が、一〇〇万人以上流入していたのである。ヨーロッパへのこの難民の流入は二〇一一年四月に始まって、五年以上続いていた。[21] 難民の流入は孤立主義者の反発をかき立てた。ドイツ、セルビア、ハンガリーなど、多くのシリア難民が流入した国々ではとくに反発が激しかった。雇用に関する暗い見通しと不確実な未来に直面していた人々は、自分たちの状況を移民のせいにしたのである。[22]

亡命希望者に対する敵意の高まりは、経済的不安や権力の座にあるエリートへの全般的な不信感とあいまって、EUの構造自体の亀裂をさらに拡大した。シリア難民への対応の仕方が国によって大きく異なることが明らかになり、反移民を訴えるヨーロッパのナショナリスト政党の綱領を過激化させた。ドイツでは、右寄りの「ドイツのための選択肢（AfD）」の党首フラウケ・ペトリーが、二〇一六年一月にドイツの新聞『マンハイマー・モルゲン』に、国境警備隊は「必要なら銃器を使ってでも、違法な国境越えを防がなければならない」と語った。[23]

通常は難民の友好的な避難場所であるスウェーデンでさえ、シリアからの亡命希望者には厳しい姿勢をとった。二〇一五年に一六万件以上の亡命申請を受理していたスウェーデン政府は――人口比で見るとこれはEUで最多の移民流入だった――二〇一六年二月に、六万人から八万人が申請を棄却されると発表した。実際、申請者の半分が国外退去させられた。

オーストリアでは、大統領選挙の一次投票で極右政党の候補者がトップになった数日後の二〇一六年四月、亡命申請者を国境で直接拒絶することを可能にする、論議を呼んだ亡命法が可決された。[24] これは人権擁護団体の怒りをかき立てた。これらの団体に言わせれば、この法律は戦争や迫害からの保護という原則を損なうものだった。

結果として、EU全域でEU懐疑論が高まった。EUの一〇カ国を対象に行なわれたピュー・リサーチ・センターの調査では、次のような結果が得られた。「ＥＵに対する好意的な感情は、ユーロ圏経済危機が始まった二〇一二年から——一時的な上昇はあったものの——全般的に低下してきたが、過去一年は大幅に低下した」[25]。難民危機や経済問題に対するＥＵのそれまでの対処の仕方を「圧倒的多数」が支持していないことも、この調査で明らかになった。イタリア人、フランス人、スペイン人の回答者では、三人のうち二人が、この二つの問題をＥＵに対する不満の最大の理由とした。

難民危機はオバマ政権にも政治的問題をもたらした。オバマ政権は二〇一五年に、二〇一六年末までに「少なくとも一万人」のシリア難民を受け入れると発表していた。しかし、二〇一六年四月までの受け入れ人数は、わずか一三〇〇人だった[26]。難民受け入れに対する抵抗はさまざまな要因に関係があった。二〇一五年一一月に発生したパリのテロ事件、煩雑すぎる手続き、共和党大統領候補たちからの批判、アメリカの州知事の半数以上が受け入れを拒否すると断言していることなどだ[27]。受け入れ人数はオバマが発表していた目標よりはるかに少なかったが、共和党の一般的な反応は、難民や移民に関するアメリカの少なくとも半分の感情を反映していた。こうした恐怖心や経済的不安の表明は、二〇一六年秋の大統領選挙の前兆となる。

シリア難民への対応の仕方をめぐる分裂は、六月に行なわれるイギリスの国民投票でＥＵ離脱に賛成という結果が出るのではないかという不安が高まる一因にもなった[28]。世論調査の結果は、離脱賛成派とみられる人々の七五パーセント近くが移民問題を最重要課題とみなしていることを示していた。イギリスへの移民の流入は史上最高に近い水準に達していた。アメリカの場合と同じく、経済的不安定と不信感が、雇用をめぐる不安や労働者としての諸権利を失う不安と合体した。イギリスの一般国民は当初は亡命希望者を受け入れていたのだが、パリのテロ事件がその考えを変化させていた。ヨーロッパ各地の新聞報道に関するカーディフ大学の調査によると、「イギリスの右派新聞は難民や移民に対する敵意を表明していた。これは（EU諸国の中では）異色だった」[29]

EUでは、内在する経済的不安定の現れとしてのナショナリズムが定着し、政治的力の性格を今にも変えようとしていた。しかし、金融面だけに集中していた中央銀行は、自分たちの政策が経済や社会や国民にどのような影響を及ぼしているかを認識せず、それまでどおりの活動を続けた。

ブレグジット効果

二〇一六年六月二三日木曜日、イギリスはEU離脱の是非を問う重要な国民投票を行なった。同国は一九九三年のEU発足時からその一員であり、一九七三年から欧州経済共同体（EEC）の加盟国だった。

国民投票の結果は「残留派」の人々にとってはもちろん「離脱」派の一部にとっても大きなショックだった。イギリスの各種世論調査は「残留」派が僅差で勝利すると予想していた。ところが、イギリスは五二パーセント対四八パーセントという、小さいながら決定的な差で離脱を決めたのだ。この結果は、イギリス国内に存在する亀裂を反映していた。スコットランドと北アイルランドは「残留」を選んだ[30]。比較的若く教育程度が高い都市部の有権者の大多数もそうだった[31]。それに対し、イングランド、ウェールズ、それに比較的年配で教育程度が低い地方の有権者は「離脱」を選んだ。似通った人口統計パターンは、二〇一〇年代後半のアメリカやブラジルや他の国々の選挙でも浮上することになる。

スコットランドでは、二〇一四年の住民投票で独立を支持した人々が二〇一六年にはEU残留を支持し、六二パーセント対三八パーセントで残留派が多数を占めた[32]。この結果を見て、スコットランド自治政府のニコラ・スタージョン首相は、イギリスからの独立に関する二度目の住民投票を要求しはじめた。

ブレグジット、すなわちイギリスのEU離脱に関する国民投票という賭けとその衝撃的な結果は、デイビッド・キャメロン首相の政治家としてのキャリアを葬り去った。キャメロンは二〇一六年七月一三日に辞任し、テリーザ・メイが後任の首相になった。メイは政府の仕事を知らないわけではなかったが、苦しい戦いをすることになった。彼女は二〇一〇年から二〇一六年まで保守党のキャメロン政権で内務大臣を務めており、自身は「残留」派だったが、保守党内の選挙によってイギリスの新しい首相に選ばれた[33]。

メイは厄介な立場に置かれていた。自身が反対していたブレグジットをうまく導かざるをえなくなったのだ。それは決してたやすいことではなかった。イギリス議会は、離脱に際してEUから何を得たいか、どのような条件を維持できるか、また離脱が関税や国内の経済状況にどのような影響を与えるかをめぐって分裂していた。離脱プロセスを公式に開始する一歩として、イギリスはまずリスボン条約第五〇条を発動させるための投票を実施する必要があった。二〇一七年三月二九日、イギリス政府は公式に第五〇条を発動させて、EUから離脱するための二年のタイムラインを開始した[34]。

ブレグジットに関する国民投票の結果は、他国の有権者もEU離脱を求めるのではないかという憶測を高めた。それは親子や兄弟姉妹でさえ互いに対立するほど激しい議論を引き起こした。ブレグジットをめぐる苦悩の背景には、イギリスの株式市場の上昇に比べて同国の経済状況が弱いことがあった。ブレグジットはイギリスとEUの専門的な機械部品のメーカーには状況の改善を期待させたが、食品・農業・製造業部門や交通・貨物・運輸・漁業・金融サービス産業にとっては大きな妨げになるおそれがあった[35]。

この先起こりうる経済的混乱の事前評価では、離脱の決定はイギリスの通貨に打撃を与え、英ポンドは対ドルで一九八五年以来の安値になるとされた。経済成長見通しは大幅に引き下げられた。イングランド銀行は即座に行動に移り、二〇一六年八月四日に（二〇〇九年三月以来）七年ぶりに金利を二五ベーシスポイント引き下げて、過去最低の〇・二五パーセントにした[36]。それに加えて、経済的影響がどうなるかによってさらに利下げするかもしれないというシグナルを送った。

イングランド銀行のマーク・カーニー総裁は、四項目から成る対策パッケージの一環として、同行のQEプログラムの規模を拡大した。この措置は、大手銀行が利下げによって生じるかもしれない収益性への打撃を乗り越える手助けをするために、大手銀行に追加の資金を提供することになる。中央銀行はこのときも、何よりもまず銀行を助けるためにマジックマネーを使おうとしていたのである。カーニーのプランには、国債を対象とする既存の資産買い取りプログラムを六〇〇億ポンド増額して四三五〇億ポンドにすることと、「イギリス経済に重要な貢献をしている」企業の社債を買い取るために電子マネーを一〇〇億ポンド追加することが含まれていた[37]。中央銀行はさらに、銀行に対する最大一〇〇〇億ポンドの低利融資制度を創設した。これは銀行が基準金利の引き下げを顧客への融資に反映することを狙ったものだったが、銀行はそうするよう義務づけられはしなかった。カーニーはこの欠点に気づくと、ただちに銀行のCEOたちに直接電話して、イングランド銀行は家計を助けるために銀行が応分の役割を果たしてくれることを望むと強く要請した。だが、要請は法律でもなければ公式な命令でもなかった。

ブレグジットが引き起こした不安定はヨーロッパ全体に広がった。ナショナリズムの波はスペインのカタルーニャやバスク地方の、またベルギーとフランスにまたがるフランドル地方の分離独立運動を活性化させた。さらに、他の国々、とりわけ東欧諸国のEUへの関わりを弱くした。金融面では、ブレグジットがもたらしたEUの将来に関する不確実性が、イタリアの銀行システムが崩壊の危機に瀕したことで悪化した。イタリアのバンクローン（銀行などの金融機関が企業向けに行なう融資で、その債権は流通市場で取引されている）の約一七パーセント、額にすると四〇〇〇億ドル弱が、投資不適格級に格下げされていた。イタリアの主要銀行は声高に救済を求めていた。投資家たちは危機を感じ取った。

金融・経済不安が大陸ヨーロッパ全体に広がった。イタリアの銀行が破綻したら、ヨーロッパ経済全体にギリシャやスペインやポルトガルの危機より大きな影響を与えることになる。イタリア経済はこれら三カ国の経済より規模が大きく、複雑だったからだ。EUやECBからの支援を求めるイタリアの要請は拒否された[38]。巨額の債務を抱えたイタリアの銀行は、株式市場で大損害を被った[39]。連綿と続いていた世界最古の銀行のひとつ、バンカ・モンテ・デイ・パスキ・ディ・シエナ（モンテ・パスキ）は、破産に向かっていた。ECBはイタリアに、モンテ・パスキの四六九億ユーロの不良債権を削減するよう要求した。

イタリア出身のECB総裁マリオ・ドラギは、二〇二一年二月一三日にイタリアの首相に就任することになる[40]。二〇一六年の時点で、ECB総裁退任後の野心がすでにひそかに育まれていた可能性もある。だが、銀行救済の要請を拒否した理由としてドラギが挙げたのは、とくに二〇一六年一月一日に導入されたEUの新ルール、「ベイルイン」だった[41]。表向きは救済から生じるモラルハザードを排除するためとされていたが、この新ルールは、税金を使った銀行救済が始まる前に、まず投資家に銀行の損失の一部を負担するよう求めるものだった。

イタリアの状況をめぐるさらに大きな皮肉は、ECBが二〇一五年三月から熱心にマネーを生み出して、それをQEプログラムの債券購入に使っていたことだった[42]。そのタイミングは二〇一四年にF

RBがQEプログラムの拡大を停止した時期と一致していた。それは世界の主要中央銀行が、結果がどうなろうと、世界のマネーの価格を低く抑えつづけるために協調していた証拠だった（FRBが二〇一九年下半期にQEを再開すると、ECBも再開した）。

ECBは創出したQEマネーでどの債券を買い取るべきかをめぐり四苦八苦していた。きわめて大量のマネーを生み出していたので、入手できる「強い」EU加盟国国債とみなせるものが十分には存在していなかったのだ。だからといってイタリアの銀行が救済されるべきだったということにはならないが、ギリシャ救済危機のときと同じダブル・スタンダードが再び顔を出した。ECBは自身が助けたいと思えばどんな加盟国でも助けることができた。だが、オーウェルの『動物農場』と同じく、一部の国は他の国々より平等だった。すなわち、より価値があるようだった。当時、ECBは主としてユーロ圏の中核をなす国々の国債をひと月当たり六〇〇億ユーロ分購入していた。ひと月当たり八〇〇億ユーロから縮小したのではあるが、この購入によってECBのバランスシートは二〇一六年三月には三兆ユーロ以上に膨らんでいた（図2aと2bを参照）。

こうした購入の規模はなんらかの法律や規定にもとづくものではなかった。ECBがそれぞれの政府から買える国債の額を制限する自主規制ルールにもとづいていたのである。ECBは「相対的に強い」国債、すなわちEUの核をなす国の国債を買うことを好んだ。そうした国債はリスクが相対的に低いとみなされていたからだ。

ECBは厄介な事態に陥っていた。第一に、この中央銀行は創出したマネーの不当に大きな割合をもっとも支援を必要としていない国々に注ぎ込むことによって、本質的に不公正な、不平等を招くシステムを築いた。第二に、たとえばドイツ国債の供給量は、QEプログラムが翌年三月に終了する前に底をつくはずだった。EUの両端に位置する諸国の国民が騒然としたのは当然だった。強い経済を

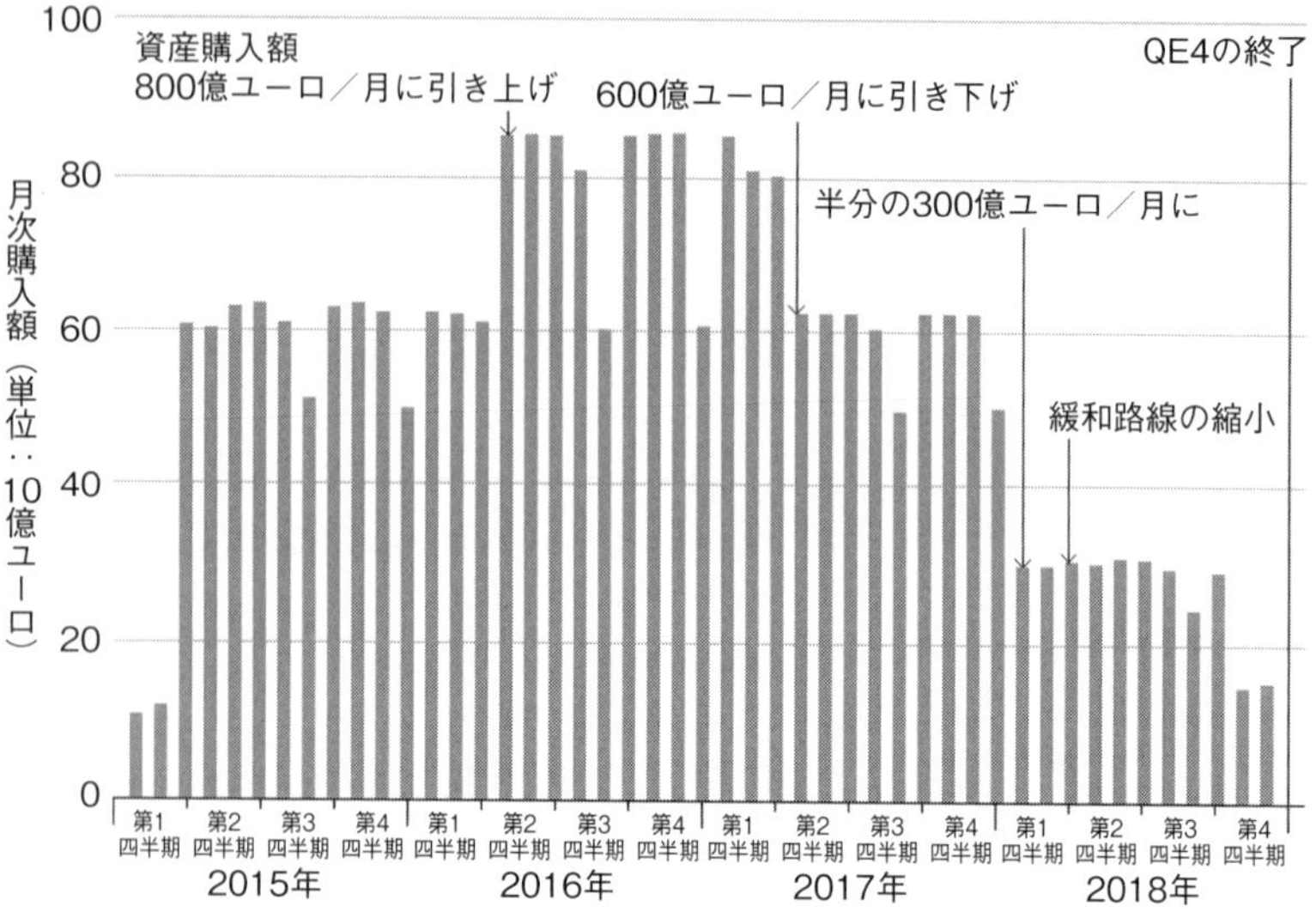

図２a　資産買い取りプログラム

持つ加盟国の国民は、あらゆることが自分たちの利益になるように動くことを望んでいた。ECBが自分たちの国の国債にマネーを投入することは、その目的にぴったり叶っていた。弱い経済を持つ国々の国民は、それを認識していようといまいと、中央銀行という陰の実力者の被害者だった。

ECB自身の説明では、QEはECBが選ぶ民間銀行のいずれかから債券を買い取ることによって、金融システムにマネーを注入する戦略だった[43]。その人為的な需要はそれらの債券の価格を上昇させ、理想的には銀行システムにさらに多くのお金を流入させることになる。それは事実上、金利水準を低下させ、借入コストを安くする。最終的には実体経済の中の企業や人々がより多くのお金をより低い金利で借りられるようになる。QEのマネー注入は、より多くの消費と投資を生み出し、それによって経済のあらゆるレベルの現実の人々に影響を及ぼすことを意図したものだった。理論的には、QE

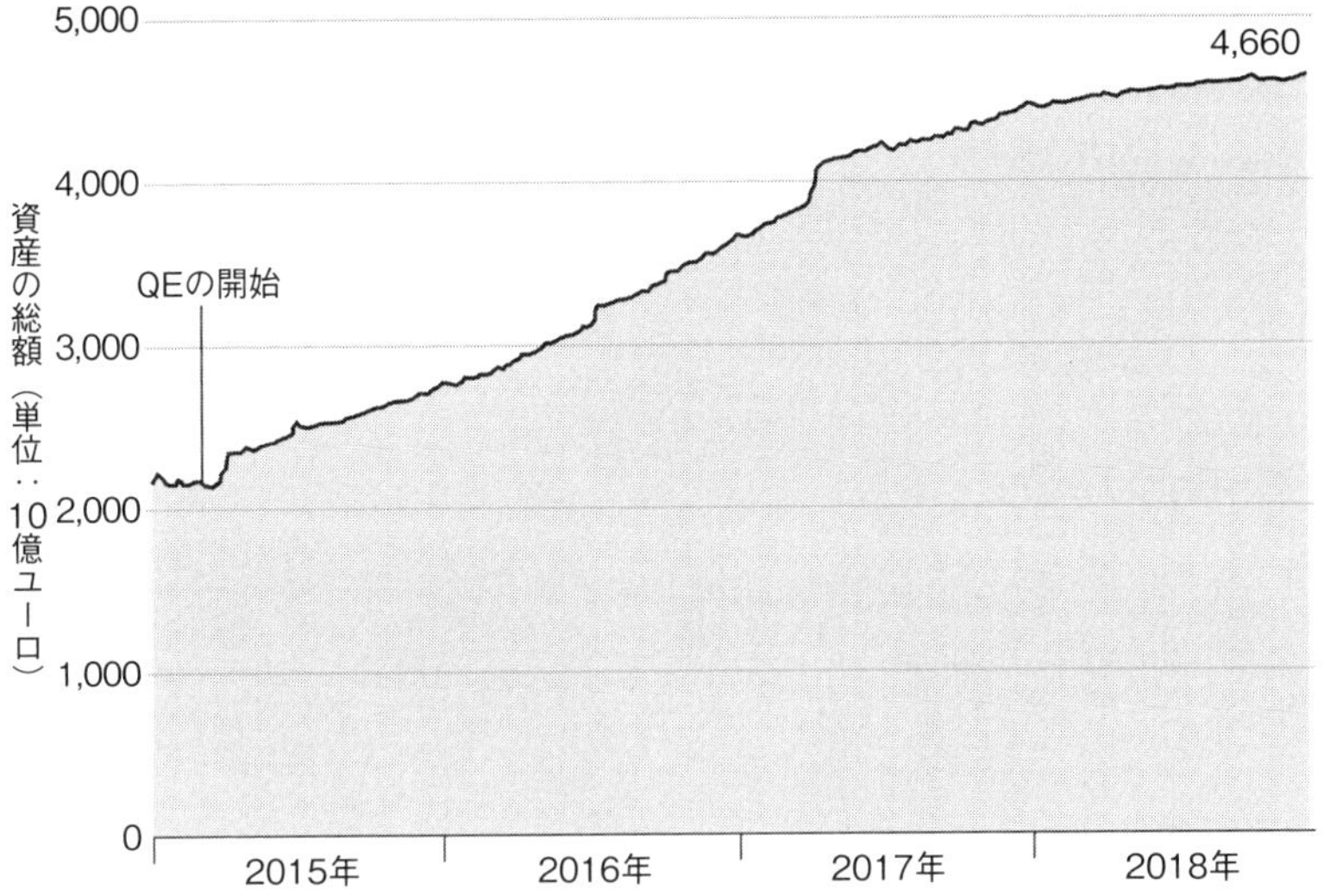

図２b　QEによるECBのバランスシートの膨張

は経済成長と雇用創出を促進し、より高い（だが高すぎはしない）インフレ率を生み出すことになる。それは美しい考えだった。というより、F・スコット・フィッツジェラルドの言葉を借りると「美しく呪われた」考えだった。

QEの前提になっていた考えの問題点は、大手銀行は当然、自分たちの役割を果たすはずだという思い込みだった。メガバンクは予測どおりに行動し、より幅広い経済を支え、発展させるために活動するはずだ。注入されたマネーは、メガバンクが投機や市場志向の取引活動を促進するために使うのではなく、中小企業や一般国民に流れるはずだ。そう想定されていたのだが、現実はまったく違っていた。銀行はECBからもFRBからも他のどの中央銀行からも義務を負わされてはいなかった。銀行はそのお金で何でも好きなことをすることができたのだ。

ブレグジットの国民投票を促進し、EUの多元主義的考えを脅かしたナショナリズムの潮流が浸透する中で、より他国間の経済貿易協力をめざす他の取り組みにも突然ほころびが見られるようになった。アメリカでは二〇一六年の選挙期間中に、まだ生まれたばかりの環太平洋パートナーシップ（ＴＰＰ）協定が、民主、共和両党の大統領候補から攻撃された。

リアリティ番組のスターからご意見番に転じた大富豪のドナルド・Ｊ・トランプは、大統領候補として、中国、関税、多国間貿易協定に関する自分の考えをはっきり打ち出した。二〇一六年五月、彼は「中国がわが国から略奪するのを許しつづけることはできない」と語った。[44] フロリダ州タンパでの二〇一六年八月の集会では、アメリカは国際貿易に関して「もういい加減な態度はとらない」ことを世界に示したいと明言した。[45] そして、商標権侵害や知的財産権侵害の疑いで中国をＷＴＯに提訴すると約束した。

中国はというと、Ｇ７の通貨政策に対する自国の批判を生かしてグローバル社会に対する影響力を拡大しようとしていた。グローバル金融危機の余波の中で、中国は力の真空状態とチャンスを見て取った。アメリカが自国と同盟関係にある途上国でまず軍事的プレゼンスを拡大し、それから企業を買収したのに対し、中国は長期融資をベースにしたインフラ協力や貿易協力を申し入れた。東南アジア諸国連合（ＡＳＥＡＮ）やアジア太平洋経済協力（ＡＰＥＣ）に加盟している国のほとんどにとって、中国は最大の貿易相手国だった。[46] 世界のＧＤＰの三分の一が中国に依存していたのだから、中国の経済力は地域的にも世界的にも感知されていた。

中国の基本的な考えは長期的な展望を持って資本を配分することであり、北京はそのために戦略的インフラ・プロジェクトに重点を置いた。その一例が、ブラジルの大西洋岸とペルーの太平洋岸を陸路で結ぶ一〇〇億ドルの南米横断鉄道で、これは鉄鉱石、大豆、原油、鶏肉、リチウムなどの産物を中国に輸出するための、より容易な輸送ルートを提供するためのプロジェクトだった。[47]

拡大中の超大国という中国の立場を考慮して、ＩＭＦは二〇一六年一〇月一日、主要準備通貨で構成されるＩＭＦのＳＤＲバスケットに中国の通貨である人民元を加えた。それまでＳＤＲバスケットには、米ドル、英ポンド、ユーロ（以前はフランス・フランとドイツ・マルク）、日本円が含まれていただけだった。人民元の追加は、ブレトンウッズ協定の歴史的拡大とグローバル経済システムにおける中国の重要性の高まりを示す動きだった。

ＩＭＦの行為が浮き彫りにしたように、中国はグローバルな経済超大国のひとつであるにもかかわらず、中国と西側の間の不信感は消えなかった。それどころか、大きくなった。二〇一六年の大統領選挙が近づくにつれて、アメリカと中国の間の敵意は高まった。ヒラリー・クリントンもドナルド・Ｊ・トランプも、キャンペーン中に中国を非難することになる。クリントンはアメリカの政府機関に対する中国のハッキング、企業データベースに対する中国の安全保障上の脅威、機密情報を盗もうとする中国の動き、および南シナ海における緊張の高まりについて警鐘を鳴らしていた。[48]それでも、中国は彼女を「正体のわかっている悪魔」のようなものとみなしていたが、それに対し中米関係に関するトランプの政策的立場はより把握しにくかった。[49]

政治の専門家たちは、トランプが大統領の座を勝ち取る可能性を一貫して否定していた。彼の支持者たちでさえ選挙のわずか数日前までクリントンが勝つと思っていたことを、さまざまな世論調査が示していた。[50]ウォール街はクリントンが勝つと予想していた。[51]ムーディーズのアナリティクスは彼女の勝利を予測していた。[52]世論調査や専門家たちがとらえそこなったのは、ポピュリストで、支配階層に反感を持ち、経済的に不当な扱いを受けている有権者たちの怒りの激流だった。彼らにとって、トランプはワシントンの支配階層に対する怒りを代弁してくれる存在だったのだ。世界のあらゆる国でそうだったが、アメリカでも経済的不安が充満していた。経済は有権者にとってもっとも重要な問題であり、自分の最大の関心事として経済を挙げた有権者の割合は、金融危機のさなかだった二〇〇八年の選挙のときと同じくらい高かった[53]。

世論調査の結果は、ブレグジットについてと同様、アメリカの選挙についても間違っていた。二〇一六年一一月八日、アメリカ人はドナルド・トランプを第四五代合衆国大統領に選んだのだ。トランプは一般投票では敗れたが獲得選挙人数で勝利した五人目のアメリカ大統領になった。また、政府や軍での経験がまったくない初のアメリカ大統領でもあった。本物の『動物農場』のように、彼は労働者階級の中の自分の支持者たちに共鳴している人物を演じて見せた。たまたま豪邸に住んでいて金メッキのトイレを好む大富豪であるだけだというわけだった[54]。

候補者としてのトランプは、誇張した孤立主義とメキシコや中国といった国々への侮辱によって、支持者たちのポピュリズムとナショナリスト的傾向をかき立てた[55]。アメリカとメキシコの国境に壁を建設し、重要な貿易協定から離脱し、外交政策の規範を変えると約束した。

これらの発言はアメリカの深い経済的分断を埋める働きはまったくしなかった。経済的スペクトラムの最底辺にいる人々は後退しつづけ、その一方で、もっとも所得水準が高い人々は歴史的な資産の急増を経験したのである。

七年にわたる不平等の増大は、経済的勝者と他のすべての人々との隔たりを拡大しただけだった。数年後に発表されたピュー・リサーチ・センターの調査報告書は、こう述べていた。「所得の伸びは依然として最上層に偏っており、上位五パーセントの世帯は二〇一一年以降、他の世帯より大きな伸びを経験してきた」[56]（図3参照）

この調査報告書は、社会の最上層の人々、最初から他の人々より大きな資産を持っている人々は、金融危機後の期間にその資産から利益を得たとして、次のように述べていた。「所得上位の世帯は、

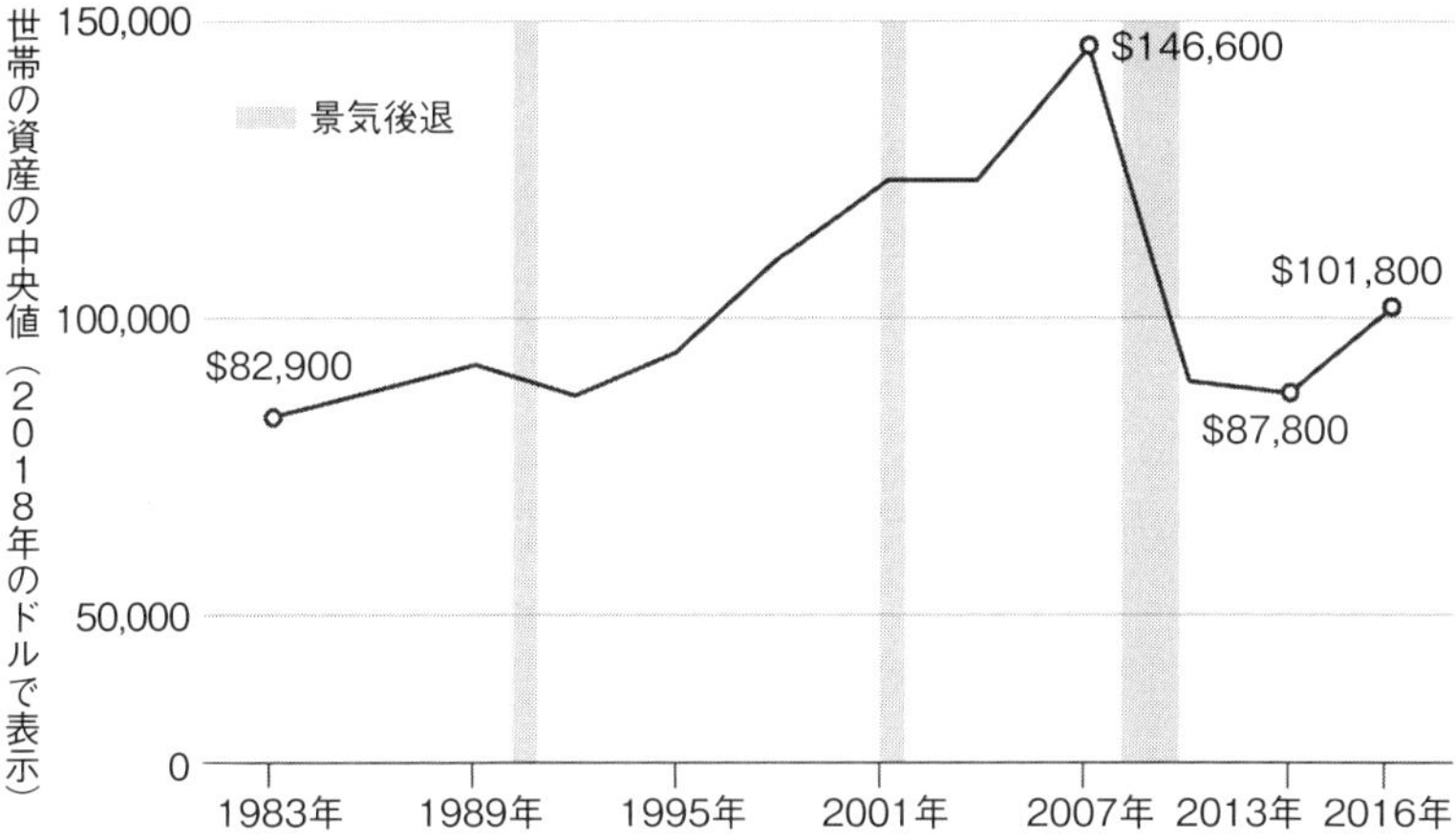

図３　アメリカの世帯の資産は、グレート・リセッションからまだ回復していない。

二〇〇一年から二〇一六年の間に資産を増やすことができた唯一の所得層であり、中央値で三三パーセント増加させた。それに対し、中所得世帯は純資産が中央値で二〇パーセント縮小し、低所得世帯は四五パーセント減少した[57]」（図４参照）

トランプ主義とポピュリズム

世界は主として右派ポピュリズムに向かって進みつづけた。ラテンアメリカでは汚職スキャンダルが、既述したようにブラジルではジルマ・ルセフの、アルゼンチンではクリスティーナ・フェルナンデス・デ・キルチネルの進歩的政権、すなわち中道左派政権を終了させた。チリのミチェル・バチェレの政権も同様だった。これらの変化はブラジルのジャイル・ボルソナロ、アルゼンチンのマウリシオ・マクリ、チリのセバスチャン・ピニェラのようなポピュリストで親市場派の指導者が政権をとることを可能にした。オーストラリアでは、二〇一六年七月の総選挙の結果、中道右派、自由党の右寄りの党首

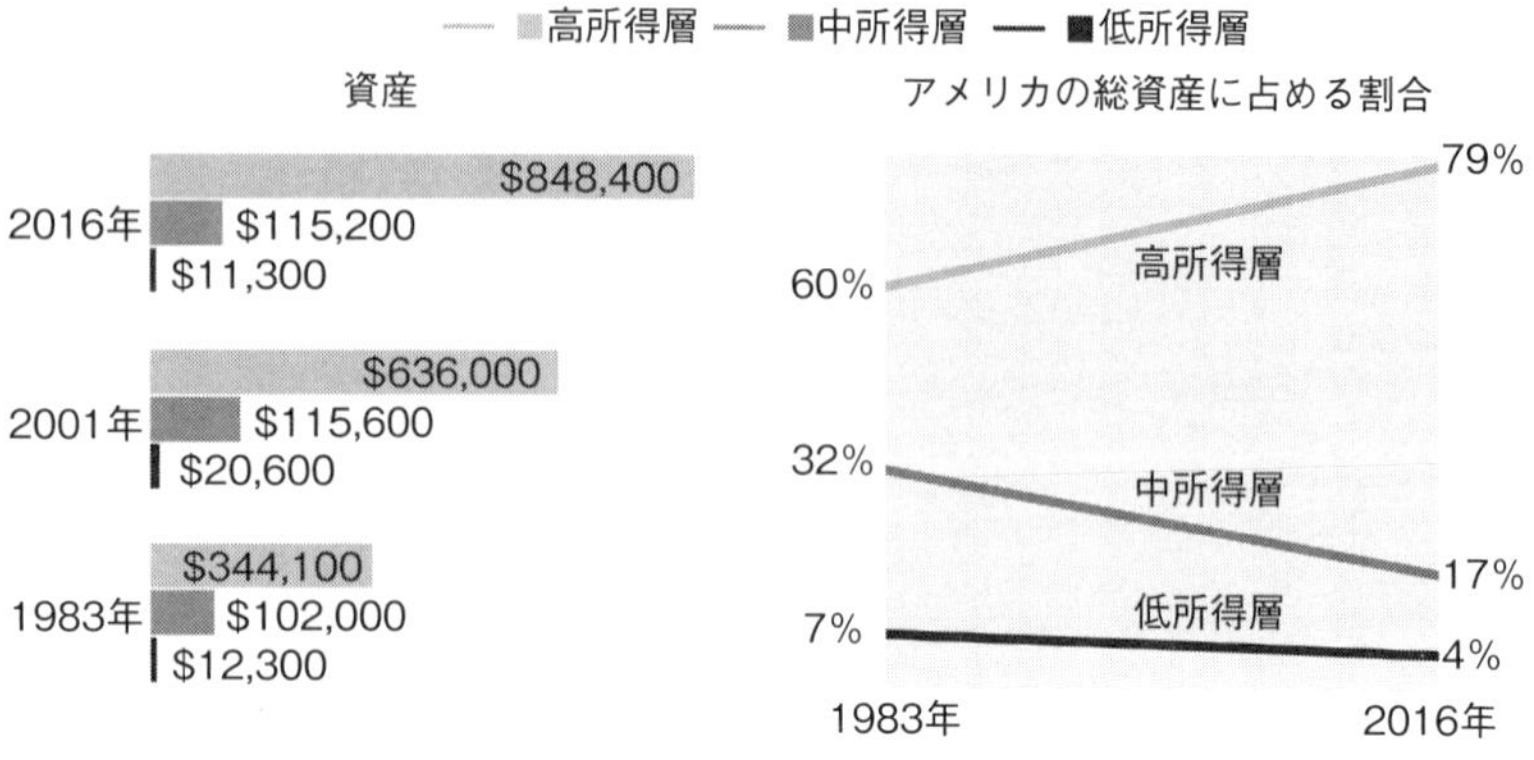

図４　株式市場が上昇すると、不平等も増大する
多くのアメリカ人が株価上昇の恩恵を受けているが、株式保有高全体に占める富裕な世帯の割合は、他の世帯よりはるかに高い。

マルコム・ターンブルが引き続き二〇一八年八月まで首相を務めることになった。韓国では文在寅《ムン・ジェイン》が二〇一七年五月九日の大統領選挙に勝利した。彼の「共に民主党」は中道リベラル政党だった。

アメリカでは、トランプがその波に乗ったのであれ、それを実証したのであれ、対立候補が政治支配層のど真ん中にいる人物だったため、他の人間なら誰でも自分たちの問題をよくわかってくれているように見えたという単なる幸運のおかげだったのであれ、運命のときが来る寸前になっていた。トランプは金融混乱から生み出された、それまで以上に不快な経済的現実の一部をうまく利用していた。金融政策はほとんどの有権者の最大の関心事ではなかったが、労働者階級や中産階級に大きな影響を与えており、これはトランプに有利に働いた。

トランプは自身を反グローバリストとして打ち出した。彼は「沼地の水を抜く」と、すなわちワシントンの支配層の腐敗を一掃すると約束し、「アメリカを再び偉大な国にする（ＭＡＧＡ）」というスローガンを掲げた。また、孤立主義を具体化した。[58] 多国間貿易協定より二国間協定を支持したのである。彼にとって二国間協定は、自分が分断、制圧し、よりよい取引を引き出すことを可能にしてくれるものだった。

これは一世紀前のアメリカで確たるものにされた戦術と、スタイルは違うにしても、性質は似通っていた。一九二〇年に孤立主義者の共和党上院議員ウォーレン・ハーディングが、「正常」への復帰という公約と「アメリカ・ファースト」というスローガンを掲げて大統領選挙を戦った[59]。ウッドロウ・ウィルソン大統領の国際主義を拒否して、ハーディングは第一次世界大戦後初の大統領選挙で地滑り的勝利を収め、一九二一年に大統領に就任した。

ウィルソンは世界のリーダーとしてのアメリカという考えを提唱していたが、アメリカは別の道を選んだ。一九二〇年代は、ヨーロッパの戦争には二度と巻き込まれたくないという思いから生まれたアメリカ孤立主義の時代の幕開けとなった。株式市場は一九二四年から一九二九年まで活況を呈した。アメリカ経済は一九二〇年代に（戦争で荒廃した経済の低い基準からではあったが）四二パーセントという驚異的な成長率を記録し、戦争直後にはアメリカは世界の生産高の半分を生産していた[60]。新築件数は二倍近くに増えた。だが、経済データはバラ色に見えていたが、不平等は今にも爆発しそうになっていた。実際、一九二〇年代には、超富裕層と他のすべての人との資産や所得の格差が拡大した。もっとも富裕な上位一パーセントのアメリカ人が総所得に占める割合は、一二パーセントから一九パーセントに上昇し、上位五パーセントが占める割合は二四パーセントから三四パーセントに上昇した。下位九三パーセントのアメリカ人は、可処分所得の減少にみまわれた。

こうした背景があったがゆえに、一九二九年の株式市場暴落の衝撃は一九三〇年代初めの世界的な大恐慌を引き起こし、市場は一九二九年九月のピークから底入れした一九三二年七月八日までの間にその価値の八九パーセントを失ったのだ。長引く極度の弱気市場は、市場が暴落したら、実体経済はパニックの広がりと信頼の喪失によって崩壊するという事実を浮き彫りにした。ダウ平均株価が暴落前の水準に戻ったのは一九五四年になってからだった。中央銀行の大規模な救済措置は、当時はまったく見られなかった。

一九二〇年代から得られる教訓は依然として重要だ。株式市場は経済と同一ではない。国民の大多数は株式には比較的少額しか投資していないか、まったく投資していない。株価が上昇したとき、それは大多数の人々の財布には影響を与えない。市場の混乱のせいで大手銀行が融資へのアクセスを制限することにしたら、メインストリートや地方銀行を含む地方の中小企業は打撃を受ける。ハーディングの「正常への復帰」キャンペーンからトランプのMAGA集会に至るまで、メインストリートが上昇局面ではウォールストリートの後から上昇し、下落局面ではウォールストリートより先に下降することは明白だ。最大手の銀行や最富裕層の個人は、好景気のときや市場の好調期に利益を得るだけでなく、混乱期にも戦略的に利益をつかみ取る。

トランプは就任直後から自分のナショナリスト的公約や「アメリカ・ファースト」という主張を実行した。議会での議論を巧みに回避して、アメリカをTPP協定やパリ協定から離脱させた[61]。そして、やがて中国と、また韓国、カナダ、EUなどの緊密な同盟相手と、さらには世界貿易機関（WTO）とも貿易・関税戦争を始めた。だが、トランプが対処しなかった、グローバル貿易に関する基本的な事実があった。政治に関係なく、すべての国がグローバル・サプライ・チェーンでつながっているということだ。他の国々がたとえば中国との貿易を増やせば増やすほど、それらの国はアメリカを無視することができる。これは経済や貿易の枠組みだけでなく、先進国と途上国の間の信頼にも影響を与えることになる。

グローバル経済の成長が勢いを増すには、二〇〇八年の金融危機から一〇年近い歳月がかかった。

グローバル市場は、二〇一六年初めにはふらついたものの、態勢を立て直してその年の終わりには史上最高値を更新した。経済見通しも改善した。世界銀行は二〇一七年六月にこう報告した。「新興市場国や途上国の経済成長は、二〇一六年の三・五パーセントという危機後の最低値から勢いを取り戻している。二〇一七年には四・一パーセントに、二〇一八年には四・五パーセントに達すると予想される[62]」。これはとりわけグローバル・サウスにとって明るい見通しだった。

ヨーロッパにも明るい兆しが現れていた。二〇一七年八月には、ユーロ圏の失業率は二〇〇九年初め以来の低水準になっていた[63]。アメリカの失業率は二〇〇〇年以来の低水準になり、アメリカ経済は二〇一七年第3四半期には三・三パーセントと、三年ぶりの高成長を記録した。二〇一七年には中国の成長も勢いを増し、同国のGDPは七年ぶりに予想を上回る伸びを記録した[64]。ロシアでさえ、原油価格の上昇とウクライナをめぐる混乱の鎮静化のおかげでささやかな成長を遂げた。ブラジルでは、GDP成長率がプラスに転じ、ブラジル史上最長の景気後退に終わりを告げた。世界第三位の経済大国日本は、政府支出と投資の増加に支えられて、一〇年弱の間で最長の景気拡大をまだ享受していた。

だが問題は、このいくぶん改善された経済状況が安定感を促進するかどうかだった。促進するとしたら、それは高まっている保護主義やナショナリズムの潮流と戦い、不平等の増大を減速させるのに十分か、また、実体経済は次の大きな危機が起こる前に金融市場と同程度の堅牢《けんろう》性を達成できるかを問うことも必要だった。

残念ながら、これらの問いすべてで答えは「ノー」だった。巷《ちまた》では必ずしもすべてがバラ色ではなかった。広く行き渡っていた不安は有権者を二極化した。極左と極右への移行が今にも起こりそうだった。あらゆる職業の労働者が引き続き取り残された。変わらないままだったのは、金融緩和政策と結びついた不平等だった。

グローバリズムをめぐる継続中の論争において、左派と右派は、ポピュリズムの衣を着たある程度のナショナリズムや保護主義は支配階層を支持するより好ましいという考えで一致していた。だが、権力を保持または獲得したのは主として中道右派や右派の体制だった。

ブレグジットはEU側にとって依然として悩みの種だった。二〇一七年一二月八日、イギリスとEUは、イギリスが自国の債務を清算するためにEUにいくら支払うかなど、一部の条件について予備的合意に達した。だが、多くの難しい問題が依然として交渉中だった。「ハード・ブレグジット」、すなわち合意なき離脱になるかもしれないという懸念が浮上した。そうなった場合には、厳しい措置が経済的・社会的・政治的スペクトルを大きく変えて、もっとも弱い立場の人々により大きな経済的圧力を加えることになる。ハード・ブレグジットはより大きな不安定を招くおそれがあった。ブレグジット後のイギリスがどうなるのかについて、とりわけ同国の若者の間にはきわめて大きな懸念があった。BBCは次のように報じた。「イギリスの若者の三分の二以上が『国際的なものの見方』しており、多くの若者が、イギリスがEUを離脱したあとの自分の将来展望に不安を感じている」[65]。このような世代による分断は全体的な不安を助長した。

ブレグジットはEUに対する明確な非難だったが、より大きなものの症状でもあった。金融政策によって拡大された経済的勝者と敗者の間のゆがみを目の当たりにしてきた世界では、これほど多くの人を置き去りにしたことで政治システムを非難するのはたやすかった。だが、これほど多くの人をその地点まで導いていたものを理解するのははるかに難しかった。金融の世界がグローバル経済をつくり変え、もっとも強い国々の中央銀行が創出されたマネーで自国の市場を支えている中で、世界中の人々が変化を求めていたのである。

だが、変化を求めることとリーダーが変化を実現してくれるまで待つ辛抱強さを持つこととの間には微妙な違いがあった。それはポピュリズムの波に乗って権力をつかんだ、まさにそのリーダーこそ、その後すぐに権力を失うリスクがもっとも高いということだった。

それでも、変化を約束することはリーダーが自分の力を誇示する一方法だった。トランプ政権はグローバル貿易に関する公約を実行しようとした。そして最初の一手として、二〇一八年一月、輸入洗濯機と輸入ソーラーパネルに追加関税を科した。これらの品はそれぞれ韓国と中国で主に製造されていた。[66]だが、この関税引き上げには、これらの分野で活動しているアメリカの業界団体が最初から反対していた。アメリカ太陽エネルギー産業協会（ＳＥＩＡ）は、この関税引き上げはサムスンやＢＭＷなどの国際企業が所有している工場で、二万三〇〇〇人分のアメリカの雇用を消し去ることになると推定した。[67]

貿易戦争はそこから急速に拡大した。二〇一八年三月には、ホワイトハウスは安全保障上の脅威を理由に、同盟国からであれ、対立国からであれ、鉄鋼とアルミニウムの輸入にそれぞれ二五パーセントと一〇パーセントの追加関税をかけると発表した。[68]二〇一八年三月七日には、ＥＵが報復関税の対象品目となるアメリカ製品のリストを発表した。そこには鉄鋼からベッドリネンやフロリダのオレンジジュースまで含まれていた。ホワイトハウスはさらに二〇一八年六月一五日に、総額五〇〇億ドル分の、自動車を含む八〇〇品目の中国製品の輸入に二五パーセントの追加関税を課すと発表した。[69]北京が報復関税を明言したことは、二つの超大国間の否定的感情をさらにかき立てた。トランプ大統領はやがてその上限を二五〇〇億ドルに引き上げた。

関税をめぐる先行き不透明感は、企業の株価に悪影響を与えはじめた。ニューヨーク連銀のレポートによると、巻き添え被害によって「アメリカ企業の市場価値が一兆七〇〇〇億ドル破壊された」[70]。より大局的には、貿易の不確実性が企業の計画や投資を抑制し、将来の景気拡大の可能性を奪っていた。ドイツ銀行のエコノミスト、トルステン・スロックは投資家たちに、貿易戦争は「資本支出を計画する企業の減少」、「CEOや企業の自信の低下」、「求人数の減少」の一因になっていると語った。[71]ある調査会社は、貿易戦争のせいでアメリカの雇用創出は二〇一九年までに三〇万人分減少し、その数は二〇一九年末までに四五万人分に達するおそれがあると推定した。[72]別のレポートによると、アメリカ企業はこの追加関税のせいで二〇一九年七月だけで六八億ドルの負担を強いられた。[73]

関税コストの上昇により世界貿易の総額が減少する中で、アメリカの貿易赤字は拡大した。[74]つまり、アメリカは輸入する財に対して、国外で販売される財から得る収入より多くのお金を支払っていたのである。アメリカの貿易相手国はアメリカの輸出品に報復関税をかけ、その結果アメリカの農業者たちは海外市場を失い、アメリカの製造業者の一部はサプライチェーンにおける財の輸入コストの上昇を埋め合わせるために雇用を削減した。[75]

それにもかかわらず世界中で、人々は現状を改革すると約束するリーダーをますます受け入れるようになっていた。国内の経済的対立は往々にして政治的不満につながった。それは世界がおのれ自身に敵対しているかのようだった。リーダーたちは自分の政策を実行し、権力をつかむために、より極端な措置や言葉を採用するようになっていた。

二〇一七年半ばから実体経済と並んで株式市場も下落するという珍しい状況になっていたメキシコでは、アンドレス・マヌエル・ロペス・オブラドール（しばしば「AMLO」と呼ばれる）が、左派ポピュリズムの綱領を掲げて大統領選挙に立候補した。[76]AMLOは、エリート――彼の表現では「権力マフィア」――がメキシコ社会に及ぼしている支配を打ち破り、腐敗と戦い、上級官僚の給与を引き下げ、底辺にいる人々の賃金を引き上げると約束した。[77]このメッセージは共感を呼んだ。二〇一八年七月一日の大統領選挙でAMLOは地滑り的勝利を収めた。[78]腐敗の少ない、より公正な未来を求める若いメキシコ国民、とりわけ一八歳から二三歳までの若者が、重要な役割を果たした。ＡＭＬＯは、メキシコは内側から強くできるという希望を吹き込んだのだ。

メキシコだけではなかった。メキシコとブラジルは、両国を合わせるとラテンアメリカの人口の半分を占めている。[79]両国の経済はそれぞれの地域で特大の影響力を持っており、両国のリーダーもまたしかりだ。だが、ソフト、ハード両面の大きな力にもかかわらず、どちらの国も国内の権力の移行に直面しようとしていた。

ＡＭＬＯの勝利から六カ月後、ブラジルで、軍の支援を受け、超保守的な政策を掲げる極右政治家で、トランプと同じく自身を政治のアウトサイダーと称していたジャイル・ボルソナロが大統領選挙に出馬した。ボルソナロはエリートの利益になるようにシステムを不正に操作している「マフィア」と戦うと約束した。彼のメッセージは、拡大しつつあった中産階級、とりわけ新たにこの階級に仲間入りした若く裕福な人々の共感を呼んだ。

ポピュリストの左右への移行というこの現象は、ヨーロッパでも起こっていた。イタリアの有権者は二〇一八年に、反支配階層を掲げる左派の「五つ星運動」と右派の「同盟」を組み合わせたポピュリスト連立政権を選んだ。[80]ドイツでは、アンゲラ・メルケル首相が自身の率いるキリスト教民主同盟の芳しくない選挙結果を受けて、二〇二一年の首相の任期満了時に二〇〇〇年から就いていた同党党首を辞任すると発表した。[81]この番狂わせは、主な中道政党に対する支持が低下する中で、左寄りの「緑の党」や反移民の極右政党「ドイツのための選択肢」などのポピュリスト政党の相乗効果が高まっていることを浮き彫りにした。節度あるプロ政治家の権化ともいえるメルケルは、自分の時代が終わりに近づいていることを認識していたのである。

有権者が政治的スペクトルの真ん中を捨てて、右と左に同時に移行したことは、既成の指導者層が提供する用意も意志も能力もないように見える変化への欲求を反映していた。経済的不安定がこの政治的変化を促進したのだが、新しい政治指導者たちは有権者が切望していた安定や全般的な公正さをもたらしはしなかった。どの国の指導者も、中央銀行が市場に提供していたような金銭的幸福を国民に与えることはできなかったのだ。

貿易戦争が激化するにつれて、労働者にとっての不安定さも深刻化した。だが、これらのグローバルな戦争が株式市場に深刻な影響を与えはじめたときには、アメリカ政府が市場に味方するのは明白だった。

株価が急落し、中間選挙が近づくと、ホワイトハウスは政治的自己利益からにすぎなかったにせよ、より融和的な姿勢をとった。二〇一八年七月、トランプはEUとの間で、両者が貿易交渉を行なえるよう、さらなる関税を課すことはしないという合意を成立させた。[82]

中間選挙はアメリカ国民の二極化の拡大を明らかにした。共和党は上院で二議席増やして多数派の地位を固めた。それに対し、下院では民主党が四〇議席増やして支配権を奪還した。これは民主党にとって、共和党がウォーターゲート事件による逆風のさなかにあった一九七四年以来の大勝利だった。[83]それに加えて、下院では女性議員の数が史上最多になり、ナンシー・ペロシが下院議長に再選された。[84]

二〇一八年一二月二日、トランプ大統領は中国との貿易戦争の九〇日間の休戦に同意した。[85]

二〇一八年のアメリカ経済の成長率は二・九パーセントで、トランプが目標としていた三パーセントを下回った。[86]第２四半期には四・二パーセントという高い成長率を記録したが、これは主として税率を三五パーセントから二一パーセントに引き下げた二〇一七年の法人税減税の初期の影響によるものだった。この減税は企業の純利益を膨らませ、企業が自社株の買い戻しに使える資金を増加させた。だが、国中に経済的痛みが忍び寄りつつあった。二〇一八年には有所得世帯の上位二〇パーセントが、アメリカの総所得の五〇パーセント以上を手にした。また、アメリカの労働者の八〇パーセント近くが給料ぎりぎりの生活をしており、アメリカ人の四〇パーセントが株式市場に投資することはもちろん、四〇〇ドルの臨時支出をまかなうことさえできなかった[87]。

トランプ主義の政治を別にすれば、ポピュリズムへの移行の経済的推進要因はアメリカの中央銀行だった。FRBが生じさせていたのは、株式・債券市場の不釣り合いな上昇だった。FRBが生み出した資本は、経済の他のどの分野でもまず実現できない高いリターンを短期間で得ようとしていた。前FRB議長（かつ未来の財務長官）ジャネット・イエレンは、二〇一四年にこう述べた。「過去二十年余りの不平等の拡大は、最上層の人々の資産や所得の大幅な増大と大多数の人々の生活水準の停滞とまとめることができる[88]」。だが実際には、FRBがそうした状態を可能にしていたのであり、トランプ大統領はそれが加速するのを容認していただけだった。

アメリカの経済成長率は年末にかけて低下した。FRBは二〇一九年の成長率予測を二・三パーセントに下方修正した。株式市場もふらつく可能性に直面して、トランプ大統領は自身がジャネット・イエレンの後任に据えていたジェローム・パウエルFRB議長に対する非難を強めた。こうした批判は、市場が下落した日には決まってツイッターに登場した。二〇一八年のクリスマス・イブには、トランプはこうツイートした。「わが国の経済が抱えている唯一の問題はFRBだ。彼らは市場の感触をつかんでいない。必要な貿易戦争も強いドルも、国境に関する民主党の反対のせいで生じる政府機関の閉鎖さえも理解していない。FRBは器用さがないせいでよいスコアを出せない飛ばし屋のゴルファーのようだ。パターもろくにできないのだ[89]」

トランプ大統領とFRBの公開小競り合いは、市場の成長の促進役というFRBの役割に関する二つの重要な要素を浮き彫りにした。第一に、トランプ大統領は、FRBは市場の感触をつかんでいないという点では間違っていたが、ＦＲＢの金融政策がどのように市場に影響を与えられるかについては正しかった。第二に、ＦＲＢが強力であるという点では正しかった。問題は利下げが行なわれるか否かではなく、それがいつ行なわれるかだったのだ。

『ワシントン・ポスト』は二〇一九年を「街頭デモの年」と名づけた。[90] 実際、多くのデモが行なわれた。もっとも関心を集めたのは香港の大規模デモだった。[91] 中国政府は二〇一九年の香港の選挙が「サイレント・マジョリティ」からの支持を明らかにすることを望んでいた。だが、そうはならなかった。抗議デモはむしろ民主派の決定的な勝利を示していた。[92] 中国にとって、これらのデモは鎮圧すべき運動を象徴するものだった。

ロードアイランド州の約三分の一の面積を持つ香港は、緊張状態にある世界の象徴のような場所だった。限界点が近づいていることは明白だった。世界のあちこちで反乱が吹き荒れていた。ボリビアからニカラグアまで、さらにはロシアまで、指導者が行なっていることは何であれ、大多数の国民のためにはなっていなかった。[93] 街頭デモや政治的抵抗が新しい常態になった。世界各地の失敗した政策や一時しのぎの措置は、まったく効果をあげていなかった。

左派と右派は競い合うようにますます暴力的になっていった。ブラジルでは、ボルソナロがさらに専制的になり、自分の考えに賛成しない閣僚を解任したり、ソーシャルメディアで扇動的な発言を吐き出したりしていた。『ニューヨーク・タイムズ』は、トランプにとってボルソナロは「鏡を見ているように」そっくりだと指摘した。[94]

その間に、主要中央銀行の資産の合計額は史上最高を更新した。二〇一九年には、主要三カ国の中央銀行[95]――ＦＲＢ、ＥＣＢ、日銀――が保有している資産の合計額は一三兆五〇〇〇億ドルに達していた。同時に、世界の債務の対ＧＤＰ比は三二二パーセントに上昇していた。[96] それは一ドル分の経済成長を支えるために三・二二ドルの債務が必要だということだった。

市場は二〇一六年の下落から回復してはいたが、人為的なマネーと多額の債務は、依然として資産の平等性を高めてはいなかった。人々の経済状態が株式市場の上昇についていっていなかった大きな理由は、多くの人が株式市場にまったく関与していなかったことにあった。彼らは机上の世界ではなく現実の世界で暮らしていたのである。二〇一九年には、アメリカ人の上位一〇パーセントが、株式を保有している金融口座の価値の八四パーセント以上を支配していた。市場に対する「大きいことはよいことだ」式のアプローチを投資家に期待させるようになっていた二〇一六年のアメリカの大統領選挙のときから、株式市場の勝者総取りの賭けには明白な勝者がいた。アマゾンの時価総額は、同社の株価が二〇一六年二月から二〇一九年半ばの間に三一九パーセント上昇する中で、三〇七パーセント増大した[97]。同じ期間にネットフリックスの株価は三六一パーセント上昇した[98]。目立たないながら、ブラックロックの株価は二〇一二年から二〇一八年の間に二倍以上の二六三パーセント上昇しており、二〇二一年一月までにさらに三一パーセント上昇した[99]。

アメリカの世帯のうち、確定拠出年金（４０１ｋ）、個人退職勘定（ＩＲＡ）、ミューチュアルファンド、年金保有株を含む、なんらかの金融投資を行なっている世帯は、全部合わせても半分に満たなかった。アメリカの世帯の大多数は株式市場との直接的なつながりはほとんど、もしくはまったくなかったのであり、なんらかの形で株式を直接保有している世帯は一五パーセントにすぎなかった。これらの数字から推定すると、世界各地の何十億もの人々が、株式市場が下落したときは不安と不確実性から生じる痛みや雇用削減をまともに受けたにもかかわらず、株式市場のどんな回復からも直接的な利益はまったく受けなかったのは明らかだ（図５参照）。

トランプ大統領の対中貿易戦争は、アメリカの労働者、農業者、消費者、企業に壊滅的な影響を与

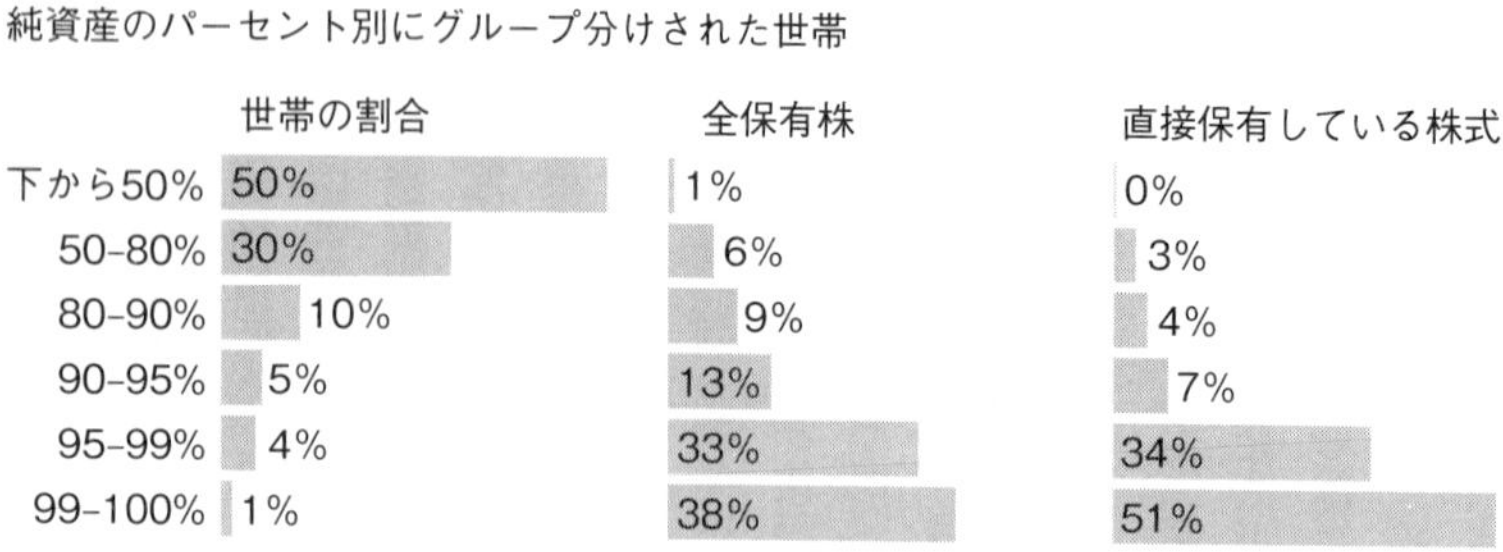

図５　株式市場が上昇すると、不平等も拡大する
多くのアメリカ人が株価上昇から利益を得ていないが、富裕層は全保有株のきわめて大きな割合を所有している。

え、他国にも同様の影響を与えることが明らかになった。[100]だが、彼は次の選挙までの短期的なニーズ以外は気にかけていないようだった。トランプのホワイトハウスから本当に対応してもらったのは、二〇一九年初めに不確実性と格闘していた株式市場だった。投資銀行業界の巨人ゴールドマン・サックスでさえ、二〇一九年上半期の株価予測を下方修正し、経済成長は鈍化すると予測した。[101]トランプは市場の成功を長い間、自分の手柄にしていた。だから、二〇一九年二月には、貿易交渉が合意に達するためにはもっと時間が必要だとして、中国製品に対する関税の引き上げを先送りした。[102]ところが二〇一九年五月には、交渉の進展が遅いとして関税を引き上げた。[103]その後二〇一九年六月には、大阪でのG20サミットの機会を利用した二国間会談で再び一八〇度方針転換して、貿易交渉を継続することで中国の習近平主席と合意した。[104]それはどちらの指導者も、自分たちはやりすぎたのかもしれないと不安を感じていた証拠だった。翌年の選挙を考えると、トランプには国内への経済的・政治的影響に対処しながら、国際舞台で貿易戦争を続ける余裕はなかったのだ。

　マネー注入政策という実験を一〇年以上続けたのち、ひとつのことが明確になった。セントラルバンカーは重い過失を犯したということだ。中央銀行が不平等や不安定を作り出したわけではなかったが、一〇年間の証拠は、彼らの政策が持てる者と持たざる者との格差を拡大したことを証明するのに間違いなく十分だった。これらの政策は社会不安、ブレグジット国民投票、フランスの「黄色いベスト運動」（燃料税引き上げに対する抗議に端を発した大規模な反政府デモ）、香港の主権を求める街頭闘争など、大きな影響を誘発していた。その間に、株価指数は史上最高水準に上昇し、無から生み出された資本に支えられた偽りの安心感を高めた。中央銀行の政策は真の成長を呼び起こすという想定は、現場で起こっていたことを無視したものだった。中央銀行があおっていたいくつもの資産バブルのせいで、二〇〇八年の金融危機より大規模な崩壊の脅威が迫っていた。次の市場の惨事が訪れたときは必ず、人為的に上昇させた株式・債券市場が二〇〇八年を上回る高水準からより悲惨な形で下落する舞台を中央銀行は整えていたのだ。

第四章　二番底

手漕ぎ船で行くときは、海は果てしなく続く。

——アドルフォ・ビオイ＝カサーレス『モレルの発明』

二〇一九年七月初め、ＪＰモルガン・チェースの調査チームはクライアントに明るい内容のレポートを送った。債券・株式市場の上半期のパフォーマンスはすばらしかった。アメリカ最大の銀行は、その中期市場見通しで、「世界の中央銀行の緩和策はさらに同調性を持つようになる」ので、中央銀行は「協調しながら緩和策を続ける」と、当然、予測できると述べていた。[1] このレポートは経済成長の鈍化という変化を予測していた。市場はこれを明るい材料——ＦＲＢが緩和策に転じる証拠——と受け止めた。

貿易戦争や他の経済的障害による市場への打撃については、ＪＰモルガン・チェースのクロスアセット・ファンダメンタル戦略責任者ジョン・ノーマンドは、楽観的にこう述べていた。「中国とＦＲＢの両方による緩和策が、おそらく現在の関税の影響を埋め合わせ、二〇一九年の景気後退を防ぐことができるので、資産配分は引き続き景気敏感型《シクリカル》だ」。中国人民銀行とＦＲＢは市場にマネーを供給しつづけるだろうと、ウォール街は信じていた。資産配分は引き続きシクリカルだという言葉でノーマンドが言わんとしたのは、市場参加者は経済活動が景気循環のどの段階にあるかという自分の認識にもとづいて、引き続き特定の経済分野に資金を投入、すなわち配分するだろうということだった。景気後退期や低成長期には、比較的保守的な投資が好まれ、それに対し景気拡大期には攻めの投資が好まれて、より大きなリスクが受け入れられる。

しかし、中央銀行の緩和策が関係しているときは、過去のパフォーマンスは未来のトレンドを示すものにはならない。緩和策がとられているときは、テクノロジー分野など、「成長《グロース》」株とみなされる銘柄への投資が好まれる傾向がある。これらの株式がより短期間でより大きなリターンをもたらす可能性があるとみなされるからだ。それに対し、引き締め策のときは建設会社や銀行などの「割安《バリュー》」株が好まれる傾向がある。これらの株式は景気がよいときも悪いときも価値《バリュー》を持っているが、成長の速度は遅いとみなされている。実際のところ、金融緩和策は金融危機以降、アメリカでも他の国々でも一度も姿を消したことがなかった。二〇一九年下半期に経済が不安定になると、世界中の中央銀行が表向きは景気を刺激するためとして、さらに緩和的な政策をとった。その結果、金融市場は再び上昇したのではあるが、中央銀行の政策がさほど緩和的ではなかった二〇一八年ほどの上昇は見せなかった。

日本の最大手銀行は、市場の状態がシクリカルであるかぎり、ＪＰモルガン・チェースの楽観論に賛成するとした。世界の金融業界は、中央銀行が方針を変えないかぎり、パーティを終わらせる理由はないことを知っていた。経済や金融の道路のどんな凹凸でも、市場を押し上げるチープマネーで平らにすることができると信じていたのである。

そして、そのとおりになった。二〇一九年七月三一日、ＦＲＢが金融危機以降では初めての利下げを行なったのだ。[2] この措置は資本主義に欠かせないものとしての金融緩和策の永続性を確たるものにした。これは二一世紀の資本主義は外形的な支援によって支えられるということを意味していた。ある意味で、新しい形の資本主義、社会化された資本主義が登場したのである。それは人々が空を飛べるようにするティンカーベルの妖精の粉のように、資本主義の永続的なエネルギー源になるだろう。FOMCはこう説明した。「経済見通しにとってのグローバルな進展の影響と控えめなインフレ圧力を踏まえて、当委員会はFF金利の目標レンジを二～二・二五パーセントに引き下げることにした」[3]

表現は意図的に味気なくあいまいにされていたが、この説明はFRBが超緩和的な金融政策に戻ることに関する言い訳だった。

二〇一九年七月の無味乾燥な言葉の背後にあった本当の理由は、金融市場が悪いほうに急旋回しようとしているという恐怖だった。根底にある原因は二つの要素からなっていた。ひとつは、チープマネーは頼りになるツールではあったが、ふらついている経済にとっての万能薬でも、持続可能な経済成長にとっての信頼できるパートナーでもないことだった。もうひとつは、貿易戦争が経済に目に見える打撃を与えていることだった。アメリカは二〇二〇年の大統領選挙を控えており、トランプ大統領もFRBも市場の暴落や経済の収縮は望んでいなかった。

魔法のように生み出されたお金のただ同然での貸し出しを中央銀行が再開したことは、引き返せない地点に来たことを示していた。それは問題が何であれ、FRBの解決策は金利を引き下げ、さらに多くの証券を買い取ることだという事実を認める行為だった。中央銀行の人為的介入に対する銀行と市場と政府の依存は、同じ時期にアメリカを破滅させるおそれが出てきていた麻薬系鎮痛剤オピオイドの乱用と同じくらい常習的になっていた。正常な市場の世界に戻るという現実に、市場は向き合うことができなかった。チープマネーへの依存が強すぎたのだ。

金融市場と実体経済の屈折した関係が永続的にゆがめられたのは、この度を超えた緩和政策のときだった。世界中の中央銀行、とりわけ途上国の中央銀行が、自国経済の減速に対処するために金利を引き下げはじめた。

世界的に見ると、新興市場諸国が圧力にさらされた。ジョナサン・ウィートリーは『フィナンシャル・タイムズ』紙で「多くの新興市場国が自国の過去の成功を再現するのに苦労していることは、過去五年にわたり明白だった」と嘆いた。そして、こう続けた。ＩＭＦのデータにもとづいて、中国とインドを除いて比較すると、「新興市場国の人口一人当たり産出量の伸びは、二〇一五年以降、先進国より低くなっている。……中国とインドを除く新興市場国全体で、経済成長はますます不規則で特異になっている。米中貿易戦争とその背後にある構造変化は、新興市場諸国に有利に働きはしないだろう[4]」

二〇一九年七月には米ドルは数十年ぶりの高水準に達しており、ＩＭＦによれば、その水準は経済のファンダメンタルズから妥当とみなされる水準より少なくとも六パーセント高かった。だが、世界中の中央銀行が緩和策に転じてからも、ドルは引き続き相対的な強さを見せていた。これはブレグジットをめぐる不確実性、貿易戦争の緊張、ユーロ圏の成長の鈍化、それに新興市場諸国の社会的・政治的混乱という背景によるものだった。基本的に、アメリカ経済には深刻な問題があったものの、他のすべての主要経済国がさらに大きな打撃を受けていると認識されており、それゆえドルが相対的に高い価値を保持していたのである。いわば「鳥無き里のコウモリ」だった。新興市場諸国が債務を返済することも、その利息を払うこともできないでいるかぎり、深刻な信用収縮が生じて、それがグローバル経済にさらに悪影響を及ぼすおそれがあった。

その債務の力学の明白な例がアルゼンチンで起こった。アルゼンチンの市場は二〇一九年八月一三日に五〇パーセント近く下落した。七〇年間で最大の下げ幅だった。これは大統領選挙の予備選挙で、左寄りの政党の候補者アルベルト・フェルナンデスとその副大統領候補で前大統領のクリスティーナ・フェルナンデス・デ・キルチネルが、マウリシオ・マクリ大統領に予想外の勝利を収めたことによって引き起こされた。この勝利は本選挙の前兆となった。この予想外の勝利による混乱が安全な避難先としてのドルの魅力を高め、アルゼンチン・ペソは国家のデフォルトの不安から一週間足らずで一五パーセント下落した。アルゼンチン国民は、保守系のマクリの経済自由化と緊縮政策に反対票を投じていたのである。[5] ラテンアメリカの他の右寄りの指導者たちは、自国経済がふらつく中で、キューバからベネズエラまでの自分たちの思想上の敵を非難しはじめた。アルゼンチンの選挙結果は、南米各地、とりわけチリ、コロンビア、ブラジルの保守派を一層活気づけたのだ。ブラジルのボルソナロ大統領はキルチネルを「赤い盗賊」とまで呼んだ。[6]

ふらついている経済を立て直すためにできるかぎりのことをする必要があったことから、いくつかの国は金融緩和策という流行りに飛びついた。このことは一〇年以上の金融緩和策によって、金融システムが決定的にゆがめられていたことを浮き彫りにした。自由市場という概念は無意味になっていた。チープマネーによって押し上げられた証券の本来の価値を見定める方法はどこにもなかった。QEが（さらに、それを巻き戻そうとする控えめな試みさえも）世界の金融を変質させればさせるほど、QEがなくなったらどうなるかというリスクは大きくなった。

ＦＲＢが無から生み出したマネーが企業の株式に投じられていることの問題点は、そのマネーが最悪のタイミングでまたたく間に流出し、マネーの真空状態を生み出すことだった。基本的価値は消え去り、迅速かつ手軽なリターンを求める投機的活動のみに支えられた環境だけが市場に残された。こうした活動は、企業の現在の収益性に対する投資家の信頼よりも、むしろ株式に投じるマネーが入手できるかどうかに関係があった。かつてはニッチな電気自動車メーカーとみなされていたテスラを例にとると、二〇一九年夏からFRBが緩和策から方針転換した二〇二〇年初めまでの間に、同社の株価は四一二パーセント上昇した。同社は依然として巨額の四半期損失を出していたにもかかわらずだ。[7]

ジャクソンホールで論じられた課題

FRBの七月の利下げがすでに成功確実とみなされていた二〇一九年八月下旬、世界四〇カ国の中央銀行の代表が、ワイオミング州ジャクソンホールで毎年開かれるカンザスシティ連銀の経済政策シンポジウムに出席した。この会議は一九七八年にミズーリ州カンザスシティで始まり、当初は農業の問題に重点を置いていた。[8]一九八二年から毎年ジャクソンホールで開催されることになったのだが、それはその地域が、ポール・ボルカーFRB議長が当時好んでいたフライ・フィッシングの好適地だったからだ。[9]その地域のひんやりした空気は、ワシントンDCの息苦しいじめじめした暑さから一息つかせてくれたし、主な人口中心地から遠く離れていたので抗議活動やデモのリスクはほとんどなかった。このシンポジウムは世界のセントラルバンカーや政策決定者、それに学者やエコノミストにとってサマー・キャンプのようなものになった。

普通は、FRBの七月の措置のようなジャクソンホール会議前の利下げはドルを弱くするはずだった。だが、これは普通のときではなかった。対中貿易赤字をめぐる懸念が高まる中で、トランプ大統領も多くのアメリカ企業も、アメリカのメーカーや輸出企業がグローバル貿易市場で競争力を維持できるよう、二〇一八年からずっとドル安を求めていた。[10]通貨が安くなるということは、自国の製品を国外で売りやすくなるということだ（他国にとって相対的に安くなるからだ）。それに対し、通貨が強くなるということは輸入が増え、したがって赤字が拡大するということだ。

　ジャクソンホール会議は毎年テーマを決めて行なわれており、二〇一九年のテーマは「金融政策の課題」だった。主催者は、中央銀行の政策に対する対応は国によって異なっているという自明のことを指摘し、こう述べた。グレート・リセッションに対処するために「一時期はほとんどの中央銀行が従来型、非従来型双方の金融政策ツールを使っていた。その後、金融政策を正常化するにあたっては、国によって回復のペースが異なることから、中央銀行はそれぞれ異なるコースを描いている」[11]

　緊急事態に対処するために正式に採用されていたそれらの「非従来型」ツールは、この時点ですでに一〇年以上続いていた。イングランド銀行の金融政策委員会委員で、同行の金融危機後の緩和策の構築に尽力した経済学者のアンドリュー・センタンスが指摘したように、「経済に関してわれわれが抱えている真の問題は、それが緊急措置ではなくなり、現状維持になっていること」だった。[12]ジャクソンホール会議の議題は「金融政策の過剰」から「先進国・新興市場国経済と金融市場」まで、多岐にわたっていた。[13]セントラルバンカーたちは、自分たちが出口戦略を持たないまま始めていた政策をどのようにして巻き戻せばよいかという問題に、ようやく取り組むのではないかと思われた。

　残念ながら、緩和政策を巻き戻そうとする意図はすべて失敗する運命にあった。ジャクソンホール会議の議題が決定されたときから会議開催までの間に、金融政策は正常化からさらに離れていた。緩和策の目的とされていた景気回復もペースが鈍化していた。扱われるテーマと現実の世界や会議参加者の所属機関内で起こっていたこととの間には、恥ずかしいほどのギャップがあったのだ。

　二〇一九年八月二三日にジェローム・パウエルが基調講演を行なったとき、背後では貿易戦争が吹き荒れていた。[14]貿易戦争は、投入されている膨大な額の人為的マネーが経済にもたらすことのできる利益をすべて破壊していると、パウエルは認める必要があった。講演の冒頭で、彼はこう語った。

「金融政策は消費支出、企業投資、国民の信頼を支える働きをする強力なツールではあるが、国際貿易の確立されたルールを提供することはできない。だがわれわれは、一時的な出来事と思われることを無視して、貿易の進展が経済見通しにどのように影響しているかに焦点を合わせ、われわれの目的を推進するために政策を調整する努力をすることができる」

パウエルはアナリストやエコノミストや市場に、将来の利下げについてどちらともとれるメッセージを発した。しかしそれは、ＦＲＢの七月の利下げ以降、それぞれ独自に緩和政策を実施していた他の主要中央銀行にとって重要な問題ではなかった。これらの中央銀行はＦＲＢのあいまいさを、経済的・政治的緊張の高まりを受けて緩和策をとるよう勧めるメッセージと解釈することにしたのである。

新興市場諸国は二〇一九年の自国の経済成長見通しを、ジャクソンホール会議が終わるまでに半分に引き下げていた。[15] また、利下げの速度についても、その夏、記録を更新していた。[16] 七月に主要途上国三七カ国の中央銀行が八回の協調利下げを発表した。それに続いて八月には、成長率とインフレ率が低下する中で一四回の利下げが行なわれた。それは二〇〇八年の金融危機以降ではもっとも多くの国による協調利下げだった。

それら八月の利下げの中には、メキシコやタイなど、予想外のものもあった。比較的小規模な中央銀行による他の大幅利下げは、明らかに景気の減速とＦＲＢの利下げに対する対応だった。これにはエジプトの中央銀行が翌日物預金金利を一五〇ベーシスポイント引き下げて一四・二五パーセントにしたこと、インドネシアの中央銀行による二度の利下げ、世界第二位の銅生産国であるペルーの利下げなどがあった。ＢＲＩＣＳ諸国のうちの二カ国、インドとブラジルも利下げを行なった。インドは八月第一週に四回連続で利下げした。二〇一八年三月から利下げを行なっていたブラジルは、景気が停滞し、インフレ率が目標値に届かなかったため、さらなる利下げを行なった。

夏から秋に変わる中で利下げは勢いを増した。経済や金融市場や政府の安定性の弱さを示すどんな兆候でも、中央銀行が金利を引き下げるチャンスになった。そのひとつの結果が、政府が債務を増やす、より安価な方法を提供したことだった。さらに、中央銀行が方針転換して緩和策に戻る前はいくぶん活気を失っていた株式市場の回復という副産物もあった。

この話の問題点は、世界中で生み出された金融バブルには、中央銀行の掃除係が対処するしかなかったことだった。経済を助けるためには、ウォール街が抱えている高リスクの投資を、それが何であれ救う必要があるというのが、その理屈だった。

中央銀行は自分たちが新たに生み出すマネーは実体経済にトリクルダウンするという嘘の説明を繰り返したが、例によって実際には、それは財政的解決策の減少、緊縮措置の増加、社会プログラム予算の削減という結果になった。中央銀行は、自分たちが考える経済の進歩の測定基準を満たせる積極的な市場行動を引き出そうとして、その方法を編み出していた。残念ながら、中央銀行はその際、それが長期的な実り多い経済的成果にとって何を意味する可能性があるかを考えずに行動した。ＦＲＢはウォールストリートを膨らませる方法は知っていたが、その過程で収縮させられていたのはメインストリートだったのだ。

ＦＲＢは二〇一九年に金利を三度引き下げた。事態の進展や入手データは、それらの決定を正当化するのに役立った。また、パウエルがＦＲＢは政府から独立しているという見せかけを維持することも可能にした。[17]米軍と同じくＦＲＢの指導部も、政治的に独立しているとされていた。だが、ＦＲＢの七人の理事は大統領が任命し、議会が承認するのである。完全な政治的独立は不可能だ。他の政府機関の場合と同様、連邦政府が理事の給与を決定するのであり、加盟銀行の出資金に対する配当が支払われたあとの年間利益を受け取るのも連邦政府である。また、企業と同じく、ＦＲＢは連邦議会を通じて直接、資金を提供されるわけではない。ＦＲＢの収入は、主として公開市場操作によって買い取る国債の金利によるものだ。ＦＲＢは国債から得た収益を、経費を差し引いたのち財務省に引き渡す。この仕組みの皮肉な点は、金利が低いときは、経費をまかなうために買い取りを増やす必要があり、財務省に渡す利益が少なくなることだ。

現代の連邦準備制度（略称はＦｅｄまたはＦＲＳ。連邦準備制度の最高意思決定機関が連邦準備制度理事会〔ＦＲＢ〕で、アメリカの中央銀行に相当する機関）は一九〇七年恐慌を受けて構想された[18]。そして、一九一三年連邦準備法によって体制が固められた。一二の地区連銀で構成される連邦準備制度は加盟銀行によって所有されており、加盟銀行は事実上、連邦準備制度の株主だ。ＦＲＢの政府からの独立性という考えが勢いを増したのは、ドワイト・アイゼンハワー大統領の時代だった。一九五一年の財務省とＦＲＢの共同声明、いわゆるアコードは、政府債務の管理を金融政策から切り離すという合意だった[19]。これは第二次世界大戦中のＦＲＢと財務省の緊密なつながりに関する反省を踏まえたものだった。第二次世界大戦中は、戦費調達を助けるために金利を低く維持するよう財務省がＦＲＢに直接要請しており、その後に続いたのがハイパーインフレだった。アコードは現代のＦＲＢが理論上は独立性を高める土台を築いた。だが実際には、ＦＲＢの行為と連邦政府のニーズとの境界はぼやけたままだった。

二〇一九年が進むにつれて、米中間で続いていた貿易戦争はどちらの超大国の経済にも打撃を与え、巻き込まれた国々にも害をなしていた。トランプ大統領と習主席が攻撃し合う中で、世界中のサプライチェーンが何年も続くような打撃を受けつつあった。ブラジル、アルゼンチン、フランスなど、両国と重要な結びつきがあった国々は、板挟みになった[20]。グローバル経済の成長が止まりかける中、ヨーロッパ諸国は米中貿易戦争の激化はなんとしても避けたいと思っていた[21]。アメリカの同盟国の中には、アメリカの鉄鋼・アルミニウム・IT関税のせいで依然としてふらついていた国もあった。鉄鋼・アルミニウム関税は、自身をトランプ大統領の盟友とみなしていたブラジルのボルソナロにとって経済的、政治的にとくに厳しかった。これらの関税はアルゼンチンにとっても同様に困った状況を引き起こすものだった。貿易戦争は至るところに経済的苦難をもたらした。

FRBが二〇一九年に利下げを始めると、他の中央銀行がすぐさま後に続いたのはそういう理由からだった。途上国の中央銀行は、その前の数年間は利下げによる国内のインフレ率の上昇を懸念して利下げに踏み切るのをためらっていたが、結局、FRBを上回るペースで利下げを行なった。これは主として途上国の金利がそもそもアメリカや他の先進国の金利より高かったからだった。主要中央銀行は、自国にマネーを流入させつづけるためには金融政策を緩める必要があると思っていた。それが主要中央銀行の暗黙のメッセージだったのだ。FRBと同じく他の主要中央銀行も、利下げは自国経済を刺激する方法だと考えていた。残念ながら、やはりFRBと同じくこれらの中央銀行も、チープマネーがいったん放出されたら、それがどこに行くかをコントロールする力はまったくと言っていいほど持っていなかった。

政治的スペクトルのどこに位置しているかに関係なく――メキシコのように左派だろうと、ブラジルのように右派だろうと――指導者たちは利下げに喝采を送った。彼らは自国の金融システムの中をより多くのマネーが流れるようにする方法を必死になって見つけようとしていた。人為的に生み出された資金が実体経済に入ることを期待してのことだ。その途中で市場が回復すれば、投資家階級のこの楽観主義が、基礎をなす経済はさほど好調ではないという事実を一時的に隠すことができる。少なくとも、市場の成功は人々の経済的不満から関心をそらすだろう。だが実際には、経済的脆弱性の底知れぬ穴を見つめていた有権者は、自分たちは選挙による変化を望んでいるのだと確信していた。

トランプ大統領のナショナリズムは、有権者の感情がどこをさまよっていたのかを大きく反映していたが、それと同じくらい大きく世界の政治的協力関係や貿易の枠組みを変化させた。超大国間の政治的利己主義のぶつかり合いは、グローバル経済システム全体に大混乱を引き起こしつつあった。その混乱は経済的分断の最下層にいる人々にもっとも大きな打撃を与え、世界の一部大手企業の事業活動や事業計画も圧迫していた。その意味で、不確実性は農業労働者を含む労働者とＩＴから自動車までの産業の企業幹部にほんの一瞬、平等をもたらすものだった。

二〇一九年八月一日、トランプ大統領はスマートフォンから衣類までの三〇〇〇億ドル相当の中国製品に九月一日から追加関税をかけると発表した。[22] 一二日後、トランプは部分的に方針を変え、それらの追加関税の一部を一二月に延期すると宣言した。[23]

中国にとって、追加関税は受け入れられないことだった。八月二三日、北京は七五〇億ドル分のアメリカ製品に九月一日から追加関税を課し、さらに暫定的に停止していた自動車および自動車部品に対する追加関税をトランプの次の追加関税に合わせて一二月一五日に復活させると発表した。[24] 巻き添え被害が広範囲に及んだ。[25] トランプの追加関税は普通のアメリカ人にとって財の価格を高くすることになり、iPhoneやノートパソコンから流行のスニーカーや衣類までの人気商品の価格を押し上げる要因だった。だが、この措置は悪戦苦闘している自動車産業や農業部門のアメリカ人労働者にもっとも大きな打撃をもたらすことになる。貿易戦争前は、アメリカの自動車輸出の約一五パーセント、九五億ドル相当の自動車が中国に輸出されていた。だが、二〇一七年から二〇一九年の間に、中国のアメリカからの自動車輸入は三〇パーセント減少した。[26] また、アメリカ産大豆の対中輸出は、北京が二〇一八年にそれに追加関税をかけたとき、事実上止まっていた。それはアメリカの農業者にとって自分たちの生産物の需要が減り、二〇一八年の記録的な量の収穫物を保管しなければならない（そして保管費用を支払わねばならない）ということだった。

中国の追加関税はアメリカが課した追加関税と同じく政治的目的を帯びていた。アメリカ産の牛肉、小麦、トウモロコシ、リンゴ、サクランボ、ピーナッツに対する追加関税は、トランプ支持者が多い州を戦略的に狙い撃ちしていた。中国とEUは、アメリカの追加関税に対する報復として、テネシーやケンタッキーなどの赤い州（共和党支持者が優勢な州）で主として生産されているウィスキーに追加関税をかけた。とくにケンタッキー州は、共和党の上院院内総務ミッチ・マコーネルの地元だった。

一一〇〇億ドル近いアメリカの輸出品に追加関税をかけた中国は、そこで止まりはしなかった。他の国々からの輸入品に対する関税を引き下げたのだ。そうすることによって、それらの国からの輸入品をアメリカからの輸入品に比べて、より一層安くすることができた。このグローバルな関税ピンポン対決は、実体経済において誰の役にも立たなかった。ロイターのある記事はこう指摘した。「ドナルド・トランプ大統領の貿易戦争が終わることがあるとすればいつ終わるのかをめぐる、払拭できない不確実性は、ジョージアの田舎のデニム工場からミネアポリス・セントポール都市圏のスピーカー・メーカーまで、アメリカの多くの製造企業を混乱させている」[27]。二〇一九年九月二〇日、トランプ大統領は中国を「世界に対する脅威」と呼び、「自分の関税が中国経済に打撃を与えているので」、中国は「貿易協定を結びたがっている」と述べた[28]。中国は別の見方をしており、関税がアメリカ経済にも打撃を与えていることをしっかり認識していた。この応酬は三週間続いた。

最終的に一〇月一一日、二つの超大国間の貿易交渉は暫定的な合意に達した[29]。詳細についてはまだ合意されていなかったが、どちらの側も薄っぺらな勝利を主張した[30]。しかしながら、経済の安定性はすでに打撃を受けていた。

貿易戦争が経済的不安をかき立てる中で、世界中で抗議行動が続いた。イタリアの人種差別反対デモは、政治家マッテオ・サルヴィーニのポピュリスト的な移民排斥の主張に対する反発から生まれた。[31] インドが実効支配しているカシミール地方では、インド政府がカシミールの特別自治権を廃止し、同地方の多くでインターネットへの接続を遮断したあと、抗議行動が噴出した。[32] イギリスでは二〇一九年一〇月に大勢の市民が議会広場でデモを行なった。EU残留を強く訴える人々のデモと、同様に強くそれに反対する人々のデモだった。イギリスのボリス・ジョンソン首相は、二〇一九年一〇月二九日に解散総選挙を行なうことで国民全体の感情をさらにヒートアップさせた。一二月一二日に行なわれた総選挙では保守党が過去三〇年で最大の勝利を収め、ジョンソンの権力を強固にした。[33] 二〇一九年一二月二〇日、イギリス議会は二〇二〇年一月三一日までにEU離脱を実現する法案を圧倒的多数の賛成で可決した。[34]

果たされない約束と継続中の経済的混乱に対する人々のいらだちが抗議活動を燃え上がらせた。ほとんどの有権者にとって、生き延びて未来を築けるかという問題に比べれば、政治家が左派か右派かは重要ではなかった。中央銀行の政策や市場の影響力は事態をとらえにくくしたかもしれないが、投資家階級が繁栄する中で、何もせずに経済的権利を奪われることをよしとする人間はどこにもいなかった。

どの指導者が有益な変化の仲介者になるかについて、政治的スペクトル全体で、人々の意見はますます割れるようになっていた。二〇一九年一二月、『ニューズウィーク』誌はドイツの通信社の世論調査で、回答したドイツ人の四一パーセントが世界の主な指導者五人のうちトランプ大統領をもっとも危険な人物とみなしていたと報じた。選択肢として挙げられていた他の四人は、ロシアの大統領ウラジーミル・プーチン、北朝鮮の独裁者、金正恩《キム・ジョンウン》、イランの最高指導者アリ・ハメネイ、中国の国家主席、習近平だった。[35] トランプ大統領がNATOを軽視したことで、米独間では緊張が高まっていた。

好感を持っていなかったのはドイツ人だけではなかった。ピュー・リサーチ・センターはこう報告している。「アメリカ人の大多数が、近年は政治討論の論調や性質が以前より敵対的になっただけでなく、敬意に欠け、事実にもとづかず、本質的でもなくなっていると答えている。ドナルド・トランプ大統領がその大きな要因だ[36]」

トランプ大統領の政策や発言の二極化効果はグローバルな現象だった。ついでに言うと、それは経済分野で起こっていたことから世界の人々の関心をそらす働きをした。大統領のツイートを分析し、反応するために費やされた膨大な量の言葉には、グローバル経済に起こっていたことの比較分析や理解はとうてい追いつかなかった。グローバル経済は人口の上位〇・五パーセントに入っていない人々が切望していた成長と安定を生み出してはいなかった。アメリカ経済は二年連続で三パーセントというトランプ政権の成長目標に到達せず、おまけに二〇一九年の成長率は三年間でもっとも低かった。ロイターが指摘したように、これは「有害な貿易戦争の緊張の中で企業投資の落ち込みが深まったからだった[37]。だが、さらに不吉なものが醸成されつつあった。

ウォール街、ＦＲＢのさらなる支援を要請

二〇一九年の第３四半期が始まったとき、ウォール街が主要顧客の信用力に疑いを持ちはじめていたのは明らかだった。結局、その不安が金利政策の変更とＱＥによる追加支援を促す最後の一押しになった。

二〇一九年九月にはＦＲＢは、金利を目標レンジ内に保つ必要があるとして（これはウォール街の

銀行の活動を支えるために必要なことだった)、買い戻し条件付取引(レポ取引)と呼ばれるものに参加しはじめた。レポ取引は、企業、大手銀行、ヘッジファンド、他の金融機関が通常、国債と引き換えに融資を受けるきわめて短期の借入だ。結果は、借入コストの全体的な低下――ウォール街にとって追加の金融刺激策で、いわばミニ・カンフル剤――である。リバースレポは、これらの企業や銀行が担保と引き換えにFRBに資金を貸す取引だ。通常ウォール街では、レポ取引は銀行間でのみ行なわれるが、その九月にはFRBも参加した。しかも大々的にだ[38]。

市場のために便宜をはかったのはFRBだけではなかった。欧州中央銀行も二〇一九年九月一二日に金利を引き下げた[39]。続いて九月一八日にFRBのその年二度目の利下げが行なわれた[40]。九月二〇日には中国人民銀行が最優遇貸出金利を引き下げた[41]。再びゲームが始まっていた。

FRBの保有資産は二〇一九年には二〇一七年以来の増加となった。二〇一九年八月には三兆七〇〇〇億ドルという危機後の最低額に低下しており、それは危機後の最高額、四兆五〇〇〇億ドルからわずか一七パーセントの減少ではあったが、テーパリングの努力を確かに示していた。FRBの保有資産は二〇一九年末には二三四〇億ドル増加していた[42]。「市民のためのウォール街案内人」をもって任じている監視ウェブサイト「ウォールストリート・オン・パレード」は、ウォール街に入っていく巨大な流れに気づいており、次のように書いた。「金融危機が起こっているという認識が人々の間にまったくないときに、ニューヨーク連邦準備銀行が名前が明かされていないウォール街の銀行に注入している前例のない巨額の資金について、公聴会を開くという話はまったく出ていない[43]」

FRBはこの措置をQEと呼ぼうとはしなかった。そう呼んでしまったら、QEが緊急措置ではなく通常の市場潤滑油であることを認めることになるからだ。二〇一九年一〇月八日の全米ビジネスエコノミクス協会(NABE)に対する講演のあと、ジェローム・パウエルは一歩も退こうとしなかった。これは追加のQEではなく「有機的な」措置だと、彼は力説した[44]。そして、その立場を補強するために、「準備金運用のためのFRBのバランスシートの拡大は、われわれが金融危機後に実施した大規模な資産買い取りプログラムと決して混同されてはならない」と述べた[45]。さらに、強調のために、「これはQEではない。いかなる意味でもQEではない」とも言った[46]。

パウエルの否定にもかかわらず、この政策はFRBの保有資産を拡大したので、QEに等しかった。さまざまなビジネスニュースに登場する多くの評論家やアナリストが、同じ見方をしていた。「アヒルのように歩き、アヒルのように鳴くのなら、それはアヒルである」という古いことわざが当てはまった。『ウォールストリート・ジャーナル』紙のニック・ティミラオスは、パウエルの講演の一週間後にこう書いた。「FRBは間違いなく多くの証券を——債券市場を注意深く観察してきたほとんどのアナリストが予想していたより多くの証券を——買い取っている。毎月、六〇〇億ドル分の短期国債に加えて、最大で二〇〇億ドル分の幅広い長期国債を買い取って、満期が来た住宅ローン担保証券と入れ替えているのである[47]」

FRBのレポ取引政策は、大手法人顧客の短期債務返済能力について懸念していたウォール街の銀行に流動性を提供した。この措置は、FRBが緊急時の最後の貸し手であることだけでなく、FRBはウォール街が転びそうになったら必ず対応するということも明らかにした。

行動するために議会と対話する必要もホワイトハウスから情報を得る必要もなかったFRBは、短期金利の上昇につながるオーバーナイト金利の急上昇を抑制するために、毎月何十億ドル分もの短期国債を買い取りはじめた。ニューヨーク連銀は流動性（金融システム内を流れる現金）を高めるために、一〇月に一〇四一億五〇〇〇万ドルを金融市場に注入した[48]。FRBはその年すでに二度、利下げしており、その月の終わりには三度目の利下げが予想されていたので、中央銀行が世界中で市場に深く関与していることは明白だった。ＩＭＦが述べたように、グローバルな景気減速を前にして中央銀行は引き続き「協調」していた。[49]金融政策を「正常化」する努力はすべて終わったようだった。世界の中央銀行の半分以上が、引き締めモードや中立モードから緩和モードに移行していた。これは比率的には二〇〇八年の金融危機以来最大の移行だった。そのうえ、緩和のペースは二〇一九年第４四半期を通して加速した。

二〇一九年の間に六七の中央銀行が、金利の引き下げ、準備預金率の引き下げ、融資プログラムの開始、もしくは資産買い取りの再開によって金融政策を緩和した。[50]だが、ＩＭＦによると、この動きはグローバル経済の成長率を〇・五パーセント・ポイント押し上げただけだった。[51]新興市場諸国の中央銀行は、先進国の中央銀行が金融危機後にとった緩和策よりさらに緩和的な政策をとった。[52]二〇一九年の第３四半期だけで計六七回緩和したのである。[53]中国の中央銀行は二〇一九年に金利を引き下げた。ブラジルの中央銀行は、主要基準金利を一〇年ぶりの高水準だった二〇一六年の一四・二五パーセントから二〇一九年一二月までに段階的に四・五パーセントに引き下げた。[54]

貿易戦争によって引き起こされた景気減速期に安全な港を求めて、投資家や投機家はＦＲＢの二〇一八年初めの引き締め以降、すでに米ドルを押し上げていた。これは新興市場国に一連の付随的問題をもたらした。ひとつの問題は、新興市場国の通貨がドルに対して弱くなったため、ドル建ての財の輸入コストが上昇し、財の輸出によって得る金額が減少することだった。それは国内のインフレ圧力を高めた。それは国庫に入るお金が減るということでもあった。そのうえ、それらの国の中央銀行が、その不足分を補うために経済成長を刺激しようとしてＦＲＢに続いて利下げを行なったので、既存のドル建て債務の返済コストが上昇した。これは国内収入と強い自国通貨に頼って収支を合わせていたそれらの国々の予算を縮小させた。それはさらに、追加の緊縮措置とそれに関連する国内の経済問題や社会不安につながった。緩和、引き締め、それから再び緩和というＦＲＢのその場しのぎの金融政策は、幅広い経済成長を促すという意図した効果は生まず、むしろ世界中に不安定と不安をもたらした。

二〇一九年九月には、世界の製造業は過去七年でもっとも長い低迷期に入っていた。[55]全体的にグローバル経済は収縮していた。[56]中央銀行の必死の措置は投資家階級を元気づけてはいたが、「親市場的」であることは、とくに増大する不平等と取り残されている人々に関して言えば、「成長推進」と同じではなかった。

金融政策は金融のグローバル化と力を強力に後押ししていた。無から生み出されたマネーは、苦闘している労働者の支援や長期的な開発プロジェクトよりも、超富裕層と市場ベースの資産に不釣り合いに多く流れ込んだ。結果として、金融政策が不平等、地政学的緊張、市民の騒乱、ナショナリズム、貿易戦争、企業の不確実性の増大を助長したことになった。社会不安は、人々が政府や中央銀行や金融システムによって経済的に取り残される中で市民の騒乱が多発することを意味していた。

二〇〇八年の金融危機は、欠陥のある規制が可能にしたアメリカの銀行システムの強欲さによって引き起こされた。危機の後、一部の国は自国の経済的依存度とエクスポージャー（リスクにさらされる資産の割合）を減らすために、アメリカの金融覇権から距離を置こうとした。途上国の経済と政府はアメリカ中心の通貨・貿易・金融政策に代わるものを求めた。そして、とくに共通の決済システムの構築を唱えていたＢＲＩＣＳ諸国とより緊密な非米同盟を築いた。[57]その意味で、諸国間の地政学は、新しい用語を作るとすれば、新たに登場した「ジオプロテクショニズム」に彩られはじめた。諸国はそれまでグローバル序列の中で絡み合っていた国々の有害な金融政策から自国の経済的安定を守りたいと思っていたのである。

次第に疑問視されるようになっていたのは、決済システムを重視することだけでなく、アメリカを当てにできるという考えそのものだった。他国の人々がアメリカと中国をどのように見ているか――信頼できるパートナーとみなしているのか、それとも脅威とみなしているのか――を調べた二〇一九年一二月のピュー・リサーチ・センターの調査によると、とくにラテンアメリカ諸国とサハラ以南のアフリカ諸国で、意見は半々に分かれていた。[58] アメリカはナイジェリア、ケニヤ、南アフリカなどの国々ではまだ同盟国とみなされてはいたが、回答者のうち、それとほぼ同数の人々が、より信頼できる同盟国として中国を選んだ。

韓国、フィリピン、日本など、中国の近隣諸国では、多くの人が中国よりアメリカを信頼していた。だが、カナダからオーストラリアまでのアメリカの伝統的同盟国の中で、アメリカは信頼できると思っている人は回答者の半分に満たず、二〇〇七年の調査より大幅に低くなっていた。金融危機や貿易戦争は経済・外交関係にそうした影響を与えるものだ。アメリカを脅威とみなす方向に変わった国は、メキシコ、トルコ、アルゼンチンなどだった。フィリピンとオーストラリアと日本は、より危険な超大国は中国だと思っていた。

こうした変化からもっとも利益を得ているのは中国だ。二〇一九年八月には、北京は国内消費を促進するために、金融政策と並行して財政政策の使用を拡大した。[59] 中国政府は自国で生産される財の品質と供給量、および経済発展における国内消費の役割を高めることをきわめて重要とみなしていた。

進行中の貿易戦争は、国際的なテクノロジー企業、輸出中心の農業者、それに国際的な製造企業にとって混乱を増幅していた。伝統的に右寄りのアメリカ商工会議所でさえ、報復関税はアメリカ経済にとって有害だと反対した。[60] アメリカの主要労働組合も重大な懸念を表明した。[61] 関税がもたらした混乱は貧困階級や労働者階級にもっとも大きな打撃を与えた。オバマ政権時代に経済学者のジェイソン

・ファーマンとキャサリン・ラス、それにジェイ・シャンボーが行なった調査は、関税は低所得世帯、ひとり親、それに女性に対する逆進課税であることを示していた。これらの人々はみな可処分所得のうち相対的に多くの割合を輸入品に使う傾向がある。[62] 三人の経済学者の報告書は、輸入関税は下位一〇パーセントの世帯に上位一〇パーセントの世帯の五倍の負担を負わせると結論づけていた。

全米経済研究所（ＮＢＥＲ）の報告書「アメリカの投資に対する米中貿易戦争の影響」は、二〇一八年三月の貿易戦争の始まりは「二〇一九年第１四半期までは投資に影響を与えなかった」と述べていた。[63] だが、二〇一八年三月の二度の追加関税の発表は、「中国へのエクスポージャーを持つ企業のリターンを押し下げることによって、主として株式市場に影響を与えた」としていた。そして、より懸念されるトレンドは、「４四半期後に、エクスポージャーを持つ企業の資本利益率の低下が、これらの企業の投資意欲を低下させた」こと、また、この現象のせいで「二〇一九年第４四半期の投資の伸び率が〇・三パーセント・ポイント低下」したことだと結論づけていた。

この貿易戦争問題はアメリカだけに影響を与えたわけではなかった。大西洋の向こう側も影響を受けていたのである。二〇一九年一〇月にロンドン・スクール・オブ・エコノミクスの助教授ロバート・ベースドウが、米中貿易戦争のイギリスとＥＵへの影響について論述し、ＥＵが直面している三つの主な課題を挙げた。[64] ひとつは、この貿易戦争は世界の成長見通しを低下させ、ＥＵ内の相対的に弱い経済を景気後退の領域に押しやること。二つ目は、ＥＵはＷＴＯの枠組みに頼って貿易の安定性を維持しているので、外部の貿易戦争はどんなものでもＥＵに打撃を与えるおそれがあること。三つ目は、米中間の緊張が拡大したら、すでに緊迫している中東の地政学的状況の悪化につながりかねないことで、それはヨーロッパの政治、国家安全保障、国際移民のパターンに影響を与えるおそれがあった。

その一方で、米中貿易戦争はEUに新しい機会をいくつかもたらした。アメリカに期待できないとなると、中国は輸出市場として、また技術開発パートナーとして、EUにもっと頼らざるをえなくなる可能性があった。それはEUに中国との投資協定について交渉するより大きなチャンスを与えるだろうし、欧州企業が金融サービス、インフラ、公益事業など、中国のまだ保護されている分野にアクセスすることをもっと容易にするだろう。ベースドウが指摘したように、EUはこのチャンスをとらえて「北京とワシントンの仲介者になり、世界における政治的影響力を高める」こともできるかもしれなかった。

イギリスにとっては、話は別だった。それはイギリスが直面していたリスクと機会の両方が、EUの場合より明白だったからだ。第一に、イギリス経済はすでに複雑なブレグジットの開始によって弱体化されており、それによって生じた不安定さがグローバル経済の低成長のせいで悪化しつつあった。第二に、WTOのルールにもとづく統治のどのような縮小も、ブレグジット後のイギリスにさらに大きな打撃を与えるおそれがあった。イギリスは多国間主義と開かれたグローバル経済に、より規模の大きい経済より強く依存するようになるからだ。自由貿易協定の堅固なネットワークを持っていないので、イギリスはこの先何年もより厳しいグローバル経済競争に直面するおそれがあった。

世界の二大経済大国間の貿易戦争がグローバル経済の成長を鈍化させたとしても、もっとも大きく、もっとも影響力がある新興市場国のうちの二つ、ブラジルとインドは、その戦争をグローバルな力の枠組みの中で自国が上昇するチャンスととらえていた。投資家階級は昔から、二つの主要超大国の市場を自分たちにすばらしい金儲けの機会を提供できる場所とみなしていた。両国の衝突は、他国が不確実性から利益を得るチャンスをもたらした。だが、そうするためには、国内政治、経済状況、それに自分たちの安全に関する国民の感情のバランスをとる必要があった。

ブラジルにとって、中国との貿易関係とアメリカとの貿易関係のバランスをとることは経済的に重要だった。ジャイル・ボルソナロ大統領は、アメリカを、また自身のトランプ大統領とのつながりを中国より好む傾向があった。二〇一九年一月一日にボルソナロが大統領に就任したとき、ブラジルのビジネス部門は小躍りして喜んだ。自身はあまりビジネスマン・タイプではなかったボルソナロは、金融・経済関係の決定のほとんどを、シカゴ大学出身の経済学者で自由市場論者の経済大臣パウロ・グエデスに任せた。グエデスは投資銀行BTGパクチュアルと右派のシンクタンク、ミレニアム研究所の共同設立者だった。ブラジルの中央銀行を運営するために、グエデスはやはりアメリカで教育を受けた親市場派の経済学者でトレーダーのロベルト・カンポス・ネトを任命した。

政府が内紛にはまり込み、自国のエネルギー政策に見当外れの介入をしようとする中で、ブラジル経済は悪化した。二〇一九年の失業者数は一三四〇万人に達した。二〇一九年一一月、ブラジル中央銀行は連続一〇回の利下げののち久しぶりに金利を据え置いたが、第4四半期のブラジルのGDP成長率は〇・六パーセントにすぎなかった。実体経済の年間成長率は一・四パーセントで、この先さらに低下する兆しがあった。それに対し、ブラジルの株価指数ボベスパは、二〇一九年に二七・一パーセント上昇した。[65]

中央銀行は何ができ、何ができないかをよく示したのがインドだった。二〇一九年のインドのGDP成長率はわずか四・〇四パーセントで、過去数年の基準からすると低かった。この芳しくないパフォーマンスは、金融システムへの支援を強化するためにQE政策を採用せよという、インド準備銀行（インドの中央銀行）に対する要求につながった。[66]利下げは景気を刺激してはいなかったし、銀行に貸し出しを増やさせてもいなかった。

だが、中央銀行に対するこの要求は、銀行からの国債買い取りではなく、ノンバンクからの国債買い取りに重点を置いたものだった。これはFRBがやりはじめていたこととよく似ていた。FRBはヘッジファンドや証券会社や保険会社からも国債を買い取ることができたのだ。

　こうしたノンバンクの国債の売り手はインド準備銀行に口座を開設していなかったので、中央銀行から受け取るお金はすべて従来型の商業的貸し手（すなわち銀行）に預金する必要があった。これは資金を銀行に直接供給するのではなく、伝統的な銀行システムの外にいる主要金融プレーヤーに資金を供給する秘密の方法だった。この措置全体が、アメリカの場合と同じく、銀行による新規の貸し出しを義務づけずに、マネーサプライを増やすのに役立った。これは政府の債務を軽減するというより、中央銀行が金融システムを助け、銀行にマネーを注入し、しかも建前としてはさほど借金をせずにすむようにする方法だった。問題は、その種のQEがインドの国民をどのように助けるのかが明確でないことだった。

　その間、モディ首相のナショナリスト的姿勢は、彼の世界的イメージに不利に働き、新興超大国としてのインドに対する国際的支持を低下させた。国内の有権者基盤にとって有力者でありつづけ、同時にグローバル・コミュニティ、とりわけ対外投資の大きな潜在力を持つ大国での人気を維持するために、モディは微妙なバランスを保つ必要があった。政治指導者の過激な政策は、特に主要新興市場国では、基礎をなす経済も国民の生活もさらに不安定にするおそれがあった。インドの株価指数NIFTYは、変動の激しい一年と中央銀行の緩和策への移行のあと、一三パーセント近い上昇で二〇一九年を終えた。イギリスのFTSE100指数も一二パーセントという似通った上昇を記録した。それに対しアメリカの株式市場は、FRBの新たな緩和策のおかげでS&P500が二八パーセント、ナスダックが三五パーセント上昇して二〇一九年を終えた[67]。ヨーロッパ全体の株価指数ストックスも、ECBがより緩和的な金融政策をとったおかげで、二〇一九年には二三パーセント上昇した。

断続的に続く米中貿易戦争を考慮して、ＦＲＢはウォール街と市場を支援するために二〇一九年末に新たな金融政策で再び介入した。これによって世界中でチープマネー政策への回帰が始まった。その一方で、世界の政府債務は二〇一九年に史上最高の二五五兆ドルに膨らんだ[68]。地球の全人口で割ると、これは一人当たり約三万二五〇〇ドルになる。それは豊かなヨーロッパ人やアメリカ人にとっては大した額のようには思えないかもしれないが、世界の人口のうち、年間所得が一万ドルに満たない八五パーセントの人々にとっては、負担するのは不可能な額だ。

この経済的停滞は、現職の政治家やセントラルバンカーの重荷になり、その一方で、有権者の不満をかき立てて、彼らを型にはまった現職の政治指導者ではなく新しいカリスマ的ポピュリストの方向に押しやっていた。経済ではなく市場に資金を供給し、市場を支援する中央銀行の大きな力の結果として、新興国や途上国の経済はそれまで以上の不平等や内乱に直面した。

二〇〇八年の金融危機はセントラルバンカーを、金融政策を担当する官僚から国際的なパワーブローカーに変身させていた。選挙で選ばれたわけではないこれらの公職者は、金融市場の活力源であるマネーをコントロールしていた。また、国債を買い取る彼らの能力には事実上何の制限も課されていなかった。力のある経済大国は、政府債務を安価に増やすこの新しい力のおかげで国内のインフレをかつてほど気にしなくなった。政治家たちは持続可能な経済成長をもたらす政策を策定する必要がないまま前進した。

選挙で選ばれた指導者たちは、債務の正当性を説明する必要はなかった。長期的なインフラ計画や社会的セーフティネットや持続可能な経済的基盤について心配しなくても、中央銀行に采配を振るわせ、マネーを操作させ、いつ、どのようにマネーが金融市場に流れるかを決定させることができた。中央銀行のＱＥによって取得された資産は、金のような実物資産ではなく、主として債券という形の債務の集積を表すものだった。際限のないマネーの創出は実体経済を不安定にした。新しい現実をもっとも鮮やかに象徴していたのは、大富豪階級だった。株価の急上昇のおかげで、彼らは莫大な量のマネーを利用したり、生み出したり、利用する権利を得たりすることができた。そして、本物のロケットを打ち上げたり、医療のユニコーン企業を買収したり、自分自身を記念する特別な建造物を造ったりすることができたのだ。社会経済的分断がこれほど深い亀裂のように思えたことはかつてなかった。

途上国はアメリカとEUが主導する金融政策の現状に対して、新しい同盟を築くことで異議を申し立てていたが、自国の経済が減速したとたんに、これらの国の中央銀行は欧米の中央銀行の真似をしはじめ、金融・通貨システムが下支えされることを可能にした。二〇一五年以降、世界のもっとも豊かな一パーセントの人々が、世界人口の残り七〇億人近い人々の資産を合わせた額の二倍以上の富を保有していた[69]。そのギャップは、パンデミックとそれに対する中央銀行や市場の対応によって拡大しただけだった[70]。

その一方で、アメリカの世帯債務は二〇一九年第3四半期に過去最高の一四兆ドルに達した。それまでの最高だった二〇〇八年第3四半期を一兆三〇〇〇億ドル近く上回る数字だった。アメリカは一〇年かけて、一兆ドル以上の新たな世帯債務を加えることによって、グローバルな景気後退を生み出した住宅市場の危機から「回復」していたわけだ。だが、それは無意味だった。アメリカのGDP成長率は、一一年に及んだ危機後の拡大ののち低下しつつあった。二〇一九年には、三パーセントの成長という年初の約束にもかかわらず、アメリカ経済は二パーセントしか成長しなかった[71]。アメリカの債務の対GDP比は一〇七パーセントに達した。アメリカの政府債務残高は、第二次世界大戦後の時代に記録された従来の最高額を追い越していた[72]。

グローバル経済の成長も鈍化していた。ＩＭＦによれば、二〇一九年第３四半期までに、ＥＵのＧＤＰ成長率は一・四パーセントに、日本のＧＤＰ成長率は〇・一パーセントに低下していた。イギリス経済は、第２四半期に〇・二パーセント縮小したあと、わずか〇・三パーセント成長した。中国のＧＤＰ成長率は、一九九〇年以来もっとも低い数字にとどまった。[73]

アメリカの金融システムは壊れていた。二〇〇八年の金融危機を受けて、主要中央銀行は大手銀行とそれらの銀行が活動している市場のために大胆な金融介入を行なっていた。だが、救済措置として始まったものが、経済的・金融的ゆがみを増幅する危険な習慣になっていた。超緩和的な金融政策は資産バブルや債務バブルを促進した。[74]マジックマネーで膨れ上がり、ふらついていた世界は、真の経済成長と穏やかな安定の時期を切実に必要としていた。だが、グローバル経済は堅固な地面から遠く離れていた。それは自分がクレバスの表面を覆う氷の上に立っており、その氷はいつ何時割れてもおかしくないことに気づいていない登山者のようだった。二〇一九年が二〇二〇年になるころ、支えていた薄い氷の層が割れて転落が始まった。

第三部

過　熱

第五章　パンデミックの襲来

誰もがプランを持っている。パンチを一発食らうまではね。
——マイク・タイソン（一九八七年、タイレル・ビッグスとの試合の前に言った言葉）

金融・銀行システムの健全性はマネーのスムーズな流れにかかっている。その流れのどのような混乱も危機を引き起こすおそれがある。こうした事態になるのは、恐怖のせいでマネーの流れが止まるか、大きく方向を変えるかしたときだ。その恐怖の主な原因は次の三つである。

一　システム内に十分なマネーがない。干上がった河川の流域を想像してほしい。
二　将来、十分なマネーが存在しなくなる懸念がある。旱魃《かんばつ》が差し迫っている状況を想像してほしい。
三　貸し手と借り手の間にマネーに関する信頼の欠如がある。人間関係がよくない状態を想像してほしい。

最悪のシナリオでは、三つすべてがそろっていることもある。それが二〇二〇年初めにＣＯＶＩＤ‐19（新型コロナウイルス感染症）パンデミックの襲来によって引き起こされた状況だった。[1]その襲来の衝撃とその急速な蔓延は、病気や死をもたらしただけではなかった。ほぼすべての人が感じたきわめて現実的な恐怖と人やビジネスに対する規制のせいで金融危機が生じたのだ。パンデミックは政治、金融、公衆衛生の分野でさまざまな対応を誘発した。人々の当面の金銭的問題を和らげた対応もたしかにあったが、中央銀行のマネーの使いすぎは、不平等と資産バブルの拡大という長期的なトレンドを成層圏まで押し上げた。

パンデミックは実体経済と市場の間のすでに存在していたゆがみを悪化させた。それはかさぶたを無理にはがしたら傷跡がずっと残ることがあるようなものだ。パンデミックはさらに多くの富を普通の労働者から、すでにたっぷり富を持っていた金融エリートのほうに移行させた。金融エリートは新型コロナ危機に対する金融・財政政策対応のおかげで、二〇〇八年の金融危機後より短期間ではるかに大きな富を手にすることになる。実体経済が営業停止、ロックダウン、感染爆発、旅行禁止などで苦しんだ一方で、市場は営業を続けた。累積債務が急拡大し、不確実性が蔓延している環境の至るところでより大きなリスクが生まれた。

国際金融協会（ＩＩＦ）によれば、世界の累積債務の総額は二〇二〇年が始まる前にすでに史上最高の二五〇兆ドル以上になっていた。[2]二〇一九年の増加分の約六〇パーセントがアメリカと中国の債務だった。それは貿易戦争による貿易額の減少を借金によって補っていたからだった。ＩＩＦの報告書は、新興市場諸国の債務が二〇一九年に史上最高の七一兆四〇〇〇億ドル（すなわち新興市場諸国のＧＤＰの二二〇パーセント）に達したとも述べていた。ＩＭＦは、債務の多くが中央銀行の持続的な低金利政策の結果だと指摘して、驚異的な債務水準について警告を発した。[3]そして、そのような高

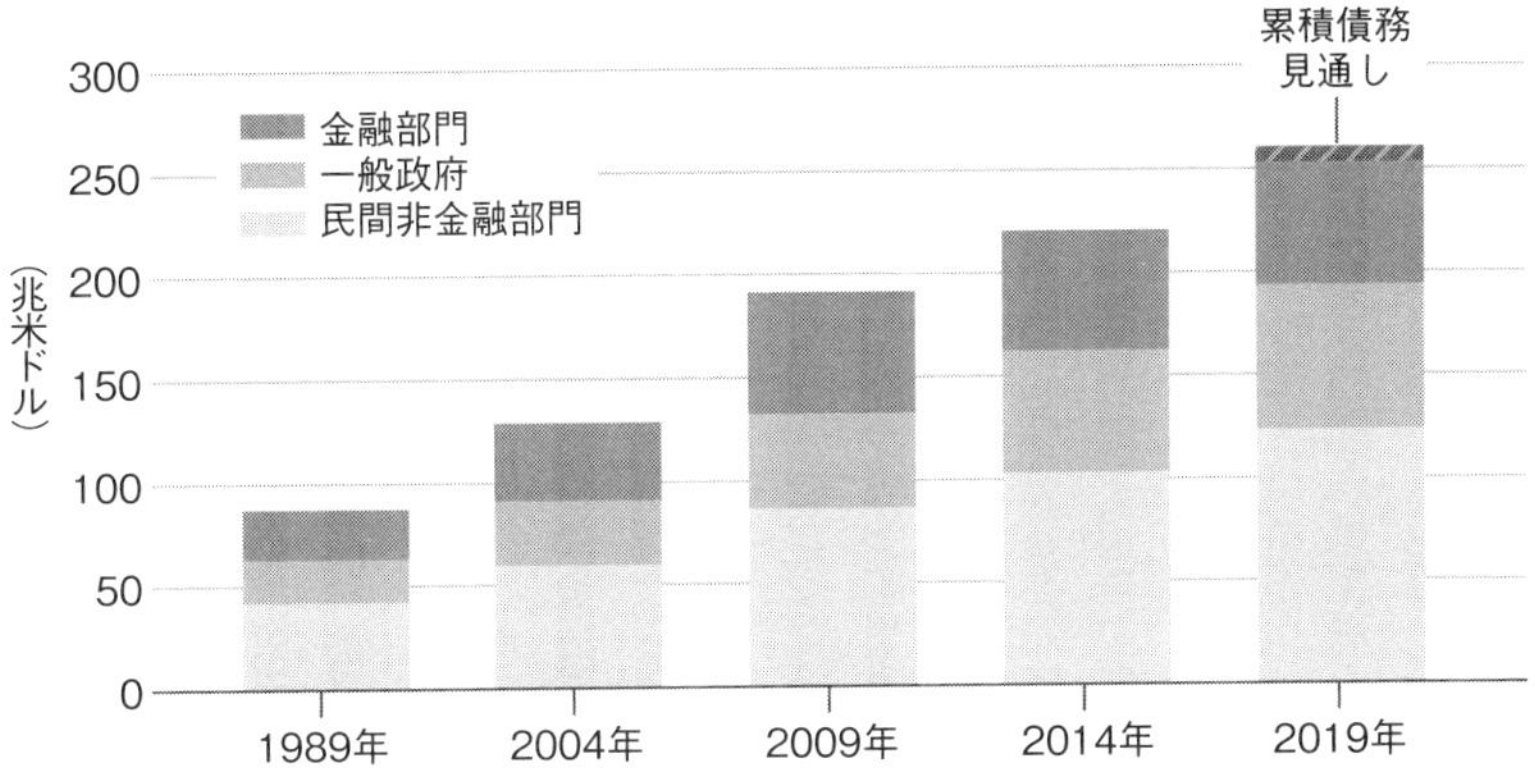

図６　世界の累積債務

水準の債務は、より生産的な経済活動や、とくにインフラ、医療、教育などの分野で「国民の未来に投資する能力」から政府の関心をそらすおそれがあるという懸念を表明した。

セントラルバンカーは二〇一九年にチープマネーの蛇口を開けていたが、その一方で、そうした高水準の累積債務が引き起こすおそれがある未来の危機には気づかないふりをしていた。ＩＩＦの報告書はこう述べていた。「過去一〇年にわたる世界の債務の大幅な増加――七〇兆ドル以上の増加――は、主として政府と非金融企業部門によるものだった」。債務の増加は先進国と途上国では異なる展開を見せた。中央銀行が債券買い取りプログラムを通じて債務に補助金を与えていた先進国の場合、増加したのは主として政府の債務だった。新興市場国や途上国の場合、増加分のほとんどが非金融企業の債務だった。それらの国で民間部門を構成していた企業は、生き残るために追加借入を切実に必要としていたのであり、これらの企業の借入の多くが米ドル建てでなされていた。そのせいでこれらの国の経済は、自国通貨の下落と経済の麻痺状態という致命的な組み合わせのリスクにさらされたのだ（図６参照）。

一部の企業は二〇一九年の急激な景気減速のせいで、債務の一部についてすでに返済が困難になっていた。百年に一度のパンデミックによって、そうした債務の返済の見通しはさらに暗くなった。先進国の多くの大手企業は、借りたお金を株式市場に投入して自社株を買い戻したり、ますます上昇する市場に頼って自社の賭けの正しさを実証しようとしたりしていた。[4]企業が大きければ大きいほど、非常時に中央銀行や民間銀行や政府からの金融の救命ボートをより容易に利用できるという理屈だった。厳しい時期には企業や政府にとっても既存債務を返済する動機が少なくなり、さらに債務を重ねて後でそれに対処しようとする動機が急増するのだった。

コロナウイルスによって生じた金融システムへの外因性ショックは、セントラルバンカーたちが「異例の行動」をとるのを促進した。それは彼らにとって、いつもどおりの戦略をとるということだった。[5]コロナ危機の特異な点は、命や健康が失われたことだけでなく、普通の人々に対して以前の危機のとき以上の財政的支援が提供されたことだった。危機にともなう経済活動の停止が人々の責任ではないことがより明白だったからだ。パンデミックも強制的な営業停止も移動制限も、誰も求めてはいなかった。その点で、新型コロナ・パンデミックは既存の経済的・社会的緊張の炎に油を注いだ。このウイルスの発生源が武漢である可能性が高いと思われたことは（中国はこれを断固、否定した）、世界の貿易と安全保障にとってきわめて重要な二つの超大国、アメリカと中国の対立を拡大した。

皮肉なことに、二年に及んだ関税合戦のあと、二〇二〇年一月に第一段階の米中貿易協定が締結されていた。この協定により、どちらの側でも一部の関税が引き下げられたが、アメリカが輸入する中国製品については、まだ約三七〇〇億ドル相当の製品に対する関税が引き上げられたままになっていた。[6]中国は農産物やエネルギー製品とともに工業製品を含む二〇〇〇億ドル相当のアメリカの製品・サービスを、二〇二〇年と二〇二一年に追加購入することを約束した[7]（第一段階の協定に関する交渉は、新型コロナ・パンデミック、バイデン政権の貿易戦争の延長、およびアメリカのどの輸出品が購入を許可されるかに関する中国の排除プロセスの拡大によって頓挫した）[8]。サプライチェーンの諸問題はこの先何年も続くことになる。

国境も貿易戦争も金融規制も気にしないウイルスに国民が直面する中で、世界中の指導者が国内に目を向け、自国の人々の生き残りに焦点を合わせる必要があった。その過程で、コロナウイルスは孤立主義とナショナリズムを助長する役目を果たした。

その一方で、農業や原材料からコンピューターチップや自動車までの幅広い分野で、世界のサプライチェーンの混乱が浮き彫りにされた。すでに貿易戦争によって打撃を受けていたこれらの分野は、パンデミックの間にさらなる混乱に陥った。パンデミックが襲来したときには貿易戦争の砲火のただ中にいた世界中の労働者が、状況の急速な悪化にみまわれた。

金融危機の間、世界の主要中央銀行は「緊急」措置と名づけられたものを実施した。中央銀行の戦略は、大手銀行が自分たち自身の活動のせいで被っていた損失を補助金で埋め合わせることを伴うものだった。その効果は、大手銀行の株価を含む株価水準を史上最高に押し上げることだった。金融市場が不安定になるたびに、中央銀行はマネーを生み出す泉に頼って市場を支援した。ＦＲＢなど、「国家」が設立した機関が大手民間企業の損失を埋め合わせるために介入したのだから、これは金持ち企業のための社会主義だった。

実体経済を助けるためにチープマネーを使うという決定は、実体経済を不安定化させるモンスターになった。社会のほんの一部しか利用できない潤沢なマネーの副産物は、すでに存在していた不平等をはなはだしく悪化させたことだった。

過去三〇年で持てる者と持たざる者との格差は、すでに歴史的な深刻さに達していた[9]。アメリカではとくにひどく、最上層への富の集中は金ぴか時代（一八六五年の南北戦争終結から一八九三年恐慌までの二八年間）の最高水準を超えていた。[10] 二一世紀の大富豪の富は、ジョン・D・ロックフェラーやJ・P・モルガンやアンドリュー・カーネギーが全盛期に蓄積した富を上回っていたのである。それにもかかわらずジェローム・パウエルFRB議長は、二〇二〇年二月に上院銀行委員会で証言したとき、迫りくる新型コロナ・パンデミックによる漠然とした「足かせ」に触れはしたものの、「アメリカ経済の現状には不調も不均衡も存在しない」と主張した。[11] 格差の問題を取り上げる代わりに、パウエルは医療支出がアメリカのGDPの一七パーセントに達していることなど、未成立の予算の問題に焦点を当てることを選んだ。だが、株式市場と実体経済が別々の宇宙に存在する状況を生み出すことにFRBが果たした役割は、認めなかった。

構造的には一年前から何も変わっていなかった。一年前、ドイツ銀行のチーフ・エコノミスト、トルステン・スロックは、「ある意味で、不平等の拡大の原因は株価と住宅価格を押し上げたFRBの政策だ」と説得力をもって語り、新型コロナへの対応がすでに社会の不平等を拡大している力をさらに強めることになるだろうと述べていた。[12]『フォーチュン』誌はこう指摘した。「上位一パーセントがこの国の富に対する支配力を引き続き高めており、その一方で中・低所得層は旗色が悪くなっている」[13]

新型コロナウイルスは遅くとも二〇一九年一一月下旬もしくは一二月初旬から世界に広まりはじめていた。[14] それなのに二〇二〇年初めにスイスのダボスで開かれた世界経済フォーラムでは、この問題は世界のエリートたちにほとんど無視された。二〇二〇年一月一五日に発表された同フォーラムの「グローバル・リスク報告書」は、脅威やリスクとしてパンデミックには言及していなかった。[15] だが、不安定さや不安が高まりはじめると、中央銀行と政府の協調対応が始まった。新たな危機はすでに不安定になっている状況を破壊するおそれがあることを、セントラルバンカーたちは知っていたのである。

　ブラジルはその好例だった。ブラジルのビジネス界はボルソナロ大統領の自由市場と新自由主義の綱領を彼の選挙キャンペーンの間、支持していたが、ブラジル経済は五年足らずで二度目となる深刻な景気後退に直面していた。同国には中国発のさらなる景気減速を甘受する余裕はもちろん、ロックダウンをする余裕もなかった。他の国々も同様だった。[16] 世界の中間製品の二〇パーセントを供給している中国の混乱は、どのようなものであれ、世界のサプライチェーン全体に影響を与えることになる。それはラテンアメリカ、東アジア、ヨーロッパ、アメリカ、および他の貿易相手国が供給の混乱にみまわれるということだった。

　二〇二〇年二月五日、自国の金融システムの停止を恐れたブラジル中央銀行は、基準金利を二五ベーシスポイント引き下げて、史上最低の四・二五パーセントにした。二〇二〇年三月一八日には、パンデミックのせいで経済状況が急激に悪化したため、三・七五パーセントに引き下げた。[17] ブラジルの株価指数ボベスパは、二〇一〇年三月中旬までに同年一月の価値の半分を失った。パンデミックに対するボルソナロの対応が街頭での暴動や閣内不一致を助長する中で、ボルソナロの力もブラジルに対する国際投資家の信頼も低下した。

　二〇二〇年二月中旬には、世界は新型コロナウイルス感染症の重大さを徐々に受け入れはじめていた。ウイルスの起源を考えると当然かもしれないが、パンデミックを前にして最初に金融的・財政的措置を開始したのは中国人民銀行（PBOC）と中国政府だった。PBOCは中国の銀行システムに積極的にマネーを注入しはじめ、金利を引き下げ、銀行が証券を売って現金を入手できるようにするために一兆二〇〇〇億元のリバース・レポ取引を開始した。[18] さらに、新型コロナの影響を受けた企業に低コストの融資を提供するために、三〇〇〇億元の融資プログラムを開始した。[19]

ＦＲＢはＦＦ金利を二〇一九年下半期から一・五〜一・七五パーセントのレンジに維持していた。[20]二〇〇七年初めの五・二五パーセントからゼロ近傍に金利を引き下げた二〇〇八年の危機のときとは異なり、このたびは利下げの余地は小さかったが、ＦＲＢは利下げを求める圧力にさらされていた。

トランプ大統領は二〇二〇年二月二九日にホワイトハウスの会見室でこう語った。「ＦＲＢにはきわめて重要な役割があると思う。とくに心理的な役割が。ＦＲＢは途方もなく大きな効果を生み出せる。その多くは心理的で、その多くは事実だ」[21]。大統領は続いてこう忠告した。「ＦＲＢは追随者ではなく先導者になるべきだ。ＦＲＢはこれまで追随者だった。われわれには先導者になるＦＲＢが必要だ」。それはまさにこれから起こることだった。ＦＲＢと世界中の他の中央銀行は、グローバル金融システムに向けて、かつてないほど緩和的な政策を解き放とうとしていたのである。

新型コロナウイルスがアメリカ全土に広がる中で、トランプ大統領はＦＲＢのより迅速な行動をますます強く促そうとした。三月二日、彼はツイッターにこう投稿した。「ジェイ・パウエルとＦＲＢは相変わらず行動が遅い。ドイツなどは自国経済にマネーをどんどん送り込んでいる。他の中央銀行はＦＲＢよりはるかに積極的だ」[22]

この翌日の二〇二〇年三月三日、アメリカで新型コロナウイルス感染症の最初の事例が報告されてから間もなく、ＦＲＢはＦＦ金利を〇・五パーセントポイント引き下げた。一度の下げ幅としては二〇〇八年の金融危機以降最大だった。[23]二〇二〇年三月一五日、ＦＲＢはさらに利下げして金利を再びゼロにした。[24]また、金融危機の際に行なったように、きわめて有利な条件での融資という形でシステムにマネーを注入するために、さまざまな貸出ファシリティを設けた。[25]この動きは最終的に、ＱＥによるマネー放出量を史上最高水準に押し上げることになる。[26]実際、世界中の中央銀行がかつてないほどけた外れの措置を大急ぎで採用したのである。[27]

二〇二〇年三月一一日、世界保健機関（WHO）は新型コロナウイルス感染症の流行をパンデミックと宣言した。この日、トランプは大統領としてはまだ二度目のテレビ演説を行ない、大統領執務室から国民に語りかけた[28]。アメリカは（イギリスを除く）ヨーロッパからのほとんどの入国を三〇日間停止すると、大統領は宣言した。ヨーロッパはウイルスの波を食い止め、旅行を適切に制限するために必要な予防措置をとっていないというのがその理由だった。大統領はそれから、八三億ドルの資金を提供するための包括的緊急対応パッケージに署名した。この法律は疾病対策センター（CDC）がウイルスと戦い、予防措置のための費用を提供し、防護具を配布し、ワクチン開発に向けた研究を支援するのを後押しすることになる。大統領は、ほとんどのアメリカ人にとってリスクは「きわめて低い」が、高齢者や基礎疾患のある人は注意する必要があると述べた[29]。そして、アメリカ経済の強さを強調し、これは「一時的なもの」であって「金融危機」ではないと言った。さらに、中国を強く批判して、新型コロナウイルスを「中国ウイルス」と呼んだ[30]。

ヨーロッパでは、イタリアが死者の急増にみまわれた最初の国だった。ジュゼッペ・コンテ首相は二〇二〇年三月一二日の夕方に行なったテレビ演説で、薬局や食料品店など必要と判断された事業所を除くほぼすべての事業所に一時的に閉鎖するよう命じた[31]。これは彼が厳しい移動・旅行制限を発表してからわずか二日後のことだった。イタリアをはじめとする大陸ヨーロッパの国々では、コロナウイルスが驚異的なスピードで広がって既存の医療システムの限界を超え、おまけに生活や経済を大きく混乱させた。

あらゆることが猛烈なスピードで進展した。だが、危機の中で、米ドルは高値を維持していた。金融システムの底が抜けた場合に備えて、諸国が競って世界の準備通貨をより多く手に入れようとしたからだ。ＦＲＢは三月一五日、主要中央銀行五行との既存のドル・スワップ協定のレートを引き下げ、新興市場諸国を含む他の国々の中央銀行と新たにスワップ協定を結ぶことによって、このドル需要に対処した。[32]

主要中央銀行は素早く行動に移した。二〇二〇年三月一六日、日本銀行はQEによる株式買い取りの額を二倍にすると発表した。[33]日銀は上場投資信託（ETF）を年間六兆円分のペースで買い取っていたが、その目標額を一二兆円に増やすことにしたのである。さらに、パンデミックで打撃を受けた企業に対する銀行の融資を支援する新しいプログラムを設立した。イングランド銀行は二〇二〇年三月一九日、この月二度目の利下げを行なって、同行の三二五年の歴史で最低水準となる〇・一パーセントに金利を引き下げた。[34]イングランド銀行はさらにQEプログラムによる国債や社債の購入枠を二〇〇〇億ポンド拡大した。

二〇二〇年三月二〇日の週に、米ドルが急騰した。投資家が現金を調達して追加証拠金を払うために金や米国債などの資産を売却したからだ。企業は与信枠を引き下げた。ドルで借金していた外国企業は、経済的混乱の兆しと石油価格の急落のせいで自国通貨が大きく下落する中、返済のために死に物狂いでドルを入手しようとした。[35]多くの者が既視感を覚え、二〇〇八年の金融危機の始まりを思い出した。

パンデミックの初期には、国内の感染状況と経済面の政策対応に関する混乱ムードが、コロナウイルス並みの速さで世界を飲み込んだ。反応は政治的立場の違いによって二極化する傾向があった。『オブザーバー』紙の委託で行なわれ、二〇二〇年三月一四日に発表されたイギリスの世論調査の結果は、その傾向をはっきり示していた。[36]新型コロナウイルスに関するボリス・ジョンソン首相の情報を信頼していたのはイギリス人の三六パーセントにすぎず、マット・ハンコック保健大臣を信頼していたのは三七パーセントにすぎなかった。対照的に、イギリスの医療専門家は政治家より信頼されていた。イギリス人の五九パーセントが政府の首席医療顧問クリス・ウィッティを信頼しており、五五パーセントがWHOの事務局長テドロス・アダノム・ゲブレイェソスを信頼していた。

新型コロナウイルス感染症の発生源が中国だということはほぼ受け入れられていたが、それが武漢の海鮮市場だったのか、それともウイルス研究所だったのかについては、何年も論争が続くことになる。[37]この不確実性が有利な状況に持ち込む余地を残した。中国は真の感染者数について進んで情報提供するとはとうてい言えない国として描き出された。トランプ大統領は二〇二〇年三月一九日、「中国ウイルス」という呼び方に対する批判の高まりにもかかわらず、自身が繰り返しその呼び方を使っていることを正当化した。[38]それは彼に大統領の座をもたらし、貿易戦争を開始させていた「中国を悪者にする戦略」の拡大版だった。その意味で、彼がこの呼び方を使うのは完全につじつまが合っていた。他国の指導者たちはそれを警告とみなした。

ブラジルのボルソナロ大統領は、トランプ大統領の否定的な姿勢を真似て新型コロナウイルス感染症を「ちょっとした風邪」と呼んだが、それにもかかわらず中国を公然と非難した。アメリカの場合と同じく、こうした言動はボルソナロの過激な支持者たちに受けがよく、すでに弱まっていたブラジルの対中関係を悪化させた。[39]だが、ブラジルはアメリカと同じ姿勢をとることはできなかった。中国はブラジルのインフラにかなりの投資を行なっていたし、ブラジルの大豆や鉱石や食肉の重要な輸入国だったのだ。

新型コロナに関する医学的事実や安全対策や経済活動の停止についての解釈の違いは、とりわけアメリカでは政治課題の二極化を反映していた。[40]これは人命を犠牲にする徹底的な否認主義につながり、連鎖する悲劇の中で経済的損失ももたらした。世界中の政府や中央銀行が、新型コロナといかに戦うべきかについて医療、経済、金融、市場の状況にもとづいて議論した。

ロシアでは、新型コロナ危機はプーチン大統領の二面性のある対応を浮き彫りにした。モスクワ（および他の大都市）では、人々は自宅から出ることを許されず、外出するためには特別通行証を持っていなければならなかった。三月中旬にモスクワの病院を訪問したとき、プーチンは防護服を着ていた。[41] それにもかかわらず、クレムリンの報道官ドミトリー・ペスコフは、「ロシアでは感染爆発は事実上、発生していない」と主張し、ロシアは「それを回避」できるかもしれないと述べた。皮肉なことに、何年もの経済制裁と孤立は、ロシアがパンデミックの経済的衝撃を受けにくいことを意味していた。とはいえ、エネルギー部門が活発な他の国々と同じく、石油・天然ガス部門（この部門はロシアの輸出の六〇パーセントを構成していた）は大きな打撃を被《こうむ》った。

ＢＣＳグローバル・マーケッツのチーフ・エコノミスト、ウラジーミル・Ｖ・ティコミロフは、ロシアが蓄積していたおよそ六〇〇〇億ドル相当の金と外貨準備に言及して、こう指摘した。「ロシアは過去の経験と制裁と金・外貨準備のおかげで、他の国々より財政的に少し余裕があるだろう」。これが二〇二二年にロシアのウクライナ侵攻の費用をまかなう一助になった。

インドでは、デモと騒乱が続く中で新型コロナウイルスは大混乱を引き起こした。国内の感染者数が爆発的に増えはじめると、モディ首相は二〇二〇年三月二四日、三週間の全国的なロックダウン――これは五月三一日まで延長された――を宣言するとともに、二二六億ドルの景気刺激策を発表した。[42] これはインドのＧＤＰの一パーセントにも満たない額だった（対照的に、イギリス、スペイン、ドイツは、最高でＧＤＰの二〇パーセントにのぼる額の刺激策を打ち出した）。インドの全国的なロックダウンは、他の国々と同じく、感染爆発を抑える責任を事実上市民に押しつけた。ほとんどの富裕層および中流層のインド人は比較的うまくやりすごした。だが、職場が閉鎖されると一夜にして事実上、難民と化した移民労働者を含む貧困層の大多数は、壊滅的な経済的打撃を受けた。[43]

二〇二〇年三月二六日、G20の首脳たちは、新型コロナ・パンデミックによる経済的打撃に対処するために、五兆ドルの資金注入を約束した。[44] そして、中央銀行間のルートを通じて、「パンデミックを克服するために必要なことは何でもする」と断言した。[45] 五兆ドルという数字に織り込まれていなかったのは、中央銀行が行なうことになるけた外れの金融操作だった。中央銀行の刺激策によって株式市場の価値がどれだけ上昇するかに比べたら、五兆ドルという数字は色あせるはずだった。

アメリカでは、どのような解決策をとるべきかについて、議会とホワイトハウスと財務省とFRBは必ずしもいつも意見が一致するわけではなかった。だが市場は、活動停止の経済はそうではなかったとしても、ひとつのことを何よりも強く望んでいた。金融の世界は即効性を求めていたのである。二〇二〇年三月二六日、ジェローム・パウエルFRB議長は、「FRBが弾切れになることはない」と断言した。[46] その言葉で、市場は落ち着きを取り戻した。

FRBは理屈の上では政府から独立して活動していた。法律によって行政府や立法府から切り離されていたからだ。[47] ホワイトハウスと議会が予算を編成し、交渉する必要があるのに対し、FRBは経済状況に応じて、自身が選んだときに自身が選んだ方法で景気刺激資金を生み出すことができた。欧州中央銀行や日本銀行など他の中央銀行も同様の自由裁量権を持っており、無限の額のマネーを製造することができた。

だが、FRBはマネーを電子的に生み出すことはできたが、雇用を生み出すことはできなかった。債券を買い取ることはできたが、感染症を治すことはできなかった。金融市場を刺激することはできたが、恐怖を追い払うことはできなかった。新型コロナのせいで経済が完全に崩壊するのを防ぐためには、金融的支援という応急処置だけでは足りなかった。実体経済は正真正銘のキャッシュフローの危機と純然たる動きの欠如に直面していた。給与に頼っているすべての労働者が、食卓に食べ物を載せられるようにするために機能する経済を必要としていた。

アメリカの最初の財政的対応、コロナウイルス支援・救済・経済保障（CARES）法は、二〇二〇年三月二七日にトランプ大統領によって署名され、成立した[48]。この法律は個人への直接的な現金給付から小規模事業支援までのあらゆる対応を含む政府の救済策に二兆二〇〇〇億ドルの資金を提供した[49]。適格な個人は二〇二〇年に大人一人につき一二〇〇ドルの小切手または税額減免、それに条件を満たす子供一人につき五〇〇ドルを受け取ることができた[50]。この法律は既存の失業給付を、州の給付額に加えて連邦政府の給付を提供することによって一週間につき六〇〇ドル増やすとともに、受給可能期間の上限を引き上げた。特定の失業給付については二〇二〇年一二月三一日まで受給可能期間を延長した[51]。さらに、小規模事業に直接融資する給与保護プログラム（PPP）にもとづいて、雇用維持と特定の他の経費のために六五九〇億ドルを限度として融資することも認めた。

だが、CARES法とFRBが提供したものは、ニュースでひときわ目立ったそれらの直接的な救済策だけではなかった。詳しく調べてみると、パンデミック救済資金の総額は報じられた額の二倍近く、すなわち推定六兆二〇〇〇億ドル弱になった[52]。それはその景気刺激パッケージのうち四五四〇億ドルがFRBの融資プログラムのシードマネーとして使われたからだった。この資金はレバレッジなるもののマジックによって、いったんFRBに届いたら一〇倍に増やすことができるのだ[53]。それはFRBが実行していたQEに加えての話だった。これらの財政刺激パッケージは、普通の市民や小規模事業にとって必要ではあったが、ひとたびFRBの力が加えられると、ウォール街や大企業や市場を助ける方向に歪められたのだ[54]。

諸国の政府はさまざまな方法で緊急資金を提供した。EUは加盟国が新型コロナ・パンデミックと戦うために利用できる上限一〇〇〇億ユーロのプラン、SUREを創設した[55]。このプランには、失業した人々への有利な条件での融資の提供も含まれていた。融資の条件は、状況が好転したら解雇した企業が彼らを再び雇用することだった。この支援はホスピタリティ産業や食品産業の労働者にとくによく利用された。原資は医療制度を支援するための措置を含む五四〇〇億ユーロのパッケージの一部で、うち二四〇〇億ユーロは欧州安定メカニズム（ＥＳＭ）を通じて利用できるものとされた。ＥＳＭはユーロ圏債務危機の間の二〇一二年一〇月に、やはり市場で資金を借りられず苦しんでいるユーロ圏諸国に資金を提供する機関だった欧州金融安定ファシリティの後継機関として設立されていた。[56]

ブラジル政府は二〇二〇年三月二七日、非正規労働者や障がい者を対象に一人当たり月額六〇〇ブラジルレアルを給付する救済策を承認した。[57]その数字は政府が一週間前に提案していた額の三倍だった。さらに、議会の女性グループからの要求に応えて、ひとり親世帯のために月額一二〇〇ブラジルレアルの給付を行なうことも承認した。

その翌日、イギリスの財務大臣リシ・スナクは、総額三三〇〇億ポンドの政府支援融資や融資保証を含む財政刺激策を発表し、新型コロナウイルスに対する経済的戦いにおいて「必要なことは何でもする」と約束した。[58]この刺激策の一環として、小規模事業は最高で二万五〇〇〇ポンドの給付金を受け取れることになった。イギリス政府は当時、他の欧州諸国とは異なり、学校や大学やほとんどの事業所の活動を認めていたので、新型コロナの爆発的流行を防ぐために十分な措置をとっていないと非難されていた。

それからまもなく、欧州中央銀行は同行の「パンデミック緊急購入プログラム（ＰＥＰＰ）」の規模が七五〇〇億ユーロになると発表した。[59]購入は二〇二〇年末まで行なわれ、既存の資産購入プログラム（ＡＰＰ）で適格とされるすべての資産カテゴリーが対象になる。ＡＰＰの一部をなす企業部門購入プログラムで買い取れる適格資産の範囲は拡大された。

最後に、二〇二〇年四月にメキシコが、社会プログラムやインフラ・プロジェクトで構成される二六〇億ドルの新型コロナ対策パッケージを発表した。[60] ロペス・オブラドール大統領はその財源として、新たに国債を発行するのではなく、政府の他の分野から資金を持ってくると約束した。その発表がなされたあと、ひとつにはその金額をカバーするために、メキシコは六〇億ドルの国債を発行した。メキシコの中央銀行はその後、実力を発揮して三一〇億ドルの金融刺激策を打ち出すことになる。その三分の一は、金融システムを支えるための利下げと銀行の貸し出しを促進するためのプログラムに使われるとされていた。

パンデミックは人々の肉体的・精神的・金銭的生活に大きな経済的負担を課した。実施された制限は、過大な負荷がかかっていた医療システムと人々を守ることを意図したものだった。だが、バー、レストラン、ジム、美容院、旅行部門、および他の多くの事業の強制的な営業停止は、数えきれないほど多くの雇用と小規模事業の喪失につながり、社会のあらゆる層を混乱させた。その打撃の一部は永続的なものであることがやがて明らかになる。

ニューヨーク連邦準備銀行の二〇二〇年五月のレポートによると、一九一八年のスペイン・インフルエンザ（通称「スペイン風邪」）・パンデミックの際のドイツでは、インフルエンザによる死者数は「とくに若者によって消費されるサービスに対する人口一人当たり支出の低下と関連があった」ことが、ある調査で明らかになっていた。この調査では、「インフルエンザによる死者数は、一九三二年および三三年に極右政党が得た票の割合と相関関係がある」ことも指摘されていた。[61] インフルエンザがナチズム台頭の唯一の原因だとは示唆していなかったものの、この調査は、インフルエンザの負の影響と、「国民社会主義ドイツ労働者党などの極右政党」を支持する「票の割合の増加」との間に相関関係を見出していたのである。[62] それは不吉な歴史的類似だった。あれほど長く続いた病気、あれほど多くの死、あれほど大変な経済的苦難によってもたらされた不安や分断や苦悩の副産物は、極端な破壊的反応を生み出すかもしれないのだ。

ＦＲＢのパウエル議長は、新型コロナ危機が第二の大恐慌を引き起こす可能性を否定したが、これら二つの期間の間には注目すべき類似点がある。[63] これらの類似点は、パンデミック絡みの危機の四つの主な要素を分析すると浮かび上がってくる。

一　失業率水準
二　経済の状態
三　株式市場の振る舞い
四　危機に対するＦＲＢや他の中央銀行の対応

これら四つの要因を理解することで、パンデミックとその影響の歴史的背景が明確になる。

一九三一年半ばには、アメリカ全土で大量解雇が当たり前になっていた。世界は経済の谷底に転落しようとしていた。大恐慌がもっとも深刻化していた一九三三年には、アメリカの失業率は二四・九パーセントという信じがたい水準に達していた。[64] それは健康な体を持つ大人のほぼ四人に一人が仕事を見つけられないということだった。失業率のこの二桁台の上昇は、一九二九年の三・二パーセントという低い水準から始まった。[65]

比較すると、パンデミックの初期段階だった二〇二〇年二月には、アメリカの失業率は三・五パーセントと、似通った水準にあった。当初のコロナ・ショックとロックダウンにより、失業率は二〇二〇年四月には一四・七パーセントに上昇した。しかもその数字には、労働統計局が「縁辺労働者」とみなす人々、すなわち現在は職探しをしていないが働く意思がある人やパートタイムで働いている人は含まれていなかった。三六三〇万人以上のアメリカ人が、安定した職に就いていないか、縁辺労働者もしくはパートタイム労働者として働いているかだった。これらの人々全員を計算に入れると、失業率は二二・八パーセントになる。[66]

大恐慌の発端は、銀行が複雑な証券の本当の価値について嘘をついたこととシステムの中のレバレッジが大きすぎたことによって生じた市場の暴落だった。一九二九年一〇月の暴落のあと、市場はしばらく持ち直した。ウォール街が一部の主要企業の株式を買いはじめたからだったが、結局は再び暴落した。ジョン・ケネス・ガルブレイスは名著『大暴落１９２９』（村井章子訳、日経ＢＰ）で次のように説明している。「株ブームが横領の増加を加速させたのと同じ理屈で、暴落は悪事が発覚する率を飛躍的に押し上げた。暴落からわずか数日で、言わば万人を信じていた世の中が、万人を疑うように変わったからである。監査が命じられ、不自然な行動や常ならぬ態度は鵜の目鷹の目でチェックされた。それに何より株価が急落した結果、着服した公金で相場を張っていた社員は、カネをこっそり元に戻すことができなくなる。となれば、白状せざるを得ない」[67]。ガルブレイスの言葉は、二〇二〇年パニックのもっとも深刻な時期に新しい意味を帯びることになる。

新型コロナ景気後退を生じさせたのはウイルスだったが、サプライチェーンの混乱を引き起こしたのは、その後の経済活動の停止だった。コロナパニック売りが始まったとき、ダウ平均株価は約三五パーセント下落した。その下落は何年もの株式市場の上昇分をひと月足らずで消し去った。[68] 二〇二〇年三月二三日、ダウ平均株価はドナルド・トランプが選挙に勝った二〇一六年一一月八日の終値を下回る水準まで落ち込んだ。[69] ラッセル３０００指数で測定すると、アメリカの株式市場は二月一九日のピークから一一兆五〇〇〇億ドルの価値を失っていた。[70] それによってこの指数は二月の最高値を三七パーセント以上下回る値になった。S&P500は二月の最高値から三四パーセント以上下落した。

こうした下落からの上昇もまた歴史的だった。パウエルが主張したとおり、大恐慌と新型コロナ不況は同じではなかった。ひとつの重要な点、パウエルが直接コントロールする権限を持っている点で違っていたのである。二〇二〇年の金融政策というトランポリンは、大恐慌のときには存在していなかった。当時のFRBは、金融システムに注入するために必要と判断しただけのマネーを電子的に生み出す「際限のない」自己指令を実行したりはしなかった。世界の経済は一九二九年に始まった危機から抜け出す必要があり、大恐慌によって生じていた経済の穴を埋めるためには、財政計画と二度目の世界大戦が必要だった。

経済の難破vs市場の熱狂

だが二〇二〇年には、回復を目にするまでに一〇年待つつもりの者はいなかった。一部の中央銀行は政府より大きな力を蓄積していた。これらの中央銀行は金融政策を完全に支配する権限を持っていたので、完全雇用と二パーセント以下のインフレ率という二つの使命の観点から正当化できる目的のためには、ほしいだけのマネーを製造することができた。市場の主なプレーヤーたちには大金持ちの友人がいたというわけだ。そのおかげでウォール街や他の主なグローバル金融ハブは、周囲のどのような経済崩壊にも関係なく、生き残り、成長することができた。

低コストで債務を増やせるようにした緩和政策と債券購入政策の結果、諸国の政府は気をゆるめた。持続的な成長や社会経済的ニーズのための計画策定や資金調達で厳しさに欠けるようになった。それでも、予算が不足したり政府債務が積み上がりすぎたりしたら、政府は公共プログラムから不足分を

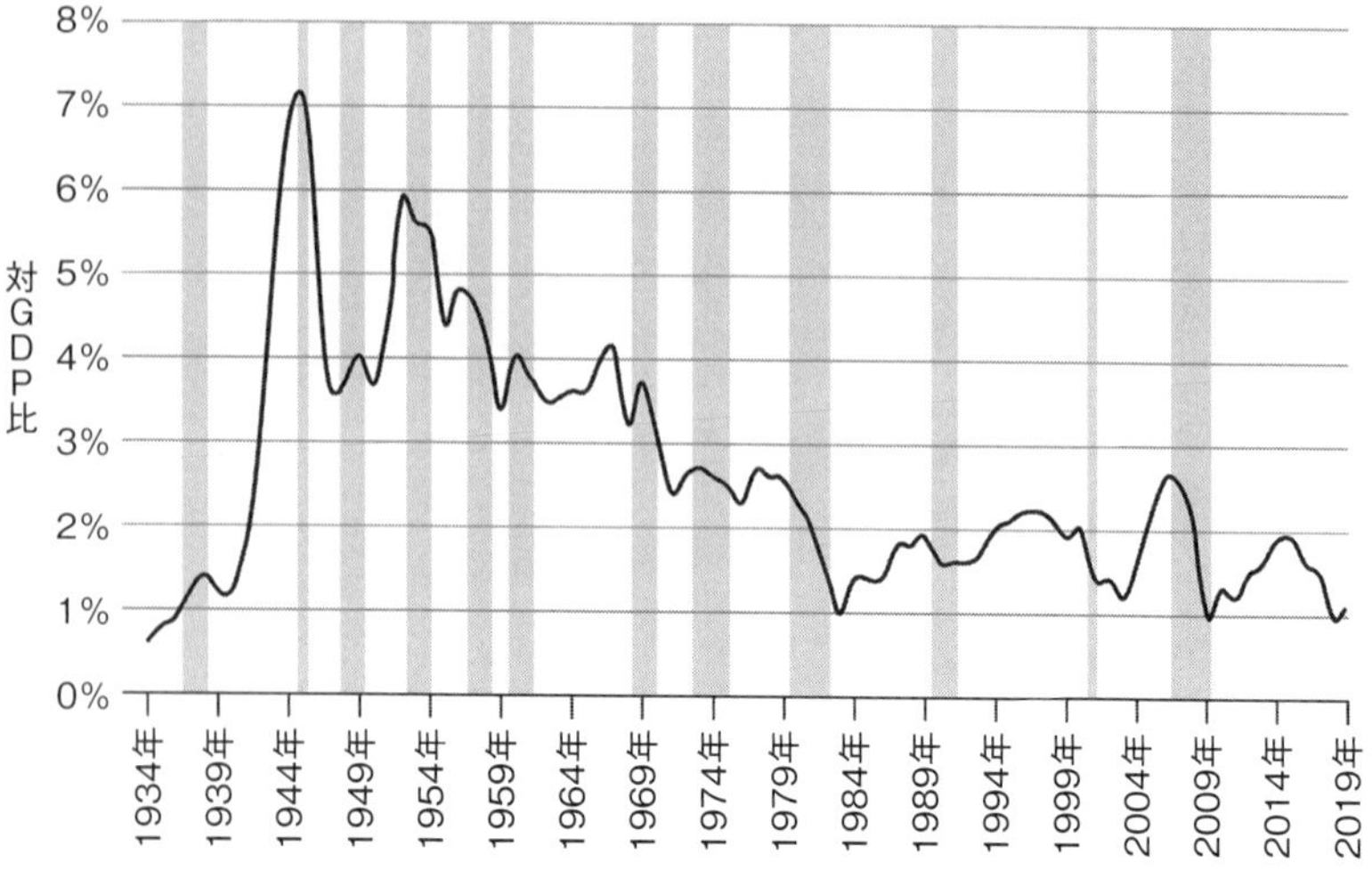

図7　法人所得税収の対GDP比（1934～2019年）

引き出すことができたし、実際に引き出した。パンデミック関連の財政刺激策は、重要ではあったが、もっとも弱い立場の人々のポケットはたいてい避けて通ることになる。金融システムは今後も危機のたびに中央銀行の金融システム支援金の際限のない供給に頼ることができるが、普通の労働者はそうした支援は受けられない。

トランプ政権の保護主義的政策はすでに農業者や製造業者の経済状況に打撃を与えていた[71]。また大企業のための減税は、企業の株価を押し上げはしたが、貧困層や労働者層の助けにはなっていないことも明らかになっていた[72]。二〇一九年に支払われた法人税額の対GDP比は、一九三四年以来の低水準になった[73]（図7参照）。

トランプ大統領はチープマネーが株式市場を押し上げるための信頼できる手段であることを知っていた。つねに策略家であるトランプは株式市場を権力と影響力の源泉とみなしていた[74]。その考えは往々にしてホワイトハウスからの矛盾したメッセージの一因になった。パンデミックが深刻化する中で、トランプ大統領をはじめとする一部の指導者は、保健当局が危険性を警告しているにもかかわらず、経済の再開を唱えはじめた。世界は公衆衛生と市場の間に生まれつつあった亀裂のせいで動きがとれなくなった。

すでに存在していた米中間の緊張は、トランプが新型コロナウイルスを発生させたことに対する報復として中国に追加関税という脅しをかけたことで、さらに高まった[75]。二つの超大国のどちらからであれ報復云々《うんぬん》という話が出ることは、パンデミックが落ち着いたら始まる可能性があるグローバル経済の回復に水を差すおそれがあった。ホワイトハウスからの怒りの声は、パンデミックが始まる前に締結された第一段階の米中貿易協定、すなわち中国にアメリカからの農産物の輸入を増やすことを義務づけた協定を危険にさらしていた[76]。

激化する米中の非難合戦に対して、中国社会科学院（CASS）は二〇二〇年五月八日、「超大国間の戦略ゲームは激化しているが、その一方で国際システムや国際秩序は再編成されている」と主張する報告書を発表した。CASSは、政策決定者や学者の間で勢いを増しつつあった中国国内の考えを強調して、中国はパンデミックを踏まえてもっと自立した国になるべきだと述べていた[77]。さらに、中国が超大国になる一助になってきたグローバル化した経済がどれほど劇的な変化を遂げているかを詳述し、こう指摘していた。「グローバル経済が弱まる中でポピュリズムが台頭しており、同時に不均衡が拡大し、諸国は分断されている。昔からの多国間貿易体制は圧力にさらされている」

CASSの報告書は、自国の中所得者層の厚さを考えると、中国はこの先五年間の成長を促進するために国内消費の力を活用しはじめる必要があると結論づけていた。CASSが提案した戦略は、非米諸国との多国間貿易を強化することではなく、中国が内側から自らを強化することに重点を置いていた。これは孤立主義の新たな表明だった。オーストラリアのような大きな地域貿易相手国が中国とのつながりを疑問視するようになる中で、緊張が高まっていた[78]。

その間、世界中の市場が投機・投資活動を促進する中央銀行と政府の支援を喜んで受け入れた。マネーが生み出されているかぎり、経済活動再開のタイミングは重要ではなかった。ウォール街の投資家たちはまず、ステイホーム・テクノロジー、エンターテインメント、デリバリー・サービスなどのトレンドをとらえている企業の株式を買うチャンスとしてパンデミックを利用し、そこからほぼ間髪を入れず前進した。アマゾンの時価総額は二〇二〇年二月に待ち望んでいた一兆ドル超えに達し、アメリカで四番目の一兆ドル超え企業になった（アップル、マイクロソフト、アルファベットに仲間入りしたわけだ）[79]。同社の株価はパンデミックの最初の数カ月の間、徐々に上昇し、四九パーセント近い値上がりを記録した[80]。負けじとばかりにテスラの株価も二〇二〇年上半期だけで二八二パーセント近く上昇し、四二パーセント下落した巨大化石燃料企業エクソンに屈辱を与えた[81]。

すべての中央銀行が平等に創られているわけではない。新興市場諸国の中央銀行の利下げ幅は先進国のそれより大きかった。それはこれらの国の危機前の金利が先進国より高く、そこからの引き下げだったからだった。だが、ＱＥプログラムは破壊的な通貨の下落を引き起こすおそれがあるため、新興市場国にとってより実施しにくい策だった。とはいえ、利下げはこれらの国にとって両刃《もろは》の剣だった。新興市場国が切実に資金を必要としているとき、金利が下がると外国資本を引き寄せる力が低下するからだ。

世界中の中央銀行がリーダーに従う中で、新たな超低金利時代が生まれた。グローバル経済がパンデミックによって打撃を受け、長期にわたって負の影響を被《こうむ》ることは明白だった。しかし、中央銀行の世界は、二〇〇八年金融危機の最悪の日々を生き抜いてきた金融政策決定者たちにとってさえ地図のない領域に入っていた。元ＩＭＦ専務理事で、現在はＥＣＢ総裁のクリスティーヌ・ラガルドは、二〇二〇年四月に、大規模な融資プログラムと債券購入は「必要な額だけ、必要な間はずっと」続くことになると述べた[82]。

株式市場の回復は、こうした安心させる言葉から勢いを得た[83]。これは大企業にとってとくに好都合だった。大企業は異常に低い借入金利と財政刺激策という組み合わせから恩恵を受けていた。一部の巨大企業は、自社の株価が持ち直していても、給与や福利厚生を削減したり、大規模な一時解雇を行なったりすることができたのだ。家族経営の零細企業にはできないことだった。病院のベッドが埋まる中で、地方政府は圧力にさらされ、一般的な住民サービスは危機モードに入った。大企業は市場から資金を調達できるとか、公的金融機関から低利の融資を受けられるといった市場に適した条件をフル活用したが、小企業は従業員を解雇したり、場合によっては廃業までしたりする必要があり、それを免れたとしても融資の利用により多くの制限が課されるようになった。これは金融資産と実体経済の大きな分断をさらに悪化させた。中央銀行は自分たちの権限を本来付託されている権限を超えて拡大した。このような危機を前にして、緊急対応の規模の大きさに疑問を投げかける者はほとんどいなかった。だが実際には、次に何をするべきかはっきりわかっている者はひとりもいなかったのだ。

新型コロナ・パンデミックによって打撃を受けた経済はきわめて多かった。中国は四月一七日、二〇二〇年第1四半期の自国経済は前年に比べ六・八パーセント縮小したと発表した[84]。それは中国が一九九二年に経済統計数値を発表しはじめて以来、四半期としては最大の縮小であり、しかも中国が経済の収縮を発表したのは一九七六年以来のことだった。

二日後にはアメリカが、二〇二〇年第1四半期のGDPは四・八パーセント減少したと発表した。二〇一四年第1四半期以来のマイナス成長で、二〇〇八年第4四半期の八・四パーセントの収縮以来、もっとも大幅な減少だった。アメリカのDGP総額の六七パーセントを構成していた消費支出は七・

六パーセント落ち込み、輸出は八・七パーセント、輸入は一五・三パーセント減少した。

四月三〇日にはユーロ圏が圏内の経済的痛みを算出し、二〇二〇年第1四半期に三・八パーセント収縮したとするユーロスタット（EUの統計局）の予備推定値を発表した。フランスとスペインがもっとも激しい収縮を記録した。ユーロ圏で三番目に経済規模が大きいイタリアは、ウイルスによって大打撃を受けている最中で、当時は死者数がアメリカに次いで世界で二番目に多かった。イタリア経済は第1四半期に五パーセント近く縮小した。[85]

世界のどこを見ても、見通しは暗かった。IMFは、パンデミックは大恐慌以来最悪の世界的な景気後退を引き起こすおそれがあり、世界の失業率は二〇パーセント以上に跳ね上がるおそれがあると主張した。新興市場諸国は経済的苦難にみまわれる危険性がさらに高かった。それはこれらの国の企業の債務負担が先進国より大きかったからだ。しかも、先進国とは異なり、新興市場諸国はインフレ率の上昇や自国通貨の下落に関する懸念を絶えず抱えていた。

ブラジル経済は二〇二〇年第1四半期に一・五パーセント縮小した。[86] 二〇一六年以来の収縮で、二〇一五年第2四半期以降ではもっとも激しい縮小だった。ブラジルの総合的な貿易黒字は二〇二〇年五月には、前年の五六億ドルから四五億ドルに縮小した。EUへの輸出は八・五パーセント、アメリカへの輸出は四三・五パーセント減少した。それに対し、これから先の展開を予示するかのように、アジアへの輸出は二七・七パーセント増加した。[87] これらの数字が示唆していたのは、ブラジルの指導者層が中国についてどれほど軽んじる発言をしようと、中国はブラジル経済にとってきわめて重要だということだった。他の国々の場合と同様、パンデミックは広く存在していた不安定な状態を悪化させた。ブラジルの景況感指数は、二〇二〇年四月には過去最低レベルに低下した。[88] それなのに、ブラジルでパンデミックが悪化するにつれて、ブラジルの対中関係も悪化した。公然と好戦的姿勢をとるトランプの手法をボルソナロ大統領が採用したからだった。

ブラジルにはもうひとつジレンマがあった。二〇二〇年五月二七日、ブラジルは新型コロナウイルス感染者数が世界で二番目に多い国になった。[89]ボルソナロはトランプと同じく当初はこの感染症の脅威を軽視し、感染の広がりを抑えるためにロックダウンを課した州知事たちを強く非難した。トランプの真似をしようとする彼の熱意のせいで、ブラジルは何十万人もの死者を出すことになる。

ラテンアメリカでもっとも大きな打撃を受けた国のひとつであるベネズエラは、深刻な資金不足に陥ったため、パンデミック対応のための資金調達の一助にすべく一〇億ドル相当の金の引き渡しをイングランド銀行に要求する訴訟手続きを開始した。[90]その金は、犯罪活動や人権侵害をともなう違法な金採掘事業や石油事業に対して二〇一七年に実施された米英両国の制裁により、イングランド銀行に留め置かれていたものだった。その間、ベネズエラの医療システムは崩壊しつつあり、医療用品や防護具が不足し、おまけに安定した電気や水道の供給がない中で、多くの病院が新型コロナ患者を治療するために苦闘していた。

感染拡大の初期段階で、ウイルスは不平等を大きく拡大した。さまざまな問題が顕在化し、悪化するまま放置された。金融政策は食卓に食べ物を運んではくれなかった。指導者が一貫性のない混乱を招くメッセージを発しているとき、景気刺激策は猛威を振るうウイルスを止めることはできなかった。金融投資が増加する一方で、実体経済はトリクルダウンする恵みを受け取ってはいなかった。

二〇二〇年六月には、多くの経済大国が二桁台の失業率を記録していた。アメリカの議会予算局は六月一日、完全な回復には一〇年かかるおそれがあり、その過程で一五兆七〇〇〇億ドル以上のアメリカの名目生産額が失われる可能性があると警告した。[91]二〇二〇年六月一五日の週には、失業給付の新規の受給申請が合計四四〇〇万件に達していた。それはアメリカ史上もっとも短期間でのもっとも多くの失業だった。

それと同じくらい陰鬱なことに、経済協力開発機構（ＯＥＣＤ）加盟三七カ国は、六月一〇日にこの機関の三〇年の歴史でもっとも深刻な予測を発表した。[92] ＯＥＣＤ（アメリカ、中国、インド、ブラジルも加盟国）は、このパンデミックは一〇〇年に一度のグローバルな景気後退と平時の不況を解き放ったと断言したのである。幸いにも、実際の数字は予測よりましだった。アメリカ経済は二〇二〇年に三・五パーセント収縮した。[93] ユーロ圏経済は六・八パーセント、ブラジル経済は四・一パーセント、日本経済は四・八パーセント縮小した。[94] 中国経済は二・三パーセントの成長だった。[95]

六月には、ＦＲＢは二兆九〇〇〇億ドル近いマネーを電子的に生み出しており、その大部分が直接、金融市場に流れ込んだ。連邦政府は四月から六月までの間に史上最高額となる三兆ドルを借り入れていた。[96] その資金の多くが営業停止を乗り切るための支援として企業や消費者に提供されることになっていた。時価総額の増大という観点から見ると、最大の受益者はパンデミックが発生したとき消滅の危機に直面していた企業だろう。これらの企業は、大きな利益を生むことを期待して底値に近い価格の株式を買う投資家に標的にされた。それはまるで投機家の遊び場だった。

マネーというロケット燃料のおかげで、ナスダックはどんどん上昇した。三月中旬の三〇パーセントの下落から回復しただけでなく、二〇二〇年六月八日の週には三度新高値をつけた。[97] 同じパターンが世界各地のＩＴ企業やステイホーム関連企業の株価を不釣り合いに高く押し上げ、これらの企業の株価は二〇二〇年六月に新高値をつけた。[98] これらの企業は、リモートワーク・モデルやリモート学習スタイルへの適応と一致する新しい行動パターンを象徴していただけでなく、中央銀行からのチープマネーによって押し上げられてもいた。対照的に、旅行・レジャー部門など、人の移動に支えられている、いわゆるバリュー株の一部は低迷していた。

感染者数や死者数の増加と歩調を合わせた株式市場の多幸感は、セントラルバンカーができるだけ気づかないふりをする汚い秘密のようだった。パウエルFRB議長は六月一〇日の記者会見で、人々が失業に追いやられていたにもかかわらず、「必要な間はずっと」「あらゆる種類のツール」を使うと、同じ表現を何度も繰り返してFRBの決意を強調した。ウォール街では、金融アナリストや投資家たちがそれを支援の個人的なシグナルと受け止めた[99]。FRBは再び世界のムードを決定づけていたのである。

欧州中央銀行（ECB）、日本銀行、イングランド銀行、それにさまざまな新興市場諸国の中央銀行が同じ道を歩んでいた。二〇二〇年六月四日、ECBはパンデミック緊急購入プログラムを六〇〇〇億ユーロ拡大すると発表した。それはECBが三月に発表していた七五〇〇億ユーロ分の国債購入に加えての話であり、プログラムの総額は一兆三五〇〇億ユーロになった。ECBはさらに、このプログラムの終了時期を二〇二〇年末から二〇二一年六月に——もしくは危機は終わったとECBが判断するまで——延長するとした。

二〇二〇年六月一六日、日本銀行は企業部門対象の債券購入プログラムを七五兆円から一一〇兆円に拡大した[100]。短期金利はマイナス〇・一パーセントに据え置いた。その支持が、六月一五日から個別企業の社債の買い入れを開始するというFRBの発表とあいまって、市場の上昇にさらに拍車をかけた[101]。熱狂はアジア全域に広がって、日本の日経平均株価を四・八パーセント、香港のハンセン指数を二・七パーセント上昇させた。似通った高揚感はこの地域の株価指数全体に見られた[102]。G7の債券買い取りブームから取り残されまいと、イングランド銀行は二〇二〇年六月一八日、QEプログラムを一〇〇〇億ポンド拡大すると発表した。イングランド銀行のバランスシートは、パンデミック関連のQE措置により、この時点ですでに二〇〇〇億ポンド拡大していた[103]。

ヘイバー・アナリティクスとヤルデニ・リサーチのデータによると、世界最大級の中央銀行――ECB、日本銀行、中国人民銀行、FRB――は、六月半ばまでにバランスシート上の資産を合計二三兆三〇〇〇億ドル分増加させていた[104]。オーストラリア、イギリス、カナダなど、G20の他の主要国を加えると、その合計額は二五兆ドルに跳ね上がった。中央銀行のバランスシートは政府や企業のそれを上回っており、何が起こりうるかという既成概念を打ち砕いていた。

前の話に戻ると、パウエルFRB議長は六月一〇日の記者会見で、彼のFRBでのキャリアでもっとも引用する価値のある発言のひとつとなる言葉を述べた。「いいかね、われわれは利上げについて考えてはいない。利上げについて考えることについてさえ考えていない。われわれが考えているのは、この国の経済に支援を提供することだ。これにはしばらく時間がかかるとは思っている」[105]。将来の金利動向についてFRB職員の中核グループから匿名で表明された考えを照合するドットプロット分析によると、FRBは少なくとも二〇二二年末までは利上げするつもりはなかった[106]。前回、利上げについて考えていなかったときには、FRBは二〇〇八年一二月から二〇一五年一二月まで金利をゼロに据え置いた。慣例にとらわれないことが、新しい常態《ニューノーマル》だったのだ。

FRBがその政策意図を発表すると、公衆衛生措置や経済的制約を通じてパンデミックにどのように対処するべきかをめぐる不確実性が、政府内に分断を生んだ。結果は、経済活動の停止によってウイルスと戦うべきだと考えていた政策決定者たち数人の辞任だった。選挙とレガシーを重視する指導者たちは、とくにブラジルとイギリスとアメリカで、公衆衛生の当局者たちと意見が一致しないことが多かった[107]。

ラテンアメリカ諸国は、人口に対する死亡者の割合という点で、パンデミックによってとくに打ちのめされることになる。ブラジルがもっとも打撃を受け、ペルーがそれに続いた。ペルーでは家族が路上で愛する人を弔うのが当たり前になった[108]。アルゼンチンでは、人々は当初はロックダウンを支持していたが、夏が過ぎていくにつれて、ロックダウン反対のデモを行なうようになった[109]。ラテンアメリカは貿易戦争とパンデミックと中央銀行のブローバック（政策によってもたらされる予期せぬ負の結果）が交差する震源地になっていた。

パンデミックはラテンアメリカ諸国の既存の課題を浮き彫りにし、拡大しつつある政治的不安定と経済的不平等を顕在化させた。ほとんどの政府が失業を抑え国内企業を支援するために二〇二〇年を通して強力な救済パッケージを実施した。それはより劇的な社会的影響を防ぎはしたが、政府の支出レベルと債務レベルを押し上げる働きもした。公共投資に使える資金が減ったことで、インフラ、エネルギー、公衆衛生などの分野で民間投資の余地が生まれた。

国内経済から生み出される資金が減少したため、ブラジル、エクアドル、コロンビアなどの国々は、長期的な成長に必要な資金需要とのギャップを埋めるために外国からの投資に頼らねばならなかった。六月一七日、ブラジルの中央銀行は、同国史上最悪の経済崩壊になりかねない事態を阻止するために、金利をさらに七五ベーシスポイント引き下げて史上最低の二・二五パーセントにした（八回連続の利下げだった）[110]。二日後、ブラジルは厳しい節目を迎えた。新型コロナウイルスの感染者数が一〇〇万人に、死者数が五万人近くに達したのだ[111]。これらは当時、アメリカに次ぐ世界第二位の数字だった。パンデミックはアメリカとブラジルの憂慮すべき類似性を浮き彫りにした。きわめて不平等な複雑で多様化した二つの経済が存在すること、ポピュリストの指導者層が指揮していること、国内的、国際的に権力の危機が迫っていること、中国との摩擦が続いていることだ。

中国はパンデミックを無傷で乗り切ることはできないだろうが、失業者数や経済的困難、死者数や感染者数に関する詳細なデータの公表を制限することができた[112]。中国人民銀行（ＰＢＯＣ）は国内企業を支援するため、二〇二〇年に一兆五〇〇〇億元相当の利益を放棄するよう金融機関に圧力をかけた[113]。北京はさらに、パンデミック後に長期的な便益をもたらせるインフラ・プロジェクトの資金調達のために、地方債の発行も許可した。ＰＢＯＣは、ＦＲＢが行なっていたような形の量的緩和、すなわち国債の直接購入は行なわないと断言した。

金融危機後の時期に行なったように、中国の当局者たちは過度の金融刺激策はより大きな債務リスクを生み出すかもしれないという懸念を表明した。ＰＢＯＣは過度に緩和的な金融政策の意図せぬ影響について警報シグナルを発した。「この政策の副作用に注意を払うべきだ」と、ＰＢＯＣの易綱総裁は二〇二〇年六月の上海での金融フォーラムで述べた[114]。そして、「政策ツールのタイムリーな停止を事前に検討しておくべきだ」と語った。中国は自国が金融刺激策の出口戦略を作成中であること、また、ＦＲＢのように未来のバブルや危機を助長するのは避けたいと思っていることを、世界に知らせたかったのだろう。だが、そうした出口戦略を実施するには至らず、実際には超緩和的政策をＦＲＢより長く続けたのだ[115]。

金融危機後に自国の力を拡大したのと同じやり方で、中国はパンデミックを利用して自国の影響力を高めた。二〇二〇年六月二二日、中国の習近平国家主席は、オンラインでの中国・アラブ諸国政党対話会特別会議が見事に開会を迎えたことを自賛した。開会の挨拶で、習は中国とアラブ諸国との長年の友情を強調し、ビデオ会議は協力を強化する重要な機会だと述べた。アラブ諸国の指導者たちは、パンデミックとの戦いにおける、またアラブ諸国の主権を守るための中国の努力を賞賛した。

中国は新型コロナウイルスの影響を抑えるためにとってきた行動を国際政治の舞台で利用していた。それはこのウイルスが世界の健康問題であるだけでなく外交関係を強化したり弱体化したりすることもできることを示したという点で、特筆すべきことだった。金融政策に関しては、新型コロナの時代にも、中央銀行、主要国政府、大手民間銀行、金融市場の共生関係は、以前と変わらず続いていた。だが、二一世紀のパワーブローカーというＦＲＢの新しい役割は意図せぬ影響をもたらし、それはマネーとパワーの国際的枠組み全体を再編成することになる。マネー製造におけるＦＲＢのグローバルな影響力とリーダー的立場により、ＦＲＢの言動は、成長に対して直接的にではないにしても、マネーや市場や経済心理に対して地上の他のどの機関よりも大きな力を持っていたのである。

ＦＲＢの「限度なし」の政策に従って証券を買い取るために生み出されたマネーの量は、わずか数カ月で驚異的な水準に達した。[116] 二〇二〇年六月一八日、ＦＲＢはバランスシートの規模が七兆一〇〇〇億ドルに拡大したと発表した。[117] それは一国の名目ＧＤＰの規模に相当する額だった。日本の名目ＧＤＰは五兆八〇〇億ドル、ドイツは三兆八六〇〇億ドル、インドは二兆八七〇〇億ドル、イギリスは二兆八三〇〇億ドルだったのだから。[118]

ＦＲＢのバランスシートの規模は一年前の二倍近い水準でもあり、金融危機後の最高額を六〇パーセント上回っていた。その新たに生み出されたマネーのすべてが、株式市場を押し上げた。機関投資家たちのこの狂乱取引とリテール投資家の増加は、ウォール街の銀行を二〇二〇年第３四半期に史上最高の収益に導いた。これは実体経済にまだ重くのしかかっていた深刻な失業率と著しい対照をなしていた。二〇二〇年にはアメリカ企業の破産件数が二〇〇九年以降では最多となって六三〇件の破産申請が行なわれた。また、二〇二〇年に一〇億ドルの債務を申告した企業の数は、その前の一〇年間より多かった。[119]

パンデミックは実体経済と市場の耐久力《レジリエンス》の格差を拡大した。ＦＲＢは大手銀行や大企業に資金を注入したが、実体経済は石のように沈んだ。アメリカのＧＤＰは二〇二〇年第２四半期に九・五パーセント減少した。年率換算すると三二・九パーセントになり、史上最悪の低下だった。それに対し、ダ

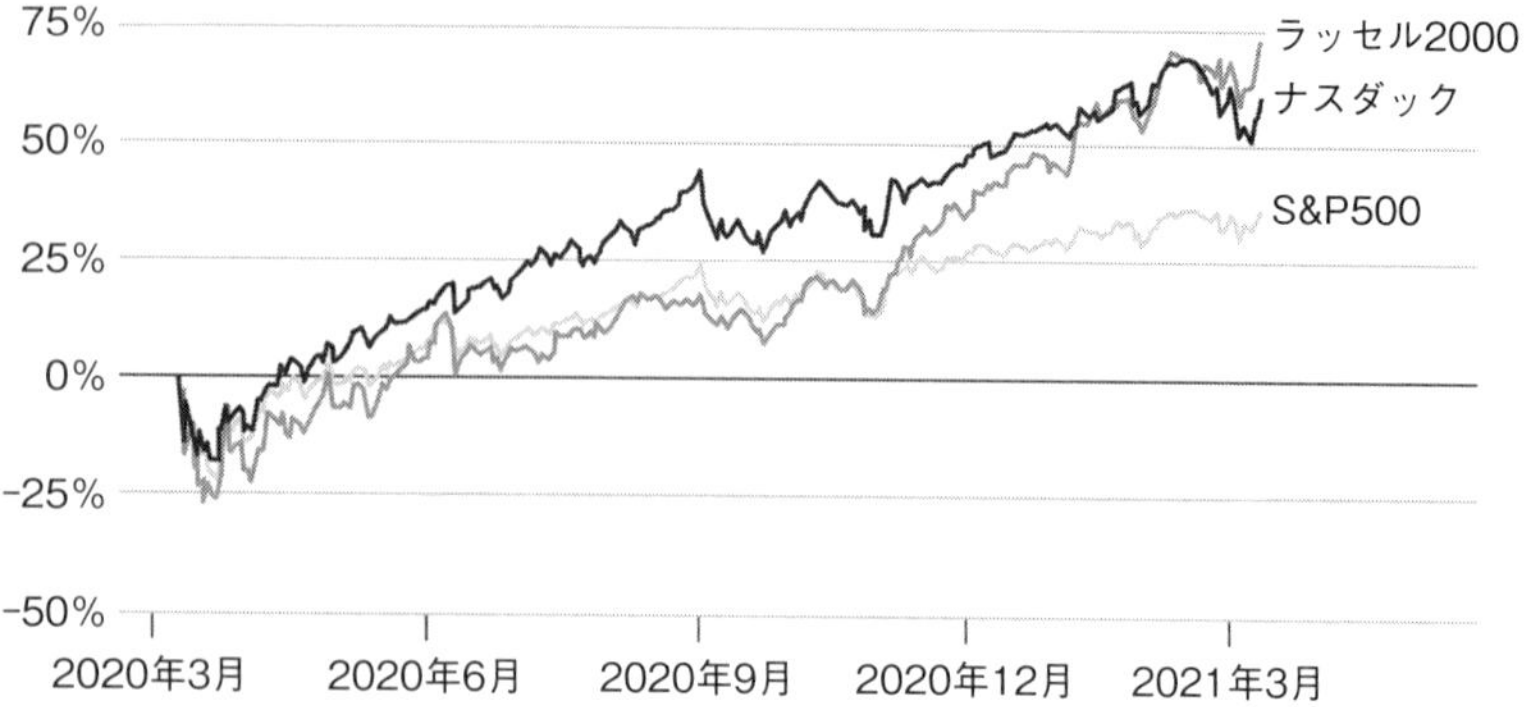

図８　S&P500、ナスダック、ラッセル2000のリターン

ウ平均株価は二〇二〇年一一月までには二月から三月にかけての下落分をすべて取り戻していた。[120] 世界中で、人々は行動制限と経済的不安定にさらされていたのに、市場は何の制限も受けず新高値をつけていたのである（図8参照）。

　パンデミックは富裕層と他の大勢との間にすでに存在していたゆがみを悪化させた。新型コロナウイルスが人間を宿主にしたのと同じように、チープマネーは市場を自然宿主にした。ウイルスと同じくマネーは何が何でもできるだけ速く容易に増殖しようとしていた。その過程でどのような資産バブル、不平等、政治的二極化、経済・社会不安を引き起こそうとかまわなかったのだ。

　二〇〇八年の金融危機によってウォール街の大手銀行が「大きすぎてつぶせない」組織であることが暴露されたとすれば、パンデミックの間にはＦＲＢや他の主要中央銀行の政策が「大きすぎて修正できない」ことが暴露された。結局のところ、これらの金融政策が失敗するのは、現代の株式市場が長期的かつ生産的で経済を強化する投資とはほとんど関わりがないからだ。ウォール街の銀行や株式投資や株式は、研究開発や賃金や福利厚生に資本を使う企業とはまったくと言っていいほど関係がないのである。

諸国の中央銀行は二〇二〇年に累計で二〇七回、利下げを行なった。[121] 躍起になってシステム内の流動性を維持し、金融市場を支えようとしたのである。セントラルバンカーたちは標準的なシナリオ、すなわち十分な支援を注いだら、それはやがて実体経済に染み込んでいくというシナリオから離れようとしなかった。緊急時にけた外れの金融的力を発揮することは自分たちの使命だと彼らは主張した。

大規模な規制緩和と負託された使命をはるかに超えた中央銀行の緩和策の組み合わせは、至るところで市場をカジノに変えた。大口の参加者は絶対に負けることはなく、メインストリートは決して勝てないカジノにだ。

第六章　無制限に提供されるマネー

一番暗いときは夜明け前だと言われている。

——トーマス・フラー『パレスチナのピスガの光景とその境界』（一六五〇年）

二一世紀の二度目の大きな危機、新型コロナ・パンデミックは、すさまじい勢いでやってきた。それは二〇〇八年の金融危機より不安をかき立てただけでなく、経済に対するその突然の影響はあらゆる人に衝撃を与えた。そのうえ、新型コロナ感染症が登場したのは、経済成長が減速していたときだった。資産バブルが人為的に膨らまされていた。膨らんだままでいるかどうかは、中央銀行のどんな政策も危機の影響を緩和することはできても危機の発生を止めることはできないという事実を市場が積極的に無視するか否かにかかっていた。

緩和的な金融政策に対するこうしたやみくもな依存を考えると、どんな金融危機も市場がついに暴落したときは幅広い経済的困窮をもたらすのは確実だった。ウォール街は危険な火遊びをしていた。投機家たちは有機的成長やイノベーションや企業の健全性指標にもとづいて投資するのではなく、企業の株価に対する賭けを積み上げていたからだ。セントラルバンカーたちの発言は彼らの虚勢をはっきり示していた。ジェローム・パウエルFRB議長はパンデミックのさなかに、「必要なことは何でも、必要なときが続くかぎり」行なうというFRBの約束に「限度はない」と、何度も力強く繰り返した。[1] それは大仰な言葉の力という点でまさにシール・チーム6（海軍特殊部隊ネイビーシールズから独立した対テロ特殊部隊）であり、そうした芝居がかった発言はウォール街にとって「世界に響きわたった銃弾」に等しかった。[2] FRBは自信を誇示しながら、己の意図を宣言したのである。

「必要なことは何でも」政策は、永続的なゆがみの時代がどれほど強固になっていたかを示す確かな指標だった。そのうえジェローム・パウエルには、同様のメッセージを広めるのが同じく巧みな強力な仲間がいた。ECBのクリスティーヌ・ラガルド総裁は、前任者マリオ・ドラギが二〇一二年に表明した「必要なことは何でも」という考えを、二〇一九年末に彼のポストを引き継ぐ前から口にしていた。[3] パンデミックがヨーロッパ全土に広がる中で、ラガルドはその姿勢をさらに強めた。二〇二〇年五月七日のブルームバーグのウェビナー（インターネットで配信するセミナー）で、ラガルドはユーロ圏の景気回復を支援するという使命を遂行するにあたりECBは「なにものにも妨げられない」と断言した。さらに、「われわれは欧州議会に対して説明責任を負い、負託された使命に従って動く独立した機関である」と述べ、中央銀行の権限を強調した。[4]

この虚勢とマネーという弾薬によって、市場はただちにパンデミック前の反発を取り戻し、さらにはそれを追い越した。この不合理な熱狂は、市場の活況を維持しようとするセントラルバンカーの力と決意によって推進された。チープマネーは未来が確たるものになる前に株価を上昇させた。その一方で、実体経済が行動制限や店舗閉鎖やサプライチェーンの混乱から回復するにははるかに長い時間がかかった。ビジネス・ニュース・チャンネルやビジネス紙誌は、好調な市場を投資家の前向きな楽観主義の表れと繰り返し報じた。[5] これらの番組や記事が概して無視したり言い忘れたりしていたのは、やがて景気は回復するというこの物語は、メインストリートや小規模事業の迅速な回復ではなく、市場に流れ込んでいる何兆ドルもの中央銀行の補助金の上に成り立っているということだった。

株式市場や不動産市場に投資した人々にとっては、新型コロナ・パンデミックからの景気回復は二〇〇八年金融危機からの回復よりはるかに力強いものになると予測された。[6] それは裏を返せば、株式に投資する金銭的余裕がない人々ははるかに後《おく》れを取るということだった。[7] 株式《エクイティ》が不公正《イネクイティ》を確実にするわけだ。

ＩＭＦの二人の高官、トビアス・エイドリアンとファビオ・ナタルッチは、二〇二〇年六月にこのゆがみの本質を次のように説明した。「経済データは予想より深刻な景気悪化を示しているが、それでも投資家たちは、中央銀行の持続的かつ強力な支援があるので経済は迅速に回復すると確信しているようだ」。そのとおりだった。

エイドリアンとナタルッチは、「非伝統的手段を前例がないほど大々的に使ってきたことで、グローバル経済に対するパンデミックの打撃が緩和され、グローバル金融システムに対する当面の危険が軽減されてきたのは明らかだ」と指摘した。セントラルバンカーたちの主張では、これこそ彼らが二つの使命とされるものに対処する過程でやろうとしていることだった。それ以上に重要な点として、エイドリアンとナタルッチは次のような警告も発していた。「政策決定者は、緩和的な金融環境で金融の脆弱性が引き続き高まることなど、起こりうる意図せぬ結果に注意する必要がある」

「金融政策戦略声明」にもとづくと、これは起こりそうにないことだったが、二人の高官の説明は中央銀行からのめったにない鋭い状況概説だった。市場に流入していたチープマネーは、実体経済に対するパンデミックの打撃を和らげるためにはほとんど使われていなかった。それどころか、中央銀行が行なっていたことは、庭にある数個の特別な植木鉢に水をやって、庭全体に水がまかれていると主張するようなものだった。実体経済は――それに厳しい制限を課されたせいで貯蓄や安心感をもっとも失っていた人々はとくに――市場が何をするかとか何兆ドル集めるかとかに関係なく、自力で何とかする必要があった。

アメリカの財政支援策（株式市場のための中央銀行の支援は含まない）の総額は、当初の推定では一〇年で一〇～一二兆ドルとされていた。[8] 二〇二〇年一〇月一日の時点で、与信と融資と融資保証を合わせて八三三〇億ドルしか利用されていなかった。これは個人や小規模事業が、低コストの政府のお金を利用できる機会が提示されているにもかかわらず、債務負担を増やしていないということだった。それは融資を返済できると確信できなかったからか、でなければ永久に閉鎖しなければならない事業のために追加の借金をする必要はなかったからだった。だが金融市場は、チープマネーをつかむチャンスを決して逃さなかった。二〇二〇年三月から同年一〇月の間に、主要中央銀行のバランスシートの合計額が五〇パーセント以上拡大する中で、S&P500指数は五八パーセント上昇したのである。[9]

ヨーロッパから日本、イギリス、中国に至るまで、政府は大企業が資金を十分提供されるように取り計らった。[10] また、パンデミックへの対応によって生じた予算の税収不足を補う方法を見つけようともしていた。税負担は豊かではない人々のほうが不釣り合いに高い。アメリカの最富裕層が支払う税金は、総所得額に対する割合で見ると普通の労働者より低い。[11] アメリカのもっとも大規模でもっとも影響力のある企業の多くは、税金をまったく払っていない。[12] パンデミックは、連邦予算の財源となる税金の仕組み、すでに国民の不平等を促進していた本質的にゆがんだ仕組みから生じる問題を悪化させた。

無数の人や経済がもがき苦しむ中で、マクロ経済理論のひとつである現代貨幣理論（MMT）が改めて注目されるようになった。[13] 一九七〇年代に起源を持つこの理論では、政府は自身がコントロールしている法定（不換）通貨で支出、課税、借入を行なえるのだから、規模が大きい主要国の政府の場合、税収不足によって特定の種類の政府支出が抑制されるようなことがあってはならないとされる。[14]

MMTの中核をなすのは、貨幣は国家の創造物であるという考えだ。

富裕なヘッジファンド・マネージャー、ウォーレン・モズラーは、MMTの初期の提唱者のひとりとされており、「どれほど深刻な金融危機でも政府支出を十分大幅に増額すれば対処できる」と言った。[15] MMTの最近の提唱者には、L・ランダル・レイ、ステファニー・ケルトンなどの経済学者がいる。[16]

ケルトンはベストセラーになった著書『財政赤字の神話——MMT入門』（土方奈美訳、ハヤカワ文庫NF）で、こう述べている。「MMTが教えてくれるのは、必要な実物資源——インフラを改善するための資材、医師や看護師や教師になりたいという人材、必要な食料を生産する能力——があるならば、目標達成に必要な『お金』は常に用意される、という事実だ」[17]

MMTでは、政府は市民の銀行口座に直接お金を送り込むことができるとされ、国家は自国経済内での資本配分を管理しているとされる。それを受けて、MMTの提唱者たちは、これは単なる紙幣増刷ではなく、政府のお金を戦略的に使うということだと主張する。したがって、MMTの背後にある主な考えは、自国通貨を管理している政府は公共の目的のために新たにお金をつくることができるというものだ。だが、「公共の目的」が鍵になる。政府のお金が人口の大部分に恩恵をもたらすインフラに使われるなら、それは資産創出への投資とみなすことができる。だが、政府の債務返済コストを低く抑えるために中央銀行が新規国債を購入することは、それとは大きく異なる。債務再編には一般の人々の利益になる要素はまったくない。

そのうえ連邦議会は、国を近代化するためにはどのようなインフラ事業や建設事業が必要かについてほとんど合意できず、そうした事業の規模や範囲や場所はもちろん、どの事業が注目に値し、どの事業が値しないかさえ決められないことを、何世代にもわたり実証してきた。

理論上は、政府のお金がもっとも生産的な実体経済投資や財政投資に本当に使われるのなら、MMTは機能するかもしれない。だが、この理論はおそらく主要先進国の政府と経済にとってのみうまく機能するものだろう。これらの政府は為替リスクや切り下げや大きな金融不安定について心配する必要がないからだ。

二〇〇八年の金融危機が中央銀行の力を高めて以来、主要先進国ではその力はともすると政府の力はもちろん最大手の民間銀行の力さえしのぐようになった。表面の隙間を埋めて奥にあるものを隠す速乾石膏のような働きをするチープマネーがなかったら、金融市場の回復はあれほど速くはなかっただろう。人為的な流動性の供給と利用がなかったら、実体経済の成長のための資金投入はもっと戦略的に行なわれ、革新的で平等なものになっていたかもしれない。抑制がなくなった金融資産の評価は、少なくともいわゆる「ファンダメンタルズ」の分析による真の価格発見にもとづいて行なわれていただろう。だが実際には、評価は強力な金融刺激策を反映したものとなり、チープマネーという棚ぼたの再来に対する市場の反応は猛烈な勢いだった。騒然とした二〇二〇年上半期が終わるころには、ダウ平均株価は一九八七年以来最高の四半期パフォーマンスを記録していた。S&P500指数は二〇二〇年第2四半期に一八パーセント以上上昇し、一九九八年第4四半期以来の上昇率となった[18]。ナスダックは一九九九年以降では最高の四半期パフォーマンスを記録した。

永続的なゆがみによる分断のもう一方の側はどうだったか。CNNのある記事はこう指摘した。「アメリカの不平等はパンデミックの前から巨大だった。株式市場はそれをさらに悪化させている[19]」。

メインストリートでは、バーからコンサート会場やレストランまでの事業が営業停止や活動縮小に追い込まれたり、事業全体の方向転換を余儀なくされたりした。多くの労働者家庭が収入を失い、医療・食品・サービス部門では、多くの家庭が愛する人を荒れ狂うウイルスに奪われていた。それに対しウォールストリートは、何があろうと金融支援の恩恵を受けられることがわかっていた。

世界中で、株式市場の回復は実体経済の回復よりはるかに速いペースで進んだ。MSCI世界株価指数によると、先進国市場と新興国市場の株価指数は二〇二〇年第2四半期に一七パーセント上昇した。[20]MSCIアジア太平洋指数は一五パーセント上昇した。MSCI新興国市場指数は一七・七パーセント上昇し、新興国市場の株価が二〇〇九年第1四半期以降では最高の四半期パフォーマンスを記録したことを示した。[21]これらの上昇は、二〇二〇年第1四半期の二四パーセントの下落に続いて起こったことだった。金融界は真っ先に嵐から逃げ出したが、実体経済の中で溺れそうになっていた人々にとって暗雲と破壊は和らぎそうになかった。

経済が完全には停止しなかった地域や他所ほど長くは停止しなかった地域では、明るい出来事もあった。たとえば台湾の工業生産高は、二〇二〇年五月に前年同月比で一・五パーセント増加した。[22]これはアジアの他のほとんどの国より強い経済実績であり、感染者数を抑制するための厳しい制限や国境管理が成功していたおかげだった。似通った成果はベトナムでも見られた。人口九六〇〇万人のベトナムで、新型コロナによる死者は二〇二〇年六月半ばまで一人も出ていなかった。ベトナム経済は二〇二〇年に二・九パーセント拡大し、中国の二・三パーセントを上回った。[23]

台湾とベトナムは、経済を立て直す方法は金融緩和策だけではないことを実証した。ロックダウンを徹底し、そうした制限を解除しても安全になったらただちに解除することも有効な方法だった。新型コロナと戦うためにロックダウンを使うことの厳密な有効性がどうあれ、経済活動を再開することは、金融市場に何兆ドルもの人為的なマネーを注入することより、経済の健全性を取り戻す好ましい方法だった。[24]

永続的な経済的・金融的乖離

ノーベル賞受賞者のジョセフ・スティグリッツは二〇一五年にこう論じた。「量的緩和政策は、トリクルダウン理論の失敗のもうひとつの実例だ。ＦＲＢは富裕層により多く与えることによって、みんなが恩恵を受けることを期待していた。だがこれまでのところ、この政策は少数の者を豊かにしただけで、経済を完全雇用状態に戻してもいないし、幅広い人々の所得の増加につながってもいない」[25]。スティグリッツの言葉は予言的だった。

二〇一五年に真実だったことは、コロナ禍の世界ではさらに明白だった。ＦＲＢは投資家階級と市場を真っ先に救済した。二一世紀の最初の危機でメインストリートよりウォールストリートを救済したのと同じ政策（すなわちカンフル剤）を使ったのだ。セントラルバンカーたちは、金融市場と経済は同一だという考えを深く根づかせた。金融面での傑出した公権力を利用して、人々を救うためには何よりもウォール街のハイリスク投資家たちを救済する必要があるという理論を売り込んだ。この理屈では、恩恵はやがて経済全体に流れ出るとされた。

ＦＲＢはエリート銀行家たちによって設立され、自分たちの決定について最小限の説明責任しか負わされていない、選挙で選ばれたわけではない官僚によって指揮されている。そのＦＲＢが、強固な自信と「ＱＥインフィニティ（無限大介入）」という考えにもとづいて実験的政策を採用し、それによってビッグファイナンスの世界では負けはほぼありえないことになった。大企業やウォール街の銀行は、もはや「大きすぎてつぶせない」だけではなかった。「大きすぎて負けさせられない」存在にもなっていたのである。

新型コロナ・パンデミックは、二〇〇八年の金融危機とは異なり銀行システムが引き起こしたものではなかった。だが、パンデミックの間ＦＲＢがウォール街を押し上げるために絶え間なく努力したことは、主要投資銀行が市場の狂乱によってトレーディング部門で記録的な収益をあげる態勢を整えていたことを意味していた。[26]

二〇二〇年六月二二日、元ニューヨーク連銀総裁ビル・ダドリーは量的緩和に内在するリスクについてブルームバーグに次のような論説を寄せた。[27]「安全資産の供給を減らし、民間部門が保有しなければならない預金を増やすことによって……ＦＲＢはより高リスクの資産に対する民間部門の需要を生み出す。その結果は、金融資産の評価額の上昇と金融環境の緩和である」

ダドリーの言葉が意味していたのは、ＱＥは実際に投機的行動を促進してきたということだった。ＱＥが生み出した問題は、マネーは流入したときと同じ速さで流出できることだった。新興市場など、相対的に高リスクの市場や高リスク資産のボラティリティの兆候が現れたら、それがどんなものでもマネーの流れは向きを変える可能性がある。

セントラルバンカーは、自分たちが市場のゆがみを助長していることを認めず、政策を変えなかった。彼らはひとつの歌しか歌えなかったのだ。二〇二〇年六月のブルームバーグのインタビューで、国際決済銀行（ＢＩＳ）の総支配人で、元メキシコ中央銀行総裁のアグスティン・カルステンスは、中央銀行は与えられた使命にもとづいて行動していると説明した。[28]そして、この先、中央銀行が能動的に行動する「余地はたくさんある」と強調したうえで、資産市場では「言うなれば価格が『ずれている』」と認めた。

中央銀行は上位一〇パーセントの人々だけでなく実体経済も実際に助けているのかと質問されると、カルステンスはこう答えた。「金融政策行動の多くが資産価格の上昇に役立ってきた。資産価格の上昇は解決策の一部だが、最終目的は雇用を守ることだ。……重視されるのは、資産価格を人為的にコントロールすることではない」

はっきりそうとは言わなかったが、カルステンスは、中央銀行の政策はその意図が何であれ、実体経済より金融市場に焦点を合わせたものであることを認めていた。セントラルバンカーは資産価格をコントロールしたり、人為的にバブルを膨らませたりはしなかったかもしれないが、彼らの政策は資産価格やバブルに大きな影響を与えた[29]。彼らは火遊びをしていたのだ。それなのに、やけどをすることになるのはメインストリートだった。

二〇二〇年七月には、アメリカの新型コロナ感染者は累計四五〇万人に達しており、一五万人以上の人がこのウイルスのせいで命を落としていた[30]。さまざまな地域で感染者が急増したため、フロリダ、テキサス、カリフォルニアなど、人口が多く、経済的に重要な州の知事の中には、経済活動を再開するという方針を見直す者もいた[31]。アメリカ経済は二〇二〇年第2四半期に三二・九パーセント縮小したが、これは四半期としては過去最大の縮小幅だった[32]。この縮小は、営業停止や失業、それに消費支出や地方政府・州政府の支出の減少によって増幅された。それなのに市場は、同年下半期が始まる中で急上昇していた[33]。アメリカがパンデミックとともに浮上した国内の選挙の年の課題に四苦八苦しながら立ち向かう中で、他の国々は依然として崖っぷちに立っていた。

ウイルスは公衆衛生を超えた影響をもたらした。物理的孤立のせいで政治的孤立主義が拡大していた。米中間の外交関係は、中国の外務大臣である王毅によれば、一九七九年の樹立以来最低の状態に悪化した[34]。トランプ政権が開始した互いの領事館の閉鎖は、緊張をさらに高めた。外交関係樹立から三五年を経て、アメリカはヒューストンの中国領事館の閉鎖を命じ、それに対する報復として、中国は成都のアメリカ領事館の閉鎖を要求した。[35] これは両超大国による、パンデミックで激化した言葉の応酬が何カ月も続いたあとのことだった。

パンデミックが続く中で、実体経済と金融界との乖離は先進国より新興市場国のほうが大きかった。ブラジルの財務大臣は、同国の経済は二〇二〇年に七パーセント縮小するおそれがあると発表した。当初の予測より悪い数字だった。[36] 新型コロナ感染者数の急増に関する新たな不安が世界中に広がった。インドでは感染者数がかつてないほど速いペースで突然増加しはじめ、ウイルスが農村地域に広がる中で病院のベッドや換気装置が足りなくなった。[37] それにもかかわらず、経済がぐらついていたためインド政府は七六日間のロックダウンを解除することにした。[38] 一方、ブラジルの首都ブラジリアでは、政府に抗議する人々が新型コロナの犠牲者を追悼するために議会前の芝生に一〇〇〇本の十字架を並べ、「ボルソナロ、否定するのをやめろ」と書かれた横断幕を掲げた。新型コロナウイルスはブラジルの経済と社会を苦しめていたが、ブラジルの指導者たちは依然として緊縮措置を唱えることに重点を置いていた。[39] 指導者たちは、政府が圧力を受けていること、また、市民が脅威にさらされていることは認識していたが、それでもなお、あれほど多くの人が困窮していたときに、どうやって税金を搾り取り、社会プログラムを削減すればよいかということしか考えていなかった。

損失を埋め合わせるための地方政府や連邦政府のプログラムの予算削減は、人々の生活のもっともミクロなレベルで彼らの金銭的安定にさらなる打撃を与えた。政治指導者たちはもっとも弱い立場の市民を苦しめることになる解決策に目を向けた。公立学校への資金供給を遅らせる、公務員への資金供給を何十億ドルも削減する、重要な社会サービスを縮小する、住宅プログラムのための資金を削減する、税金を引き上げる、などだ。[40] 貧しい人々が回復に向けて動きはじめるためには何年もの歳月がかかるだろう。[41]

アメリカでは、カリフォルニアがこの大きな経済的変化の意外な実験場になった。カリフォルニア州の経済規模は全米五〇州のうち最大で、世界第五位の国の経済規模に匹敵する。[42] 新型コロナ前は、同州の経済は二〇二〇年も数十億ドルの黒字になると予測されていた。いずれにしても一〇年連続の経済成長は確実と見られており、失業率も記録的に低い水準で推移していた。

ところが、他の州や地域と同じく、カリフォルニアは税収の激減により大幅な予算不足に直面し、二〇二〇年六月下旬には五四三億ドルの赤字に転落していた。[43] カリフォルニア州議会は緊縮措置について議論しはじめた。不幸なことに、企業が営業を停止したり、従業員が感染したりする中で、パンデミックが始まってから三カ月で六七〇万人の同州住民が失業給付を申請した。[44] この動きは、アメリカ全土で景況感の悪化が見られるという報告と一致していた。

地方や州や小企業のレベルでは経済の収縮が感じられていたにもかかわらず、株式市場は依然として回復力があった。そうした現状とCARES法の法案作成にもっとも責任を負っていた二人の男は、三カ月たった今、事態がどうなっているかを説明する用意ができていた。ジェローム・パウエルFRB議長とスティーブ・ムニューシン財務長官は、二〇二〇年六月三〇日、下院金融サービス委員会で証言した。

ムニューシンは冒頭で楽観的な見方を強調して、こう述べた。アメリカ経済は「確実に回復できる立場にある。政府が議会と協力して超党派ベースで法律を制定し、記録的な速さで市場に流動性を提供したからだ[45]」

ムニューシンが自慢した流動性は市場に吸い込まれており、その一方で普通の労働者は依然として息も絶え絶えの状態だった。ムニューシンが指摘しなかったのは、他の国々は若干異なる対応をしているということだった。

たとえば、アメリカの大勢の労働者が食料を得るのに苦労していたのに対し、ヨーロッパの労働者は給与の一部を定期的に受け取っていた。ヨーロッパ諸国の政府は経済全体に広がる失業の影響を緩和するために、賃金を補助する直接的な方法を提供していたのである。[46]日本のQEの仕組みも、アメリカのそれより直接的な目標を持っており、司法的統制を受けていた。それに対しアメリカでは、QEは明確な公的監視を受けることなく実施されていた。

パウエルFRB議長も楽観的な見方をしており、アメリカ経済は予想より早く新しい局面に入ったと述べた。しかし同時に、FRBは「二〇〇〇万人以上のアメリカ人が失業していること、また痛みが平等に負担されてはいないことを忘れてはいない」とも言った。そして、経済の前進の道筋は依然として「並外れて不確実」であり、それはあらゆるレベルの政策措置によって決まるだろうと強調した。[47]証券を担保として銀行に資金を提供するためにFRBが新設したり、二〇〇八年の金融危機後のものを復活させたりした一一のファシリティについては、FRBはそれらを「力強く、能動的かつ積極的に」活用すると述べた。[48]「これらは支出権限ではなく貸出権限だ」とパウエルは強調した。[49]FRBは電子的にマネーを生み出すことはできるが、銀行に入ったマネーがその後どこに流れるかをコントロールすることはできないという点には、パウエルは触れなかった。

実際には、FRBはパンデミックの間、以前は資本市場から借り入れていた企業やすでに多額の現金を手元に持っている企業から社債を買い取っていた。市場価値の高いFRBの保有社債は、トヨタ、フォルクスワーゲン、AT&T、アップル、ベライゾン、GE、フォード、コムキャスト、BMW、マイクロソフト、GM、BPなど、国内外の多くの有名企業に及んでいた。[50]FRBはパンデミックによって打撃を受け苦闘していた企業の社債だけでなく、ビザ、コカ・コーラ、ホームデポなど、アメリカの大手企業の社債も買い取っていた。それらの企業はFRBのパンデミック支援のおかげで、債券市場で合計約一兆ドルの資金を調達していた——これは前年の二倍の額だった——にもかかわらず、FRBは買い取りを続けていた[51]。他の資金調達方法を十分利用できていた企業にも、FRBは自身の権限を使って直接的、間接的に補助金を与えていたのである。これがどのようにメインストリートを助けることになるのかは判然としなかった。もしかするとFRBは「自分たちのことを忘れていない」という安心感を与えるだけで、アメリカのすべての失業者の気分を高められると思われていたのかもしれない。

　FRBにはそれらの企業の社債の購入を実行してくれる橋渡し役がいた。一〇兆ドル相当の資産を運用し、大勢の元FRB職員が社員名簿に名を連ねているブラックロックは、世界有数の影響力のある機関になった[52]。FRBの購入の約四七パーセントがブラックロックによって実行された。ブラックロックはFRBのマネーを使って、社債を保有していたブラックロックETF（上場投資信託）の株式を買った[53]。FRBはその方法で八七億ドル相当の債券ETFを購入した[54]。ブラックロックはその役割に対して、二〇〇億ドルを限度として、購入した債券一〇〇ドル分ごとに二セントの手数料を得た。二〇〇億ドルを超えると、手数料は減額された[55]。金融ニュース・サイト「ウォールストリート・オン・パレード」によると、特筆すべきは、ジェローム・パウエルFRB議長が二〇二〇年に二五〇〇〇万ドル前後の個人資産をブラックロックETFに投資していたことだった[56]。彼の残りの資産の大部分はゴールドマン・サックスに預けられていた。このエピソード全体が、裏取引は金融界の最上層で行なわれる場合は問題ではないらしいということを示していた。

　八月には、世界中で新型コロナの脅威が高まる中で、経済活動停止の新たな混乱があった。富の貯蔵手段として金《きん》を買う傾向がすでに高かったインドでは、銀行の流動性が枯渇すると国民が金《きん》の購入に殺到した。[57] アフリカでもっとも大きな打撃を受けた国、南アフリカでは、新型コロナ感染者数の増加によって景気回復の可能性さえ脅かされた。[58] ブラジルの感染状況は最悪だったが、それにもかかわらずブラジル経済は活動を再開しようとしていた。[59] ニュージーランドは感染者がほとんどいなかったにもかかわらず、予防的ロックダウンを実施し、これによって経済見通しが悪化した。[60] しかしどの国でも、ウイルスによる不確実性が高まっていたにもかかわらず、市場は上昇しつづけた。

アメリカの新型コロナ感染者数は記録を何度も更新したあと急に横ばいになり、それに続いて感染曲線の劇的な上昇が起こった。[61] 感染者が増加するたびに新たに州や市の行動制限が課され、それはこの感染症をさらに政治問題化する働きをした。[62] ＥＵは感染者数の増加により、アメリカやブラジルなど、感染拡大地域への旅行禁止措置を延長した。中国、日本、韓国、カナダなど、一六カ国に対しては国境を開いていたにもかかわらずだ。[63] 新型コロナ感染症は諸国間の力関係の変化を促進した。旅行制限によって感染者数が比較的少ない国々と感染者が増加している国々との距離が拡大したからだ。この距離はレジャー旅行からの売上であれコンテナ輸送からの売上であれ、輸送売上を減少させ、おまけにサプライチェーンをゆがませて、世界中の経済的混乱を悪化させた。[64]

この変化は世界中で起こった。[65] パンデミック絡みの営業停止や行動制限のせいで、世界の貿易量は劇的に縮小した。世界の人口一人当たり所得は一八七〇年以来最大の減少幅を示すと予測された。[66] 二〇二〇年第２四半期には、世界で売買された商品の総量は、四半期としては史上最大の一四・三パーセントの落ち込みを記録した。[67] その収縮の多くが、世界のサプライチェーンの機能停止と食品や医療用品の流通に影響を与えた混乱によるものだった。この問題は、諸国がどれほど依存し合い、グローバルにつながっているかを浮き彫りにした。旅行制限など一部の制限には、通常ビデオ会議で対処できたが、実物資産や輸送には財の調達、生産、配送が必要だった。サプライチェーンが停止したり目詰まりしたりしただけでなく、財を輸送できないため生産も大幅に減少した。経済活動の停止により需要も落ち込んだ。指導者や政府やシンクタンクは、将来のこうした問題を避けるためにローカル・サプライチェーンや国内サプライチェーンの活性化や再構築が必要かもしれないと考えるようになった。[68]

中国は、人口比での死者数をアメリカやヨーロッパやラテンアメリカより低く抑え込むことによって、もしくはそう発表することによって、アメリカより早く経済活動を再開させた。[69] アメリカ国民が安全対策について賛否が入り混じったメッセージを受け取り、二極化したメディア報道を目にしていたのに対し、中国は冷静で団結しているというイメージを与えるよう努力していた。[70] トランプ大統領のパンデミック対応に対する批判を目の当たりにして、中国は自国の影響力を拡大しようとした。だが、その過程で、中国もまたグローバルな舞台で強気に出すぎるようになった。EUに対する中国の高圧的な外交について、G7諸国から新たな不信感が表出されつつあった。[71] そのひとつが、北京がオーストラリアなどの主要貿易相手国を「いじめている」とみなされていたことだった。オーストラリアとは牛肉や他の産物をめぐって関税戦争が激化していたのである。[72] 他の地域貿易相手国は、資源の利用やインフラ開発プロジェクトへの参加と引き換えに資金を貸し付ける中国の手法に、批判的な目を向けるようになった。[73]

それに加えて、中国は香港と国際的に批判される戦いを開始した。二〇二〇年六月三〇日、中国の全国人民代表大会は、香港の立法機関を無視して新しい包括的な「香港国家安全維持法」を可決した。[74] この法律は、香港の中国本土との「一体性をむしばむ」いかなる者も、終身刑に処される可能性があると定めている。それはアメリカ、イギリス、EU、それに国際金融コミュニティからの否定的な反応を免れない、論議を呼ぶ動きだった。中国は限度を超えたことでソフトパワーと「面目」を失いつつあった。[75]大規模な抗議デモが行なわれ、多くの参加者が逮捕された。中国が西側の「心」をつかもうとしていたのだとすれば、その計画は失敗していた。

アメリカは第一次世界大戦、大恐慌、第二次世界大戦という三つの複合的危機を背景に、世界の支配的地位に上っていた。これら三つの危機は合計すると四〇年に及んだ。十数年の間に起こった二つの金融危機を通じて国際的地位を高めた中国は、その上昇をフル活用しようとしていた。中国で始まり、グローバル・サプライチェーンを混乱させたパンデミックは、中国の独立独歩の精神を復活させ、中国版のナショナリズムを強化した。あれほど多くの人口を抱えているのだから、中国の発展の次の段階は国内政策から生まれるはずだった。中国は他の国々が考えていることをあまり気にしていないかのようだった。しかし、拡大しつつあった自国の経済的弱点から関心をそらそうとしているようにも見えた。

アメリカのマイク・ポンペオ国務長官は、二〇二〇年六月二五日に中国に関する新たな米EU対話を立ち上げてヨーロッパのパートナーたちを驚かせた。[76]二日後、アメリカは香港に対する特恵関税待遇を取り消し、中国の政府関係者に対するビザを制限すると発表した。[77]中国は新型コロナウイルスの拡散に自国が果たした役割の影響を回避するためにずいぶん努力していた。だが、このパンデミックの発生源が武漢であることと、それを取り巻く秘密主義から、多くの政府が中国に不信感を抱いた。[78]中国が築こうとしていたよき世界市民というイメージは傷ついた。中国の厳しいロックダウン政策は、この先何年も同国の印象を悪くするだろう。

それでも中国には他に誇示する力があった。G20債務救済プログラムのメンバーとして、中国は七七の低所得国の債務返済を猶予するとともに、諸国のパンデミックからの回復を後押しするために二〇〇億ドルの支援を約束することによって、リーダーシップを示そうとした。

中国政府はWHOへの五〇〇〇万ドルの寄付を約束した。対照的にトランプ大統領は、新型コロナ感染症の影響とウイルスの拡散を阻止するために十分な措置を講じなかったことに対してWHOは中国に説明責任を負わせていないと非難して、二〇二〇年三月二九日にアメリカのWHOとの関係を終了させ、WHOから資金を引き揚げていた。[79] アメリカはIMFとの対立も拡大させていた。IMFは中国を特別扱いして同国のGDPランキングを押し上げていると、アメリカはみなしていた。そして、この特別扱いは金融危機後に始まり、IMFの新指導者クリスタリナ・ゲオルギエバの下でパンデミックの間も続いていると主張していた。[80]

政治状況の転換

全般的な不確実性を増大させていたのは、二〇二〇年がアメリカの選挙の年であることだった。しかし、それは決して典型的な選挙の年ではなかった。ウイルスがゲームを変えていたのである。ドナルド・トランプとボリス・ジョンソンとジャイル・ボルソナロは、三人とも新型コロナウイルスに感染した。ジョンソンは二〇二〇年春に検査で陽性反応を示し、その後四月七日に集中治療室に搬送された。[81] ボルソナロは二〇二〇年七月七日に検査で陽性になった。[82] さらに、トランプ大統領はファースト・レディのメラニア・トランプとともに二〇二〇年一〇月二日に陽性という検査結果を受け取ったと、ホワイトハウスが発表した。[83] 大きな影響力を持つ三人のリーダーは、感染後、彼らの強さを誇示するスタイルやナショナリスト的メッセージの発信、それに分裂を招く姿勢に疑問符がつくようになるのを目にすることになる。彼らの国の経済全般にとって、指導者の健康は主に象徴的な問題だった。だが選挙の年には象徴は重要だ。

一一月の選挙が近づくと、国際社会の関心は最高潮に達した。パンデミックと経済問題と株式市場の急騰を背景に、選挙キャンペーンが舞台の中央を占めた。二〇二〇年六月二五日から選挙期間を通じて、ファイブサーティエイトの本選挙世論調査の平均値は、ジョー・バイデンがトランプ大統領を一〇ポイント、リードしていることを示していた[84]。その差はバラク・オバマが二〇〇八年に得ていたリードより、また二〇一六年の選挙期間中にヒラリー・クリントンがトランプに対して得ていた最大のリードより大きかった。一九九六年のビル・クリントンのリードに匹敵していたのである。

トランプ大統領は現職としては一九八〇年のジミー・カーター以来の劣勢にあるように見えた。だが彼は二〇一六年に世論調査が間違っていることを実証していたので、バイデンの勝利は必ずしも既定の結論ではなかった。どちらの結果が出ても（あるいは結果がすぐにはわからない状況になっても）、アメリカがパンデミックにどのように対処するか、アメリカが国際社会からどのように見られるか、またアメリカが今後の選挙の土台をどのように築くかに大きな影響をもたらすはずだった。大統領選挙に向かう中で、選挙の最大の争点は経済ではなく新型コロナウイルスだった[85]。それゆえこの選挙は、トランプのパンデミック対応に関する国民投票になった。皮肉なことに、前例のない金融施策が実施されていた年に、アメリカの選挙は経済についてまったく精査されないまま行なわれることになる。

指導者のコロナ対応に対する似通った不満はフランスやイタリアでも表明された。フランスでは、エラベの調査によると国民の六割がエマニュエル・マクロンのパンデミック対応に満足していなかった[86]。また、調査に答えた人の六五パーセントが、マクロンを「傲慢」で「権威主義的」で、どちらかというと金持ちのための大統領とみなしており、半分強の人がマクロンは正しい経済的・社会的決定を下したと感じていた。一方イタリアでは、多くの有権者が議員定数を三分の一減らすことに賛成しているという結果が出た。[87] 政治学者のジョバンニ・オルシナによれば、これは「イタリア人の強い『反政治感情』の証」だった。

人々が自国の指導者に対する信頼を失ったのは、それらの指導者の対応が既存の問題を拡大したからだった。中央銀行や政府が金融市場を安定させ、エリート投資家階級を支えることによってどのような信用を積み上げていたとしても、そうした行為はより幅広い国民のためには何も達成していなかった。経済はガタガタになっており、しかも多くの国で大多数の人々、とりわけもっとも弱い立場の人々に影響を与える課題には、誰も取り組んでさえいなかった。

一一月三日の選挙が近づく中で、ウォール街はジョー・バイデンと親密になった。証券・投資産業はバイデンの選挙運動に七五〇〇万ドル近く寄付した。それに対し、再選をめざすトランプ陣営には一八〇〇万ドル寄付しただけだった。[88] ウォール街の精鋭たちはバイデンという船に一斉に乗り込んだのだ。多額の寄付をした人々の中には、ゴールドマン・サックスやシティグループの役員や元役員もいた。[89]

選挙が行なわれたあと、結果はすぐには判明しなかった。トランプは選挙後すぐに守りの対応を開始し、一一月五日に何百万人もの支持者に向けた投稿で「集計を止めろ」と呼びかけた。[90] この投稿が行なわれたのは、選挙人獲得数でトランプが勝利する道が狭まったときだった。他の国々はアメリカの選挙を政治劇場としてだけでなく経済的懸念や戦略的関心からも見つめていた。[91]

一一月七日、元副大統領のジョー・バイデンがペンシルベニア州を獲得して、次期アメリカ大統領になることが正式に発表された。[92] 有権者全体の中心に位置し、二〇一六年にはトランプに投票したが、約束された恩恵を得ていなかった低所得層の有権者は、バイデンに乗り換えた。それに対し、より高所得の有権者でトランプを支持した人は、二〇二〇年のほうが二〇一六年より多かった。四年間の金融緩和は彼らにとってすばらしい政策だったのだ。[93]

民主党は議席を減らしはしたが、下院の支配権を維持した。上院はちょうど半分に分かれたが、賛否が同数の場合は、民主党は次期副大統領カマラ・ハリスに決定票を投じるよう要請できることになる。民主党は二〇〇八年の選挙以来久しぶりに選挙でハットトリックを達成していた。

トランプ支持者たちは、大統領に同調して選挙結果をほぼ即座に非難した。ポリティコとモーニング・コンサルトが共同で実施した調査によると、共和党支持者の七〇パーセントが大統領選挙は「自由かつ公正」に実施されたとは思っていなかった。[94] モンマス大学による全米世論調査では、三二パーセントもの有権者がバイデンと民主党は選挙を盗んだと信じていることが明らかになった。[95]

金融産業の大手プレーヤーは、ウォール街が次期政権を自分たちに有利になるように利用できるかぎり、誰が大統領執務室に座ろうが気にしなかった。実際、アメリカの選挙結果のおかげで一一月は株式にとって輝かしい月になった。[96] これには、より穏健なスタイルをとるリーダー陣がホワイトハウスに入るという安心感を超えた重要な理由があった。その穏健なリーダー陣は、定着している中央銀行のマネーの力がそのまま残り、金融市場を支えるその能力も維持されることを意味するものでもあった。バイデン政権はウォール街への配慮を示して、二〇二〇年一一月二三日、前FRB議長のジャネット・イエレンを財務長官に指名すると発表した。[97] ウォール街と市場は活気づいた。

経済活動の完全再開と景気回復はすぐそこまで来ているという楽観的な見方が改めて浮上した。政府は新型コロナに対するより精力的な戦いをうまく調整できるという信頼が生まれた。アメリカが新しい政治指導者を迎える態勢を整えているとき、諸州は制限を減らしはじめていた。世界中で、新しいワクチンの有望な試験結果が市場をさらに押し上げた。[98]

市場が史上最高値をつける中で、アメリカの貧困率は二〇二〇年六月の九・三パーセントから同年一一月には一一・七パーセントに上昇した。八〇〇万人近いアメリカ人が貧困層に加わったわけだ。その一方で、アメリカの六五九人の大富豪が、もっとも貧しい一億六五〇〇万人のアメリカ人の合計資産の二倍に相当する資産を保有していた。[99] 民間部門では、比較的大手の企業や中堅企業の中にも破産保護を申請したところがあったものの、経済的打撃をまともに受けたのは小規模な地場企業だった。レストランから美容院、医療・健康用品店、地場のスポーツジムまで、小規模企業は取り残されて壊滅状態になり、ウォールストリートとメインストリートの格差をさらに拡大した。

二〇二〇年一一月一三日、イギリスの株価指数FTSE100は、四月以来、最高の週パフォーマンスを記録した。[100] だが、それは話の半分にすぎなかった。イギリスの失業データは悪化していたのである。[101] 失業者数は前四半期より二四万三〇〇〇人増加し、これは二〇〇九年五月以来、最大の増加幅だった。全体の失業率は四・八パーセントだったが、若者のそれは一四・六パーセントだった。インドでも同じパターンがはっきり表れていた。インドの株式市場が史上最高値をつける中で、四億人のインド人がさらに貧しくなるリスクに直面していたのである。[102]

アルゼンチンでは、二〇二〇年一二月四日の時点で一八〇〇万人、すなわち人口の四四・二パーセントに相当する驚くべき数の人々が貧困にみまわれていた。[103] それにもかかわらずブルームバーグは、投資不適格級に格付けされていたアルゼンチンのMSUエナジーの社債について、一一月に他のすべての新興市場社債を上回る三一パーセントのリターンを生んだのでよい投資対象だとレポートしていた。[104]

不動産市場、とりわけ非都市部の不動産市場には、現金購入の増加によって大量の資金が流れ込んだ。住宅価格は劇的に上昇した。二〇二〇年半ばから、新型コロナに打ちのめされた都市から逃げ出そうとする都市居住者が、現金一括払いのオファーで郊外の住宅に対する入札合戦に火をつけた。[105] このトレンドのせいで、住宅価格はほとんどの従来の買い手にはとうてい手が届かないところまで上昇した。買った家に住む気はなく、見る気さえない投機家や投資家も、コロナ禍に刺激された地方移住が永続的なトレンドになったら大きな利益を生む可能性があるものを取得する機会を求めて大騒ぎしたのである。

それは世界全体に見られたパターンだった。[106] ＯＥＣＤ諸国では、住宅価格は二〇一九年第４四半期から二〇二〇年第４四半期の間に七パーセント近く上昇した。それは二〇年間で最大の年間上昇率だった。イギリスでは、経済的苦難や失業率の上昇やビジネス活動の崩壊にもかかわらず、住宅価格は新高値をつけた。[107] オーストラリアでは、住宅購入初心者向けの住宅の価格が急騰し、若い買い手が大都市で家を買うのは難しくなった。[108] 自分の家を持つというアメリカン・ドリーム、いや国際的な夢が、きわめて多くの人にとって先送りされる中で、ダウ平均株価は三万六〇六・四八ドルという記録的な高値で二〇二〇年を終えた。[109] Ｓ＆Ｐ５００社の合計時価総額は一四兆ドル増加した。[110] 世界の二二〇〇人かそこらの大富豪は、二〇二〇年に一兆九〇〇〇億ドルの戦利品を獲得し、純資産を（一年前の九兆五〇〇〇億ドルから）一一兆四〇〇〇億ドルに増加させた。[111] イーロン・マスクやジェフ・ベゾスのような二一世紀の大富豪たちは、保有株式の値上がりだけで大量のお金を蓄積したのである。ゴールドマン・サックスのような金融企業の株価が三四パーセント上昇したのに対し、テスラは順調な走行を続けていることを再び実証し、同社の株価は二〇二〇年四月から二〇二〇年末の間に五〇七パーセント上昇した。アマゾンの株価はその期間に七三パーセント上昇した。[112]

このゆがみの大きさは、アメリカの資産格差が二〇二〇年にパンデミックのせいで劇的に拡大したことを明らかにしたＦＲＢの報告書で示された。[113] パンデミックが最終的に示したのは、すでに余分なお金を持っている人々には金儲けのあらゆる道が大きく開かれているが、持っていない人々にはそうした道は「立入禁止」の標識でふさがれているということだった。

第七章　三つのI

――インフラ（Infrastructure）、インフレ（Inflation）、不平等（Inequality）

われわれの進歩で問われるのは、持てる者の富をさらに増やすかどうかではない。持たざる者に十分提供するかどうかである。

――フランクリン・デラノ・ローズヴェルト（一九三七年）

二〇二一年の幕開けは陰鬱だった。世界中で通常の新年の祝賀行事は縮小もしくは中止された。コロナの制約はまだ大部分が続いており、ワクチン接種プログラムはまだ一般大衆には届いていなかった。新年が来たからといって、それは経済的困難や社会不安が魔法のように消え去るということではなかった。だが、空がいずれは明るくなるだろうという希望はもたらした。日本では、二〇二〇年東京オリンピックがすでに一度延期されており、もう一度延期されるかどうかをめぐり疑問が渦巻いていた。[1] 最終的に、オリンピックは二〇二一年夏に開催されたが、無観客での開催だった。

ヨーロッパでは、ＥＵのワクチン・プログラムに関連する問題がブレグジットのもっとも有害な争いのひとつを再燃させた。ＥＵが北アイルランドとアイルランド共和国の間のワクチン輸送を制限すると脅しをかけたのだ。[2] この案はただちに撤回されたが、政治をパンデミックと結びつけることのマイナス面を浮き彫りにした。その間、新型コロナ関連の死亡者数はどんどん増加しており、二〇二一年初めの時点ではアメリカがもっとも多く、ブラジル、メキシコ、インドがそれに続いていた。[3] 新型コロナとの戦いは決して順調ではなかったのだ。

アメリカでは、二〇二一年の最初の日曜日からの一週間は、政治的二極化と暴力の嵐になった。一月六日、ホワイトハウスのそばで開かれたトランプの集会のあと、親トランプの暴徒たちが、ジョー・バイデンの勝利を認定するための上下両院合同会議が開かれていたワシントンDCの連邦議会議事堂を襲撃した。[4] この混乱は政治的連鎖反応を引き起こし、最終的に一月一三日、任期終了の一週間前に下院でトランプ大統領の二度目の弾劾訴追が決議される事態となった。[5]

二〇二一年一月二〇日、ジョー・バイデンは第四六代アメリカ大統領に就任し、カマラ・ハリスが副大統領に就任した。アメリカは選挙をめぐる対立の余波、反乱未遂、それにパンデミックの社会的・経済的影響のせいで、まだふらついていた。新しい行政チームは迅速に課題に取りかかった。バイデン大統領は就任後一〇〇日間で四二件の大統領令に署名した。うち二一件は、トランプ前大統領が出した大統領令のうち六七件を無効にするためのものだった。[6] バイデンのこれらの大統領令によって、アメリカは気候変動問題に関するパリ協定に復帰し、連邦政府と請負契約を結ぶ労働者の最低賃金を引き上げ、WHOからの離脱を取りやめることになる。歴代大統領がどんどん大統領令を出すことは、政治制度の弱点の二一世紀のパターンを表していた。国の最高行政官が機能不全の議会から十分な超党派的支持を得ることができず、そのため、行政府の措置を押しつける必要があったのだ。バイデンが証明したように、そのような命令は次の政権が簡単に無効にすることができた。この突然の方針転換は、世界各地で現政権に対する人々の不満が簡単に行ったり来たりすることを反映していた。

政策を変えるために大統領令を使う手法は、オバマ、トランプ両大統領の下で拡大していたが、バイデン大統領が発出した大統領令はさらに多かった。[7]この手法は政府のエリート体質を浮き彫りにし、それは金や力を持つ人々と他のみんなとの違いに似ているように思われた。どちらの政党がホワイトハウスを（あるいは世界中の同種の機関を）支配するかに関係なく、経済格差が拡大し、市場が上昇していたのは決して偶然ではなかったのだ。

バイデン大統領は、経済活動を維持し、コロナ前の平常に戻す計画の一環として、アメリカ人へのワクチン接種を最優先課題にした。そして、就任から一〇〇日間で一億回のワクチン接種を実施すると約束した。さらに、緊急立法パッケージとして、全米ワクチン接種プログラムに二〇〇億ドル投入する総額一兆九〇〇〇億ドルのアメリカ救済計画法の概要を発表した。[8]この法案には、他の財政支援とともに、困窮しているアメリカ人への一人当たり一四〇〇ドルの現金給付に加えて、失業している人々や食料不足や立ち退きに直面している人々への給付の延長が含まれていた。[9]この法案の最終版は二〇二一年三月一一日、ほぼ政党の境界に沿って賛成二二〇、反対二一一で下院を通過した。[10]トランプ政権下で一二〇〇ドルの現金給付を含む二兆二〇〇〇億ドルのＣＡＲＥＳ法が、ほぼ超党派で下院を通過してから一年が過ぎていた。[11]

二〇二一年三月三一日、バイデン大統領は選挙公約を実行に移すために、ペンシルベニア州ピッツバーグで、二兆三〇〇〇億ドルのインフラ・プロジェクト案、「アメリカ雇用計画」の詳細を発表した。[12]このプロジェクト案を発表するのにピッツバーグはとくに適切な場所だった。ペンシルベニア州西部は政治の戦場になっていたからだ。この地はアンドリュー・カーネギーの鉄鋼会社がアメリカの鉄道や橋の建設に力を尽くしたときからずっと鉄鋼産業の中心地でもあった。そのブルーカラーの歴史は、アメリカを立て直し、国内の雇用の成長を促進し、未来に目を向けてパンデミックから浮上するという考えと共鳴し合うものだった。

中国が採用していた近代化とアップグレードというトレンドに目覚めつつあったのはアメリカだけではなかった。インフラ投資は持続可能な経済成長とグローバル競争力を高める方法とみなされており、他国の政府もその列車に飛び乗ろうとしていた。イギリス財務省は二〇二一年三月に「よりよい復興――わが国の成長計画」を発表した。ドイツの同様の「復興・レジリエンス計画」やフランスの「全国復興・レジリエンス計画」は、国債発行によって資金を調達されることになる。[13]巨額の資金を調達するためにそのような方法が使えるのは、低コストの借金を可能にしていたチープマネー環境のおかげだった。こうした環境は、税収が十分ではないときに政府の計画に資金を供給するための欠かせない要素だった。それは民間部門と市場がより一層連携し、互いに強化し合うようになるということでもあった。

強靭《レジリエント》なインフラは、人為的なマネーによって刺激され、投機家の気まぐれにさらされる金融市場とは異なり、時代を超えて生き残ることができる。だが、どんな開発計画でも、その資金を調達するためにはさらに借金することが必要になる。それはすなわち中央銀行が利上げしたり、債券購入プログラムやバランスシートを縮小しすぎたりすることはできないということだった。中央銀行が金融システムに対する負荷を生み出すような形で引き締めを行なったら、市場が収縮するだけでなく、政府の債務返済コストが高くなり、予算不足が生じることになる。つまり、インフラへの支出を約束することは、低金利を維持する政策から抜け出せなくなるということだった。

より小規模な国々も、耐久性がある近代的なインフラの必要性を忘れてはいなかった。パンデミックのすぐ後に打ち出されるインフラ戦略は、自国経済に利益をもたらし、好ましい政治戦略になるということを認識していた。だが小国の場合、その費用を前払いするのははるかに難しい。それでも複数の世代にわたる開発プロジェクト——民間部門と政府部門が協力して世界の舞台で競争することを可能にできるプロジェクト——によって、逆境を変革に変えるトレンドが、世界中で勢いを増した。

ＨＳＢＣは「ナビゲーター——よりよい復興」と題した報告書で、インドネシアの企業三社のうち二社近くが、逆境の時期は変革テクノロジーのより迅速な採用につながる可能性があるという考えに強く同意したことを明らかにした[14]。それは世界の半導体チップの八〇パーセントを生産しており、米中貿易戦争で板挟みになっていた台湾でも同じだった[15]。台湾は水面下で、前進のための独自の経済的道筋を築き、世界の舞台における地位を高めようとしていた。アメリカの隣国で重要な貿易相手国であるメキシコまで、一四〇億ドル近いインフラ投資計画を発表した。この投資は一九万人分の雇用を生み出し、メキシコ経済を大恐慌以来最悪の不況から脱出させると見込まれていた[16]。

このようにインフラ・プロジェクトへの投資が改めて重視されていた時期にも、ＦＲＢは一貫して影響力を持ちつづけていた。ジェローム・パウエルＦＲＢ議長はトランプ大統領に任命されていたが、もともと二〇一二年にオバマ大統領によってＦＲＢ理事に指名されていた人物だ。バイデン大統領との関係はトランプとの関係ほど物議をかもしはしなかった。また、財務長官のジャネット・イエレンがＦＲＢ議長だったとき、パウエルは同副議長を務めており、二人が似通った考えを持っていたことも助けになった。バイデン政権は意を強くしたＦＲＢと協調し、どんな犠牲を払ってでも金融市場の活気を維持する政策を策定した。当然ながらパウエルは二〇二一年一一月二二日に再任され、さらに四年間ＦＲＢ議長を務めることになった[17]。進歩派の民主党員のお気に入りで、やはり緩和策を支持していたラエル・ブレイナードが、ＦＲＢ副議長を務めることになる。この二人が議長と副議長に任命されたことは、ＦＲＢの政策の引き締めに関してこの先どのような微調整があろうとも、政府支出と市場の安定を支えることが引き続き中心に置かれることを意味していた。

インフラ――偉大な平準化装置

いくつかの経済部門が、政府の財政支援と民間の金銭的利益という組み合わせから恩恵を受ける立場にあった。建設やイノベーションは、長期的な経済的恩恵を提供するための効果的な手段であることを過去に実証していた。だが、何を刷新もしくは建設するべきか、またそのための資金はいくら必要なのかといった詳細に関する議論には、政治が入り込んだ。何かを近代化したり、修繕したり、刷新したり、建設したりするための連邦政府の資源の配分をめぐる議論は、議会での厳しい戦いやドラマチックな駆け引きに直面しがちだった。民間部門にとって、政府契約を推進し、株価を押し上げる計画になるかぎり、どちらの政党の案でもかまわなかった。インフラ・プロジェクトは、政府請負業者や官民パートナーシップや大口投資家にとっての大型取引を意味していた。それゆえ、とりわけウォール街やエネルギー部門や建設部門は、バイデン大統領のインフラ計画が実行に移されることを切望していた。[18] 大規模な超党派のインフラ政策という予想が実現に近づくにつれて、建設企業や資材企業の株価は上昇し、従来型エネルギー、再生可能エネルギー双方の企業の株価も上昇した。

それでも議会ではコストをめぐる対立があった。論争は二つの中核的な問いを軸に展開された。ひとつは何が「インフラ」を構成するのかという問いだった。従来の意味では、インフラとは道路、橋梁、空港、エネルギー、公共輸送のことだった。だが、インフラの概念を時代に合わせて拡大するべきかという問いについても、論争が繰り広げられた。高速インターネット網の拡大や再生可能エネルギーのための送電網の整備はもちろん、保育支援制度や他の「ヒューマン・インフラストラクチャー」もインフラ・プロジェクトの対象にするべきか――基本的に社会的セーフティネットを大幅に拡大して医療や教育のような分野も含めるべきか——という問いである。計画が包括的で広範囲にわたるものであればあるほど、インフレ誘発や巨額の新規債務に関する懸念や批判は大きくなった。建設コストやハイテク資材の価格はいずれにしてもすでに上昇していた。

ジョンソン大統領の「偉大な社会」計画以来の規模で持続可能な実物インフラを建設することは、市場に関心がない人々と関心がある人々の間の経済的不平等を平準化する働きをするかもしれなかった。より公正な基盤を構築、提供することが経済に及ぼす利益は、人々の日々の生活に直接影響を与え、同時に企業の株式の内在価値を支えることにもなるだろう。

経済はそれを支えるインフラの状態に左右される。近代的な空港、耐久性の高い送電網、高速・大容量通信が可能なブロードバンド・ネットワーク、スムーズに流れる道路は、財、サービス、人、情報の流れに不可欠だった。二〇二一年においてさえ、アメリカの四世帯に一世帯はインターネット回線がなく、二五万世帯はダイヤルアップ接続しかできない環境にあった[19]。医療・保育・介護部門の成果は、これら必要不可欠なサービスのコストと負担を減らすことができる。これらすべてが社会をより生産的かつ快適にすることができ、同時に橋の崩落から病院の過剰負荷までの緊急事態から生じる経済システムの全体的なゆがみを縮小することができる。

インフラの開発、建設が持つ平準化の可能性は、単純な事実に支えられていた。インフラが優れていればいるほど将来の維持費は安くなるという事実である。インフラは人々が物価の高い都市の外に住むことを可能にし、最終的には家賃から交通費までのあらゆるものにかかる生活費の負担を下げることができる。一八六〇年代のリンカーン大統領による大陸横断鉄道の認可から、一九五〇年代のアイゼンハワー大統領の州間高速道路システムの確立までのアメリカの歴史が示しているのは、激動の時代には特定のタイプのインフラは元が取れてお釣りがくるほどの恩恵をもたらし、おまけにインフレの影響からほぼ守られ、不況の影響さえ受けないということだ。

インフラは世界的に雇用創出を促進できる。イギリスではグリーン・インフラ計画を実現することによって、二年で一二〇万人分の雇用が生まれると予測されていた[20]。イギリス政府の「雇用のための計画」の回復目標にもとづいて、「国家インフラ・建設パイプライン」は二〇二一年九月、六五〇〇億ポンド相当の官民投資を開始した[21]。バイデンの計画と同じ優先課題の多くを反映していたこの計画は、この先一〇年にわたるイギリスのインフラのイノベーションとリフォームのビジョンを確立した。日本、ドイツ、インドなど、他のグローバル経済大国も、この先一〇年にわたりグローバル競争力を維持するために巨額の資金を投入していた[22]。パンデミック後の世界がどうなるにせよ、もっとも現代的で公平なインフラ・システムを持つ経済がトップに立つことはほぼ確実だった。

市場が急騰し、実体経済が遅れている中で、新規雇用を生み出すことは、実体経済の最下層にいる人々にとっても競争力を求めている政府にとってと同様、きわめて重要だった。中国では、求人需要を拡大することが「最優先課題」だった[23]。二〇二一年七月には、（一六歳から二四歳までの）若者の失業率が一六・二パーセントに達していた[24]。働きたくても職を見つけられない中国の新卒者の数は史上最多となった。南アフリカでは、パンデミック後の弱い回復が経済の構造調整と労働力重視の必要性を浮き彫りにした。パンデミックの間の低賃金労働者の失業は高賃金労働者の四倍に上り、労働年齢にある人々の三人に一人以上が二〇二一年半ばの時点で依然として失業していた[25]。

ＩＭＦの報告書によると、先進諸国では、二〇二〇年の四・九パーセントの経済収縮は大恐慌以来最悪の落ち込みのひとつとなった[26]。これらの厳しい数字は、経済の回復とされるものの悲しい現実、すなわち回復はみんなに訪れたわけではないことをはっきり示していた。金融の世界が素早く前進したのに対し、投資家階級以外の人々は立ち往生したままだった。そのゆがみは、非市場関連の取り組みに対する連邦政府もしくは官民共同の投資が決定的に必要であることを浮き彫りにしていた。

世界中で注目されていた分野が、再生可能で持続可能なクリーン・エネルギーだった。政治信条に関係なく、新しいエネルギー源は国が競争力を維持するために欠かせないものであり、グローバルな発展の構成要素だった。とくにグリーン投資に関する政治論争は、とりわけアメリカ議会では風向きがコロコロ変わった。実際、持続可能エネルギー部門の高報酬の仕事は急激に増加していた。アメリカ労働統計局の報告書によると、二〇一六年から二〇二六年の間にもっとも雇用が増えると予想される分野は太陽光発電と風力発電の二分野だった[27]。リンクトインでさえ、グリーン分野の求人はこのプラットフォームの全体平均より一・五パーセント速く増加していることを示した[28]。リンクトインの二〇二二年の報告書はこう述べている。「過去五年で、アメリカの再生可能エネルギー・環境分野の雇用は二三七パーセント増加し、石油・ガス分野の一九パーセントの増加と著しい対照をなした」[29]。国際労働機関（ＩＬＯ）は、この先一〇年でグリーン経済によって二四〇〇万人分の雇用が創出されると推定した[30]。

ウォール街と巨大ＩＴ企業は新エネルギーという流行りに熱狂的に飛びついていた。ＦＡＡＮＧのうち四社、すなわちアマゾン、グーグル、フェイスブック、マイクロソフトは、二〇二一年にクリーン・エネルギーの世界最大の法人購入者になった[31]。それは地球の二酸化炭素濃度について一般に上の世代より憂慮しているミレニアル世代以下の人々に対するブランド訴求力を築くための重要な動きだった。だが狙いはそれだけではなかった。これらの巨大ＩＴ企業は、自社のバランスシートを最適化し、エネルギー・コストを削減したいと思っていた。再生可能エネルギーはビジネス的に見て理にかなっていたのである。ウォール街の銀行や大手投資ファンドは、グリーン・エネルギーに向かうこのトレンドに迅速に適応していた[32]。環境（environment）、社会（social）、企業統治（governance）の原則を重視している企業に投資するESGファンドが次々に生まれており、機関投資家の間でも環境保護に新たな関心が注がれるようになっていた。[33] ウォール街の銀行は巷《ちまた》のおしゃべりを無視しなかった。シティグループ、JPモルガン・チェース、バンク・オブ・アメリカなど、一部の最大手銀行は、そこにチャンスを見て取った。これら三行は、二〇三〇年までに再生可能エネルギー事業や気候意識の高いプロジェクトに少なくとも四兆五〇〇〇億ドル投融資すると約束した。[34]

ゴールドマン・サックス、シティグループ、バンク・オブ・アメリカの三行は、自行の投融資目的の中で温室効果ガスの排出量を正味ゼロにするという目標を発表した。ウォール街の銀行の中で規模も影響力も最大のJPモルガン・チェースは、この先一〇年で気候変動と持続可能な開発の領域に二兆五〇〇〇億ドル投融資し、うち一兆ドルはグリーン・プロジェクトを対象とすると約束した。[35] ウォール街にとって競争は機会であり、グリーンは善だった。国際的には、アメリカと中国が権力と影響力をめぐって競争を続ける中で、地政学的・地経学的視点から、インフラや持続可能エネルギーやITイノベーションは肥沃な戦場だった。

そうした勢いがある中で、二〇二一年一一月一五日、連邦議会とホワイトハウスが法案の規模を半分にしたのち、バイデン大統領は一兆二〇〇〇億ドルの「インフラ投資・雇用法」に署名した。[36] これには道路や橋などの大規模プロジェクトへの支出一一〇〇億ドル、ブロードバンド・ネットワークのための六五〇億ドル、電力インフラのための七三〇億ドル、旅客・貨物鉄道のための六六〇億ドルなどの目玉が含まれていた。議会はその重要な法案をまず通すために、バイデンがかつて「ヒューマン・インフラストラクチャー」と呼んだものを切り離した。「よりよい復興法」として知られる二つ目の法案は、超党派で可決された「インフラ投資・雇用法」を補完し、保育のために資金を割り当て、困窮世帯に税額控除を与えるとともに、より環境志向のプロジェクトに資金を投入することを意図したものだった。[37] だが二〇二一年末の時点でもまったく進んでおらず、アメリカの医療社会制度の欠陥は、パンデミックが始まる前と同じく危ういままだった。[38]

だが株式市場は、ひとつ目の法律によって実物インフラに資金が割り当てられたので十分満足していた。二〇二一年一二月初旬には、アメリカの高速道路や橋や港を整備する事業から利益を得ることになる企業の株価は持ち直していた。巨大鉄鋼メーカー、ニューコアの株価は二〇二一年に二倍以上になった。[39] 幅広いインフラ銘柄に投資している上場投資信託PAVEは、この年三七パーセント上昇した。[40] 年間売上の二〇パーセントをアメリカ政府との契約から生み出しているジェイコブズ・エンジニアリング・グループの株価は、二〇二一年に三七パーセント上昇した。[41]

バイデン流の外交政策

バイデンのホワイトハウスは、米中間の潜在的な対立を永続的なものにした。バイデン大統領の対中アプローチは、スタイルは違っていたものの、多くの点で前任者のアプローチと同じだった。中国との貿易戦争はとうてい終わりそうになかった。バイデン政権の容赦ない姿勢は、すでに関税というボディーブローとパンデミックで苦しんでいた普通の人々や企業に持続的な経済的痛みと関税絡みの物価上昇をもたらすおそれがあった。[42]

バイデン政権の対中アプローチには、人権侵害から香港や台湾や南シナ海をめぐる政治的対立までの数々の活動について自国の最大のライバルを非難するために、G７の地政学的力を結集して立ち向かうことが含まれていた。[43] 加えて、アメリカはG７諸国と緊密に協力し、協調的なインフラ支出計画を採用することによって、中国の経済的勢力圏に対抗しようとした。この政策は二〇二一年六月にイギリスのコーンウォールで開かれたG7サミットで、アメリカが支援する「よりよい世界復興（B3W）」計画をバイデン大統領が提唱するという形で実行に移された。[44]バイデンはこの提案を、中国の汎地域的インフラ・プログラム「一帯一路」に代わる、より質の高いインフラ開発計画として打ち出した。実際には、これは集団で行動しなければ中国と経済的に競争できないという事実にアメリカが気づきつつあった証だった。アメリカは二一世紀のインフラ開発のダイナミクスを舵《かじ》取りするために経済的同盟国と歴史的パートナーを必要としていたのである。

　バイデン政権が他のG7諸国とともに達成したいと思っていた経済的目標は、共通のライバルを孤立させることだけではなかった。重要な目標のひとつ、中間層や低所得層の税負担を一部軽減する可能性がある目標は、多国籍企業に対する増税だった。パンデミックの前から、国庫には経済の持続可能性を高めたり、予算を均衡させたり、重要なインフラを建設したりするのに十分な税収が入ってきておらず、パンデミックによる景気減速が問題をさらに悪化させた。バイデン大統領はG7諸国に、税収の増加と企業の租税回避防止のためにともに行動することも促した。

　一般の人々は税制の抜け穴や節税スキームを利用するために必要な会計チームを抱えてはいないが、世界の巨大企業の大多数は一部の税の支払いを回避するために当たり前のように会計チームを雇っている。世界の法人税率の平均は一九八〇年には推定四〇パーセントだったが、二〇二〇年にはその半分に近い推定二三パーセントに低下していた。[45]カリフォルニア大学バークレー校とコペンハーゲン大学の経済学者たちによれば、二〇一七年には七〇〇〇億ドルもの資金が租税回避地《タックスヘイブン》に貯め込まれた。[46]二〇一六年に一一五〇万件の租税回避や他の資金隠しの記録が、ドイツの『南ドイツ新聞』と国際調査報道ジャーナリスト連合によって暴き出された。[47]「パナマ文書」と呼ばれるこの記録は、二〇〇カ国の超富裕な個人や法人に関連がある二一万四〇〇〇カ所以上のタックスヘイブンの存在を明らかにした。それらの資金隠しの迷宮は今なお存在しており、超富裕な個人や有力企業がオフショアに資産を隠すことを可能にしている。その一方で、普通の人々は置き去りにされ、ルールに従わざるをえない。

二〇二一年六月五日、G7は協調的取り組みとアメリカのジャネット・イエレン財務長官による国際的ロビー活動の成果として、グローバル・ミニマム課税、すなわち世界のどこで生まれた利益に対しても最低一五パーセントの法人所得税を課すことで合意した[48]。二〇二一年七月にヴェネツィア（イタリア）で開かれたG20会合で、イエレンはこう語った。「国際課税協定は投資や成長にとってきわめて重要な自由で開かれた経済秩序を守る働きをする。同時に、それは世界中の中産階級や労働者階級の人々にとって明るいニュースでもある……われわれはグローバル経済における競争力を高めるような形で協力することができる。単独では解決できない問題を協力して解決することができる」[49]

二カ月後の二〇二一年一〇月八日、グローバル・ミニマム課税に一三六カ国が合意した旨がOECDによって発表された[50]。この新しいグローバル課税の枠組みは、年間一五〇〇億ドルの追加税収をもたらすと予想された。だが、これは富める者に有利な偏った税制や不平等に反対する戦いの小さな勝利にすぎなかった。そのうえ、追加の税は豊かな国々に偏って流入し、富める国と貧しい国との国際的格差を拡大する結果になる[51]。実質的には、この課税政策は最貧国にとって底辺への競争において追加のフラグを立てたのだ。

その過程でアメリカとEUは善意の印として、金属や航空機に対する追加関税の停止で合意し、鉄鋼とアルミニウムに対する追加関税も二〇二一年一二月一日までに廃止することで合意した[52]。これはバイデン政権にとって、経済的・軍事的同盟国との連携を確保し、同時に中国との競争で前進する手段だった。また、トランプ時代は終わり、アメリカは多国間主義のテーブルに復帰したのだと、国際社会に伝えるチャンスでもあった。

　巷の普通の人々は国際的な脱税についてほとんど気にしていなかった。もっとも重要なのは、自分たちの食卓や財布に起こっていることだった。アメリカでは、経済活動の「再開」とされるものや夏の旅行需要の復活にもかかわらず、八月初旬には消費マインドが過去一〇年で最低の水準に落ち込んでいた。[53] 過去半世紀の間に、これと似通った大幅な落ち込みは二度しかなかった。一度目は二〇〇七年から二〇〇八年の景気後退の真っただ中でのこと、二度目は二〇二〇年四月の第一波のパンデミックによる活動停止のときだ。アメリカ人は、他国の人々と同様、パーソナルファイナンスから雇用の見通しや政府のリーダーシップに至るまで、あらゆるものに対する信頼を失いつつあった。

　パンデミックの前でさえ、二〇〇八年の金融危機から完全に回復していたのは、アメリカの世帯のもっとも豊かな二〇パーセントだけだった。二〇二一年には、アメリカ人の上位一パーセントが中産階級全体より多くの資産を保有していた。これは二〇一〇年に初めて現れた現象だった。[54] その上位一パーセントには、全米の一億三〇〇〇万世帯のうち一三〇万世帯が入っていた。[55] それらの世帯は、それぞれ年に五〇万ドル以上稼いでいる約三三八万人で構成されており、FRBによれば、二〇二一年末には合計四一兆五二〇〇億ドル保有していた。[56] それは二〇二〇年第1四半期末の数字より一〇兆ドル多い額だった。上位一〇パーセントの合計資産額は、一八兆五〇〇〇億ドル増えて九〇兆三二〇〇億ドルになっていた。アメリカの大富豪たちの資産はパンデミックの間に六二パーセント増加し、それに対しアメリカの下位半分の世帯の合計資産額は二兆六二〇〇億ドルで横ばいだった。上位層の資産の増加は、その多くが株式や金融商品の価格上昇によるものだった。もっとも豊かな一〇パーセントのアメリカ人が、アメリカの株式やミューチュアル・ファンドの推定八九パーセントを保有していたからだ。[57]

金融資産格差がもっとも強く感じられるのは、雇用がリスクにさらされているときだ。二〇二〇年三月から二〇二一年初めの間に推定七六〇〇万人のアメリカ人が失業し、一〇万社近い企業が永久に閉鎖された[58]。その所得喪失の経済的影響は一時的ではなく永続的なものだ。

二〇二一年には、ヨーロッパでの新型コロナ第二波とアジアとラテンアメリカ全域での爆発的拡大により、市場の振る舞いや経済の不確実性はシーソーのように上下した[59]。明るいニュースとしては、この年の前半にファイザー、モデルナ、ジョンソン・エンド・ジョンソン、アストラゼネカのワクチンが、主として欧米の一部の国で半ば組織的なやり方で接種を開始されていた[60]。グローバルな力と外交的力学を反映して、中国で開発されたワクチン、シノバックとカンシノは、南米、アフリカ、アジア、中東の一部地域に供給された[61]。強国の指導者たちは、ワクチンの優劣について論争する一方で、グローバル計画を念頭に置いてワクチンを配布するのではなく、自国の国民へのワクチン接種を最優先していた。諸国の政府指導者たちが戦略的に資金を供給し、ワクチンを配布することをためらったり怠ったりしたこと、もしくはそうする能力がなかったことは、パンデミックの致命的な急拡大を助長する一因になった。

より感染力が強く致死率が高いおそれがある新型コロナウイルス変異株、B.1.1.7（後にデルタ株と呼ばれることになった）が初めて検出されたのは、二〇二〇年一二月、イギリスで、一一月のロックダウンにもかかわらず、ケント州でなぜ新型コロナ感染者が増えているのかを調査していたときだった[62]。この変異株はワクチンと競争しているかのように見えた。ロックダウンの記憶がまだ生々しく残っている中で、それは市場と経済をゾッとさせた。二〇二一年三月には、デルタ株は世界に広がっていた。二〇二一年末から二〇二二年初めにかけて、別の変異株オミクロン株が広がって、再びロックダウンや活動停止を余儀なくさせた。

　ワクチンの投入が遅かったり、供給が不十分だったりした政府は、さらに置き去りにされた。ワクチン接種は公衆衛生的にも経済的にも必要不可欠だった。二〇二二年四月までに何らかのワクチンを少なくとも一回接種していた人は、低所得国では国民のわずか一五・二パーセントだった。[63]だが先進諸国も、その技術の進歩や多文化の活力にもかかわらず、病気から隔絶されてはいなかった。ウイルスは国境や文化の違いを気にしなかった。ロックダウンをもってしても、ブレイクスルー感染（ワクチン接種後の感染）や国境を越えた感染は防げなかった。

　実のところ、もっとも脆弱な新興経済諸国には、ワクチンを開発する能力もワクチンの代金を支払う能力もなかった。広範囲に及ぶワクチン接種プログラムを実施する能力となるとなおさらだった。その分断が世界各地で新たな問題を生み出した。「ワクチン・ナショナリズム」である。豊かな諸国が直接的な同盟国と自国民を支援する取り組みに重点を置いたため、すでに持続的な苦難に悩まされていたアフリカの途上国はさらに苦しめられた。[64]この医療の不均衡は、カリブ海諸国やラテンアメリカの途上国も、さらには経済的に厳しい状態に置かれている中東の多くの国も飲み込んだ。[65]ウイルスの伝染性は、虐げられている人々にとってますます大きな脅威になっていた。

　諸国の政府や指導者の間では、世界全体で協調して取り組むことよりも、怠慢で利己的なナショナリズムが優先された。できるかぎり多くのワクチンを製造し、それをできるかぎり速く世界中に配布することを最優先するグローバルな計画を構築するどころか、指導者たちは内向きになった。アメリカ、カナダなど、ワクチンの接種開始が比較的遅かった一部の国は、やがて必要以上のワクチンを抱えているという問題に直面する。[66]それにもかかわらず、危機がもっとも深刻な地域に重点的に提供するのではなく、指導者たちは貴重な時間を無駄にし、その結果、さらなる感染爆発が起こり、変異株が生まれて拡散した。

死者数やブレイクスルー感染件数に加えて、インフレ圧力と経済的苦難も増大した。「科学に耳を傾けよう」という呼びかけが鳴り響く中で、ワクチン接種の義務化やワクチン接種証明書に反対する声が噴出し、ワクチン忌避が高じて、中国製、ロシア製、キューバ製のワクチンを受け取った国々を攻撃対象にした。[67]実際には、恐怖や病気を免れた地域はどこにもなかった。地球上のあらゆる場所が健康な住民と開かれた経済から恩恵を受けられることからもわかるように、どの国の政府であれ政府が一国だけの行動をとるには世界はつなりすぎていたのである。

頭をもたげるインフレ

その間に、もうひとつの嵐が生まれつつあった。鉱物資源や農産物や原材料の価格の上昇である。この価格上昇は、ひとつにはサプライチェーンの混乱のせいであり、もうひとつには経済活動の再開にともなう需要増加のためだった。理由が何であれ、価格上昇は市場参加者や中央銀行の観察者（必ずしもセントラルバンカー自身ではない）や消費者の間に、等しく不安を呼び起こした。依然として残っていたのは、人々の賃金が食肉から医薬品までの品目の価格に追いついていないという根本的な問題だった。それはパンデミックの前からあった問題だったが、パンデミックによってさらに悪化したのである。

二〇二一年一月には、市場や経済に関する見解にインフレの話が次第に頻繁に入り込むようになった。ＦＲＢが初めてインフレに関する質問に答えたのは二〇二一年一月で、その時点では、パウエル議長はインフレ率についてきわめて低いので政策には影響を与えないとみていた。[68]ＦＲＢがようやくインフレ圧力を実質的な問題と認めたのは、二〇二一年四月に入ってからだった。[69]超緩和的政策を維持した公式の理由は、引き締めに転じても問題ないと言えるほどは雇用情勢が回復していなかったことだった。[70]景気と雇用状況の回復には確かにまだ長くかかりそうだったが、それが理由のすべてではなかった。ＦＲＢが政策を変えたくなかった暗黙の理由は、市場を動揺させたくなかったからだった。ＦＲＢの指導部がインフレ抑制措置と解釈されかねない政策をとるとほのめかしたら、チープマネーの供給が終わるのではないかという不安が市場の活気をそぐかもしれないと、ウォール街は心配していたのである。だが、物価上昇が一時的なものか否かという議論は、経済序列の最下層にいる人々にとってはどうでもいいことだった。物価上昇と不確実な日々は、現実世界に住んでいるほとんどの人にとって生活をさらに厳しくした。

ＦＲＢだけでなくアメリカ政府の高官たちも、何らかの意味のある形でインフレを認めることにはほとんど関心を示さなかった。彼らはアメリカ国債の市場にパニックを生じさせたくなかったのだ。国債市場のパニックは長期金利を上昇させるおそれがあり、それは政府の巨額の債務の返済コストを上昇させる。また、政府支出に頼っているインフラや他のあらゆるものへの投資のコストも上昇させる。そのためみんなが目をそらして、インフレがなんとかひとりでに消えてくれることを期待していたのである。

ＦＲＢの金融政策はアメリカ国内だけの関心事ではなかった。米ドルはもっとも重要なグローバル準備通貨だったので、ドルやアメリカ経済の行方を左右するものは何であれ、広範囲に及ぶ影響力を持っていたのである。ヨーロッパでも、支払いを気にする必要がない人々の間ではインフレに対する感覚は同じく楽観的だった。二〇二一年六月、欧州中央銀行（ＥＣＢ）はインフレ率について、二〇二一年には上昇するが、二〇二二年と二〇二三年には低下すると予測した。[71]クリスティーヌ・ラガルドＥＣＢ総裁は、ＥＣＢの緩和姿勢は経済の「グリーンシュート（若芽。景気回復の兆し）に水をやるために」必要だと述べて、成長のためには緩和策が必要だという見方を改めて示した。[72]ＥＣＢはその見方にもとづいて、インフレは短期的な、もしくは「一過性の」もので、やがて鎮静化するというＦＲＢの解釈を補強した。ルイス・デ・ギンドスＥＣＢ副総裁は、二〇二一年六月二八日にフランクフルト・ユーロ金融サミットでこう述べた。ＥＣＢは「インフレ率の一時的な上昇が、より永続的な流れに変わる可能性がある二次的影響を生み出すかどうか判断するために、引き続き今後の情報に注意していく」[73]。それは、ＥＣＢは片方の目は開けておくが、かすかに開けておくだけだと言っているようなものだった。インフレは決して一過性のものではなかった。

　インフレの不安をはぐらかしてチープマネー政策を維持するために、日本銀行も自分の役目を果たした。二〇二一年六月に「新型コロナウイルス感染症対応金融支援特別オペレーション」を二〇二二年三月末まで延長すると発表したのである。[74]日銀は、現在の金融緩和措置を維持し、新型コロナの感染状況にもとづいて「必要があれば躊躇なく追加的な金融緩和措置を講じる」と述べた。二〇二一年七月に〇・二パーセント、同年の平均は〇パーセントだった日本のインフレ率について、雨宮正佳日銀副総裁はこう説明した。「米国などでは物価上昇率がはっきりと高まっていますが、わが国では、物価上昇率が鈍い状況にあります。この点を踏まえると、日本銀行としては、『物価安定の目標』の実現に向けて、強力な金融緩和を粘り強く続けていく必要があると考えています」[75]。ＦＲＢが若干引き締めの方向に変わる可能性を前にして、ＥＣＢと日銀がそろって金融緩和の維持を唱えたことは、全体として緩和的政策を維持するための、暗黙的であれ明示的であれ、グローバルな共謀をはっきり示していた。

　イングランド銀行も、最初はインフレ水準についてあいまいな言い方をした。アンドリュー・ベイリー・イングランド銀行総裁は七月初めの講演で、自分としては「経済は金融危機以降示してきた、もっと低い平均基本成長率に戻ると思う」と語った[76]。そのときのメッセージは、中央銀行は戦わずして負けるつもりはないということだった。経済とインフレが再び減速したら、中央銀行には緩和策をとりつづける理由ができる。だが、インフレが加速または持続した場合は、いくぶん引き締め的なアプローチをとる必要があるというわけだった。

現実の経済には、おおまかに言って二種類のインフレがある。ひとつは、主として外的環境のせいで生じた供給と需要のミスマッチによるインフレ。もうひとつは、自然な経済成長とそれに伴う物価変動によるものだ。理論的には、これらはやがて釣り合いがとれるようになる。コモディティ価格の上昇は、必ずしも長期的な消費者物価の上昇にはつながらない。消費者は最終製品を買うのであって、そこに投入される原材料を買うわけではないからだ。だが、コモディティ価格の上昇は、それでも短期的および長期的な消費者物価の上昇を引き起こすことがある。企業がコストを転嫁しようとするからだ。

したがって、コモディティ価格が長期にわたって高止まりが続いた場合、それはインフレの先行指標になりうる。需要の急増もしくは（たとえばパンデミックや貿易戦争による）供給の不足――もしくはその両方の同時発生――は、経済成長のより複雑な指標である。コモディティ価格は外的なシステミックショックや（この実例は水不足のせいで作物の生育が悪かったとき季節的に見られることがある）、異常な要因（二〇二一年五月七日に起こったコロニアル・パイプライン社のバーチャル・プライベート・ネットワーク（ＶＰＮ）に対するサイバー攻撃が、アメリカの東海岸全域で石油不足を引き起こした事例がこれにあたる）よって影響を受けることもある[77]。農業・工業生産の複数の拠点に打撃を与える外的ショックも、サプライチェーンの複数の箇所を動きがとれない状態に陥らせ、コストの急上昇を生み出すことがある。さらに、市場の至るところでさまざまなコモディティに賭けてひ

〇・二五ポイント引き上げたとき大混乱になったことを思い起こしていたのかもしれない。FRBはそれを繰り返したくなかったのだ。実際には、市場自体に資産インフレ率が上昇している証拠がたくさんあったのだが、二〇〇八年危機の直後と同じく、それはほとんど取り上げられなかった。問題は、チープマネーが制限されることによる市場の巻き戻しのリスクが、市場外のインフレの危険性より小さいかどうかだった。

二〇二一年九月二九日、クリスティーヌ・ラガルド欧州中央銀行総裁がアンドリュー・ベイリー・イングランド銀行総裁および黒田東彦《はるひこ》日本銀行総裁とともに司会を務めたパネル・ディスカッションで、パウエルは次のように認めた。「もちろん、インフレ率が持続的に上昇し、それが深刻な懸念材料になるようなことがあれば、FOMCは確実に対応し、インフレ率がわれわれの目標と一致する水準で推移するようにするために手持ちのツールを使うだろう」[92]

アンドリュー・ベイリー・イングランド銀行総裁は、インフレ率はクリスマス休暇の間も新年に入ってからも上昇し、その結果、二〇二二年には利上げが必要になるかもしれないと予測した[93]。利上げによってインフレと戦う戦略の無情な皮肉は、それが現実の人々の借り入れコストも上昇させ、普通の人々にとってボディへのワンツーパンチになることだった。

メディアや世論からインフレについて何カ月も疑問を投げかけられたのち、パウエル議長は一一月三〇日に上院銀行委員会で証言したとき姿勢を和らげた。今後は「一時的」という言葉を使わないと述べ、FRBは資産買い取りプログラムの「終了」に取りかかるかもしれないと語ったのだ[94]。だが、ニュートンの第三法則――あらゆる作用について、同じ大きさで反対方向の反作用があるという法則――のようなものが、中央銀行の動きにも当てはまる。FRBが若干引き締め方向に動いたにもかかわらず、ECBのクリスティーヌ・ラガルド総裁は断固として、ECBが二〇二二年にユーロ圏の金利を引き上げる可能性はまったくないと強調したのである。[95] ラガルドは一一月にユーロ圏のインフレ率が四・九パーセント（ＥＣＢの目標値の二倍以上）という記録的な高水準に達したことを一時的な「突出」と表現し、これで「ピークに達した」可能性が高いとした。[96] だが、物価が上がりすぎた場合はＥＣＢは行動すると述べて選択肢を残した。インフレ率の上昇にもかかわらず緩和的政策を維持したＥＣＢと日銀の姿勢は、ＦＲＢが数年前にテーパリングを開始したときのこれらの機関の行動とまったく同じだった。[97] ＥＣＢと日銀はそうすることで、市場に対する巨額のグローバルな中央銀行補助金をほぼそれまでどおりに維持していたのである。

二〇二一年一二月一五日、ＦＲＢは二〇二二年からテーパリングを行なう、すなわち毎月二〇〇億ドルという債券買い取りプログラムの規模を縮小すると、ついに正式に発表した。[98] ＦＲＢはさらに、予想より早く利上げを行なうかもしれないというシグナルを送り、二〇二二年に三度利上げする可能性があり、二〇二三年には一・六パーセントに、二〇二四年末までに二・一パーセントに引き上げるかもしれないと語った。[99] 翌一二月一六日には、イングランド銀行が主要中央銀行としては初めてパンデミック時の低金利から利上げに転じ、〇・一パーセントから〇・二五パーセントに引き上げた。イギリスのインフレ率が二〇二二年四月には六パーセント（イングランド銀行の目標値の三倍）に達すると予測される中で、市場は二〇二二年にさらなる利上げがあると読んだ。インフレ率は二〇二二年三月には七パーセントという、三〇年ぶりの高水準に達した。[100]

日本はというと、依然としてインフレについては心配していなかった。ＦＲＢがテーパリングを開始すると発表したあと、日銀の黒田東彦総裁は、二〇二一年一二月一九日にこう断言した。「各国がそれぞれ自国の経済および物価の安定をめざして金融政策を決定する……方向性に違いが出るのは当然だ」。[101] そしてこう付け加えた。「わが国の金融政策が欧米のように正常化に向けて動き出すという

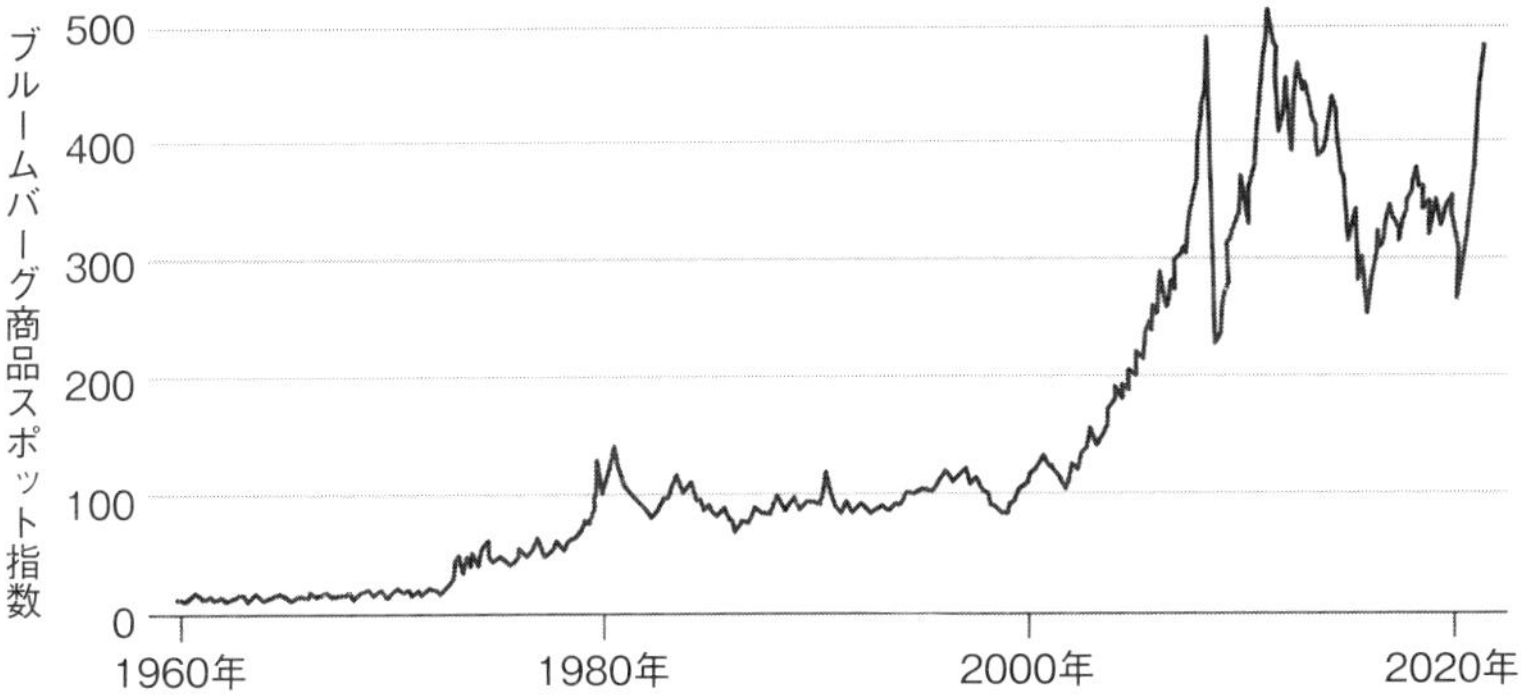

図９　好況期
ブルームバーグ商品スポット指数、2008 ～ 2011 年のピーク値に近づく。

ことにはならないと思う」

　ブラジルや他の途上国では、インフレが一般市民の購買力をかなり低下させた[102]。ブラジルのインフレ率は二〇二一年の末ごろに一〇・二五パーセントという、二〇一六年以来の高水準に達した。中国の工場渡し価格の上昇率は、原材料費の高騰のせいで一三年ぶりの高水準になった[103]。インフレはほとんどの人にとって、単なる経済学用語でもなければ取引対象にできる事象でもなかった。自分たちの生存や幸福を脅かす――まともな食事ができ、まともな家に住めるかどうかを左右する――問題だったのだ。

　ウォール街のトレーダーたちは、コモディティ価格が上がっても下がっても利益を得ることができた。供給不足が価格を押し上げる中で、コモディティの取引高は急上昇した[104]。二二種類の原材料価格の指標であるブルームバーグ商品スポット指数は、二〇二一年半ばには、パンデミックが始まった二〇二〇年三月の数字から七八パーセント上昇していた[105]。二〇二一年末には二倍近い上昇になった（図9参照）[106]。ヨーロッパの原油価格の指標になっているブレント原油価格は、三年ぶりの高水準となり、二〇二二年には二〇一四年以来の高値となる一バレル一〇〇ドルをつけた。二〇二二年三月八日にはウクライナ戦争のせいで一二七・九八ドルに上昇した。[107]

コモディティ価格のこうした上昇は、国によって異なる現れ方をした。新型コロナ感染者数の増加と基本的な食料価格や生活費の上昇にまだ対処している最中だった新興市場諸国の消費者は、もっとも深刻な打撃を受けた。[108]それが自国通貨に対する米ドルの急激な高騰とあいまって、輸入品をより一層高く、負担の大きいものにした。実際、米ドルは二〇二一年に、FRBが超緩和的姿勢を変えたあと、過去六年で最大の年間上げ幅を記録した。他の中央銀行、とりわけ欧州中央銀行、日本銀行、中国人民銀行は、FRBの政策変更にすぐには続かなかった。[109]

その一方で市場は、短期間熟慮したのち、FRBが利上げに舵を切ったことをどれほど不満に思っているかをジェローム・パウエルFRB議長に明確に示すことにした。その結果、二〇二二年一月には市場のボラティリティが急上昇し、二〇二〇年三月の状態を思わせるパニックのような一日の中での値動きが続いた。S&P500、ダウ、ナスダックはすべて、いわゆる「調整局面」に入った。これは株式市場もしくは個々の銘柄が上昇を続けたあと、一時的に一〇パーセント以上下落する局面をいう。ナスダックがもっとも大きく下落した。これはすべて、『ウォールストリート・ジャーナル』の誇張した表現を使うと、FRBが「アメリカのイージーマネー時代を終わらせようとしている」という不安のせいだった。[110]市場の反応は、FRBがその可能性を示唆した二年かけての二パーセント・ポイントの利上げは、イージーマネーの実際の終了を意味するかのようだった。

FRBは自身が生み出したジレンマで動きがとれなくなった。FRBはこのたびもパンデミックが始まったとき出口戦略をはっきり説明していなかった。そのため、一連の利上げのシグナルを送ったとき、市場は胃が痛くなるような激しい変動という形で反応したのである。市場と経済という二人の主人に仕えようとすることは、両方に痛みをもたらさずには自己修正できないアプローチであることが、改めて実証されていた。その痛みは二〇二二年が進むにつれて次第に明白になった。

不平等や不安も拡大

パンデミックをきっかけに、至るところで見られていた経済的不安がさらに拡大した。二〇二一年六月の時点で、アメリカの小企業の四〇パーセント近くが永久に営業を停止していた。[111] ハーバード大学の調査・政策研究団体「オポチュニティ・インサイツ」によれば、二〇二一年八月には、賃金所得で下位三分の一（年間所得二万七〇〇〇ドル未満）に入る労働者の就業率は、二〇二〇年一月およびパンデミックのスタート時に比べて二一パーセント低下していた。[112] 上位三分の一（年間所得六万ドル以上）の人々については、平均一〇パーセント上昇していた。

メインストリートでは、地方のビジネス界が苦しんでいた。経済政策研究所（ＥＰＩ）は、毎年発表している「アメリカ労働事情」で、二〇二〇年二月から二〇二一年二月の間の失業に関する厄介な真実を明らかにした。「もっとも打撃を受けた部門の中で、平均賃金がもっとも低く、平均就労時間がもっとも少ない労働者がもっとももひどい打撃を受け、一年後にも依然としてもっとももひどい状態に置かれている」と、ＥＰＩの報告書は述べていた。[113] それはすなわち、経済活動が再開されても、それらの労働者（とりわけレジャー、ホスピタリティ、公共、教育部門の労働者）にとって、格差が残っていたということだった。

長期にわたる打撃がとくに激しかったのは女性の場合だった。新型コロナ感染症は、働く母親、低賃金労働者、在宅ワークができない人々に対する、すでに存在していた金銭的圧力を増大させた。ブルッキングス研究所によるパンデミック後の調査で、パンデミックのせいで失業した女性の四人に一人が、失業したのは子どもを預ける場所がなかったからだったことが明らかになった。四人に一人という割合は、調査対象となった男性の割合の二倍だった。二〇二〇年の二月から八月の間に、幼い子どもを持つ母親の失業は、父親の八七万件に対して二二〇万件だった。[114] 仕事に復帰できたとしても、失業していた間の金銭的損失を取り戻すのは難しいだろう。

すでに給料ぎりぎりの生活をしていた人々にとって、パンデミックは大惨事だった。経済的スペクトルの最下層にいて、上昇している株式市場に投資したり、他の方法で自分の経済状態を強化したりすることができない人々にとって、格差の拡大は受け入れがたいことだった。パンデミックの各種制限がもっとも厳しかった時期に雇用と所得が失われたことで、中間階級はさらに縮小した。[115]

取り残された人がより一層取り残されるというこの現象は、世界中で見られた。ポルトガルでは失業率が三七パーセントに跳ね上がった。[116] 南アフリカの失業率は、二〇二一年第1四半期に三二・六パーセントに達した。これは二〇〇八年以来の高い失業率だった。[117] 経済的苦難はワクチン配布の矛盾によってさらに悪化した。人々がワクチンを適切に接種できなければ、いつまでも居座る新型コロナ感染症が経済を抑圧し、健康全般に悪影響を与え、格差の拡大を助長することになる。

世界経済フォーラムの報告書は、パンデミックのせいで、さらに一億人が極度の貧困に追いやられ、激しい飢餓が倍増し、人々が新型コロナよりも飢餓や貧困絡みの原因で死亡する可能性のほうが高くなるかもしれないと指摘した。[118] 『トリビューン』紙のライター、グレース・ブレイクリーは、富の蓄積という問題を次のように鋭く言い表している。「このことはパンデミックの間の富の分配ついて道徳的問いを提起するだけではない。最上層の人々がこれほど金持ちになり、その一方でグローバル経済における需要がこれほど抑制されているのはなぜなのかという問いをわれわれに突きつけるのだ」[119]。その問いに対する答えは、せんじ詰めれば永続的なゆがみの主なイネーブラー、すなわち永続的なゆがみを生み出したものということになるかもしれない。世界を金融危機に追いやったのは実体経済ではなかった。「大きすぎてつぶせなく」なったのはメインストリートではなかった。金銭的支援をもっとも必要としていない人々がもっとも利益を得ることを可能にしたのは、中央銀行の対応だったのだ。

不平等と並んで、制御不能になった金融政策によって生み出された拡大しつつあるゆがみが、政治の振り子をさらに激しく揺らすようになった。さらに変わりやすく、さらに二極化した政治と政治的変化の時代が始まっていた。有権者の感情は急速に変動していた。金融危機の残骸から五年後には、有権者は右に方向転換していた。その五年後には、左に方向転換しようとしていた。この現象はたいていの場合、何であれ既存のものから、また誰であれ権力の座にいる人間から離れる動きを反映したものだった。ペルーでは、四一歳の教師で組合指導者の社会主義者ペドロ・カスティージョが、二〇二一年六月の大統領選挙で勝利した[120]。それはアメリカに支援された右寄りの指導者が率いてきた歴史を持つ国、ペルーにとって大きな変化だった。チリでは、二〇二一年一二月一九日の選挙で、有権者はサルバドール・アジェンデ以来、もっともリベラルな大統領を選出した[121]。これは政治・経済状況に対する全面的な不満を示す動きだった。新たに大統領に選出された三五歳のガブリエル・ボリッチは、元学生運動の活動家で、グリーン雇用の創出、不平等の縮小、富裕層への課税、社会的セーフティネットの拡大を基本政策として選挙戦を展開していた。ブラジルでは、世論調査によると、二〇二二年一〇月の大統領選挙が近づく中で、左派の元大統領ルイス・イナシオ・ルーラ・ダ・シルバの支持率がボルソナロを上回っていた[122]。

このパターンはヨーロッパでも見られた。フランスでは、マリーヌ・ル・ペンの極右政党、国民連合が、二〇二二年四月の大統領選挙の前の重要な地方選挙で後退した[123]。世論調査で明らかにもっとも高い支持率を誇っていた現職のフランス大統領マクロンは、その後批判にさらされはしたが、二〇二二年四月二四日、予想以上の大差で再選された[124]。ドイツでは、旧東ドイツの州で、極右政党「ドイツのための選択肢（AfD）」が、二〇一七年の前回選挙で多くの票を得ていたが、お粗末な結果に終わった[125]。ドイツではメルケル時代の終わりも始まった。二〇二一年九月二六日の連邦議会選挙で中道左派の社会民主党がアンゲラ・メルケル首相率いる中道右派のキリスト教民主同盟を抑えて第一党になるという厳しい結果が出たのち、メルケルは一六年務めた首相を退任した。それによって第三党の「緑の党」が、社会民主党および自由民主党と左派連立政権を構成することが可能になった。二〇二一年一二月八日、ドイツ連邦議会はオラフ・ショルツを新首相に任命した[126]。

感情がどちらの方向に向いているかよりも重要だったのは、政治的選好がコロコロ変わるその速度だった。これは政治的スペクトルの左に位置する指導者が、より右寄りの指導者や保守派指導者よりわずかに高い支持を得たとしても、有権者の感情はごく短期間で再び逆に振れる可能性が高いということだった。政権の座にある指導者や政党がその座を維持できる期間は以前より短くなるだろう。政党間でやり取りされる言葉は以前より鋭くなるだろう。世界がパンデミックから新しい常態へと浮上しようとする中で、人々を激怒させていた経済・社会不安の諸要素が再び勢いを増した。パンデミック前に主としてポピュリスト的公約で権力の座に上っていた指導者たちは、新たな不信感をぶつけられる標的になった。

世界全体で、政治や政治家に対する忍耐力がすり減っていた。その結果は、よりローカルを重視する経済のとらえ方だった。大きな変化を望み、要求する人々からの抵抗のうねりは、自国の通貨・金融システムを支配している、選挙で選ばれたわけではない官僚たちに、より大きなスポットライトを当てた。有権者の感情ほど速くは変化していなかったのは、中央銀行の政策によってコントロールされている低金利だった。ＥＣＢのクリスティーヌ・ラガルド総裁は、七月中旬のヴェネツィアでのＧ20会合の際にブルームバーグのインタビューに答えて、ＥＣＢの一兆八五〇〇億ユーロの債券買い取りプランは「少なくとも」二〇二二年三月までは続くだろうと語った[127]。

世界中の政府が、表向きは実体経済を支援するためとされた一二兆ドル以上の財政刺激策でパンデミックに対応した[128]。世界の四大中央銀行（ＦＲＢ、ＥＣＢ、日本銀行、中国人民銀行）のバランスシートは、二〇二一年末までに三〇兆八〇〇〇億ドルに膨らんだ。債券を購入して市場を支えるために驚くべき額のマネーが製造されたことになる[129]。

その一方で、インフレは止まる兆しを見せず、需給の問題や政策選択のせいで悪化した。バイデン大統領が中国の習近平国家主席とオンライン会談を行なう直前の一一月一五日、アメリカ商工会議所やビジネス・ラウンドテーブルなど、二四のビジネス団体が、インフレ抑制のために対中追加関税を廃止するようバイデン政権に要請した。一〇月の消費者物価上昇率は過去三〇年余りで最大だったのだ。これらのビジネス団体は、バイデン政権の高官たちに送った手紙に次のように書いた。「これらのコストが、他の物価上昇圧力とあいまって、パンデミックの影響から回復しようとしているアメリカの企業や農家や家族に大きな負担を負わせている[130]」

インフレと不平等が広がり、経済がよろめきながら実物インフラや社会インフラ開発の好影響を待っている中で、ほとんどの株式市場は史上最高値に迫る勢いで二〇二一年の取引を終えた[131]。何かが起こる必要があるのは確かだった。

二〇二二年が始まると、さらに大きなインフレの痛みが世界中の労働者や経済を苦しめた。二〇二二年二月二四日にロシアがウクライナに侵攻すると、状況はさらに悪化した。主権国家の領土を侵略するというロシアのこの行為は、ヨーロッパで第二次世界大戦以来もっとも危険な戦闘と激しい地政学的対立を生じさせた。この侵攻は最初の一週間で一〇〇万人以上の難民を生み出し、その数は二〇二二年四月一八日には五〇〇万人を超えた。その時点で、国連難民高等弁務官事務所は八三〇万人の難民が生まれると予想した[132]。アメリカやEUや他の国々の政府は、これに対してロシアに数々の金融制裁を課した。そのひとつが、ロシアの主要銀行および中央銀行に国際銀行間通信協会の決済ネットワーク・システム（SWIFT）の利用を禁じたことだった[133]。この協調的な対応は、勢いを増していた過激なナショナリズムにもかかわらず、グローバリズムが復活する可能性を示した。また、スウェーデンやフィンランドなどの中立国がNATO加盟を検討することを促した。

一方、FRBは以前のタカ派的な予測を抑制した。FRBが二〇二二年三月一六日に決定した利上げは、市場が大いに安堵したことに、〇・二五ポイントという小幅なものだった[134]。FRBが金利を上げすぎたら市場が暴落するおそれがあるのは、まだ事実だった。逆に、十分な利上げを行なわなければ、FRBはインフレを防ぐ十分な措置をとらなかったことで政治的反発を受けるおそれがあった。だが、その時点では、FRBは再び市場の側についた。FRBをはじめとするG7の中央銀行は、チープマネーの流れに対するグローバルなアプローチを容易にするために、より野心的なインフレ抑制措置を後回しにしたのである。金融政策は引き締められることになる。ただし、市場の反応とバランスをとりながらの引き締めになる。

第四部

変　容

第八章　リテール投資家の反乱

月に向かって飛ぶ者は、たとえ月を手に入れられなくても、泥の中の一ペニーを拾うためにかがむ者より高く飛べる。

——ハワード・パイル『ロビン・フッドのゆかいな冒険』

二一世紀初頭の危機に対応して二つの取消不可能な変化が起こった。それはどちらも、定評あるウォール街の銀行の外にいる人々の新たな欲求、独力で金融の冒険を行ないたいという欲求に火をつけた。ひとつ目の変化は、単独で新たな投資チャネルにアクセスしたり、ウォール街が市場で行使していた力に結束して立ち向かったりする新しいトレーダーたちの出現だった。二つ目は分散型金融（DeFi）と呼ばれるもので、マネーそのものに対する巨大金融機関の影響力を低下させようとする動きだった。ビットコインなどの暗号通貨とそれを支えるテクノロジーの登場と成長は、法定通貨と支配的な通貨・金融パラダイムの政治色の強いパワープレイを補完しようとする動きだった。

分散型の取引や取引プラットフォームの進化は、リテール投資家——金融機関で働いているわけではない非職業的投資家——が、単独で市場に参加することを可能にした。彼らはさらに、「ヘッジー」と呼ばれる大手ヘッジファンドと競争しようとして、力を合わせて資金力を抑え込む方法を見つけ出した。

　こうした進化のひとつが、銀行はもちろん銀行口座さえ必要としない直接決済アプリの登場だった。このようなアプリのひとつ、キャッシュアップは、二〇一三年にスクエアによってリリースされた。それはスマートフォンを介したユーザー間の迅速な送金を可能にする、新しいピアツーピア（Ｐ２Ｐ）分散型アプリのひとつだった。これに続いて、同様のＰ２Ｐ取引を可能にするペイパルのベンモが登場した。[1]シリコンバレーは、従来型の銀行を押しのけてインターネット経由で金融サービスや金融商品を提供するチャンスを感じ取った。キャッシュアップなどが株式やビットコインを取引する機能を追加するようになると、金融アプリの世界は拡大した。この新しいテクノロジーの波は、ひと世代のユーザーたちを魅了した。それとともに単独で活動する投機家（短期の賭けを行なう傾向がある人々）や投資家（買って「HODL」する傾向がある人々。「HODL」とは、「hold on for dear life（力いっぱいしがみつく）」の頭文字をとった新語で、買い持ちすること）が登場した。リテール投資家はどの年齢層にも、どのプラットフォームにも入り込むようになった。

　永続的なゆがみは比較的若い大勢の投資家を市場に参加させたが、それは明らかに不正に操作されているように見えるシステムに対する彼らの持ち前の不信感からだった。だが、ソーシャルメディアをベースにしたリテール取引の爆発的増加を可能にしたのは、ロビンフッドという名のアプリだった。ロビンフッドはスマートフォンを持っている者なら誰でもゲームに参加できる簡単な方法を提供した。このプロセスの中心的な要素が、ユーザー同士が話し合えるオンライン・プラットフォームを提供した、議論・情報収集サイト「レディット」だった。[2]レディットのサブグループ、r/wallstreetbets（ウォールストリートベッツ、略称ＷＳＢ）は、市場についてもっと学びたいとか、協力して取引戦略を編み出したいとか思っている人々に、スレッド、すなわちコミュニティを提供した。このような取引は、パンデミックの余波で爆発的に増加した。多くのデスクワークがオンラインに移行し、（たいてい快適な自宅からの）リモートワークが当たり前になったからだ。あらゆる経歴の労働者や失業者が傍観者のままでいたくないという強い思いに突き動かされた。彼らは莫大な富や中央銀行の支援がもっとも高所得の人々や大手企業に流し込まれるのを目にしていた。リテール投資家たちはパイの一切れを求めて戦い、巨大な相手、すなわち「クジラ」と呼ばれる巨大な市場参加者たちと並んで、自分自身のお金を賭けることになる。

最終的に金融ニュースの見出しを飾り、新しい勢力が登場した可能性を議会に気づかせたものは、一夜にして生まれたわけではなかった。金融市場と実体経済が大きく乖離している中で、ソーシャルメディアがコミュニケーションとお金を武器として使い、地域限定的な街頭デモと同等のものを主催できる平準化手段になった。リテール投資家はオンライン金融革命家に変貌した。投資はもはや、必ずしもつねに成功するわけではないウォール街や巨大資産運用会社に任されるものではなくなった。メインストリートがもっと積極的な役割を果たすときがきたのである。

この現象はアメリカだけのものではなかった。伝統的な銀行や証券会社に頼らずに金融活動を行なうための革新的技術を開発したフィンテック企業が、世界中で急成長していた。フィンテックはオンラインでお金を預けたり投資したりする、より簡便で安価な方法を提供した。モバイル媒体やデジタル媒体を通じてつながるフィンテックの能力は、大手金融機関の支配から逃れる方法を提供した（もっとも、フィンテック企業の一部は、途中でこれら大手金融機関によって資金を提供されたり、買収されたりしたのではあるが）。

アメリカのペイパルや中国のアリペイなど、一部の大手フィンテック企業は、金融危機の前から存在していたが、電子取引の人気と範囲が拡大する中で爆発的に成長した。[3] ラテンアメリカでは、ブラジルのヌーバンクなどのフィンテック企業が、それまで銀行口座を持ったことがなかった何百万人ものブラジル人に銀行サービスを提供するようになった。[4] ラテンアメリカ最大のデジタルウォレット・アプリ、ピックペイは、金融とソーシャルインタラクションを融合させたサービスを提供しており、二〇二一年のユーザーは前年の二倍以上の四一〇〇万人に上っていた。[5] これらのアプリは世界中で、消費者が大手銀行の優位を徐々に崩すことを可能にした。スタートアップ企業がかつては閉ざされていた金融分野に参入して大きな利益を生み出せるようになったのだ。

この革命は、世代全体が政治・金融エリートによって推進される富の移転を経験していたことに端を発していた。ＦＲＢは金融や権力の上層にいる人々を支援することによって、苦しんでいたリテール投資家を無視していた。リテール投資家が学生ローンや三〇パーセント近い利子を要求される過酷なクレジットカード債務の返済に四苦八苦していたのに対し、銀行がＦＲＢからの借り入れに対して支払う利子は〇パーセントだった。最大手の銀行は、二〇〇八年の金融危機のあと、経済を崩壊させたとんでもない慣行に対してごく軽い罰を受けただけで、結局、自行のリスクと損失を中央銀行にカバーしてもらっていた。だから、パンデミックに直面して、社会のもっとも富裕なメンバーに対するある程度の反発が――強欲さやチャンスや必死さとともに――この革命を促進したのである。

ロビンフッドは持たざる者たちの不安をお金儲けにつなげた。雇用市場での自分の経験全体が金融危機のせいで暗い影に覆われていた人々が、別の方法でお金を儲けようとするルートを提供したのである。ロビンフッドのユーザーやウォールストリートベッツの初期のメンバーは、共通の目的を持っていた。彼らはみな蚊帳《かや》の外に置かれていた。市場は好調で、誰かがお金を儲けていた。自分たちも金儲けをしてもいいじゃないか、と彼らは思っていたのである。

金融の仕組みのこの劇的な変化は、パンデミックの何年も前に始まっていた。レディットのＷＳＢスレッド自体は、二〇一二年一月に起業家のジェイミー・ロゴジンスキーによって生み出されていた。[6]当時、アメリカをはじめとする世界の株式市場は二〇〇九年初めのどん底からうまく抜け出しつつあったが、実体経済は景気後退を防ぐのに悪戦苦闘しており、失業率は上昇していた。[7]

ロビンフッドは二〇一三年のスタート時から、携帯電話を持ち、リスクをとってお金を儲けたいという欲求を持つ若い世代の投資家を対象にしていた。ロビンフッドの設立者たちは、「ウォール街を占拠せよ」運動をベースに、このプラットフォームのアイデアを発展させたのだと主張した。彼らは、「不正に操作されている」金融システムをまっとうなものにしたかったのだ。[8]ロビンフッドの最初のアプリによって、ユーザーは株価を追跡したり、株式の「架空取引」を行なったりできるようになった。六カ月足らずのうちに、ロビンフッドは金融業規制機構（ＦＩＮＲＡ）の承認を得てオンライン証券会社になった。二〇一四年一二月にアップル社のアップストアで販売されるようになるころには、ロビンフッドはウエイティングリストに五〇万人以上の登録者を抱えていた。[9]アプリとしてのロビンフッドは、株式取引をゲームのように感じられるものに変え、他の人々を紹介してもらうためのインセンティブとして株式をプレゼントすることによって、新メンバー獲得業務をクラウドソース化した。この方法は無数の暗号通貨プラットフォームやアプリが真似することになる。サンフランシスコで開催された二〇一四年テック・スタートアップ・カンファレンスで、ロビンフッドの共同設立者ウラジミール・テネフはこう宣言した。「ロビンフッドの目的は、株式の売買をできるかぎり摩擦なしに行なえるようにすることだ。その副産物としてお金を儲けられるなら、それはすばらしい[10]」

ロビンフッドは、手数料をとらず無料で取引サービスを提供することによって、イー・トレードなどの大手オンライン証券会社に立ち向かった。手数料を取る代わりに、同社は「ペイメント・フォー

・オーダーフロー（ＰＦＯＦ）」と呼ばれる一般的だが論議を呼ぶ手法で顧客データを収集、販売することによって勢いを増した。ＰＦＯＦは大勢の新規取引者の行為を認識可能なパターンに変換して、戦略的優位に立つために利用できるようにし、それをもっとも高く買ってくれる機関投資家に売って利益を得るビジネスモデルである。[11] ロビンフッドはソーシャルメディア時代のきわどい真実を明らかにした。製品が無料のとき、購入者は消費者であるだけでなく製品の一部でもあるという真実を。[12] それでも、金融市場で動き回っている何兆ドルものチープマネーを背景に、証券会社は確立された企業もオンライン・スタートアップ企業も、躍起になってロビンフッドと競争しようとした。

二〇一七年一月には、ＷＳＢは一〇万人以上の登録者を集めており、ロビンフッドを使って活発に取引する新規トレーダーは毎日二〇万人を超えていた。[13] 両者は一緒に活動を開始したわけではなかったが、企業によるトレーディングという確立されたパラダイムから金融の自主自由へ向かうトレンドが、両者をつないでいた。二〇一七年末には、ロビンフッドはオプション取引をサービス・メニューに追加した。[14] 二〇一八年後半には、ＷＳＢのユーザー基盤は三〇万人に達していた。フラクショナル・トレーディング（一株未満の端数取引）が導入されると、リテール・トレーダーからの関心やリテール・トレーダー間のコミュニケーションが加速度的に増加した。この機能によって、リテール投資家は一株まるまる買わなくても一株未満の端数を買って株式取引に参入できるようになった。それは買う余裕がある分だけ買うことができるということだった。スクエアのキャッシュアップとチャールズ・シュワブが、二〇一九年一〇月にこの機能を初めて導入した。二カ月後にはロビンフッドもフラクショナル・トレーディング機能を追加した。[15]

それからパンデミックが襲った。新型コロナ感染症はレディットのスレッド、ＷＳＢを活発化させ、その参加者は二〇二〇年初めに一〇〇万人を超えた。[16] ロビンフッドのユーザー基盤は二〇一七年の二〇〇万人から二〇二〇年半ばには一三〇〇〇万人に拡大した[17]。金融的独立性という物語のまったく新しい章が進行しつつあった。かつて金融サービス業界において現在は一時的に離れている人たちが、リテール・トレーダーが目の前で行なっていることを理解しようとする中で、ロビンフッドのトレーディング・コミュニティに対するメディアや他の金融サービス事業者、それにこうした事業を始めたいと思っている人々からの関心が急拡大した。リテール取引というトレンドはウォール街の関心も引いた。ただし、別の形でだ。二〇二〇年一二月には、ロビンフッドは株式公開のための案内役としてゴールドマン・サックスを選んでいた[18]。

その間、大きな関心と勢いを得て、WSBコミュニティはさらに成長した。メンバーたちはリテール取引の性質を変えることになる戦略を採用しようとした。ロビンフッドが「金融を民主化する」道を歩んでいたとすれば、WSBの行動は金融市場というカジノの本質――最大手のプレーヤーたちによってコントロールされるゲームであること――を暴き、その過程でウォール街のお金の一部をかすめ取る働きをしたのである。

これらのユーザー・グループを主流のプレーヤーたちの意識に最終的に刻み込んだのは、新しい戦略やプラットフォームではなかった。新しいテクノロジーによって刺激されたら、昔からの戦略がどれほど効果的になりうるかが実証されたことだった。注目の的になったのは、コンピューター・ゲームの小売チェーン、ゲームストップ社だった。同社はメインストリートのために築かれたゲーマーのパラダイスで、中古のゲームソフトを割引価格で売買する機会をゲーマーに提供していた。だが、定性技術が進化するにつれて、実店舗は過去の遺物になった。ゲームストップの株価はそれに応じて冴えなくなった。同社はライフサイクルの終わりに近づいていた――少なくともそう見えていた。血の匂いを嗅ぎつけて、ウォール街の一部の集団が、同社の株式を空売りするという形で同社の終焉に賭け、（さらに、その終焉を促進して）、その終焉から儲けようとした（空売りとは、投資家が株価の下落に賭けるために実際には保有していない株式を他から借りて売ることをいう。その戦略を使う投資家は、後に下落した価格でその株式を買い戻して返却し、差額を利益として確定することを狙っている。この活動は日々の取引全体の半分近くを占めている）。二〇二〇年一月初旬には、ゲームストップの株価は一株四ドルで取引されていた。[19] それは当時、アメリカの株式市場でもっとも空売りされていた銘柄だった。[20]

だが、大勢の反逆的なリテール投資家たちは、ゲームストップについて別の案を持っていた。二〇二一年一月一四日、WSBはその注目・推奨銘柄一覧を使ってゲームストップの株価を二七パーセント上昇させ、空売り集団に対する最初の大きな戦いに勝利した。五日後、有名な空売りファンド、シトリン・リサーチがWSBメンバーたちを侮辱する投稿をし、彼らを「このポーカー・ゲームのカモ」で「怒った暴徒」だと非難した。[21] その非難が火に油を注いだ。翌週、ゲームストップ株は熱狂的に取引され、過度なボラティリティのせいでニューヨーク証券取引所により何度か取引の一時停止措置がとられた。[22] この話は金融メディアから飛び出して主流のニュースメディアでも報じられた。突然、みんながゲームストップについて語るようになっていた。[23]

空売り屋に対する包囲攻撃は圧力を増し、二〇二一年一月二五日にはゲームストップの株価を一五九・一九ドルに急上昇させた。WSBの買い手がヘッジファンドの空売り屋を追い込んで、彼らに上昇中の価格で株式を買わせ、その買いによって株価がさらに上がったからだった。二〇二一年一月二七日、かつてプライベートエクイティ・ファンドの共同経営者だったジェローム・パウエルFRB議長は、ゲームストップの状況についてコメントを求められた。[24] パウエルは具体的に語るのではなく、意図的にあいまいにしたようにみえる返答をした。「低金利と資産価値のつながりは、おそらく人々

北欧ミステリ界の巨匠が描く壮大なノワール

失墜の王国

ジョー・ネスボ／鈴木 恵訳

eb12月

主人公ロイの住む山間の村。彼の弟カールは、新妻シャノンとともに村をリゾート地にする計画を携えて帰ってきた。リゾート化計画は、村を豊かにするためだとカールは言う。だがロイは、弟が嘘をついていることを知っていた。彼ら兄弟には大きな秘密があったのだ……

四六判上製　定価3740円［18日発売］

まるで異なる人生を80年歩んできた女性たちの友情の物語

フェローシップ岬

アリス・エリオット・ダーク／金井真弓訳

eb12月

児童作家のアグネスと親友のポリーには、80年にわたる思い出、お互いに理解できない男たちへの愛憎、心の奥底で分かち合う秘密があった。そこへ若い女性編集者のモードが現れたとき、二人が長年沈黙し続けてきた、この岬で暮らす人々の過去が明らかになる。

四六判並製　定価4950円［絶賛発売中］

50年前に失踪した恋人を思い、アイスランドから日本へ旅する恋愛映画「TOUCH／タッチ」原作

TOUCH／タッチ

eb12月

二〇二〇年、アイスランド。パンデミックの影響でレストランをたたんだクリストファーに一通のメールが届いた。差出人は、50年前に突如姿を消した元恋人ミコ。あの日、彼女はなぜ自分のもとを去ったのか。彼女への想

が思っているほど強くはないのだろう。どの時点を見ても、さまざまな要因が資産価値を押し上げているからだ[25]」。この言葉は、FRBが市場にチープマネーをたっぷり供給しているせいで資産価値全般がゆがめられている問題について、公の場で意見を述べたくないと言っているように聞こえた。

WSBについて多くの人がきわめて熱心に語るようになったので、一月二八日にはこのサイトの登録者数は五二〇万人を超えた[26]。だが、リテール投資家軍と機関投資家軍の戦いはますます荒れ模様になった。ロビンフッドや他のリテール志向の証券会社が、ゲームストップ株関連の取引に制限をつけたからだ。その行為はリテール・トレーダーたちに、ロビンフッドは自分たちに敵対して、富裕なヘッジファンド主導の空売り屋や自社の支援者である大手ヘッジファンドに味方しているというシグナルを送った[27]。

結局、ウォール街の大手機関はロビンフッドの取引データを買うことによって、同社のビジネスの一部を支援していたのである。これらの機関の狙いは、そのデータを使って自社の高頻度取引アルゴリズムとポジションを操作し、ロビンフッドのリテール・トレードに効果的に対抗できるようにすることだった。ポンジの詐欺事件から一〇〇年たっていたが、メルビン・キャピタル、シトロン・キャピタル、ポイント72などの大手ヘッジファンドは、あの詐欺とさほど変わらない約束をオファーしていた。ただし、これらのヘッジファンドは利益を求める個人顧客の安定的な加入だけに頼ってはいなかった。大手金融機関はPFOF（誰が何を売るのか、もしくは買うのかという情報自体を売ることで利益を得る仕組み）契約を利用して、リテール投資家がとるポジションを事前に知ることができたのだ。この慣行によって、「マーケットメーカー」すなわち大手証券会社は、買い手と売り手の仲介者になることで利益を得ることができた。大手証券会社は自ら情報を集めていただけでなく、市場で次に何が起こるかを見きわめる助けになるデータへのアクセスも確保していた[28]。

そうした情報は特定の企業に大きな優位性を与えていた。メルビン・キャピタルの主な後ろ盾のひとつであるシタデル・セキュリティーズ証券の親会社シタデルLLCは、自社のウェブサイトでこう主張していた。われわれは「情報に対する渇望、より速く動くための確信、およびより大胆になるための自信を推進力にしている」。このスローガンはシタデルについて説明したもので、自社の勢力下にあるメルビン・キャピタルの特定のポジションと逆の取引をしようとしていた大勢のリテール投資家についての説明ではなかった。だが、シタデルはリテール・トレーダーたちの決意と、おそらく同社を上回る「情報に対する渇望」によって打撃を受けた。同社は状況を「安定させ」、リテール取引という高波の反対側から抜け出せなくなるのを避けるために、メルビン・キャピタル・マネジメントに二七億五〇〇〇万ドルの緊急投資を行なわざるをえなかった[29]。メルビン・キャピタルは二〇二一年第1四半期に四九パーセントの損失を出すことになる。同社に運用を任せていた投資家たちは、二〇二一年から二〇二二年三月の間に五一・八パーセントの損失をこうむった。ポイント72の二〇二一年の利益は、二〇二〇年に比べて一五パーセント減少した。シトロンはゲームストップ株のポジションのせいで何十億ドルもの損失を出した。この件では、リテール投資家側の勝利となった[30]。カジノが一時的に打ち負かされていたのである。

ウォール街では、ヘッジファンドはクライアントに一・五パーセントから二パーセントの手数料と、運用益の最高で二〇パーセントと引き換えに、サービスと専門知識を提供する（ほとんどのファンドは、運用益が出ても出なくても手数料はとる）[31]。銀行預金を銀行の投機的活動から分離していた一九三三年グラス＝スティーガル法が一九九九年に廃止されていたので、ウォール街の銀行は必要な借入やチープマネーをすべて利用することができた。銀行はそれを大手ヘッジファンドに賭けを膨らませるためのレバレッジとして貸し出すことができた。これらの大手銀行はＦＲＢの何兆ドルもの補助金を背景に、根本的には中央銀行の支援のおかげで増加した利益を手にすることができた。

機関投資家と個人投資家の最大の違いを理解することは重要だ。リテール・トレーダーが市場で投資や投機を行なうとき、彼らは一般に自分自身のお金でそれを行なっている。彼らには規模の優位性もなければ、大手金融機関が利用できる大量に蓄積された金融データからトレンドを読み取ることもできない。データドリブンの取引アルゴリズムもなければ、力ずくで市場にただちに影響を与える腕力もない。だが、彼らには柔軟に行動する能力と工夫の才がある。彼らがゲームストップ株の経験から学んだことは、自分たちが団結すれば、基盤の確立したプレーヤーを短期間だけだとしても押し返すことができるということだった。ウォールストリートベッツの名称と精神は、ウォール街で見られるものと同種の強欲さを表してはいたが、インサイダー情報にもとづく取引について語っていないかぎり、法的には何の問題もなかった。オンライン・フォーラムで戦略を広めることによって、彼らはウォール街や企業のＣＥＯたちが金融メディアで自社の成功を大げさに宣伝する際に毎回行なっていることをやっていたにすぎなかった。違いは、彼らがインターネットというエコーチェンバーによって増幅された結果を達成したことだった。

結局のところ、大手プレーヤーたちは自分たちの砂場で他の誰かが遊ぶのを嫌がった。彼らが恐れていたのは、リテール投資家が力を結集して自分たちに敵対する取引を行ない、自分たちに損をさせることだけではなかった。自分たちの顧客が、自分の責任で取引するという、より青い芝生に惹かれて離れていくことも危惧していたのである。

ゲームストップの一件は、ウォール街にはもちろんワシントンにも動揺を走らせた。両党の政治家が、リテール投資家を支持することと、自分たちを損失から、またリスクに関する自分たちの「甘さ」から守ることとの間で揺れ動いた。アメリカの政治的スペクトルの両極に位置する、テッド・クルーズ上院議員とアレクサンドリア・オカシオ・コルテス下院議員がどちらも、ロビンフッドがなぜ特定のリテール取引を妨害したのか調査するべきだと提案した。大きな党派対立の時代において、一時的なものに終わったにせよ、これは金融エリートたちに対抗する奇妙な同盟だった。

レディットのトレーダーたちが金融界のメルビン・キャピタルに対して団結して戦ったことは、労働組合の団体行動と同じだった。それは一種の「ウォール街を占拠せよ2・0」だったが、大手プレーヤーのようにお金を儲けたいという欲望の表れでもあった。何十億ドルもの資金を運用しているヘッジファンドを、市場におけるその巨大な影響力と個人の取引データを買い占めることで市場優位性を得るその能力について非難することは、手始めにすぎなかった。[32]次の課題は、リテール・トレーダーがネイキッド・ショート・セリング（貸株の手当がなされていない空売り行為）など、もっと言語道断で市場を不安定化させる大手プレーヤーの慣行を、どの程度、変えさせることができるかだった。[33]

ネイキッド・ショート・セリングは、証券会社が大手の空売り顧客について、取引を確定もしくは打ち切るために必要な通常二日間の猶予期間内にそれらの株式を借りられると事実上嘘をつくことを伴う。これらの顧客が取引を確定するために借りる株式を見つけられない場合、彼らには二つの選択肢がある。ひとつは、市場から想定より高い価格で買って損失を出すこと、もうひとつは「受渡不履行」になることだ。ゲームストップの事例では、壮大な踏み上げ《ショートスクイーズ》になる中で、三億五九〇〇万ドル分ものゲームストップ株が「受渡不履行」になった。リテール投資家たちの買いが株価を押し上げたからだ。[34]証券取引委員会（SEC）は二〇〇八年にネイキッド・ショート・セリングを禁止していたのだが――金融分野ではよくあるように――ルールは往々にして無視されたり、原形をとどめないほど捻じ曲げられたりするのである。

「スマートマネー」（経験豊富な投資家）とされるものと小規模なリテール投資家の戦いによって暴き

出された暗い秘密は、株式市場は生産的投資とはほとんど関係がないということだ。ファンダメンタルズ、すなわち企業の価値に関する客観的指標が株価を左右するという考えを最終的に抹殺したのはFRBだった。チープマネー、すなわち金融緩和策から生まれる潤沢な流動性が株価を押し上げるのだ。ホワイトハウス（どちらの政党が政権を握っていようと）、財務省、それに連邦議会は、市場の事実上不正な活動の量を減らすことについて、よく言っても現状に満足しており、悪くすると関心がない。グラス＝スティーガル法によって与えられていた保護を二〇〇八年の金融危機後に復活させなかったことで、消費者の預金の受け入れや融資活動と、トレーディングや多額の手数料を生む資産運用サービスなど、より高リスクの活動を隔てる壁は、薄っぺらなままになった。それはウォール街の銀行が預金者を資産運用サービスに高い手数料を払う顧客に変えることが、引き続き容易にできるということだった。資産運用サービスは、株式市場の活動が増えているとき人気が高まる傾向があった。大量のチープマネーに加えて、銀行産業の構造に関する多くの規制緩和が、ウォール街というカジノをかつてないほど大規模な投機家の遊び場に変えた。銀行がより多くのお金をトレーディングに使えるようになったからだ。おそらくそれが、賭けに参加しようとする投機家が何百万人も増えた理由だろう。

リテール投資家、再び高笑い

二〇二一年のメモリアル・デー（戦没将兵追悼記念日）後の週の株式市場は、比較的穏やかで、やや上向きの状態で始まり、活動を再開した部門に関する楽観的な見方が広がっていた。だが、その週は破壊者のリテール取引にとって決定的なときになった。一般的な市場に加えて、暗号通貨市場さえも、一時的に狭いレンジでの取引にはまり込んでいたが、いわゆるミーム株は活発に取引されていた。ミーム株とは、ソーシャルメディアでのチャットによってあおられ、どんどん拡散されて大きな注目を集めるようになっている銘柄のことだ。人気があるおかげで忙しくなる一方のレストランのように、ミーム株は単に注目されていることで価値が跳ね上がることがある。株式におけるカーダシアン一族のようなものと思えばよい。彼らに関する話題はバズっていることでさらにバズる。また、彼らのうち誰かひとりは、どういうわけかいつも注目を浴びている。

映画館チェーン、AMCエンターテインメントもそうだった。AMCは人々を劇場から遠ざけたロックダウンとソーシャルディスタンスによって打撃を受けた。二〇二〇年三月から二〇二一年一月の間に、同社の株価は約七〇パーセント下落した。その後、いつの間にか三〇倍近く上昇して、二〇二一年六月二日に歴史的な高値をつけた。[35]ミーム株の世界は新しいターゲットを見つけていたのである。その日のAMC株の出来高は、アップル、テスラ、アマゾン、マイクロソフト、フェイスブック（現メタ）の出来高の合計を上回った。AMC株は、出来高の多さとリテール投資家と空売りするヘッジファンドの戦いによるウィップソー（鋭い価格の動きに急激な反対方向への動きが続く変動の激しい市場の状況）のせいで、その日数回にわたり売買停止となった。[36]AMCの幹部たちは興奮し、買い持ちの投資家にポップコーンやチケットなどの特典を提供するポータルサイトを立ち上げたほどだった。[37]

二〇二一年末には、AMCの株価はピークから五〇パーセント下落し、一株約二九ドルになっていた。[38]だが、戦いは果敢に続けられ、まだ終わってはいなかった。残っていた問題は、それらの大手機関投資家が自分たちの慣行を変えてシステムをさらに操作できるようにする可能性があること、また、ロビー活動の強力な協力者や人脈を使って、自分たちに有利になるように法律を書き換えようとする可能性もあることだった。だが、このゲームの全貌が明るみに出ると、小規模な個人投資家たちは、自分たちが敵対している相手についてさらに多くの知識を獲得し、それによって何を売買するかや、自分自身のお金をどれくらいリスクにさらすかを決定するチャンスを手にした。最終的に、リテール投資の波は世界中のトレーディング・フロアに浸透し、より多くの人が参加できるようになった。リテール投資家はその過程で、ゲームの中心にある腐敗をさらに暴き出し、新しい形の市場の反乱の先駆けにもなった。調査報道の第一人者マット・タイービはこう述べている。「株式市場が、投票箱と同じく、純然たる数が資本やコネよりまだ重要な数少ない場所のひとつであることを、彼らは理解している。それに、彼らは数が増えており、それはすこぶる愉快なことだ。彼らが正しいからというより、急いで退却している人々がひどく間違っており、しかもまだそれを認められずにいるからだ[39]」

ウォールストリートベッツの隠語で「エイプス（類人猿）」とは、ゲームストップやAMCのようなミーム株など、大量に空売りされている銘柄について強気姿勢をとるリテール投資家のことだ。ヘッジファンドが空売りポジションを維持できなくなるほど長期間戦う金銭的力を持つためには、エイプスは団結する必要があった。だが、ヘッジファンドや大口投資家は新しい環境に適応することにも長《た》けていた。エイプスはネイキッド・ショート・セラーの非生産的性質を暴いた——少なくとも批判した。エイプスの考えは、自分たちは集団としての資金力を結集させるように行動できるということだった。この運動のもっとも重要な精神は次のように表現される。

エイプスが売らなければ、ヘッジーは買えない。
買えなければ、ヘッジーは空売り分を買い戻せない。
彼らが買い戻せなければ、エイプスが勝つ。

この運動にとって、重要なのは価格よりも保有しつづけることだった。ショートスクイーズが生じるまで圧力をかけつづけることで、エイプスはショートセラーを現物の株式を買って損切りで手仕舞いせざるをえない状況に追いやることができた。どれくらい債務を抱えているかとか、安定的に利益を上げているかなど、客観的に比較できる要因にもとづく企業の基本的な価値、すなわちイントリンシックバリューについては、多くのプロ投資家と同じくあまり気にする必要はなかった。それは肝心な点ではなかったのだ。エイプスは、団結して行動すれば、自分たちは株価を自分たちの望むどんな水準にでも動かすことができると思っていた。

勝利はエイプスにとって、百戦錬磨の投資家にとってと同様、きわめて興奮させてくれるものだった。支配階層と戦うという行為が、利益を得るという目的によって補完された。彼らはFRBによって提供された資金や大手金融機関から借りた資金ではなく、自分自身のお金を使うことによって、集団行動がどれほど難題を突きつけるかを示すことができた。彼らの活動が提起する問いは、本質的には、億万長者やヘッジファンドはなぜ偽物の信用で活動しなければならないのか、ということだった。よりシステム的な用語で言うと、FRBの金融緩和策によって放出された莫大な利益を手にするのが、なぜエリートだけでなくてはいけないのか、ということだった。ウォールストリートベッツの反逆者たちは、金融の最上層にいる人々が知っていること、すなわち株価が基本的な価値によって決定される自由で公正な市場という概念は元に戻せないほど粉砕されているということを理解していた。FRBのマネーのバズーカが膨らませた大規模な救済やレポ取引市場の時代には、ルールや規制や真の価格発見は、ほとんど意味を持たなかったのだ。

アメリカの労働者が従っているルールが大企業のルールと同じではないことを明らかにしたもうひとつの要因は、FRBの銀行健全性審査《ストレステスト》に関係があった。ドッド＝フランク法にもとづくストレステストは、貸し手が経済的混乱に耐えられるだけの資本を持っているかどうかを評価するとされていた。最新のストレステストの結果では、審査された二三の金融機関すべてが、最悪のシナリオではかなりの損失を出していたにもかかわらず、「リスクベースの最低所要自己資本を十分上回るはずであり、引き続き企業や家計に融資できる」とされていた。FRBの銀行ストレステストの結果のおかげで、ウォール街は問題なしというお墨付きを与えられ、二〇二一年六月三〇日から数十億ドル規模の自社株買いを始めることができた。[40]こうした自社株買いは、銀行が株主に与えた資本の払い戻しの総額の七〇パーセントに上った。[41]FRBはおよそ半年前の二〇二〇年一二月一八日に予備的なゴーサインを出していた。それを機に、アメリカ最大の銀行JPモルガン・チェースは、二〇二一年に三〇〇億ドルという驚くべき規模の自行株買いを行なう意向を表明した。[42]一二月のその日、同行の株価は五パーセント上昇した。

ストレステストについては重要な論点が二つあった。ひとつは、永続的にゆがめられた市場の時代に、FRBはいわゆるテストの前に金融的刺激と補助金を与えていながら、どうやって銀行を適切に評価できるのかという問題。もうひとつは、そのストレステストが審査される当の銀行によって作成された満たしやすい基準を含んでいるとしたら、FRBは果たしてそれらの銀行の状態をきちんと把握できるのかという問題だ。

FRBのいい加減な基準に対して、非営利無党派の政府監視団体ベター・マーケッツの共同創設者で理事長兼CEOのデニス・ケレハーは、こう書いている。「FRBのいわゆるストレステストは、もはや銀行にストレスをかけるものでも銀行をテストするものでもない。結局のところ、どの銀行も楽々と合格するテストにストレスなどありはしない。テストする側（FRB）の大規模な市場介入のおかげでテストされる側（銀行）は合格するために必要なあらゆるものを持っており、そのためテストの結果が予測できる場合はとくにそうだ」。ケレハーはこうまとめている。「パンデミックは何百万ものアメリカの労働者、住宅所有者、賃借人、メインストリートの企業に打撃を与えたが、銀行とその株主にとってはきわめて好ましいことだった。ストレステストはその最新の証拠にすぎない」[43]。FRBがすべての制限を廃止したとたんに、アメリカの「大手六行」のうち五行が配当金を引き上げた[44]。モルガンスタンレーは配当金支払額を二倍にし、自社株買いプログラムを一〇〇億ドルから一二〇億ドルに拡大した[45]。大手六行は、二〇二一年の株主への配当金支払額を合計一四二〇億ドルと予測していた[46]。FRBのパンデミック後の政策のおかげで、S&P500社は二兆ドル近い現金を蓄積することができた。パンデミック前の一兆五〇〇〇億ドルから大幅に増えたわけだ[47]。企業はそのお金の一部を使って自社の株価を押し上げ、その結果、二〇二一年の自社株買いの年間合計額は記録的な水準になった。これらの企業は足並みをそろえて、二〇二二年をさらに大量の自社株買いの年にした[48]。

最大手の銀行や企業にFRBとアメリカ政府からこれほど大々的な支援が与えられる中で、取り残された者たちがその理由に疑問を持ち、最終的に結集して戦うことにしたのは当然だった。

二〇二一年半ばには、反逆的なレディット運動の未来がどうなるかが、もっとも重要な問いになっていた。レディットから派生したサブグループが次々に登場した[49]。ウォールストリートベッツ運動そのものは、大規模ではあったが、決して本当の意味で中央集権的な運動ではなかった。新しいサブグループの登場でまとまりはさらに緩くなりはしたが、それでも精神は生きつづけた。

数々の金融ウェブサイト、ツイッターアカウント、その他の専用プラットフォームがどんどん現れて、ミーム株というトレンドに人々の目を向けさせた[50]。主流の金融メディアも、ミーム株を以前より頻繁に取り上げるようになった。「AMCは忘れよう。これら三つのミーム銘柄には本当に未来がある」とか、「レディットでトレンドになる前に今すぐ買うべき七つの最良ミーム銘柄」といった、焚《た》きつけるような見出しの金融記事が登場した。[51] 証券取引所は、この新興の資産クラスを認めるだけでなく取り上げることもせざるをえなくなった。ナスダックは二〇二一年六月に、「今日、見守るべき最優良ミーム銘柄？ 注目五銘柄」という概観を発表しはじめた。[52] 二〇二一年末には、Ｙａｈｏｏ！ファイナンスが、ゲームストップ、ＡＭＣ、キャッサバ・サイエンシズなど、株価が二倍以上に上がったミーム株一〇銘柄を掲載した。[53]

中央銀行と連邦政府の刺激策という列車に乗って得られる莫大な利益を考えると、ＦＲＢや政府の高官たちが本当に党派を超えてその列車に飛び乗ったのは当然だった。二〇二一年九月、政府の倫理問題を監視する非営利団体「キャンペーン・リーガル・センター」は、自身の株式取引を報告しなかったとされる七人の下院議員（民主党四人、共和党三人）に対する倫理告発を行なった。これらの議員が取引した株式には、政府のコロナ対策によって影響を受ける銘柄が含まれていた可能性があった。[54] これらの議員のうち五人は、株式取引に関する法律制定などを担当する、超強力な下院金融サービス委員会のメンバーだった。

連邦議会は二〇一二年に、議員が職務上の地位にもとづいて、もしくは公務遂行に伴って入手した非公開情報にもとづいて株式取引を行なうことを禁止するＳＴＯＣＫ法を制定していた。これは金融危機後の反感に対して、議員が公務遂行から不当な利益を得てはいないことを示すためだった。この法律にもとづいて、議員たちは一〇〇〇ドル以上の株式取引を行なったときは、取引から四五日以内に報告することを義務づけられていた。[55] 二〇二一年一二月一五日、ビジネス・技術ニュース専門のウェブサイト「ビジネスインサイダー」が（他のジャーナリストたちと協力して）、四九人の議員が二〇二一年にＳＴＯＣＫ法に違反したこと、また、もっとも給与が高い議会職員のうち少なくとも一八二人が、二〇二〇年と二〇二一年に自身の株式取引の報告を怠ったことを示す情報を公開した。[56]

ＦＲＢでは、主要幹部たちによる個々の証券購入について調査が行なわれていた九月に、ジェローム・パウエル議長が倫理審査を命じた。その結果、二人の地区連銀総裁が、パンデミックの最中にＦＲＢの買い取りプログラムによって購入された証券と似通った資産を保有していることが明らかになった。ボストン連銀総裁のエリック・ローゼングレンは、ＦＲＢが約七〇〇〇億ドルの住宅ローン担保証券を買い取っていたのに、住宅ローン担保証券を組み込んだ不動産投資信託（ＲＥＩＴ）を一五万一〇〇〇ドルから八〇万ドル分保有していた。ローゼングレンは、彼の個人的な取引が問題になった数週間後に、唐突な辞任を発表した。元ゴールドマン・サックス副会長でダラス連銀総裁のロバート・カプランの取引は、ローゼングレンや当時の他の連銀総裁の取引をはるかに上回っていた。パンデミックが猛威を振るい、ＦＲＢとアメリカ政府が壮大な規模の刺激策をとっていた二〇二〇年に、合計一〇〇万ドルを超える何十回もの個人的な株式取引を行なっていたのである。カプランは翌月、自分の金融取引が注目されたことを理由に辞任した。[57]

ＦＲＢの行動規範はこう定めている。ＦＲＢ職員は「自分の個人的利益とシステムの利益と公共の利益の相反という印象すら与えることがないよう、そのおそれがあるいかなる取引も他の行為も慎重に回避する必要がある」。だが、ＣＮＢＣの報道によると、パウエルはＦＲＢが二〇二〇年に買い取ったものと同種の地方債を一二五万ドルから二五〇万ドル相当、保有していた。[58]それらの地方債はパンデミックの前に購入されていたのではあるが、ＦＲＢが五〇億ドル相当の地方債を買い取った二〇二〇年の間ずっと保有されていた。ここには確かに線引きのあいまいさがある。地方債はすべてパンデミック前に購入されており、それらを売却しないことは必ずしも法律違反ではなかった。だが、状況は、セントラルバンカーが自分の個人資産について行なってもよいことと、ＦＲＢの資産や政策のために行なうべきこととの間に十分な分離帯がないことを示していた。議員についても、彼らが行なった取引が報告を義務づけられている額より少ないか否かにかかわらず同じことが言える。彼らが自分たち自身の立法活動や機密情報へのアクセスから利益を得る可能性があること自体が、一種の腐敗である。

レディット、ウォールストリートベッツ、エイプス、それに現状に疑問を持つ人々が合流した過激な流れは、反撃する能力は人々に力を与えられることを示した。何世代もの学生や労働者が、グローバル金融危機のせいで金融エリートに置き去りにされることが何を意味するかを思い知らされた。多くの人がパンデミックの間の不平等の拡大と大手企業に有利に働く欠陥のある政策対応によって、さらに打ちのめされた。それでも、リテール投資家軍団の規模は拡大しており、二〇二一年にはアメリカの株式取引総額の二三パーセントがリテール投資家によるものだったと推定された。これは二〇一九年の二倍の数字だった[59]。いつも自分たちに不利になるように操作されるシステムに、ますます多くのリテール投資家が我慢できなくなる中で、このトレンドは加速するだろう。それは自分たちが大手金融機関に立ち向かえるだけの強さを獲得するまで待ち――それからその強さを維持して――大手金融機関のどこかが先に失敗するかどうか確かめようとするリテール投資家たちの未来の戦いの土台をつくるだろう。

第九章　暗号通貨をめぐる戦い

お金が世界を廻《まわ》してる。

――ジョン・カンダー『キャバレー』

一七九二年四月二日、金融危機（当時の呼び方では銀行パニック）の間に、アメリカの財務長官アレクサンダー・ハミルトンはスペイン・ドル硬貨に含まれている銀の正確な量を議会に報告した。この画期的な動きこそ、アメリカのドルや硬貨の銀との関係を規定し、一七九二年貨幣鋳造法の基礎を築いたものだった。この法律によって、アメリカ合衆国財務省の硬貨製造を担当する部門、造幣局が設立された。[1] この法律は、FRBが設立されるずっと前に初めての量的緩和（QE）措置を可能にしたものでもあった。一七九二年恐慌の間、ハミルトンは流動性の問題を回避するために、北東部の主要銀行に自行の社債を買い戻すための資金を提供した。その措置は危機を鎮める効果をもたらした。それから二百数十年の間、危機、銀行取り付け騒ぎ、信用収縮、ウォール街の銀行とワシントンの政治エリートの間の利益相反といった問題が起こるたびに、実体経済を「助ける」ために銀行を押し上げる必要があるとして似通った措置がとられた。

この中央からの支援は、一九一三年の連邦準備制度の設立で物理的な形をとった。翌年、最初の米ドル紙幣、すなわち連邦準備券が、財務省の一部門、製版印刷局によって印刷された。[2]それから一〇〇年余りのち、一般に広まった初の分散型暗号通貨ビットコインが生まれ、ドル紙幣に挑戦を突きつけた。この重要な出来事は、従来の通貨に代わる価値貯蔵・決済システム、暗号通貨の発射台の役目を果たした。ビットコインの背後にある魅力的な考えは、ビットコインは中央銀行と大手商業銀行に支配されている集権化された通貨システムから独立して活動できるというものだ。

ビットコインは依然として世界でもっとも広く普及している暗号通貨であり、デジタル通貨の世界のベンチマークと広くみなされている。ビットコインが二〇〇八年の金融危機のすぐ後に生まれ、パンデミックが襲った二〇二〇年に飛び立ったのは、決して偶然ではなかった。それは経済の中のほとんどの人が自分自身の経済的不安にとらわれていたまさにその時期だったのだ。暗号通貨の世界は、誕生間もないころは周辺投資家やテクノロジー・オタクだけが認識していたものだった。だが一〇年足らずのうちに、ビットコインの話題や、かわいい動物から高級食品まで多種多様な名前を持つ他の多くの暗号通貨の話題が、休日のディナーやパブやコーヒー待ちの行列での会話にしょっちゅう登場するようになった。新型コロナ感染症が世界中に広まり、ロックダウンが実施され、リモートワークが当たり前になる中で、金融や金融メディアの世界には、時間があって、ソーシャルメディアのアカウントを持ち、リスクをとってリターンを得たいという強い欲求を持つ新しいタイプの投資家たちが登場するようになった。ビットコインのコンセプトと軌跡は、関心とインターネット接続環境があれば誰でも参加できるものとして、一文無しのティーンエージャーにも億万長者にも同様に魅力的に感じられたのだ。

永続的なゆがみの時代を象徴する発明がひとつあるとすれば、それは暗号通貨だった。ビットコインが他の何よりも示したのは、伝統的な経済が金融市場のための通貨システムによってどれほど置き去りにされていたかということだった。

初期のビットコイン

ビットコインの進化は、その始まりに至るまでの三〇年に及ぶ暗号研究者やコンピューター科学者たちの努力にもとづいていた。[3] 一九七六年に、コンピューター科学者のラルフ・C・マークルと二人の暗号研究者、ホイットフィールド・ディフィーとマーティン・ヘルマンが、「暗号学の新しい方向」と題した報告書を発表した。

この報告書は時代の先を行っていた。ビットコインの中核的なセキュリティ対策を支える組み込み要素、公開鍵暗号と呼ばれるものの概念を説明していたのである。七年後の一九八三年、別のコンピューター科学者デイビッド・ショームが、世界初のデジタル暗号通貨イーキャッシュを開発した。イーキャッシュは「ブラインド署名」を使って、取引にセキュリティ機能と匿名性機能の両方を組み込んでいた。この点で、二一世紀の暗号通貨世界の最初の先駆けだった。ビットコインやすぐさまそれに続いた他の暗号通貨を世に出すための最後の構成要素のひとつは、暗号研究者のアダム・バックによる一九九七年のハッシュキャッシュと呼ばれるものの発明だった。これには取引の正当性を証明でき、しかも安全性を確保できる「プルーフ・オブ・ワーク」というコンセプトが使われていた。この基盤によって、ビットコインのマイニングのプロセスと完全性を確保するための道が開かれた。一九九〇年代初めからワールド・ワイド・ウェブ、すなわちインターネットを広く一般の人々も利用できるようになったことが、最終的にビットコインに居場所を与えた。[4] コンピューター科学がお金の性質を変えたのだ。

二〇〇七年に、サトシ・ナカモトという仮名を使っていた人物もしくはグループが、世界でもっとも広く使われていた効率的なプログラミング言語、C＋＋でビットコインをコード化しはじめた。サトシは「悟り」とか、「聡明な、機知に富む、思慮深い」といった含意を持つ日本の男性名だ。[5]「モト」は、「起源」とか「基盤」を意味している。ビットコインの創始者の正体が謎に包まれていることが、この重要な暗号通貨にみんなのものであると同時に誰のものでもないというイメージを与え、これはビットコインの魅力の大きな部分でありつづけた。

二〇〇八年一〇月三一日のハロウィーンの夜、サトシは「ビットコイン——ピア・ツー・ピアの電子マネーシステム」という論文を、（誰でも自由に利用できる）ＭＩＴパブリック・ライセンスを使って発表した。[6]概要の冒頭の一文はこれ以上ないほど明快で、ビットコインのビジョンはもちろん、それが支配階層の間に不安を生じさせる理由も明確に述べていた。「完全にピア・ツー・ピアの電子マネーは、オンラインでの支払いを一方の当事者からもう一方の当事者に金融機関を通さずに直接送ることを可能にする」と。

サトシはその論文の結論部分でこう強調していた（最初の代名詞は、二人以上のプログラマーが関与したという見方に裏づけを与えている）。「われわれは信頼に頼らない電子取引のシステムを提案しているのである」

これは法定通貨を支えている政府に対する信頼、ひいては政府機関である中央銀行の活動に対する信頼が、ビットやバイトや数学に対する信頼に取って代わられるということだった。この考えには、実際には独自の安全上の問題や他の課題がないわけではなかった。だが、純粋主義者の視点からは、ビットコインには繰り返される金融危機や中央銀行のミッションクリープ（任務を遂行しているうちに当初の目的を超えて活動が拡大してしまうこと）やウォール街の救済にはない、整然としたイメージとすっきりした論理があった。それは現状に対する理想主義的な代替案、実用的なものになっていく途中の代替案として紹介された。

中央銀行の活動とは対照的に、ビットコインの当初の目的は、従来の通貨システムの中の既存の通貨と比べて、高い透明性を持つ分散型の資産であることだった。ビットコインは仲介者を介さず電子システムを通じて直接使用され、中央銀行の管轄領域の外に存在することになる。投資目的のためのデジタル・セキュリティを提供でき、そのうえ価値の源泉や交換の手段にもなれるとされていた。

二〇〇九年一月、サトシはビットコイン・ネットワークを立ち上げたが、世間の注目はほとんど浴びなかった。彼はビットコインの最初のブロック「ジェネシスブロック」をマイニングすることで、そのネットワークに命を与えた。そのブロックチェーン（記録された情報のシーケンスを拡大するためのデータベース）に埋め込まれたのは、進行中のウォール街救済に対する広く行き渡っていた軽蔑を反映した印象的なメッセージだった。[7]それは金融当局から銀行システムへの二度目の支援を示唆する、イギリスの『タイムズ』紙の見出し、「財務大臣、今にも二度目の銀行救済へ」だった。

その歴史的瞬間が、クリプト活動への参加の決定的な呼びかけになった。世に知られている初のピアツーピアのビットコイン支払い取引で、サトシはビットコインの初期の開発者のひとりでユーザーのひとりでもあったコンピューター科学者ハル・フィニーに一〇ビットコインを送った。[8]フィニーは一九九一年からＰＧＰコーポレーションの上級暗号技術エンジニアとして働いており、同社で暗号化製品を開発し、デジタルマネーを匿名で使う方法を生み出すために実験を行なっていた。[9]ビットコインの伝説的なアイコンになったフィニーは、自分はサトシのソフトウェアの初版を「ただちに手に入れ」、もっとも早い時期のブロックのひとつをマイニングしたと語っている。[10]フィニーはビットコインについて初めてツイッター（現X）に投稿した人物とも言われている。[11] そこから初期のマイニング・取引・技術マニアが次第に参加するようになるにつれて、ビットコインの価値は初期の低価格を形成しはじめた。

ビットコインを含む現代の暗号資産の世界は、二〇一〇年五月二二日に決定的に変化した。のちに「ピザ・デー」と呼ばれるようになったこの日、ビットコインが初めて実世界での取引のための通貨として使われたのだ。暗号マイナーのラズロ・ハニエッツがパパ・ジョンズのラージ・ピザ二枚を一万ビットコイン（BTC）、すなわち約三〇ドル分のビットコインで買ったとされている。もっとも、正確なタイミングや料金については諸説があるのだが。当時、一ビットコインの価値は約〇・〇〇三ドル（一セントの三分の一未満）だった[12]（二〇二二年末には、その二枚のピザに支払われた一万ビットコインは五億ドル近い価値があっただろう）[13]。数カ月後、ビットコインはより広いコミュニティによる売買を可能にする公開取引所で取引されるようになった。[14] 投資・通貨資産としてのビットコインの第一歩が確保されたのだ。一カ月後、ビットコインの価格は〇・〇九ドル（九セント）に上昇していた。[15]

二〇一一年二月には、ビットコインの価格は一ドルを超えた。[16] 他の二つの暗号通貨、ネームコインとライトコインが、それぞれ四月と一〇月に誕生した。[17] その間の二〇一一年六月、ビットコインに対する大規模なハッキングが二度発生し、これを理由にビットコイン懐疑論者たちはビットコインの耐久力に疑問を投げかけ、初期の投資家たちはパニック売りに走った。[18] この先何度も発生するビットコインの一時的なバブルのひとつ目がはじけたのがそのときで、価格は暴落した。二〇一一年末のビットコインの終値は四・二五ドルで、六月の三一ドルという高値からは下落していたが、それでもその年の値上がり率は一三一七パーセントだった。[19]

『タイム』誌は二〇一一年に、大手主流メディアとしては初めてビットコインに関する記事を掲載した。ジェリー・ブリトーの「オンライン・マネー、ビットコインは、政府や銀行に挑戦できるかもしれない」という記事だった。[20]法定通貨対暗号通貨の戦いの火蓋が切られた。二〇一二年には、ビットコインの価格は二五〇ドルに達した。ほぼ同じころ、ミリビットコイン（ｍＢＴＣ）、マイクロビットコイン（ｕＢＴＣ）、それにサトシという新しい測定システムが登場した。ビットコインの創出者たちでさえ、自分たちの成功の速度を過小評価していた。従来の通貨システムに代わるものを求める人々の欲求がひしひしと感じられた。

ビットコインがまだ揺籃《ようらんき》期にあったとき、マックス・カイザーやステイシー・ハーバートなど、最新の知識と先見の明を持つ独立系のメディア人が、ビットコインに対する関心の高まりに道を開いた。二〇一二年四月、カイザーとハーバートの画期的な配信番組「ザ・カイザー・レポート」のエピソード二七二で、カイザーは冒頭で「上昇中の新しいグローバル通貨がある」と語った。[21]そして、その新しい通貨についてさらに詳しく説明した。「ビットコインは人々の意志を生み出すための新たな試みだ」と。ハーバートは「ビットコインでは銀行の救済はない」と指摘した。彼らの分析は今日に至るまで有効だ。

二〇一三年にはさらに多くの人がビットコインという列車に乗り込み、『フォーブス』誌はこの年を「ビットコインの年」と名づけた。[22]ビットコインの価格は、その年の終わりには一二〇〇ドルを超えた（当時は短期間ではあったが金一オンスより高い価格で取引されていた）。二〇一二年一二月の一三ドルという価格から急騰したわけだ。[23]だが二〇一四年から二〇一五年の間は、ＦＲＢのテーパリングをめぐる陰鬱ムードにはまり込んだ不確実な金融政策環境のせいで、高リスク資産が全般的に嫌われ、追い風が弱まった。背景には、中国人民銀行が暗号通貨の使用を取り締まると発表していたこともあった。この措置は新しいものではなかった。中国はすでに二〇一三年一二月五日に自国の銀行にビットコインの使用を禁じていたのである。だが、先駆的な暗号通貨に向けて放たれた矢は、その一本一本が大変革を生み出した。[24]

二〇一五年の市場全般のボラティリティは、ビットコインの価格を三一五ドルに低下させた。二〇一三年のピークの三分の一だった。金融政策の変化が一時的に落ち着いていたその時期に、別の重要な分散型オープンソースのブロックチェーンにもとづく暗号通貨イーサリアムが突然現れた。この暗号通貨はまず二〇一三年にプログラマーのヴィタリック・ブテリンによって発表され、二〇一四年のさらなる開発とプレセールののち、二〇一五年七月三〇日に正式に販売が開始された。[25] イーサリアムは時価総額が（ビットコインに次ぐ）世界第二位の暗号通貨に成長した。

ビットコインとイーサリアムはどちらも暗号通貨だが、どのように鋳造され、何に使われるかという点では明確な違いがある。ビットコインはその支持者たちから、どちらかというと価値貯蔵や交換の手段とみなされている。それに対しイーサリアムは、ブロックチェーン技術を使って伝統的金融商品の再構築を可能にする広域分散型インターネットのためのコア・インフラストラクチャーになろうとしている。[26] この相違は、重要ではあるが、暗号通貨の空間内で微妙な差異やイノベーションがあることを示すものでもあった。

二〇一五年一二月の小幅な利上げののち、ＦＲＢが利上げを口にしなくなると、ビットコインの価格は安定した。[27] そして二〇一六年の間に一二一パーセント上昇し、二〇一七年初めには一〇〇〇ドルの大台に達した。[28] ウォール街が本当に注目しはじめたのはそのときだった。支配することに慣れていた大手銀行は、自分たちが最終的には支配できないかもしれない通貨について次第に心配するようになった。ＪＰモルガン・チェースのＣＥＯジェイミー・ダイモンは暗号通貨を「詐欺」と呼び、ビットコインを取引していることが判明した社員はすべて、「愚か」だという理由で解雇すると主張した。[29]それをものともせず、ビットコインの価格は一二月半ばに一万九四九七・四〇ドルという二〇一七年のピークに達した。[30]

ビットコインは突如として、奇抜なアイデアでもニッチ投資でも、リバタリアン思想家や若者世代だけが支持するものでもなくなった。暗号通貨は、他の資産に対する保険として、ポートフォリオ内の価値貯蔵手段として、また確立された通貨システムの伝統的枠組みの外での交換手段として根づいていた。テクノロジーと金融のこの特別な交わりは、銀行業界や金融エリートの集まりで重要な議題として次第に頻繁に取り上げられるようになった。パラダイム全体を覆すおそれのあるビットコインの台頭は、それをどのような視点や地位から眺めるかにもよるが、恐ろしいことでもあり、わくわくすることでもあった。

だが、話題にされることや買う人が増えていても、ビットコインの価格は激しいボラティリティの痛みから逃れることはできなかった。二〇一八年にビットコインは再び事実上、心臓を撃ち抜かれた。三二〇〇ドルに暴落して、その価値の八三・六パーセントを失ったのだ。二〇一八年五月には大富豪の投資家ウォーレン・バフェットが議論に加わって、ビットコインを「多分、殺鼠剤《さっそざい》を二乗したようなもの」と評した。[31]

ビットコインの急落については多くの説明がなされたが、もっともシンプルな説明がもっとも適切だった。膨らんだ投機バブルがしぼんだということだ。利食い売り、不安、否定的なメディア、短期間で成長しすぎたこと――それらすべてがひと役買った。ビットコインの価格は二〇一九年上半期には三一九〇ドル前後に沈んでいた。しかしその後、ある種の復活を果たしたように思われた。それはちょうど中央銀行当局が再び緩和策をとりはじめたときだった。このときは深刻な危機は発生していなかった。単に諸国の経済が減速していて、ウォール街が不安になっており、中央銀行当局も不安になるおそれがあったからだった。六月半ばには、ビットコインの価格は一万四〇〇〇ドルに跳ね上がっていた。しかし、その高値も短命に終わった。二〇一九年一二月には、ビットコインの価格は七二〇〇ドルに下落していた[32]。ビットコインの価値が二〇一九年のピークから半減した具体的な理由は、いつまでも残っていた懐疑的な見方と、ビットコインに投資する人々が値上がり益をあきらめて次の機会を待つことにしたことだけだった。結果的には、次の機会はすぐそこまで来ていた。

ビットコインの成長

二〇二〇年の初めには、世界が一〇〇年に一度のパンデミックを警戒する中で、暗号通貨の世界は変動の激しい未経験の環境にどのように反応するだろうかという問いが浮上した[33]。中央銀行が大量の法定通貨を生み出していたのと同時期に発生したパンデミックの不確実性と投資ブームの間に、人々の関心は暗号空間に向かった。この結果は永続的なゆがみが純粋な形で現れたものだった。実際、ビットコインを単に投資対象や名ばかりの通貨としてではなく、その両方を合わせたものとして、また二〇〇八年以降多くの人を失望させていた伝統的な銀行システムに代わるものとして、さらに主流に押し出したのは、新型コロナ感染症と中央銀行の政策だった。ビットコインは二〇一七年の記録を超えて、二万九〇〇一ドルで二〇二〇年を終えたが（一年で四倍になったわけだ）、ビットコインの価値が上がるたびに、その上昇は大手銀行やそれを救済したFRBに関する否定的な評価の証だった[34]（図10参照）。

暗号通貨に対する関心が価格と並行して高まると、中央銀行コミュニティは何か言わざるをえなく

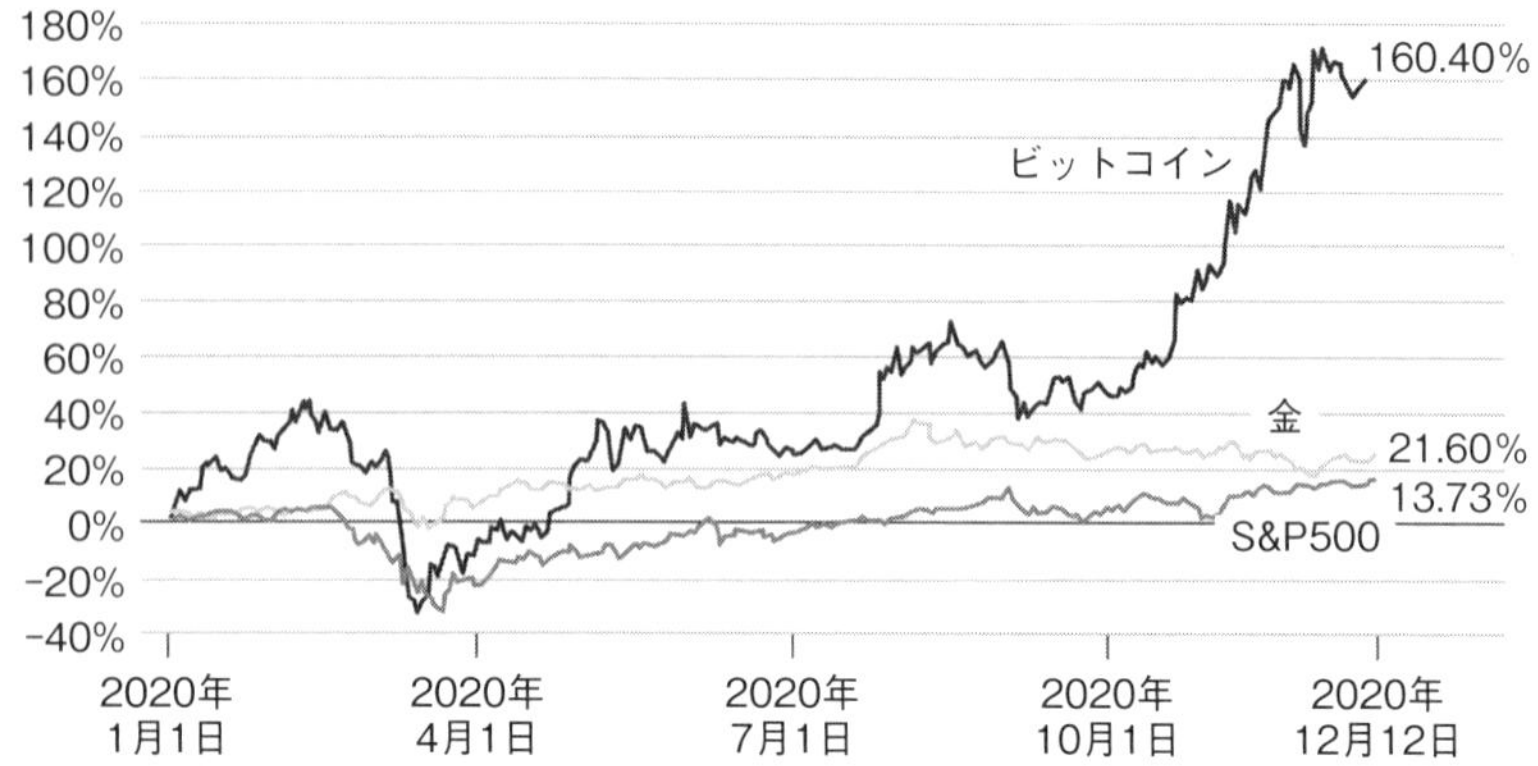

図10　ビットコイン vs. S&P500 および金の年初来のリターン（2020年）

なった。ビットコインや他の主要暗号通貨の人気をくじく計画をしっかりまとめるまでは、その何かはとりあえず述べる仮の言葉だとしてもである。

二〇二一年三月、中央銀行の銀行である国際決済銀行（BIS）でのバーチャル・イベントで、ジェローム・パウエルFRB議長は、FRBはデジタル通貨に関心がないわけではないと述べた。[35] そして、中央銀行デジタル通貨（CBDC）はどのようなものになるか、また、それは一般の人々に受け入れられるかについて研究する初期の調査段階にあると認めた。政治家と一般の人々の両方から支持を得ることは、皮肉なことに、一九一三年一二月の連邦準備法制定に至る過程で、もっとも有力な銀行家や政治家たちの頭を駆け巡った考えだった。

パウエルはこう語った。「人々は、すでにきわめて効率的で信頼できる革新的な決済手段になっているものを補完するために、新しいデジタル形態の中央銀行通貨を欲しがるだろうか？　そのような通貨を必要とするだろうか？」。世界でもっとも有力なセントラルバンカーが、暗号通貨の世界と折り合いをつけようとしており、それなのに答えよりはるかに多くの問いを手に話し合いの場に近づいていることは明白だった。だが、パウエルは中央銀行を「ソブリン・アンカー」と呼ぶのが習慣になっており、中央銀行を「安定――マクロ経済の安定、物価の安定、金融の安定――の提供者」とみなしていた[36]。それはまるで、アメリカがイギリスからの独立を宣言した一七七六年から、当時のイギリス国王ジョージ三世の霊がパウエルに降りてきたかのようだった。違いは、パウエルが大西洋の対岸、そして歴史の反対側にいたことだけだった。

ＢＩＳのアグスティン・カルステンス総支配人は、元メキシコ中央銀行総裁で、その会議のわずか数カ月前に自分の考えをはっきり述べていた。二〇二一年一月にフーバー研究所の政策セミナーで講演したとき、ビットコインは長期的な生存を可能にするために必要な三つの地位のすべてで失敗すると思うと語ったのだ。通貨としても、交換手段としても、価値貯蔵単位としても持ちこたえられないと。カルステンスは言葉を選ばず次のように述べた。「ビットコイン・ネットワークは、どちらかというとオンラインのゲーマー・コミュニティに近いとみなされるべきかもしれない。ゲーマーたちは、サイバー空間にしか存在していないアイテムと本物のお金を交換する。……とりわけ投資家たちは、ビットコインはおそらく完全に崩壊するということを認識していなければならない。希少性と暗号化だけでは、交換を保証するのに十分ではない[37]」

カルステンスがビットコインの支持者でないことは明白だった。それでも、中央銀行の影響と支配の下に置いておけるのなら、このテクノロジーの役割はあると認めたとき、彼は多くのセントラルバンカーを代表して語っていた。「したがって、デジタルマネーが存在することになったとしても、中央銀行が重要な役割を果たし、価値の安定を保証し、そうしたマネーの総供給の弾力性を確保し、システムの全体的な安全性を監督しなければならないのは明らかだ」と、彼は述べた。カルステンスは使命を果たそうとする人物だった。彼はおそらくデジタル通貨を中央銀行の力に対する脅威とはみなしていなかっただろうが、ただ傍観するのみという考えを受け入れるつもりはないのは明らかだった。
カルステンスは孤立してはいなかった。かつてＩＭＦで彼の同僚だったクリスティーヌ・ラガルド欧州中央銀行総裁も、フーバー研究所でのカルステンスの講演のわずか数日前に、ビットコインの支持者ではないことを明確にしていた。「それが通貨に変わる可能性があると思い込んでいる人々には誠に気の毒だが、これは資産である。いかがわしいビジネスや、興味深い、まったくふとどきなマネーロンダリング活動を行なってきた、きわめて投機的な資産である」と、ラガルドは二〇二一年一月のロイター主催のバーチャル会議で語っていたのである。[38]
世界の主要セントラルバンカーや世界でもっとも影響力のある金融政策決定者の一部は、おそらくみな同じように感じていただろう。彼らは自分たちの指揮下で暗号通貨市場が登場したことやビットコインが急騰したことに気づかざるをえなかった。懐疑的な見方と敵対心と権力を失う不安があいまって、中央銀行は、かつては自分たちが完全に支配していた世界で競争するために、自分たち自身のデジタル通貨の研究・開発をますます重視するようになった。
暗号通貨の波が勢いを増すにつれて、その所有は比較的少数の投資家に集中していたとはいえ、暗号通貨市場の参加者は年齢も社会経済階層も次第に多岐にわたるようになった。[39]レディットのリテール・トレーダーやゲームストップ株のミーム現象のすぐ後に、リテール投資家がビットコインであれ、イーサリアムであれ、多くのアルトコイン（ビットコイン以外の暗号通貨）のいずれかであれ、次の人気資産に突進する舞台が整えられた。リテール投資家にとっての主な暗号資産プラットフォームのひとつ、コインベースは、二〇二一年第１四半期には六一〇〇万人のアクティブ・リテール・ユーザーを集めていた。これは二〇二〇年第４四半期のユーザー数の二倍だった。また、九五〇万人以上がロビンフッド・アプリで暗号通貨を取引していた。これは二〇二〇年第４四半期の四倍近い人数だった。[40]

それから決定的な離昇の瞬間がやってきた。二〇二一年三月に、テスラのCEOイーロン・マスクが、誰でもビットコインを使ってテスラの車を購入できると投稿した。テスラは一五億ドル相当のビットコインを買っていた。マスクはさらに次のように述べて、暗号通貨に対する自身の長年の信頼を表明した。「テスラに支払われたビットコインは、法定通貨に変換されるのではなく、そのままビットコインとして保有される」

その瞬間から、態度を保留していた商人たちが相次いでビットコインを採用するようになった。世界の名だたるブランドが一斉に参入し、支払い手段としてビットコインを受け入れるようになった。二〇二一年四月には、カード決済大手のビザとマスターカードがビットコインを使った決済を始めると発表した[41]。マイクロソフト、AT&T、バーガーキング、オーバーストック、ピザハットが、ビットコインを受け入れるようになった。フィンテックの寵児《ちょうじ》であるキャッシュアップやペイパルやベンモは、ユーザーがビットコインを購入、売却、保有できるようにした。ゴールドマン・サックスのようなウォール街のお馴染みの銀行でさえ、もう傍観してはいなかった。ゴールドマンは二〇二一年四月一四日のコインベースの株式公開を手助けすることになる[42]。こうした要因があいまって、ビットコインの価格はその日、六万四八四一ドルという記録的な高値になり、コインベース・グローバル社の時価総額は短時間ではあったが一一二〇億ドルを超えた[43]。

その後の報いは速く、激しかった。映画『フェリスはある朝突然に』で、主人公フェリス・ビューラーはこう言った。「人生はとても速く動く。ときどき立ち止まって見回さなければ、大事なものを見落としてしまう」。投資とCEOが関わる世界では、人生はさらに速く動く。ほとんどのビットコイン観察者にとって、下落は突然やってきたように思われた。だが、マイケル・バーリにとってはそうではなかったようだ。マイケル・ルイスの著書『世紀の空売り——世界経済の破綻に賭けた男たち』（東江一紀訳、文春文庫）で取り上げられた著名な投資家バーリは、三月にビットコインの急落を予測していたのである。[44]

二〇二一年五月一二日、当時世界第三位の富豪だったイーロン・マスクは、ビットコインのマイニングによる環境負荷の懸念から、テスラはビットコインでの支払いを今後受け入れないことにすると投稿した。[45] ビットコインでの支払いを受け入れるという彼の発表からわずか数カ月後のこの反転は、暗号通貨市場から一日で三六五〇億ドルもの価値を消し去った。[46] その短期間での心変わりが起こったのとほぼ同時に、中国の規制当局も、ビットコインをはじめとする暗号通貨のマイニング作業が膨大なエネルギーを消費することを理由に、マイニングにさらに規制をかけようとしていた。[47]

その後の下落は激しかった。ビットコインの価格は五月だけで三六パーセント以上下がった。一カ月の下落幅としては二〇一一年以来の大きさだった。[48] この下落は、イーサリアムからマスクのお気に入りのミーム暗号通貨ドージコインまで、他のほぼすべてのアルトコインを道連れにした。そして、過去のどんなビットコイン・バブルの破裂よりも大きな影響をもたらした。以前より多くのリテール投資家が、以前より価格が高い時点で参加していたからだ。行動を変える理由とされた環境負荷の懸念は、暗号通貨はこれで終わるのかという疑問につながった。

ビットコインのマイニングは、当初は主として普通のコンピューターの中央処理装置（CPU）を使って行なわれていた。コーディングのセキュリティや計算に関する要求が高くなるにつれて、電力供給網に対する負荷も高くなった。ビットコインなどの暗号通貨のマイニングには膨大な電力が必要であることから、マイニングは環境を害するか否かをめぐる論争が拡大した。結局のところ、ビットコインは存在するために確かにかなりの量の電力を必要としていた。だが、マイナーたちが信じがたいほどの電力を必要とするという事実は、より安価で、より持続可能な再生可能エネルギー源を見つける必要があるというメッセージも発していた。ビットコインは問題と解決のチャンスの両方を提示していたのである。それに、法定通貨もエネルギーを必要とするものだった[49]。紙幣を印刷したり硬貨を製造したりするためにはコストがかかる。それに加えて、従来の銀行は大量のエネルギーを使う大型サーバーで、活動や巨大データベースを管理している。銀行の輸送車や建物は燃料や電気に支えられている。実のところ、ビットコインであれ、バーチャルユニバースであれ、航空産業であれ、これらの活動に動力を供給する、より環境に優しい手段を見つけることは、新旧を問わずマネーの支持者が推進し、支持するべき絶対に必要なことなのだ。

エネルギー需要の高まりと集中的なマイニングを解決する必要性が抵抗要因になった一方で、暗号空間がその人気と成熟の副産物として、次第に大きくなる別の痛みを経験していたことも明らかだった。これらの痛みの多くはリアルタイムで展開されていた。ビットコインの世界供給量の四分の三近くが中国でマイニングされていたのだが、二〇二一年半ばにはそれが半分弱に減少したのである[50]。新しいビットコインを生み出すために使われるコンピューターがますます複雑になる方程式を解くために必要とする電力の量が、地理的な問題に直面した。マイナーたちは規制による締め付けや活動の制限もしくは禁止という脅威を日常的に経験しているプラットフォームに依存していたのである。

ビットコインはどこで、どのようにマイニングされているか、もしくはマイニングされるべきかという問題に対する世界の関心は、ビットコインの人気と並行して高まった。ビットコインが貨幣創造という確立された分野の破壊者と、ますますみなされるようになっていたことも、その大きな理由だった。支配的な金融・政治階層が暗号資産運動の翼をもぎとり、その高まる人気をそぐひとつの方法が、障害を持ち込むことだった。マイニングに使われるエネルギーの量に関する懸念を強調することは、都合のよい障害として役立ったのだ。

その点では、問題は中国だけではなかった。ビットコインを自国通貨やドル中心の現行通貨システムの代替として受け入れた政府はほとんどなかった。とりわけ、世界の主要国の政府と中央銀行は、自分たちの通貨システムのどんな代替も、よくて不快なもの、悪くすると脅威とみなしていた。その最大の理由は、ビットコインなどの暗号通貨の製造や使用は、インターネットを遮断しないかぎりコントロールできないことだった。二つ目の理由は、伝統的な中央銀行当局の領域の外にある通貨からの挑戦は、法定通貨がこれまで維持してきた影響力や強さや広がりを縮小させるおそれがあることだった。ウォール街にとって、それは自身の王座と危機の際のイージーマネーという支援に対する脅威を意味していた。金融の力の第一法則は、権力の座にいる者たちはそこに居つづけたいと思う、である。彼らはそこに居つづけるために必要なことは何でもするだろう。

それでも、パンデミックは投資家や大富豪からの応援（それにいくらかの中傷）の新たな高まりを生んだ。ギャッツビーの時代と同じく、「現代の黄金の二〇年代」は、あらゆる市場のあらゆる場所に投機をもたらした。違いは、現代ではテクノロジーのおかげでそれがきわめて容易になっていることだけだった。人々は個人として利益を得る機会と革命的なマネーパラダイムに参加するチャンスの両方を求めた。ツイッターの共同創設者で元ＣＥＯのジャック・ドーシーは、暗号資産ブームの英雄になった。ビットコインをさらに発展させるために、二〇二一年上半期に大物ラッパーのジェイ・Ｚと一緒に五〇〇ビットコイン（当時の価値で推定二三六〇万ドル）の基金を設立したのである。狙いは、この基金が「ビットコインをインターネットの通貨にすること」だった。その年の夏、ドーシーは、ビットコインはわが社の未来の「大きな部分」になるだろうと語った。[51] ＮＢＡダラス・マーベリックスのオーナーで、投資リアリティ番組『シャークタンク』のパーソナリティ、マーク・キューバンは、ブームに飛び乗った。五月のビットコインのボラティリティの波のあと、キューバンはドーシーのソーシャルメディア・プラットフォーム、ツイッターを使って、ビットコインは「金《きん》より優れている」と主張した。そしてこう続けた。ビットコインは「送金しやすく、取引しやすく、交換しやすい。それに仲介者がいらない」

ブームに飛び乗ったのは、シリコンバレーのＩＴのスターたちや大物ミュージシャンや著名な社長《シャーク》だけではなかった。中国が後退する中で、アメリカの一部の政治指導者がチャンスを見て取った。ワイオミングのようなエネルギー資源が豊富な州が、暗号通貨空間に乗り出しはじめた。ワイオミング州選出の上院議員シンシア・ラミスは、二〇二一年五月に金融イノベーション議員連盟を設立して、金融機関が暗号通貨を扱うことを強く求めはじめた。[52] ワイオミングはアメリカの州として初めて、暗号通貨を扱う新しい銀行に免許を与え、設立を許可する法律を制定した。

一部の都市の指導者は暗号通貨のトレンドの支持者になった。中国の暗号通貨取り締まりが、ビットコインのマイニングやデジタル台帳の開発に関わっていた人々を排除する中で、マイアミやサンフランシスコなどの都市が登場して彼らの力を活用するようになった。マイアミ市長フランシス・スアレスは、自身をアメリカでもっとも暗号通貨に好意的な政治家のひとりと位置づけた。二〇二一年六月にマイアミ市役所で行なわれたＣＮＢＣのインタビューで、スアレスはマイアミの電気料金の安さを魅力的な要因として売り込み、「われわれには原子力発電があり、それはすなわち電力がきわめて安価だということだ」と述べた。そして、こう続けた。「マイアミ市はそれがわれわれの将来にとってどれほど根本的に重要かを、またそれが人々の暮らし方のパラダイムをどのように変えられるかを理解している」[53]。暗号通貨のプラットフォームと熱烈な支持者がもたらす可能性がある税収は、彼らに新しい拠点を提供することの副次的なメリットだった。

ミームコインと新しいマネーの時代

皮肉な話だが、比較的有名なアルトコインのひとつ、ドージコインは、カメラを覗き込みながら流し目をする柴犬の画像を中心にしたインターネット・ミーム（インターネットを通じて拡散され、話題になった文章や画像や動画）から生まれた。この暗号通貨は、もともとＩＢＭとアドビの二人のソフトウェア・エンジニアの内輪のジョークとして生み出されたものだった。『ウォールストリート・ジャーナル』は二〇二一年六月にこう報じた。「それはビットコインに対する皮肉を含んだオマージュであり、ちょっとした笑いを生み出すこと以外の、なんらかの現実的な目的に役立つことを狙ったものではなかった[54]」。それにもかかわらず、ドージコインの価値は二〇二一年の最初の五カ月だけで一万五〇〇〇パーセント上昇した[55]。

成層圏まで届くかのようなその上昇は、比較的投機的な投資家を引きつけたが、その人気は短命に終わる。生放送のテレビ番組「サタデー・ナイト・ライブ」でのイーロン・マスクの今では悪名高いひとり芝居で、波乱を起こすための一連のジョークが語られただけで十分だった。この番組にゲスト兼ホストとして登場する前、マスクは自身を「ドージファーザー」と呼ぶ、じらし広告的なツイートを投稿した。憶測が渦巻いた。彼はミームから暗号通貨に転じたものについて語るのだろうか？　それはこの暗号通貨をさらに上昇させるのだろうか？

実際にどうなったかというと、マスクは自身の母親にこのブームに乗るよう求めた。二〇二一年五月八日に「サタデー・ナイト・ライブ」の舞台に上がり、観客の拍手喝采を受けたメイ・マスクは、息子にこう言った。「母の日の贈り物をわくわくしながら待っているわ。ただ、それがドージコインでないことを願うけどね[56]！」。息子も負けてはいなかった。この番組の有名な「ウィークエンド・アップデート」のコーナーで「金融専門家」に扮したマスクは、「ドージコインって何ですか？」というユーモラスな質問を六回以上、突きつけられた。マスク扮する専門家がそのたびに遠回しの答えを返したあと、それは単なる「詐欺」だという彼のせりふでこのコーナーは終わった。翌日、ドージコインは急落し、その価値を四〇パーセント失った。

ところがその後、マーク・キューバンがドージコインに関する大富豪たちの議論に参戦した。キューバンは、自分が所有しているＮＢＡチーム、ダラス・マーベリックスはドージコインを使ってチケットやグッズを買おうとする人々に「特別価格」をオファーすると約束したのである。ドージコインは最善の投資対象ではないといったん述べてから、キューバンは「それは財やサービスを取得するために使える手段である」と主張した[57]。彼の宣言はイーロン・マスクから肯定的な反応を得た[58]。この大富豪コンビが好意的な意見を表明したことで、ドージコインは二〇二一年八月一六日、二四時間もしないうちに一〇パーセント近く上昇した。

だが、ドージコインはハイパーエリートだけのものではなかった。イギリスのプレミアリーグのチームでロンドン北部を本拠地にしているワトフォードＦＣは、暗号通貨が使えるスポーツ賭けサイトからスポンサー契約のオファーを受けたあと、二〇二一年シーズンにユニフォームにドージコインのロゴをつけることにした[59]。おふざけで始まった暗号通貨ドージコインは、まさに一流のリーグに到達したのである。

ドージコインの起源はジョークのようなものにあったが、本質的なもの、すなわち人間の感情と好奇心を基盤にしていた。ドージコインに対する支持は、暗号通貨市場やミーム株絡みの他のトレンドと同様、確立された通貨システムを超えるものを求めるあらゆる職業の人々で構成されていた。

ミーム投資がジョークとして始まったのであれ、より大きな集団による包含やコントロールを求めるものとして始まったのであれ、賽は投げられた。混乱と過剰宣伝にもかかわらず、ドージコインをめぐる熱狂が暴き出したのは、そもそもドージコインを注目すべきものとみなすほど投資に懐疑的な世界だった。悪く言うと、ミームコインとそのボラティリティは、貨幣がほとんど意味を持たず、しかも希少なので、誰もが手っ取り早く金持ちになるためにミームコインの一撃を期待しているとき起こることの生々しさを明るみに出した。

ドージコインは暗号通貨の世界に訪れる発展の前触れだった。リテール投資家で構成される自身の支持基盤と「クジラ」すなわち巨大な機関投資家という擁護者を持つアルトコインが、暗号通貨の世界にさらにたくさん登場するだろう。そのほとんどは消え去るに違いない。だが、そのうちの少数のものは、法定通貨と暗号通貨が共存するグローバル金融ネットワークの一部になる用意ができている。

ビットコインは古い金融・通貨パラダイムにとって代わる新しいパラダイムへの信頼であると同時に、価値の貯蔵場所や代替投資先でもある。暗号資産は世界中で売買の単位として使えるという考えは、止められない列車のようなものだ。投資家が暗号資産を買ったり保有したりしているのは、ブロックチェーン技術とデジタル台帳の変更不可能性を信じているからだ。

暗号通貨につきものの激しい価格変動にもかかわらず、というよりもしかするとそうした価格変動ゆえに、リテール投資家や機関投資家は、単に特定の暗号通貨を保有したり取引したりするのではなく、暗号通貨から利益を得る他の方法を見つけようとした。こうした投資家は、株式や債券のポートフォリオを多様化するように、さまざまなタイプの暗号通貨を集めることをめざした。さらに、暗号通貨のステーキングなどの行為に従事する投資家も出てきた。ステーキングとは、特定の暗号通貨をロックアップする、すなわち一定期間持ちつづけることによって利息を得る方法だ。[60] 暗号通貨を保有することで実質的に利息を得るステーキングは、普通預金口座にお金を入れておくことによく似ているが、利率は普通預金より高い。暗号資産投資家の中には、ますます増えている暗号通貨企業やブロックチェーン企業、それにブロックチェーンＥＴＦに投資するようになった者もいた。[61]

これらのトレンドのすべてが、取引から手数料を得るプラットフォームや企業に利益をもたらした。それはウォール街の大手銀行にとって垂涎の的だった。シティグループは二〇二一年三月には、ビットコインはそのうち「国際貿易に最適な通貨になる」かもしれないと述べていた。[62] 三カ月後、シティグループは、わが行は富裕なクライアントが暗号資産に投資する手助けをするという大胆な宣言を行なって、アメリカ最大手行のひとつが暗号資産市場の一部をつかみとる道を切り開いた。[63]

パンデミックが襲ったあとのビットコインの急騰により、ウォール街の大手行は将来について改めて検討した。その急騰を一六〇〇年代のオランダのチューリップ・バブルや一九九〇年代末から二〇〇〇年代初めにかけてのＩＴバブルになぞらえていた大手金融機関は、暗号通貨をまだ一時的な流行として非難していた。だが、クライアントの関心や需要、それに市場の強い関心が生まれてくると、ウォール街の大手行は傍観者のままではいられなくなった。シティグループは「未来の商品力、クライアントデリバリーの仕組み、およびすべてのデジタル資産に関わるソートリーダーシップ（特定の分野において革新的なアイデアや解決策でその分野を主導する人・活動）……の開発を担当」する「デジタル資産グループ」を設立した。この動きは、暗号資産投資に対するリテール投資家や機関投資家の意欲をさらに高めることになる。ゴールドマン・サックスとモルガン・スタンレーも、暗号通貨に関するそれぞれの取り組みを強化した。

ＣＥＯのジェイミー・ダイモンがビットコインを詐欺と呼んだことがあるＪＰモルガン・チェースでさえ、取り残されるわけにはいかなかった。同行は二〇二一年夏に、資産運用部門のクライアント向けに、暗号通貨ファンドや暗号通貨商品へのアクセスを提供しはじめた。[64] ダイモンは二〇二一年末になっても、ビットコインに対して否定とどっちつかずの間の感情を持っているように思われた。ただし、ビットコインの価格が一〇倍になる可能性があることは認めていた。[65] 利益は利益であり、自分たちのコントロール下にあるかどうかはまったく別の話だった。

その間に、主流のグローバル企業チェーンは、暗号通貨での決済や取引をますます受け入れるようになっていた。たとえば世界的に有名なホテルチェーン、ザ・パビリオンズは、二〇二一年七月に、決済手段として数種類の暗号通貨を受け入れること、またイギリスのコインダイレクトと提携して自社のすべてのホテルでゲストが暗号通貨で支払えるようにすることを発表した。[66]

ラスベガスのカジノも負けてはおらず、暗号通貨のパラダイムを心から受け入れた。罪の街《シンシティ》と呼ばれるラスベガスで十数年ぶりに新たに建設されたカジノ、リゾーツ・ワールド・ラスベガスは、暗号通貨取引所と協力関係を築くと発表した。[67] このカジノは、顧客がこのリゾートのあらゆる場所で暗号通貨を使えるシステムを開発しようとした。この動きは、暗号通貨取引所ジェミナイとそのCEOタイラー・ウィンクルボスの努力に支えられた、暗号通貨の前進の新たな節目だった。

二〇二一年の晩夏には、テルアビブに本社を置く暗号資産取引プラットフォーム、イートロが、暗号資産の波に乗ってスポーツファンを取り込もうとしていた。同社はイギリスのプレミアリーグのいくつかのチームと主要スポンサーになる契約を結んだ。わたしのひいきチーム、アストンビラもそのひとつだった。[68] ラスベガスからウォール街、ブラジル、ベネズエラ、エルサルバドル、イギリスまで、暗号通貨はますます流行していた。[69] 二〇二一年末には、F1世界選手権やアルティメット・ファイティング・チャンピオンシップ（UFC）などとスポンサー契約を結んでいたシンガポールのクリプト・ドットコムが、ロサンゼルス・レイカーズの本拠地として有名なステイプルズ・センターで、推定七億ドルという史上最高額の命名権契約を結んだ。[70]

それは「暗号」という言葉そのものが新しい一種の装飾品になり、どこであれそれが使われるところにちょっとした輝きと未来志向のイメージを与えるかのようだった。また、非法定通貨、価値貯蔵手段、未来のオルタナティブ資産としての暗号通貨を支持する人々は、金本位制の支持者たちと共通点がある。どちらも法定通貨を軽蔑しているのである。二つのグループは、金《きん》（文字通り採掘された通貨で、価値貯蔵手段）とビットコイン（二一世紀の新興通貨）のどちらがより優れた価値貯蔵手段か、また両者は共存できるのか、それともビットコインは一時の流行にすぎないのかについては意見が異なっていた。ビットコインか金かという論争は何十年も続く可能性があるが、何がその論争を特徴づけるのかという中核的問題のほうが人の心を引きつける。[71] 両グループのさまざまな違いにもかかわらず、金本位制支持者も暗号通貨支持者も支配的な金融政策に対して全般的な疑念を持っていた。両グループがどちらも認識していたのは、二〇〇八年のグローバル金融危機以来実施されてきた大規模な金融政策は、経済に破滅的な影響を与え、けた外れのレベルの不平等をもたらしたということだ。金融システムと実体経済の間の永続的なゆがみは、マネーの進化の新しい時代における新たなイノベーションと情熱はもちろん、実績はあるが捨て去られた古い通貨制度、金本位制に対する郷愁と安心感もかき立てたのだ。

ビットコインはその支持者たちから「デジタル・ゴールド」と呼ばれてきた。[72] そのたとえは決して偶然ではない。サトシはビットコインの製造を言い表すためにはっきりと「マイニング」という言葉を選んだ。それは金が複雑な活動（選鉱、製錬、精製など）を通じてマイニング（抽出）されることを示すためだった。法定通貨ははるかに簡単に電子的に出現させることができる。

金と暗号通貨が共存する余地はあると思っている人もいた。また、ビットコインは何かの貯蔵手段になるには変動が激しすぎるので、通貨というより賭けや資産クラスの一種のようなものだと主張する人もいた。実際には、ビットコインが金と同じくらい長く生き残っていたとしたら、その場合ビットコインがどのようになるのか誰にもわからない。今はまだビットコインや他の暗号通貨がこの先どうなるかの入り口の段階だ。微妙な差異や能力や技術はまだ発展中だ。暗号通貨が成し遂げられること――および暗号通貨の隠れた危険――ゆえに、社会がそれをどの程度受け入れるかはまだわからない。

中央銀行は注意深く見守っている。主要中央銀行は現行通貨システムを拡大してデジタル通貨を包含したいと思いながら、分散型の通貨システムを避ける傾向があるのは、暗号通貨がこの先どうなるかがわからないからだ。暗号通貨を現行通貨システムに取り込むことができれば、中央銀行は暗号通貨をコントロールすることができる。政府指導者たちは自分たちがコントロールするために、暗号通貨取引に関する税の追跡を望んでいる。暗号通貨が広く商業的に使用されるようになるとしたら、商店主には暗号通貨に対する信頼と暗号通貨からの保証が必要だ。ビットコインであれ他の暗号通貨であれ、暗号通貨で取引する場合、商店主は午前中に販売してからその日の終わりに現金化するまでの間に損失が生じるほど、それらの暗号通貨の価値が激しく変動することはないと確信している必要がある。

二〇二一年五月、ＢＩＳは「通貨のデジタル化」というワーキング・ペーパーを発表した。この論文は概要で「進行中のデジタル革命は、伝統的な貨幣的交換モデルからの完全な決別につながるかもしれない」と警告していた。[73]また、デジタル通貨は民間通貨と政府発行通貨の競争を変化させる可能性があるとも警告していた。現金がもはや使用されないのなら、支払いは銀行の管理下ではなく、デジタル・プラットフォームを通じて行なうことができる。ＢＩＳはこれらの点を、政府がＣＢＤＣ（中央銀行デジタル通貨）をバーチャルな法定通貨として提供すべき理由として強調していた。ＢＩ

Sは中央銀行が法定通貨の流れをコントロールする究極の権限を保持し、同時に暗号空間も規制もしくは制限できるようにするための下準備をしていたのである。

デジタルマネーは消え去りはしないことをＢＩＳは理解していた。それは中国（ウィーチャットやアリペイ）やアフリカ（サファリコムのＭ‐ＰＥＳＡ）に広がり、さらにはアメリカにおけるフェイスブックの自社独自のデジタル通貨リブラを発行するという計画まで含むトレンドだった。だが二〇二一年半ばの急落後には、変動の激しさゆえに暗号資産投資に反対する人々と長い目で見てそれに賛成する人々との境界がより明確になった。

それでも二〇二一年六月には、ＢＩＳはＣＢＤＣについて、「金融を現代化する」ためにも巨大ＩＴ企業がマネーの支配力を握れないようにするためにも利用できるとして、ＣＢＤＣの開発に賛成した。[74] ＢＩＳの推定では、オンライン・コマースの拡大により、合計すると世界人口のほぼ二〇パーセントを代表する五六の中央銀行や通貨当局がデジタル通貨の開発を模索していた。

ＢＩＳイノベーション・ハブの責任者ブノワ・クーレは、既成の通貨・銀行システムの外での分散型暗号通貨の爆発的成長とＣＢＤＣが競争しなければならないことについて、こう述べた。「列車はもう駅を出た。それはわれわれが列車に乗って前進しているということではない。われわれはあたりを見回しているだけだ[75]」

だが、それらの計画がどれほど進展しようと、さまざまな動機、構造、認知度、持久力を持ち、一億人以上の人に保有されている一万二〇〇〇種類以上の暗号通貨は、通貨・金融・リテール投資の世界を革命的に変化させつつあった。[76] これらの暗号通貨は、トレーディングデスクやヘッジファンドや個々のトレーディングアプリを超えたところに行こうとしていた。暗号通貨投資は、年金ポートフォリオに組み込まれ、クリプトＩＲＡ（個人退職積立金）やビットコインＩＲＡなど、既成の年金プランと暗号通貨名を合わせた名称で販売されていた。[77] ＩＲＡと４０１（ｋ）の二二兆五〇〇〇億ドルの世界は、暗号資産に重点を置く資産運用マネージャーにとって、ひいてはそれらのマネージャーが何兆ドルもの資金を投入できる暗号通貨にとって、大鉱脈だった。暗号通貨の振る舞いの不安定さは、たしかにポートフォリオのリスクを高めるが、より大きな上昇の可能性も与えることができる。株式、債券、不動産、貴金属といった従来の資産クラスから離れて金融投資を多様化する方法を提供することができる。詰まるところ、金も二〇〇〇年以上にわたり不安定な振る舞いで知られてきたのである。英ポンドなど、金や銀の裏づけを持たない不換通貨も同様で、英ポンドはヘッジファンドによってたびたび戦いをしかけられてきた。[78]

金融政策のすべての手段を自由に使える中央銀行は、自分たち自身のルールで活動し、自国の銀行・統治システムを支えるために設立された。ビットコインとブロックチェーン技術は、他の暗号通貨やプラットフォームにとって促進役であり、生き残るための力だった。

一般に、通貨の力が弱い政府は、土俵を平らにする方法、少なくとも多様化する方法として、暗号通貨という代替手段に向かう傾向があった。だが、暗号通貨の受け入れは必ずしもすべての事例で完璧なタイミングで行なわれたわけではなかった。エルサルバドルが世界で初めてビットコインを自国の法定通貨として正式に採用した二〇二一年九月七日、ビットコインの価格は一〇パーセント下落した。[79] エルサルバドルはそれをものともせず、下がった価格でビットコインをさらに購入し、のちにビットコインから得た最初の利益を動物病院の費用をまかなうために使うと約束した。[80] 秋の中ごろには、証券取引委員会がよりスプレッドの大きいＥＴＦへの組み入れを承認するのではないかという期待から、ビットコインの価格は再び六万ドルを超えた。[81] アルトコインも相前後して反発した。[82] 暗号通貨の軌跡は、ビットコインを採用する国が増えることを示唆している。まだ定かではないのは、Ｇ20加盟国のいずれかが暗号通貨採用への道を切り開くかどうかである。

ファイナンシャル・プランニング協会（ＦＰＡ）と他の二つの団体が行なった二〇二一年の調査で、調査に答えたファイナンシャル・アドバイザーの一四パーセントが、暗号通貨を使ったこと、もしくはクライアントに暗号通貨を薦めたことがあると答えた。その数字は、二〇一九年と二〇二〇年の一パーセントから大幅に上昇していた[83]。ピュー・リサーチ・センターの調査では、アメリカ人の一六パーセントが、暗号通貨に投資したこと、もしくは暗号通貨を取引または使用したことがあると答えた[84]。ラテンアメリカはビットコインの採用に対する支持が人口比で見ると世界でもっとも大きい地域である。それはおそらくラテンアメリカのほとんどの国の通貨が激しい変動の時期を経験していたからだろう。それに比べると、暗号通貨の変動はさほど恐ろしくはなかったのだ。シャーロック・コミュニケーションズが行なった調査によると、ブラジル人の四八パーセントがビットコインを自国の法定通貨にするべきだと思っており、五六パーセントが世界で初めて暗号通貨を自国の法定通貨にしたエルサルバドルの決定を正しいと思っていた[85]。アルゼンチン、コロンビア、コスタリカ、エルサルバドル、ベネズエラ、メキシコの人々からも強い支持があった。世界の他の地域と同様、調査に答えた人の大多数がビットコインへの投資を投資の多様化とみなしていた。また、主としてインフレや経済の不安定さに対する保険ともみなしていた。二〇二一年一一月には、ビットコインの価格は六万九〇〇〇ドルという過去最高値をつけた[86]。イーサリアムは四八六九ドルになった。二〇二二年四月には、利上げとウクライナに関する懸念からビットコインは三万九〇四九ドルに、イーサリアムは二八七一ドルに低下した[87]。

わずか五〇年前に、中央銀行は金本位制から不換通貨のドルを基軸とするシステムへの大きな移行を実施した。暗号通貨は通貨・金融システムの進化の新たな節目だった。それは中央銀行や民間銀行の仲介なしで財やサービスを交換できるシステムを促進した。暗号通貨の登場はあらゆる人に、通貨に関する最古の真実、通貨は人々がそれを信頼しているときもっともうまく機能するという真実を思い出させた。信頼が失われたら、価値は消え失せる。暗号通貨はマイニングという上限のある生産プロセスのおかげで希少性という要素に裏づけられているが、それ以外には、その本質的価値を支える物理的裏づけや政治的裏づけはまったくない。暗号通貨の価値や使用価値は、とくに進化の過程のきわめて早い段階では、認知と採用によって決まる。だが、おそらくそれが通貨の力の究極の表れなのだろう。従来の金融機関や国の機関の参加なしに導入された通貨の価格を、人々が集団として決定できるということが。だが、既成の通貨システムの否定しがたい力と遺産を考慮すると、それがデジタルに進化するとしても、暗号通貨と中央銀行が生み出すデジタル通貨は共存できるのか、という問いは残る。

第一〇章　ゆがんだ未来

神秘は真実の敵である。真実をあいまいにし、それをゆがめて表すのは、人間が生み出す霧である。

――トマス・ペイン『理性の時代』

永続的なゆがみによって解き放たれた変化は始まったばかりだ。金融上および地経学上のゲームチェンジャーとしてのこの現象の巨大さを理解するためには、通貨は何であり、何になろうとしているのかを改めて考える必要がある。また、過去二〇〇年の株式市場と経済の進化や通貨が果たしてきた役割についても考える必要がある。

通貨は経済と金融市場の血管を循環する血液だ。経済は人や企業が製品やサービスと貨幣を交換することに支えられている。金貨が初めて貨幣として使われたのは紀元前八世紀末の小アジアにおいてだった。[1] ローマ帝国の全盛期（九八～一六〇年）に、ローマの金貨と銀貨が地中海を経由してイギリスに伝来し、初期の世界貿易の基盤を強化した。それから二〇〇〇年近くたった一九七一年まで、金と銀には貨幣を規格化する役割があった。政府によって発行され、有効性を証明される不換通貨が普及すると、セントラルバンカーが名声と権力を得て、やがて民間の銀行システムと市場を支える基盤になった。

もっと最近では、非物理的な通貨とそれに関連する活動が変化してきた。オンライン・バンキングは、インターネットとパソコンが普及した一九九〇年代半ばから広まった。これによって紙のお金にさわらなくても取引やサービスを実行できるようになった。二〇〇六年には、アメリカの銀行の八〇パーセントがインターネット・サービスを提供していた。二〇二〇年には、世界全体で二〇億人近い人々がオンラインでのみ銀行サービスを利用していた。[2]暗号通貨はその間に、いかなる政府当局にも所有も規制も発行もされない非物理的な分散型の通貨として登場した。どんな暗号通貨も、その価値は最終的には人々がそれにどれだけ払う気があり、それをどのように使うかによって決定される。

将来的には、貨幣も債務も諸国の通貨も銀行もさらに進化するだろう。われわれは今、実業家が資本家へと変容した時代の終わりに来ている。経済的インタラクションやイノベーションに、より分散的、より直接的にアプローチする方法を人々が次々と見いだすようになっているテクノロジーの時代に入っているのである。

貨幣が形を変えると、経済や市場も形を変える。一八一一年に株価指数が初めて導入されたとき、それは鉄道と工業という二つのビジネス部門を追っていただけだった。アメリカの上場企業の合計時価総額の六〇パーセント以上が鉄道関連の株式によるものだった。[3]一九〇〇年には、株式市場の部門は増加して、公共サービス・金融・エネルギー企業も含まれるようになっていた。情報技術部門や医療部門は、二〇世紀初頭には存在していなかった。今ではこれらの部門は、アメリカの上場企業上位五〇〇社のそれぞれ三〇パーセント弱と一三・二五パーセント弱を構成している。通信株やエネルギー株は、長年の間に劇的な変化を遂げており、この先さらに変化すると思われる。

二一世紀には主として二つの形で永続的なゆがみの種がまかれた。ひとつの形は明白で、実体経済が巨額金融取引の分野から切り離されていることだ。二つ目はまだ流動的なメタバース経済と代替通貨システムだ。既存のものに対する反乱は、一九世紀のアナキズム運動のように、現在の通貨や権力の序列にうんざりしている人々によって促進された。メタバース、すなわちテクノロジーによって生み出される没入型の現実は、今日のゆがみの症状であり、結果でもある。根本的には、それは中央銀行やメガバンクや政府と企業の癒着に対するテクノロジーによる抗議を表しているのである。

したがって永続的なゆがみは、暗号資産運動やメタバースの土台になる環境だ。暗号通貨は、多くの可能性や欠点にもかかわらず、帝国主義的現状に対する拒絶から生まれた。中央銀行が力を合わせて銀行システムを守った二〇〇八年の金融危機の破滅的状況が、この運動を離昇させた。暗号通貨、メタバース、拡張現実（ＡＲ）と仮想現実（ＶＲ）、それにブロックチェーン技術は、それに続く自然な前進だ。それらが生み出したものが最終的に価値貯蔵手段とみなされようと、投資資産とみなされようと、機械に対する怒り《レイジ・アゲインスト・ザ・マシン》とみなされようと、テクノロジーと金融無政府状態は手を組んだのだ。強い感情も動機付け要因だ。この暗号・メタ・通貨の三角形から生まれるものは、想像もできない意外な形で現れるだろう。

セントラルバンカーたちの金融政策実験は二〇〇八年に始まってまだ終わっていない。中央銀行の指導者やエコノミストがまだ完全には答えていない問いは、その実験はいつ終わるのか、果たして終わることができるのか、だ。永続的にゆがめられている現在の金融システムは、投資家階級だけに役立つのではなく一般の人々と実体経済に本当に役立つために、ハードリセットされる必要がある。

世界のエリート・セントラルバンカーたちは、ウォール街と金融市場のために何兆ドルもの支援を注入するにあたり、境界を除去することによって、金融システムに備わっていた安定性をすべて粉砕した。二つの危機に対する緊急措置として始まったものが、抑制もされず、ほとんど問いただされることもない永続的な権力掌握になった。それは放出された記録的な量のチープマネーがなかったら、銀行システムも市場も公的金融システムも崩壊していたと思われるからだ。一般の人々や小企業が隅のほうでいくらか財政支援を受けたとはいえ、生み出されたマネーの大部分は金融資産につぎ込まれた。マネーの調達先とマネーの流入先のこの不均衡は、世界を将来さらに厳しい金融・経済危機に追いやるお膳立てをした。さらに大きな国際的混乱と市場のボラティリティの土台を築いたのだ。暗号通貨は二〇〇八年の金融危機後の状況に対する巨大な不満のひとつの表れにすぎない。この不満は他の形でも出てくるだろう。昔からの大手銀行は、中央銀行というスポンサーによって生み出されたマネーをどれほどたっぷり持っていようと、なんらかの嵐にみまわれるものと思っておく必要がある。

諸国は自国経済の規模に比べると高い債務負担を積み上げてきた。中央銀行が金利を低く抑えているかぎり、債務返済コストも低いままだ。途上国に対する地経学的競争優位を絶えず強化している先進国にとって、これはとくに重要な点だった。チープマネー戦略が（比較的小幅な引き締めが段階的に行なわれるのではなく）本当に反転させられたり、広範な物価の急上昇が長く続きすぎたりしたら、政府や企業にとって債務返済コストが大きな課題になる。大幅な政策変更はきわめて重大な国際的債務不履行につながるおそれがある。

ますます効率的になるテクノロジープラットフォームを使って市場のパイの一切れをつかみ取る新しい方法を見つけられる人は、そうしようとするだろう。その過程で、従来の通貨システムとテクノロジー部門の新富裕層――とりわけ自分独自の新たな富を生み出す人々――との戦いが拡大するだろう。取引、決済、融資、その他の銀行サービスに対する支配力をめぐる戦いが金融機関同士というより個人同士の戦いになるにつれて、大金が絡んだ利害の衝突が激しくなるだろう。

二一世紀には危機と景気後退という二つの明確なパターンが四年ごとに現れてきた。ひとつは債務とレバレッジの問題によるもので、もうひとつは外的要因もしくは通貨・金融システム自体に内在する欠陥によるものだ。これらはアメリカの選挙の年に強く現れてきた。二〇〇八年の金融危機、二〇一二年の債務危機、二〇一六年の金融政策変更の不安、そして新型コロナ感染症のせいで悪化した二〇二〇年の経済ショックである。このパターンが続くとすれば、二〇二四年にはまた大きな危機が起こり、それに続いて通貨を支配する力がさらに強化されるはずだ。だが、その一方で、アメリカは自国経済の規模が二〇二四年には中国、インドに次ぐ第三位の地位に追いやられるのを目にすることになるかもしれない[4]。

政治指導者に対する人々の不満のうねりは加速するだろう。それはとりもなおさず反乱が増え、政治的過激主義が強まり、左派と右派の間を行ったり来たりする権力の振り子の速度が上がるということだ。これらの事象は、国民をコントロールするための死に物狂いの措置のせいで、もしくは主権国家の完全な乗っ取りという事態にさえなることで、さらに悪化するだろう。そうした極端なシナリオは、二〇二二年のロシアのウクライナ侵攻と、その後の無辜《むこ》の民間人の虐殺によって現実のものとなった。この侵攻は金融協力やＮＡＴＯのような防衛協定、それに他のグローバル連合の見直しを促進した。また、侵攻を非難する国連安全保障理事会の決議案の採決で（インド、イラク、イランとともに）棄権した中国の違いを際立たせた[5]。西側の市場を脅かした過去の戦争のときと同じく、中央銀行は通貨を支配する力を使って、できるかぎり秩序を維持しようとした。

大富豪たちの宇宙旅行競争は、富の序列の最上層にいる人々は何ができるかをあらゆる人に示したかもしれない。だが、彼らの浮かれた宇宙旅行と地上に残された人々との隔たりは、ますます拡大している格差の強烈な隠喩になっている。セントラルバンカーは、政府がときおり大盤振る舞いをいくぶん縮小するとしても、予算実行のためにさらに借金することを手助けし、市場を支えつづけるだろう。政府はインフラやイノベーションの分野で民間部門と新たな協力関係を築くだろう。

ＦＲＢをはじめとする中央銀行が人々に現実に降りかかるインフレの影響を過小評価していることは、永続的なゆがみのもっとも無神経な要素のひとつだった。長期的なものであれ一時的なものであれ、インフレはいつも経済を不安定にしてきた。何十万人もの人が苦労している中で、インフレ圧力は住宅から教育や生活必需品まで、あらゆるもののコストを法外に高くする。サプライチェーンの混乱による品不足や政治的対立はグローバル価格をさらに押し上げ、もっとも金銭的余裕のない人々にとって生活必需品をさらに手の届きにくい価格にするだろう。

永続的なゆがみの影響は、主要中央銀行が政府の債務を支えながら民間銀行と金融市場に絶え間なく補助金を与えているかぎり、増大するだろう。二一世紀の危機はどれもみな、債務の増大、資産バブルの拡大、中央銀行の支援の強化から生じた。考えられる「ブラックスワン」、すなわち次の危機を引き起こす可能性がある極端で予測不可能な出来事としては、戦争、より致死性の高いウイルス、極端な気象災害、世界各地で同時に発生する債務不履行、地球への隕石の衝突、全般的な不安、これらのいくつかの同時発生などが考えられる。

金融政策と債務の大幅な見直しが行なわれないかぎり、次の危機は避けられない。市場が最初に、もしくは周期的に暴落するだろう。それから銀行や企業が再び政府と中央銀行に頼り、実体経済を犠牲にして救済してもらうだろう。違いは、次の危機の際には中央銀行は市場に対して前回と同様の影響力は行使できないおそれがあることだ。さらに悪いシナリオとして、中央銀行は前回同様のことをするかもしれない。マネーと権力に対するわれわれのアプローチ全体をリセットすることを超える明確な代替案はないのである。

そういう理由から、おぼろげに見えはじめているのは、マネーそのものが変容する、もしくは現在の枠組みを押しのける新しい経済的仮想現実だ。もっとも大きく変わるのは、われわれがマネー、政府や中央銀行の役割、現実世界とメタバースとの相互作用を見る、その見方だろう。この分岐点から大きな新しい課題が生まれるだろう。アントニオ・グテーレス国連事務総長は、二〇二一年の国連総会の冒頭演説で、「将来の大きな対立は……大規模なサイバー攻撃から始まるにちがいない」と述べた[6]。その予感は、新しい「サイバー地政学」の時代を告げている。政府の防衛手順は、もはや兵器やテクノロジーだけに支えられるものではなくなっている。グローバルなサイバー安全保障対策という新しいパラダイムに入っているのである。

マネーの変身

過去に火や車輪や産業革命やテクノロジーが抜本的変革を促進したように、われわれは今、変革の時代に乗り出している。社会や政府や金融システムが進化を続けるデジタル環境の中を進んでいるのに対し、われわれは過去の混乱に十分には対処してこなかった。マネーは将来どのような形になるかをめぐる戦いは、すぐには解決しないだろう。しかし、新しい製品や取引所、それに等しい価値とは何で、それは社会によってどのように測定されるかという定義を通じて、従来のマネーの範囲を超越する新しい方法が登場するだろう。金融に関する一〇〇〇兆ドル単位での会話が、かつての一〇〇万ドル単位の会話のようにありふれたものになるだろう。だが、暗黒時代のあとにルネッサンスが続いたように、これはきわめて刺激的な創造性の時代、アイザック・アシモフやフィリップ・K・ディックなどのSF作家が二〇世紀半ばに描き出した未来の姿が実現されるだけでなく追い越される時代の先触れかもしれない。

永続的なゆがみは、かつての物事のありようにただ後戻りすることはできないことを意味している。その結果として、実体経済で官民のインフラ投資を引き寄せている諸部門は、今なお未来の安定と前向きな変化をもたらす力として浮上することができる。持続可能エネルギー、技術イノベーション、バーチャルコラボレーション・ポータル、マネー自体の抜本的変革に焦点を合わせている分野もまたしかりだ。ここから立ち現れてくるのは、機能性や原材料や実行するために必要なスキルの点で重なり合う、次の五つの主要経済部門である。

一　新エネルギー
二　インフラストラクチャー
三　トランスフォーマティブ・テクノロジー
四　新しいマネー
五　メタリアリティ（メタバースと人工知能）

新エネルギーとインフラストラクチャー

最終的には合流してひとつの流れになる三つのグローバルなテーマが、エネルギーと電力という移行中の分野を推進している。生活水準の向上、インフラの老朽化、急激な人口増加である。[7] 政治的・社会経済的立場に関係なく、人々はきれいな空気と持続可能な電力源を必要としている。それを実現するためには、代替エネルギー源に対する政府や産業界の支援が必要だ。再生可能エネルギーの重要性や気候変動を信じるか信じないかは重要ではない。エネルギー移行を支持する強力かつ現実的な主張が存在しているのである。たとえば自動車メーカーは、競争力を維持するためには電気自動車を販売する必要がある。これは世界全体でさらに何百万台もの電気自動車を送電網に接続する必要が生じるということであり、それは電力需要を増大させる[8]。

エネルギー分野の新技術は、この需要を満たすためにきわめて重要だ。化石燃料エネルギーが依然として優勢だとしても、風力発電、太陽光発電、地熱発電、次世代原子力発電、二酸化炭素回収型発電、水素燃料電池、および多くの他の技術が、すべて重要な役割を果たすだろう。二〇二一年のCOP26（気候変動枠組条約第二六回締約国会議）では、グローバルな二酸化炭素排出枠取引の透明で責任ある仕組みをつくるという合意がなされた[9]。似通った合意がさらに成立すれば、グローバル経済の根幹が変わるだろう。重要度が下がる部門がある一方で、重要なグローバル産業に成長する部門もあるはずだ[10]。

より質の高い新しいインフラに対する需要が拡大すると、多くの産業で投資と計画立案の必要性が高まるだろう。全体的な経済成長がパンデミック後の反発のあと鈍化したとしても、世界規模の巨大なインフラ開発が増加するだろう。アメリカでは、崩落しそうな橋、ガタガタの道路、基準を満たしていない空港、老朽化した病院や公立学校が、何十年もの怠慢を示している。アメリカのインフラは、ほとんどが第二次世界大戦直後に建設されたものだ。それゆえ、政治的立場を超えてほとんどの議員が、建設と修理が不可欠だという点で意見が一致している。グローバル経済の新しい部門を築くためには、計画策定と資金と技術の導入が必要だ。結果として、銀から銅、アルミニウム、コバルトまでの原料の需要が高まるだろう。それはすなわち物価の上昇が何年も続くということだ。

トランスフォーマティブ・テクノロジー

テクノロジー部門は経済成長を推進するもうひとつのエンジンだ。インフラと同じく、テクノロジーは効率を高めるあらゆる新発明になんらかの形で一枚かんでいる。きわめて革新的なテクノロジーやアイデアは、概して厳しい逆境の時期から生まれている。[11]

新設企業だけでなく、自己改革する意欲を持つ既存の大手企業も、重要性が高まるだろう。マイクロソフトは二〇二一年一〇月に、短期間アップルを追い越して時価総額で世界一の企業になった。二〇二二年初めにはアップルが時価総額三兆ドルに達して、世界一の座を取り戻したのではあるが。[12] ＩＴバブルの崩壊と二〇〇八年の金融危機は、マイクロソフトの株価に同業他社に比べて大きな打撃を与えた。だが、二〇一四年にサティア・ナデラがＣＥＯになったあと、彼がクラウドに力を入れたことで同社の株価は八〇〇パーセント上昇した。[13]

インターネットは情報を伝達する速度を高めた。通信を革命的に変化させ、世界全体で一〇億以上のウェブサイトを生み出した。その大部分がホテルから食料品店や小売フランチャイズ店までのｅコマースに特化したものだった。[14] われわれが情報をやり取りしたり伝達したりする速度は、現在さらに加速しつつある。５Ｇや10Ｇ（一秒当たり五ギガバイト、一〇ギガバイトの情報を送信できる、第五世代、第一〇世代の無線接続速度）は、あらゆるものをリアルタイムで視聴できるということだ。「モノのインターネット」（ＩｏＴ、何十億もの物理的デバイスがインターネットに接続されており、その数は二〇二五年には二七〇億になると予想されている）は、広く見られる現実になるだろう。通信技術の重要なブレイクスルーは、これまで経済の拡大期をもたらしてきた。５Ｇや10Ｇの技術は、次の波を促進するだろう。加えて、ブロックチェーン技術が、輸送から医療まで、新たに登場するどんなアイデアにも使われることになるだろう。

新しいマネーとメタリアリティ

現在、人工知能（AI）と予測アルゴリズムが急速に発達している。企業や個人が財やサービスをメタバースで売買する完全なメタエコノミーと並んで、バーチャルな世界や市場が続々と生まれている[15]。メタバースは快適な自宅から一歩も出ずにアイテムをブラウズしたり、購入したりできるプラットフォームを提供する。商業活動、教育、旅行、コンサート、アート、他のあらゆる社会的交流が、メタバースの中でますます詳細に複製されるだろう。個人がこれらのメタプロジェクトの端株を売買できる仕組みが早期に実現すれば、暗号通貨の取引に参入したり、そこから離脱したりする、もっと簡単な方法もそこに盛り込まれるだろう。

フィンテックの世界が拡大している間に、企業はどんな取引からも仲介者を除去する方法を見つけてきたし、これからも見つけつづけるだろう。銀行、保険会社、クレジットカード会社、投資銀行、住宅ローン会社などが過去に手にしてきた典型的な手数料は、テクノロジー主導の金融取引という新しい世界では、すべて除去される可能性がある。価値貯蔵手段としてのビットコインの採用拡大やイーサリアムの先駆的なスマートコントラクト（取引から仲介者を除去するコンピューター・プログラム）は、資金を既成の金融機関から引き離して配分し直すことができる。アルトコインの取引所がさらにたくさん生まれるだろう。そのほとんどが不必要で、やがて消え去るだろうが、なかには未来の形を変え、マネーと価値のフロンティアを前進させるものもあるだろう。

物理的世界と同じくメタ世界でも、アイテムの希少性はその価値を高める。物理的現実では、アイテムの来歴はその所有履歴であり、それが本物であることを認証する一連の証拠書類を含んでいる。

ＮＦＴ、すなわち非代替性トークンは、ブロックチェーン技術を使った唯一無二のデジタルファイルで、主としてアート作品に（アート作品に限定されてはいないが）用いられる。ＮＦＴが記録されているブロックチェーン台帳は、それぞれのデジタル資産の正当な所有者、すなわちその来歴を証明する。来歴が確認されたら、ＮＦＴはオープンシーやニフティゲートウェイのようなＮＦＴマーケットプレイスで売買でき、その取引はブロックチェーンに登録される。

二〇二一年三月、アメリカのアーティスト、マイク・ウィンケルマン（別名ビープル）が自分のデジタルアート「Everydays: The First 5000 Days」のＮＦＴを、クリスティーズのオークションで、六九〇〇万ドルで売却した。この動きに続いて、クリスティーズは二〇二一年一一月にＮＦＴ取引プラットフォーム、オープンシーとの協働を開始した。パリス・ヒルトンやスヌープ・ドッグ、リンジー・ローハンなどの著名人が、ＮＦＴを制作、販売してきた。

ＮＦＴはＩＴバブルの崩壊で倒産した多くのＩＴ関連企業と同じく一時的な流行に終わるかもしれないが、一部のＮＦＴは（アマゾンやイーベイなど、一部のＩＴ関連企業のように）生き残るだけでなく、メタバースの基盤で歴史的な位置を占めるようになる可能性もある。成功するアーティストもいれば、失敗する者もいるだろう。物理的なアートと同様、ひとりのピカソに対して、自分の作品が一度も注目されずに終わる何万人ものアーティストがいるだろう。フィンセント・ファン・ゴッホは、存命中は一枚しか絵が売れず、一文無しで自殺したと言われている。アートの価値を構成するものは、他の多くのアイテムと同様、人間によってそれに備わっているとみなされる価値である。そして人間は、変化する流行の影響を受けやすいかなり気まぐれな生き物だ。

分散型自律組織（ＤＡＯ）の登場は、人々が特定の目的のために集まって、ダイナミックビューで表示される、ブロックチェーン上で決められた共通のルールに従って自分たちで資金を調達する方法を提供した。ＤＡＯ内のガバナンストークン保有者は、投票によって、そのプロジェクトの方向性や請求する料金や運営方法を決定することができる。ＤＡＯの活動や資金調達状況は、特定の時点での財務状態を公表するだけの株式公開企業とは異なり、いつでも誰でも閲覧できる。

中央銀行のマネーが無限に利用できることとそのマネーがどのように生み出されるかは、メタバースというバーチャル世界への到達を推進する要因のひとつである。ブロックチェーン技術はメタバースの参加者にフレームワークと基礎的なエコシステムを提供する。メタバースは仕事や活動に影響を与えられるだけでなく、ますますリアルに感じられるようになっているバーチャルなインタラクションを世界中で可能にすることによって、社会や人間関係を変えることもできる。教育や会議など、さまざまな部門がパンデミックの間に革命的な変化を遂げた。

メタバースの発展はグローバル経済の急拡大を促進することができた。だが、あらゆるエコシステムについて言えるように、メタバースがどのように進化するかは、その中での取引がどれくらい容易にできるかによって決まる。法定通貨から暗号通貨に容易に変換できれば、人々は物理的世界とメタバースの間を行き来することができる。消費者は暗号トークンを使ってデジタルアバターやバーチャルな土地を購入することができる。アーティストはメタバースの中で創作やパフォーマンスを行ない、支払いを受けて、そのお金を物理的世界もしくはメタバースの中のアイテムと交換することができる。

メタバースの利用はビデオゲームやアートに限定されてはいない。長年にわたり、医療の提供には患者と医療提供者との物理的インタラクションが必要だった。コロナ禍の間に、インターネットを通じて患者と医師をデジタルでつなぐ遠隔医療プラットフォームの初期バージョンが発達した。医師たちは、それまでより多くの患者をオンラインで診断するようになった。外科医は仮想現実と医療ロボットを使ってリモートで脳外科手術を行なっている。[16] 医療におけるこのパラダイムシフトは、ＡＲ技術やVR技術によって加速するだろう。メタのような巨大企業から、ハプティック・リアリズム（触覚の科学技術）の業界リーダーである、シアトルのハプトエックスのようなスタートアップ企業まで、IT企業はバーチャル世界でできることの範囲を拡大している。VR技術は、医療から工学まで、ツーリズムからエンターテインメントまでの、幅広い分野で経験を拡大している。[17] これはバーチャル世界、すなわちメタバースが現実世界にとって代わるということではなく、二つの世界がますます共存し、重なり合うようになるということだ。

それでも、メタバースは始まりの時点では誰にでも開かれているわけではない。インターネットへの接続、それもブロードバンドでの接続ができない人は、おそらく排除されるだろう。クレジットカード、もしくはアップルペイかペイパルかベンモ、もしくはデジタルマネーと同等の他の何かを持っていない人は、閉め出されるだろう。コンピューター機器を利用できない人には、メタバースのドアは閉じられているだろう。四〇〇ドルのVRヘッドセットは、一日の稼ぎが二ドルの人の頭には装着されないだろう。値段が高すぎるからというだけでなく、その人にはそれを楽しむ時間的余裕もないからだ。忘れてはならないのは、メタバースの誕生は、規模の点でも影響の点でも前例がない二〇〇八年以降の経済的・社会的・政治的ゆがみに負うところが大きいということだ。しかも、メタバース自体がそのゆがみをさらに大きくする可能性もある。持てる者は機会に満ちた新しい仮想現実という遊び場を手に入れ、持たざる者はそこにアクセスできないからだ。

ひとつ確かなことは、永続的なゆがみの時代は始まったばかりだということだ。それがグローバル経済や市場や人類にとって意味することは、この変容は世界がこれまで経験したことがないほど大きなものになるということだ。

謝辞

わたしが新しい本を書くことを考えはじめると、そのたびに新しい危機が現れる。統計学の専門家というわたしの経歴から言えるのは、これは因果関係ではないが、それでもやはり関連があるということだ。本書にはわたしの人生の循環の大きな要素が反映されている。『中央銀行の罪』を書くにあたり、わたしは世界のあちこちを訪れた。この遠征と調査の一環として、ブラジルのポルトアレグレの名門大学、リオ・グランデ・ド・スル連邦大学（ＵＦＲＧＳ）の優秀な博士課程の学生数人とつながりを持つようになった。彼らは『中央銀行の罪』にリサーチャーとして協力してくれたのだ。その縁で、わたしは彼らを指導していた国際政治経済学の教授から、自分の仕事や人生について大学院生たちに話をしてもらえないかと頼まれた。

わたしは自分がニューヨーク大学で理学修士過程を修了したのち、チェースやリーマン・ブラザーズでフルタイム勤務をしながら同大学博士課程で学びはじめたことを語った。わたしは博士課程のコースワークは修了したが、博士論文はまだ終えていなかった。それは人生の大きな岐路に直面したからだ。ロンドンのベアー・スターンズに分析調査部門を創設する仕事をオファーされ、それを引き受けたのだ。わたしは国際投資銀行家として世界を飛び回り、その分野で転職してゴールドマン・サックスのマネージング・ディレクターとしてニューヨーク市に戻った。それから9・11が起こった。あの事件の衝撃に、徐々に大きくなっていた諸々の考えや心の中の疑問も加わって、わたしはその世界を捨てて作家・ジャーナリストになる道を選んだ。その活動の中で、世界各地の大学や政府機関や会議で講演するようになり、UFRGSでの講演もそのひとつだった。わたしがUFRGSの大学院生たちに伝えたかったのは、まったく異なる道が同じ結果につながることがあり、何かをあきらめることのように思われる選択は別の道が開かれることを意味するということだった。

講演会場から出たとき、マルセロ・ミラン教授から博士論文を書くことを考えたことがあるかと聞かれた。その考えは二〇年ほど心の奥底にあるが、仕事や他のやるべきことが出てきて果たせずにいると答えた。教授は、善は急げだ、考えてみるべきだと言われた。わたしは考えてはみたが、行動しないままさらに数年が過ぎた。それからわたしの人生にさらに二つ、きわめて重要な出来事が起こった。ひとつは、わたしに努力すること、知の追求を決してやめないことを教えてくれた父が死去したことだ。それは二〇一九年一〇月のことだった。死の前に父がわたしに言った最後の言葉は、ひとつは「お前を愛している」、もうひとつは「博士論文を書くべきだ」だった。まさにその夜、ミラン教授がたまたま博士論文について尋ねるメールを送ってくださった。わたしは教授に、あなたと一緒に仕事をしたいものですと返信した。他のすべての仕事から離れて博士論文という学問のより深い要素に専念する時間があるとは、まだ思っていなかったのだ。ところがその後、もうひとつのことが起こった。新型コロナ感染症のパンデミックだ。

パンデミックの最初の一年間、わたしは寝る間も惜しんで博士論文を書いた。そして、二〇二〇年一一月、アメリカ、中国、ブラジルという三カ国間の二一世紀におけるマネーと力に関する自分の論文について口頭試問を受けた。論文のプレゼンテーションはズームで行ない、審査員団からの質問にもズームで答えていたのだが、口頭試問はパンデミックの間にブラジルまで行って受けた。審査員となり、きわめて示唆に富む質問や提案をしてくださったマルセロ・ミラン博士、マルセル・S・デ・カルバーリョ博士、ルイザ・ペルフォ博士、リチャード・ウォルフ名誉博士に、最大限の感謝を捧げたい。UFRGSと審査員団のおかげで、わたしは人生の懸案事項のひとつを終わらせ、大きな目標のひとつを達成することができた。本書はその経験から生まれたものだ。永続的なゆがみという概念を含めて、わたしの博士論文の結論の一部を取り上げ、手を加えて膨らませたものでもある。これを本にするよう早くから熱心に勧めてくれたグレッグ・ハンターに感謝する。

加えて、二人のすばらしいリサーチャーにも感謝したい。クレイグ・ウィルソンは今や三部作となった『大統領を操るバンカーたち』『中央銀行の罪』『金融ディストピア』の執筆に欠かせない存在だった。詳細な論述表現に対する彼の注意力は驚異的だ。UFRGSの博士課程の同窓生ロベルト・ロドルフォ・ゲオルグ・ウエベル博士にも感謝する。地政学と地経学に関する彼の途方もない知識と洞察力は、本書に彼なしではありえなかった深みを与えてくれた。インギー・チャートにも感謝したい。彼のファクトチェックと分析のスキルは本書の最終段階できわめて重要だった。

愉快で熱心なエージェント、アンドリュー・スチュアートにも、いつもわたしを励まして自分の限界を超えさせてくれてありがとうと言いたい。すばらしい出版責任者のクリーブ・プリドルと、わが家にいるようにくつろいだ気分にさせてくれるパブリックアフェアーズ社の編集チームのみなさんにも感謝したい。敏腕なプロダクション・マネージャー、メリッサ・ベロネシと、細部まで行き届いた校正作業をしてくれたスー・ワルガにも感謝したい。長年にわたり見事な広報活動を行なってくれたジェイミー・レイファーと、マーケティングについて熱心に助言してくれたリンゼイ・フラトコフにも感謝する。友人、家族、同僚たちからの長年にわたる支援のすべてに深く感謝する。作家であることと社会のまともな一員であることとのバランスをとることは、必ずしもいつもたやすいわけではない。

最後に、ともに人生を過ごすようになって以来ナイジェル・チショルムが与えてくれている無限の愛と支えに心から感謝する。モフモフした毛並みのヘルパーたち、チャーリーとラッキーにもありがとうと言いたい。彼らのおかげで早起きや夜更かしがあまり苦にならなくなった。

解　説

地域エコノミスト
藻谷浩介

「金融ディストピア」とは何か。どこか宇宙の彼方のことでも、歴史上の話でも、空想された異世界でもない。われわれが生きている、二〇二〇年代のこの人類社会。これこそが金融ディストピアである。

金融ディストピアとネズミ講

金融ディストピアの基本構造は、「ポンジ・スキーム」だ。本書第一章の冒頭に、「われわれはみな楽に手に入るお金をほしがる。しかも大量にだ」という、米国人チャールズ・ポンジの言葉がある。一九二〇年代に一世を風靡《ふうび》した投資詐欺師である彼の名前は、英語圏ではそのまま一般名詞に使われている。日本語に訳せば「ネズミ講」だ。

高配当の儲け話につられて被害者の出したお金を、仕掛けた側が山分けしてしまい、やがて資金繰りが尽きれば破綻する。これがネズミ講だが、ポンジのように表に出ていた中心人物は処罰されたとしても、裏でそのお金が流れていた先はお咎《とが》めなしで、集めたはずの資金はどこかに消え、ほぼ回収できないのが常だ。

そんなポンジの言葉が冒頭にあることで、米国人の読者であれば、「この本は、現代版のネズミ講と、それを囃《はや》し立てる現代のポンジたち、さらには裏で儲けている黒幕たちについて書いているのだな」とわかるだろう。中身より先に解説を読んでいる方は、そういう話なのだとご了解の上で、ぜひ本文を読み進めていただきたい。

ところでネズミ講には、繰り返しになるが、ポンジのように表に立って詐欺話を広める者と、だまされてお金を出す被害者と、裏でそのお金が流れる先にいて逃げ得する利得者の、三者がいる。現代版の全地球的ネズミ講である金融ディストピアでは、誰がどれなのか。

米国の類書によくあるように、膨大な情報量を、時系列に沿って、著者の博識のままに流し込んでできている本書には、日本の類書にあるような、わかりやすいまとめや図版がない。そのために、繰り返し書かれていても自分なりに整理して把握するのが難しいところがある。ここで解説者（藻谷）の理解も交えて書けば、以下のようになるだろう。あなたはどこに属するだろうか。

被害者：世界人口のほぼ全員（自分は利得者側だと勘違いして、結局ツケを回されるプチ富裕層を含む）

裏にいる利得者：超富裕層

ポンジ：投資銀行、ＦＲＢや先進国の中央銀行、（一部の）マクロ経済学者、投資話を煽《あお》る評論家や政治家本書によれば、世界では17時間に1名、新たな超富裕層が生まれているという。そう聞くと「自分にもチャンスがある」と思うかもしれない。だが365日×24時間＝8760時間なので、17時間に1名というのは実数では年間500名に過ぎない。今年世界のどこかで、宝くじで大当たりした人数よりも、これははるかに少ないのである。

ということで金融ディストピアでは、実質的には被害者になる以外の選択肢がない。そんな中でポンジの役回りを買って出ている学者や評論家（日本にも大勢いる）は、もしかするとそれが悔しいので、煽る側に回っているのかもしれない。彼らの立場は、ナチスのユダヤ人収容所にいたユダヤ人看守、といった悲しい存在に似ている。

「自分は、宝くじは買わない。投資にも関心がないので、別に被害者にはなっていない」と思う方がおられるかもしれない。だが、その認識は甘いのではないだろうか。通貨発行当局（中央銀行など）を巻き込んだ投資詐欺である金融ディストピアの世界は、一般のネズミ講と違い、通貨価値の下落かインフレか、あるいはその両方で、投資をしていない人も広範に、お金をむしりとられるように仕上がっているからだ。

金融ディストピアの仕組み

前節の最後に書いた過激な内容の一文が、特段に誇張ではないことを、以下では世界と日本の最近の歴史を振り返って説明してみよう。

金融市場は、投資過熱（バブル）↓不良債権の積み上がり↓バブル崩壊↓不良債権の紙屑化というサイクルを繰り返す性質がある。日本でも、団塊世代の住宅取得の盛り上がった一九八〇年代後半に、不動産担保融資で積みあがった不良債権が、彼らが住宅取得を終えた九〇年代前半の地価下落と共に紙屑と化し、今に語り継がれる「バブル崩壊」をもたらした。この問題は、先送りの末に結局、無謀な投資をした金融機関を破綻処理や統合で整理しつつ（＝そこに投資や預金をしていた企業や個人に損失を与えつつ）、不良債権を償却することで、ようやく落ち着いた。

これに対し世界では、二〇〇八年のリーマン・ショックをハイライトに、その前後に金融危機が起きた。日本でもその余波で輸出が一時的に落ち込むなどのマイナスがあったが、バブル崩壊後の不良債権処理で金融機関が健全化していたため、海外諸国で起きたような不良債権問題は生じなかった。

しかしいわゆるサブプライムローン問題などに見舞われた米国の状況は深刻で、ここにおいて米国の中央銀行（ＦＥＤ）は、「金融機関を破綻させ（＝そこへの投資家に損をさせ）、不良債権を償却する」という正道（日本がバブル崩壊後の先送りの末に行ったこと）を外れた、「禁断の一手」を使ってしまう。金融緩和というドーピングによって、大手投資銀行（例えばソロモン・ブラザーズやモルガン・スタンレー）や投資ファンドの、破綻を回避したのだ。

これはつまり、自由競争の結果として起きるはずの、失敗者の淘汰を、当局が介入して防いでしまうということだった。ここにおいて金融市場は、自由競争の場から、公費で操作される場へと変質してしまったのである。このあたりの経緯は、本書の最初の方に詳しい。

「金融緩和というドーピング」と書いたが、具体的に何をどうしたのか、単純化して述べよう。中央銀行は、ドルを刷り増しして（世に出回るドルの量を増やして）、金利を下げ（金利はお金の値段なので、お金の供給が増えれば下がる）、株価を上げた（金利が下がれば、利益を求める投資家は株を買う）。金利が下がれば、利払い負担ができずに破綻する債務者は減り、株価が上がれば、投資銀行はその利益で不良債権を償却できるというわけだ。

うまい話のようだが、そのコストは誰が払っているのか？　最初の被害者は、株式投資という博打に手を出さず、利子に期待して預金をしていた、真面目な庶民だ。不良債務を抱えた会社やその関連業界の労働者も、借金が棒引きにならなかった分、リストラ（コストダウン）が厳しく進められて、解雇や賃下げの犠牲となった。銀行やファンドがつぶれてその従業員が整理されるのに比べ、ずっと大きな数の労働者が影響を受けたのである。

だが最大の被害者は、株で儲けた富裕層以外の、すべての消費者だった。成金化した者たちの消費の増加によって物価が上がり（インフレとなり）、不動産価格の高騰で住居費や税金も上がり、生活が苦しくなったからだ。「それなら彼らも株式投資をすればいいではないか」と思うかもしれないが、ルール無用の投機で相場の乱高下するその世界では、手練手管を弄する大資本が、元手の小さな素人からむしりとることが常態化している。

最近になり、インターネットを介して個人投資家が団結し、大手に一泡吹かせる現象（本書第八章）や、当局の管理できない暗号通貨で稼ぐ者たち（本書第九章）も登場しているが、真面目に日々の労働をしている庶民に、金融投資のカジノに身を投じる元手や時間的余裕はない。そんな庶民もしかし、知らない間にインフレを通じてカジノの大口顧客のエサにされ、「計算上は経済が成長しているはずなのに、自分にはまったく実感がない」日々を送るようになったのである。

金融ディストピアに引きずり込まれた日本

そのような状況が日本にも到来したのは、やや時間を置いてからだった。日本をディストピアに巻き込んでしまった「ポンジ」は、「アベノミクス」を進めた故安倍晋三氏と、彼に知恵を付けた一部の学者や経済評論家、そして（結局はウォール街の目論見通りに動いたことになる）安倍氏に、実態とは真逆の日本国の独立自尊を期待して支持していた、「岩盤保守層」なる軽率な人たちである。

前述した米国の金融緩和で、ドルの価値は下がり、民主党政権下の日本は大幅な円高に見舞われた。二〇一一年には1ドルが80円前後となり、輸出企業からは怨嗟の声が高まった。実際にはこの年の日本の輸出は62兆円と、40兆円前後だったバブル期に比べて大幅に多く（ドル換算では史上最高水準だった）、高くても売れる高品質な製品を製造する日本経済にとって、「円高の打撃」というのは言われているほどのものではなかった。むしろ化石燃料を安く輸入できるなどのメリットも大きかったのだが、実態を見ずに本で読んだ理論を振りかざす一部の学者や経済評論家が、「円高だと輸出が減る」と騒ぎ、「日本も対抗して金融緩和をすべきだ」とのキャンペーンを張り始めた。

この流れに乗ったのが、安倍晋三氏だった。一二年九月に（自派閥の長だった町村信孝氏や、党員投票では勝っていた石破茂氏を抑えて）自民党総裁選を制し、続く総選挙で大勝して自民党に政権を奪還すると、日銀総裁を白川方明氏から黒田東彦氏へと、白を黒に取り換え、「異次元の金融緩和」を実行させる。彼とその後を引き継いだ菅政権の下で、マネタリーベース（市場に出回る円貨の額）は、実数で500兆円以上、倍率では5倍以上も増加した（一二年と二一年の比較）。

その結果はどう出たか。元々低かった金利はゼロもしくはマイナスとなり、世界最大の借金王と言われる日本政府の金利負担はミニマムに抑えられた一方で、利殖を求めるお金は株式市場に流れ込んだ。上場株式の時価総額は、実数で500兆円近く、倍率でも3倍近く増加した（同じく一二年と二一年の比較）。株式の売却益への課税により、政府の税収も史上最高を更新する。円ドル相場も1ドル110円まで戻し（二一年の平均）、日本の輸出額も（円ベースでは）過去最高を更新した。

だがこの「アベノミクスの大成功」こそ、ものの見事にポンジ・スキームだったのだ。

株で儲けた大企業や富裕層は、「賃上げや設備投資や国内消費でその利益を国内に還元する」という行動を取らなかった。そのため日本の実体経済は株価のようには成長せず、名目ＧＤＰは、実数で53兆円、倍率では１・１倍（年率換算１％）しか増加しなかった（一二年と二一年の比較）。個人消費（＝持ち家の帰属家賃を除く家計最終消費支出）に至っては、一二年の２３２兆円が二一年には２３９兆円と、ほぼ横ばいだった。個人消費＝ＢｔｏＣ企業の国内売上の合計なので、企業の国内での商売も、異次元金融緩和の恩恵をほぼ受けなかったのである。

「それでも成長は成長」と思う人は、ドル換算した数字を確認してほしい。この間に円安が進んだため、日本のＧＤＰは６・３兆ドルから５・０兆ドルへと、２割も縮んでしまった。個人消費は、２・９兆ドルから２・２兆ドルへと４分の３に縮小し、世界における日本市場の存在感もその分だけ下がった。我々がロシアや中国の経済をルーブルや人民元では見ないように、国々の経済力の比較は常にドルで行われる。「アベノミクスで経済再生」と浮かれる日本のＧＤＰが、ドル換算でどんどん沈んでいったこの一〇年間の光景というのは、世界から見れば、奇異というか、謎というか、まさに「ガラパゴスの落日」だったのではないか。

円では史上最高を更新した輸出額も、ドルで見れば一一年をピークに漸減傾向だ。つまり円安で価格が下がったことは、日本製品の競争力を上げなかったのだ。とはいえ、海外での売上や収益を円に換算する際には、円安の方が見かけの儲けが大きくなる。経済界が円安を歓迎するのは、このような計算上の話であって、実態に即したものではない。

さらに困ったことに、異次元金融緩和の生んだ日米の著しい金利差によって、二二年以降は１ドル１５０円台にまで円安が進んだ。そのため二三年の日本の名目ＧＤＰは４・２兆ドル、個人消費は１・９兆ドルと、安倍晋三氏が「悪夢の民主党政権」と呼んだ野田首相の時代の３分の２にまで落ち込んでしまった。円では上昇を続けている株価も、ドル換算では二一年をピークに落ち込んでいる。国内には「1ドル300円でもOK」と公言する「ポンジ」がいるが、現在のような円安は、海外のマネーゲーマーにとっても歓迎すべき事態ではない。

このような極端な円安は、輸入物価を高騰させる。そのため全国的にインフレが進み始めた。安倍晋三氏を筆頭に一般庶民までもが「デフレ脱却」と唱えていた時期、「インフレのどこが良いのか」と解説者は思っていたが、今の事態になって、考えずにムードに乗ったことに気付いた人も多いのではないだろうか。「賃上げで対抗せよ」と言われても、そもそも外国に支払っている額が増えた分、国全体で見て、賃上げの原資は細っている。しかも高齢化した日本では、国民の過半数は退職高齢者や学生、専業主婦であり、彼らの生活は賃上げに関係なく苦しくなる一方だ。

ということで本来は、金融を引き締め、金利を上げるべきタイミングなのだが、そうすれば株価は下がり、国債の流通価格も目減りする。安倍政権後半に、日銀や年金基金が国債と株式を大量に買い込んでしまっているため、うっかり金利を上げれば深刻な金融危機、年金不足が起きかねない。世界の景気がいずれかのタイミングで悪化し、米国の金利が下がってくるまで様子見を続ける以外に、日銀としても手の打ちようがないのである。

これこそ正にディストピアだ。だが日本では、旧安倍派やそれを支持する旧「岩盤保守層」を筆頭に、アベノミクスへの反省のない有象無象のポンジたちが、未だに現実を理解せず、反省もしていない。彼らの多くは、今度は「積極財政で景気回復」と唱えている。しかし、さらなる国債の発行はさらなる円安を招き、ますます事態を悪化させる。それこそ、日本が没落する方向に賭けて大金を張り込んでいる、ウォール街の一部ハゲタカの思う壺だ。円安＝日本の経済価値の下落であるという、経済の根本のわからない者たちが、似非「経済学」を振りかざして日本をどんどん貶《おとし》めていることに、我々一般人は気付かねばならない。

金融ディストピアのこれから

そんなこんなで、いったい日本は、世界は、これからどうなるのか。

本書の第一〇章で著者は、さらなる事態のエスカレートと、その狭間で苦しむ庶民の増加、フィンテック（金融技術）の爆発的革新、そして現在では想像もつかない地点への着地を予言する。「悲観しつつの楽観」というのだろうか、「行くところまで行くしかない」というそんな達観の陰に、「歴史は最後の審判が下るまで一直線に進んでいく」という、欧米によくある一神教的世界観が見える。

しかし解説者は、そのような直線的な世界観は間違いであって、歴史は手を変え品を変えて繰り返していると考える。そのような循環を脱したければ、循環を生んでいる原因である「煩悩」から、「解脱」するしかない。金融ディストピアの場合に、その形成の燃料となっている煩悩は、個人の優越欲求（相対比較可能な指標で他に勝りたいという欲求）だ。優越欲求だけを過度に肥大化させた個人が、自分の一生涯では消費しようもない額を稼いで貯め込もうとすること、それを「経済成長をもたらす善行」であると奨励することに、諸悪の根源がある。

阿修羅のごとくナンバーワンを目指し続ける優越欲求から解脱し、オンリーワンを目指す自己実現欲求（比較不可能な、かけがえのない存在として、自然体で自己を認め、他者とも認め合いたいという欲求）に生きる人が増えていくことでしか、このディストピアを抜け出す方法はない。

心配はご無用で、日本の田舎を先頭に、世界各地の草の根において、そうした解脱者は増え始めている。一〇年前（二〇一三年）に刊行した『里山資本主義』（角川新書）以来、今年（二〇二四年）

刊行した『誰も言わない日本の「実力」』（毎日新聞出版）に至るまでの著作でも、そのことを繰り返し書いてきた。日本にやって来てその治安の良さや、「好景気」のはずの米国などの他国に比してゴミもホームレスも目立たない様子、まだ残っている社会的連帯感に驚く訪日客も、きっとその中に、ある種のあるべき未来を見ていることだろう。

アップルを創業したスティーブ・ジョブズは二〇一一年、五六歳の若さで、膵臓癌《すいぞうがん》で死去したが、その最後の言葉は、超富裕層に上り詰めた先に彼の至った境地をよく示している。

「人生の終わりには、お金と富などは、私が積み上げてきた人生の単なる事実でしかない。認証（認められること）や富は、迫る死を目の前にして色あせていき、何も意味をなさなくなっている。人生において十分にやっていけるだけの富を積み上げた後は、富とは関係のない他のことを追い求めた方が良い。終わりを知らない富の追求は、人を歪ませてしまう。あなたのために、ドライバーを誰か雇うこともできる。お金を作ってもらうこともできる。けれど、あなたの代わりに病気になってくれる人を見つけることはできない」（解説者による要約）。

そういう単純な事実に気付いてカジノの卓を離れる人が増え、中央銀行や政府が鉄火場に燃料を供給するのを止めさせるに至ったときに、この世界は金融ディストピアを解脱することになる。いつのことになるだろうか。

二〇二四年一一月

原　　注

はじめに

1. Peterson-Withorn, Chase. "Nearly 500 People Became Billionaires During the Pandemic Year." *Forbes*, April 6, 2021. Accessed December 18, 2021. www.forbes.com/sites/chasewithorn/2021/04/06/nearly-500-people-have-become-billionaires-during-the-pandemic-year/?sh=2d19a9f025c0.

第一章　熱　　狂

1. Ponzi, Charles. "Chapter 14: Mr. Ponzi Organizes the Securities Exchange Company on the Pattern of a One-Man-Band." *The Rise of Mr. Ponzi*, 1936. https://pnzi.com.
2. United States Congress. "Full Text of Securities Exchange Act of 1934." Federal Reserve Bank of St. Louis, June 6, 1934. Accessed December 18, 2021. https://fraser.stlouisfed.org/title/securities-exchange-act-1934-1120.
3. Ponzi, Charles. "Chapter 14: Mr. Ponzi Organizes the Securities Exchange Company on the Pattern of a One-Man-Band." *The Rise of Mr. Ponzi*, 1936. https://pnzi.com.
4. Prins, Nomi. *It Takes a Pillage: Behind the Bailouts, Bonuses, and Backroom Deals from Washington to Wall Street*. Hoboken, NJ: John Wiley & Sons, 2009. Jacobs, Nick. "Goldman Sachs Failed 10 Years Ago Today." Better Markets, September 20, 2018. Accessed January 18, 2022. https://bettermarkets.org/newsroom/goldman-sachs-failed-10-years-ago-today.
5. Lazonick, William. "Profits Without Prosperity." *Harvard Business Review*, September 2014. Accessed January 18, 2022. https://hbr.org/2014/09/profits-without-prosperity.
6. Duffin, Erin. "Public Debt of the United States of America from January 2021 to January 2022, by Month." Statista, February 21, 2022. Accessed March 4, 2022. www.statista.com/statistics/273294/public-debt-of-the-united-states-by-month.
7. Marron, Donald. "Actually, the United States Has Defaulted Before." *Forbes*, October 8, 2013. Accessed December 18, 2021. www.forbes.com/sites/beltway/2013/10/08/actually-the-united-states-has-defaulted-before/?sh=21fef6060219.
8. Barrionuevo, Alexei. "Argentina Nationalizes $30 Billion in Private Pensions." *New York Times*, October 21, 2008. Accessed December 18, 2021. www.nytimes.com/2008/10/22/business/worldbusiness/22argentina.html.
9. Amadeo, Kimberly. "US National Debt by Year." The Balance, October 11, 2021. Accessed December 18, 2021. www.thebalance.com/national-debt-by-year-compared-

to-gdp-and-major-events-3306287.
10. Jabaily, Robert. "Bank Holiday of 1933." Federal Reserve History, November 22, 2013. www.federalreservehistory.org/essays/bank-holiday-of-1933.
11. Jabaily, Robert. "Bank Holiday of 1933." Federal Reserve History, November 22, 2013. www.federalreservehistory.org/essays/bank-holiday-of-1933.
12. Amadeo, Kimberly. "US National Debt by Year." The Balance, October 11, 2021. Accessed December 18, 2021. www.thebalance.com/national-debt-by-year-compared-to-gdp-and-major-events-3306287.
13. Henriques, Diana B. "Madoff Is Sentenced to 150 Years for Ponzi Scheme." *New York Times*, June 29, 2009. Accessed December 18, 2021. www.nytimes.com/2009/06/30/business/30madoff.html. Yang, Stephanie, and Grace Kay. "Bernie Madoff Died in Prison After Carrying Out the Largest Ponzi Scheme in History—Here's How It Worked." *Business Insider*, April 14, 2021. Accessed December 18, 2021. www.businessinsider.com/how-bernie-madoffs-ponzi-scheme-worked-2014-7. も参照。 Cohn, Scott. "The Stories of Madoff's Victims Vary Widely, as the Fraud Continues to Unwind 10 Years Later." CNBC, December 11, 2018. Accessed December 18, 2021. www.cnbc.com/2018/12/10/the-stories-of-madoffs-victims-vary-widely-a-look-10-years-out.html.
14. Oxfam International. "Ten Richest Men Double Their Fortunes in Pandemic While Incomes of 99 Percent of Humanity Fall." January 17, 2022. Accessed March 3, 2022. www.oxfam.org/en/press-releases/ten-richest-men-double-their-fortunes-pandemic-while-incomes-99-percent-humanity.
15. *New York Times*. "Blackrock: The Mr. Fix-It of Wall Street." May 8, 2008. Accessed December 18, 2021. www.nytimes.com/2008/05/08/business/worldbusiness/08iht-blackrock.1.12685569.html.
16. Khondkar, Kamal. "Stock Market Yearly Historical Returns from 1921 to Present: Dow Jones Index." TradingNinvestment, March 10, 2020. Accessed December 18, 2021. https://tradingninvestment.com/stock-market-historical-returns. MacroTrends. "U.S. GDP Growth Rate 1961–2021." n.d. Accessed December 18, 2021. www.macrotrends.net/countries/USA/united-states/gdp-growth-rate.
17. Siblis Research. "Total Market Value of U.S. Stock Market." n.d. Accessed December 18, 2021. https://siblisresearch.com/data/us-stock-market-value. この値はニューヨーク証券取引所、ナスダック、アメリカのOTC市場に上場している、アメリカに本社を置くすべての公開企業を含むもの。株式市場の規模とは時価総額の合計額のことであり、各公開企業の株式数にその企業の株価をかけた値の合計額に等しい。
18. Mitova, Teodora. "19+ Amazing Stock Market Statistics to Know in 2021." SpendMeNot, August 6, 2021. Accessed December 18, 2021. https://spendmenot.com/blog/stock-market-statistics. O'Neill, Aaron. "Global Gross Domestic Product (GDP) at Current Prices from 1985 to 2026." Statista, July 30, 2021. Accessed

December 18, 2021. www.statista.com/statistics/268750/global-gross-domestic-product-gdp.
19. Clark, D. "Annual Growth of Gross Domestic Product in the United Kingdom from 1949 to 2020." Statista, August 12, 2021. Accessed December 18, 2021. www.statista.com/statistics/281734/gdp-growth-in-the-united-kingdom-uk. Eurostat. "Real GDP Growth, 2008–2018 (% Change Compared with the Previous Year)." n.d. Accessed December 18, 2021. https://ec.europa.eu/eurostat/statistics-explained/index.php?title=File%3AReal_GDP_growth%2C_2008-2018_%28%25_change_compared_with_the_previous_year%29_FP19.png.
20. Gregersen, Erik. "Elon Musk." *Encyclopaedia Britannica*, June 24, 2021. Accessed January 18, 2022. www.britannica.com/biography/Elon-Musk. Kolodny, Lora. "Tesla Stock Is Up More than 4000% Since Its Debut 10 Years ago." CNBC, June 29, 2020. Accessed January 18, 2022. www.cnbc.com/2020/06/29/tesla-stock-up-4125percent-since-ipo-ten-years-ago.html. Vega, Nicolas. "Here's How Much Money You'd Have If You Invested $1,000 in Tesla 1, 5 and 10 Years Ago." CNBC. November 4, 2021. www.cnbc.com/2021/11/04/how-much-youd-have-if-you-invested-in-tesla-1-5-and-10-years-ago.html.
21. Reuters Staff. "JPMorgan Completes Takeover of Bear Stearns." Reuters, May 31, 2008. Accessed December 18, 2021. www.reuters.com/article/us-bearstearns-jpmorgan-idUSN3143823420080531.
22. Wearden, Graeme, David Teather, and Jill Treanor. "Banking Crisis: Lehman Brothers Files for Bankruptcy Protection." *Guardian*, September 15, 2008. Accessed December 18, 2021. www.theguardian.com/business/2008/sep/15/lehmanbrothers.creditcrunch. Note: Lehman Brothers was one of my former employers.
23. Wolgemuth, Liz. "Hank Paulson: Kneeling Before Pelosi." *U.S. News*, September 26, 2008. Accessed December 18, 2021. https://money.usnews.com/money/blogs/the-inside-job/2008/09/26/hank-paulson-kneeling-before-pelosi. Treanor, Jill. "Cash Machines Were Monitored Every Hour During Banking Crisis." *Guardian*, October 11, 2009. Accessed December 18, 2021. www.theguardian.com/business/2009/oct/11/banking-crisis-one-year-on.
24. United States Congress. "Emergency Economic Stabilization Act of 2008." October 3, 2008. Accessed December 18, 2021. www.congress.gov/110/plaws/publ343/PLAW-110publ343.pdf.
25. Beam, Christopher. "What Would a New Global Reserve Currency Look Like?" *Slate*, April 3, 2009. Accessed December 18, 2021. https://slate.com/news-and-politics/2009/04/china-and-russia-want-a-new-global-reserve-currency-what-would-it-look-like.html. McCullagh, Declan. "United Nations Proposes New 'Global Currency.'" CBS News, September 9, 2009. Accessed December 18, 2021. www.cbsnews.com/news/united-nations-proposes-new-global-currency.
26. Mold, Andrew. "Policy Insights No. 86: The Fallout from the Financial Crisis (4):

Implications for FDI to Developing Countries." OECD Development Center, December 2008. Accessed December 18, 2021. www.oecd.org/dev/41804466.pdf.
27. Ghizoni, Sandra Kollen. "Creation of the Bretton Woods System." Federal Reserve History, Federal Reserve Bank of St. Louis, November 22, 2013. Accessed December 18, 2021. www.federalreservehistory.org/essays/bretton-woods-created. International Monetary Fund. "The IMF at a Glance." March 2021. Accessed December 18, 2021. www.imf.org/en/About/Factsheets/IMF-at-a-Glance.
28. World Bank. "History." n.d. Accessed December 18, 2021. www.worldbank.org/en/about/history.
29. Rodriguez, L. Jacobo. "Argentina's Addiction to IMF Money." Cato Institute, January 27, 2001. Accessed March 4, 2022. www.cato.org/commentary/argentinas-addiction-imf-money.
30. Economic Commission for Latin America and the Caribbean (ECLAC). "About ECLAC." n.d. Accessed December 18, 2021. www.cepal.org/en/about-eclac-0. Association of Southeast Asian Nations (ASEAN). "The Founding of ASEAN." n.d. Accessed December 18, 2021. https://asean.org/about-asean/the-founding-of-asean.
31. Office of the Historian. "Nixon and the End of the Bretton Woods System, 1971–1973." U.S. Department of State. Accessed December 13, 2021. https://history.state.gov/milestones/1969-1976/nixon-shock. "FDR Takes United States off Gold Standard." History.com, June 17, 2020. Accessed February 23, 2022. www.history.com/this-day-in-history/fdr-takes-united-states-off-gold-standard.
32. Khou, Vouthy, Oudom Cheng, Soklong Leng, and Channarith Meng. "Role of the Central Bank in Supporting Economic Diversification and Productive Employment in Cambodia." International Labour Office, 2015. Accessed February 23, 2022. www.ilo.org/wcmsp5/groups/public/--ed_emp/documents/publication/wcms_372676.pdf.
33. Varoufakis, Yanis. *And the Weak Suffer What They Must? Europe's Crisis and America's Economic Future*. New York: Nation Books, 2016, page 156.〔ヤニス・ヴァルファキス『わたしたちを救う経済学——破綻したからこそ見える世界の真実』中野真紀子監訳、小島舞・村松恭平訳、Pヴァイン、2019年〕
34. Maues, Julia. "Banking Act of 1933 (Glass-Steagall)." Federal Reserve History, Federal Reserve Bank of St. Louis, November 22, 2013. Accessed December 18, 2021. www.federalreservehistory.org/essays/glass-steagall-act.
35. スワップ枠は、自国通貨を相手国の通貨と交換することを定めた中央銀行間の協定。
36. Labonte, Marc. "Federal Reserve: Emergency Lending." Congressional Research Service, March 27, 2020. Accessed December 18, 2021. https://sgp.fas.org/crs/misc/R44185.pdf. Hennerich, Heather. "The Fed's Emergency Lending Powers Explained." Federal Reserve Bank of St. Louis, March 31, 2021. Accessed December 18, 2021. www.stlouisfed.org/open-vault/2021/march/fed-emergency-lending-powers-explained.
37. Reuters Staff. "Banks Paid $321 Billion in Fines Since Financial Crisis: BCG."

Reuters, March 2, 2017. Accessed December 18, 2021. www.reuters.com/article/us-banks-fines/banks-paid-321-billion-in-fines-since-financial-crisis-bcg-idUKKBN1692Y2?edition-redirect=uk.
38. Federal Reserve. "Federal Reserve Statistical Release H.4.1: Factors Affecting Reserve Balances." January 15, 2009. Accessed December 18, 2021. www.federalreserve.gov/releases/h41/20090115. Ricketts, Lowell R. "Liber8 Economic Information Newsletter: Quantitative Easing Explained." Federal Reserve of St. Louis, April 2011. Accessed December 18, 2021. https://files.stlouisfed.org/files/htdocs/pageone-economics/uploads/newsletter/2011/201104.pdf.
39. Bernanke, Ben S. "The Crisis and the Policy Response." Federal Reserve Board, January 13, 2009. Accessed December 18, 2021. www.federalreserve.gov/newsevents/speech/bernanke20090113a.htm.
40. Kerch, Steve. "2009 Foreclosures Hit Record High." MarketWatch, January 14, 2010. Accessed December 18, 2021. www.marketwatch.com/story/foreclosures-top-record-in-2009-no-end-in-sight-2010-01-14.
41. Ward, Terry, and Nicole Fondeville. "Research Note No. 3: The Effects of the Financial Crisis on Housing and the Risk of Poverty." European Commission, December 2009. Accessed December 18, 2021. https://ec.europa.eu/social/BlobServlet?docId=9828&langId=en.
42. House of Commons Treasury Committee. "Mortgage Arrears and Access to Mortgage Finance—Fifteenth Report of Session 2008–09." July 21, 2009. Accessed March 4, 2022. https://publications.parliament.uk/pa/cm200809/cmselect/cmtreasy/766/766.pdf.
43. Xiaochuan, Zhou. "Zhou Xiaochuan: Reform the International Monetary System." People's Bank of China, March 23, 2009. Accessed March 4, 2022. www.pbc.gov.cn/english/130724/2842945/index.html.
44. International Monetary Fund. "Special Drawing Rights (SDR)." August 5, 2021. Accessed December 18, 2021. www.imf.org/en/About/Factsheets/Sheets/2016/08/01/14/51/Special-Drawing-Right-SDR#.
45. Wroughton, Lesley, and David Lawder. "Update 3—Obama Dismisses Idea of Single Global Currency." Reuters, March 24, 2009. Accessed December 18, 2021. www.reuters.com/article/forex-usa-geithner-idUSN2434732920090325.
46. Kollewe, Julia. "Bank of England Cuts Interest Rates to 0.5% and Starts Quantitative Easing." *Guardian*, March 5, 2009. Accessed December 18, 2021. www.theguardian.com/business/2009/mar/05/interest-rates-quantitative-easing.
47. Andrews, Edmund L. "Fed Plans to Inject Another $1 Trillion to Aid the Economy." *New York Times*, March 18, 2009. Accessed December 18, 2021. www.nytimes.com/2009/03/19/business/economy/19fed.html.
48. Jácome, Luis. "Central Banks and Financial Crises: Lessons from Recent Latin American History." VoxEU, January 3, 2009. Accessed December 18, 2021. https://

voxeu.org/article/central-banks-and-financial-crises-lessons-recent-latin-american-history.

49. Alp, Harun, and Selim Elekdag. "The Role of Monetary Policy in Turkey during the Global Financial Crisis." International Monetary Fund, June 1, 2011. Accessed December 18, 2021. www.imf.org/en/Publications/WP/Issues/2016/12/31/The-Role-of-Monetary-Policy-in-Turkey-During-the-Global-Financial-Crisis-25005. Mohanty, Deepak. "Deepak Mohanty: Global Financial Crisis and Monetary Policy Response in India." Bank for International Settlements, November 12, 2009. Accessed December 18, 2021. www.bis.org/review/r091217f.pdf. Ozsoz, Emre, Mustapha Akinkunmi, İsmail Cağrı Ay, and Ademola Bamidele. "How CBN Confronted the Meltdown: The Global Financial Crisis and the Central Bank of Nigeria's Response." *Singapore Economic Review* 62 (April 20, 2016): 147–161. www.researchgate.net/publication/301576287_How_cbn_confronted_the_meltdown_The_global_financial_crisis_and_the_central_bank_of_Nigeria's_response.
50. Lyall, Sarah. "Public Workers Strike in Britain over Pensions." *New York Times*, June 30, 2011. Accessed December 18, 2021. www.nytimes.com/2011/07/01/world/europe/01britain.html.
51. Hodanbosi, Carol. "The First and Second Laws of Motion." NASA, August 1996. Accessed December 18, 2021. www.grc.nasa.gov/www/k-12/WindTunnel/Activities/first2nd_lawsf_motion.html.
52. Chan, Sewell. "Senate, Weakly, Backs New Term for Bernanke." *New York Times*, January 28, 2010. Accessed December 18, 2021. www.nytimes.com/2010/01/29/business/economy/29fed.html. MacroTrends. "Dow Jones—DJIA—100 Year Historical Chart." n.d. Accessed December 18, 2021. www.macrotrends.net/1319/dow-jones-100-year-historical-chart.
53. Sauga, Michael, and Peter Muller. "Interview with German Finance Minister Schäuble: 'The US Has Lived on Borrowed Money for Too Long.'" *Spiegel International*, November 8, 2010. Accessed December 18, 2021. www.spiegel.de/international/world/interview-with-german-finance-minister-schaeuble-the-us-has-lived-on-borrowed-money-for-too-long-a-727801.html. Monaghan, Angela. "US Federal Reserve to End Quantitative Easing Programme." *Guardian*, October 29, 2014. Accessed December 18, 2021. www.theguardian.com/business/2014/oct/29/us-federal-reserve-end-quantitative-easing-programme.
54. Directorate-General for Communication. "European Financial Stability Facility (EFSF)." European Commission, April 17, 2020. https://ec.europa.eu/info/business-economy-euro/economic-and-fiscal-policy-coordination/financial-assistance-eu/funding-mechanisms-and-facilities/european-financial-stability-facility-efsf_en.
55. Baker, Al, and Steven Erlanger. "I.M.F. Chief, Apprehended at Airport, Is Accused of Sexual Attack." *New York Times*, May 14, 2011. Accessed December 18, 2021. www.nytimes.com/2011/05/15/nyregion/imf-head-is-arrested-and-accused-of-sexual-

attack.html.
56. NBC News. "New IMF Director: Global Economy on 'Rebound.'" July 6, 2011. Accessed December 18, 2021. www.nbcnews.com/id/wbna43654182. Rushe, Dominic. "Christine Lagarde Puts Debt Crisis and IMF Diversity at Top of Her To-Do List." *Guardian*, July 6, 2011. Accessed December 18, 2021. www.theguardian.com/business/2011/jul/06/imf-lagarde-diversity-debt-crisis. Reuters Staff. "IMF Not Talking 2nd Greek Bailout Terms Yet—Lagarde." Reuters, July 11, 2011. Accessed December 18, 2021. www.reuters.com/article/imf-lagarde-greece-idUSN1E76A1PO20110712.
57. Deutsche Welle. "Top German Court Says ECB Bond Buying Scheme Partially Contravenes the Law." May 5, 2020. Accessed December 18, 2021. www.dw.com/en/top-german-court-says-ecb-bond-buying-scheme-partially-contravenes-the-law/a-53333374. Hartley, Jon. "Legality of ECB Quantitative Easing Challenged by Germany at Top EU Court." *Forbes*, October 14, 2014. Accessed December 18, 2021. www.forbes.com/sites/jonhartley/2014/10/14/legality-of-ecb-quantitative-easing-challenged-by-germany-at-top-eu-court/?sh=5f40f1538bed.
58. Cieszkowski, Chantell. "Dragged Down by Debt, 23 Developed Countries Added Only 20% to World GDP Growth Since 2009." Biz India, March 29, 2013. Accessed December 18, 2021. www.bizindia.net/author-g-douglas-atkins-publisher-university-of-georgia-press-276-pages-book-review-by-paiso-jamakar-g-douglas-atkins-a-professor-of-english-at-the-university-of-kansas-shows-us-i. *Economist*. "World GDP." March 30, 2013. Accessed December 18, 2021. www.economist.com/economic-and-financial-indicators/2013/03/30/world-gdp.
59. Cibils, Alan. "Lessons from Argentina's Default." *New York Times*, June 20, 2011. Accessed December 18, 2021. www.nytimes.com/roomfordebate/2011/06/19/draft-the-imf-greece-and-the-argentina-option/lessons-from-argentinas-default.
60. Statista Research Department. "Annual Growth of the Real Gross Domestic Product (GDP) of the United States from 1990 to 2020." Statista, September 10, 2021. Accessed December 18, 2021. www.statista.com/statistics/188165/annual-gdp-growth-of-the-united-states-since-1990. Branigan, Tania. "China's Economic Growth Slows to 7.6%." *Guardian*, July 13, 2012. Accessed December 18, 2021. www.theguardian.com/business/2012/jul/13/china-economic-growth-slows-gdp. MacroTrends. "Hang Seng Composite Index—30 Year Historical Chart." n.d. Accessed December 18, 2021. www.macrotrends.net/2594/hang-seng-composite-index-historical-chart-data. BBC News. "Brazil Economy Grew 0.9% in 2012." March 1, 2013. www.bbc.com/news/business-21630930. MacroTrends. "BOVESPA Index—24 Year Historical Chart." n.d. Accessed December 18, 2021. www.macrotrends.net/2597/bovespa-index-brazil-historical-chart-data.
61. United Nations. "World Economic Situation and Prospects 2012: Global Economic Outlook." 2011. Accessed December 18, 2021. www.un.org/en/development/desa/

policy/wesp/wesp_current/2012wesp.pdf.
62. Nelson, Rebecca M., Paul Belkin, Derek E. Mix, and Martin A. Weiss. "The Eurozone Crisis: Overview and Issues for Congress." Congressional Research Service, September 26, 2012. Accessed December 18, 2021. https://sgp.fas.org/crs/row/R42377.pdf. Censky, Annalyn. "Federal Reserve Launches QE3." CNN, September 13, 2012. Accessed December 18, 2021. https://money.cnn.com/2012/09/13/news/economy/federal-reserve-qe3/index.html.
63. Wearden, Graeme. "Europe's Day of Anti-Austerity Strikes and Protests Turn Violent—as It Happened." *Guardian*, November 14, 2012. Accessed December 18, 2021. www.theguardian.com/business/2012/nov/14/eurozone-crisis-general-strikes-protest-day-of-action.

第二章　幕《まく》　間《あい》

1. Lynch, David J. "Big Banks: Now Even Too Bigger to Fail." Bloomberg, April 19, 2012. Accessed December 19, 2021. www.bloomberg.com/news/articles/2012-04-19/big-banks-now-even-too-bigger-to-fail.
2. フェイスブックは2021年10月28日に社名をメタに変更した。その時点で、同社のティッカーシンボルはMetaになった。
3. Yahoo! Finance. "NFLX Interactive Stock Chart." n.d. Accessed January 18, 2022. https://finance.yahoo.com/chart/NFLX.
4. Yahoo! Finance. "AMZN Interactive Stock Chart." n.d. Accessed January 18, 2022. https://finance.yahoo.com/chart/AMZN.
5. Schwartz, Nelson D. "Jobless Rate Edges down to Its Lowest Level in 4 Years." *New York Times*, December 7, 2012. www.nytimes.com/2012/12/08/business/economy/us-creates-146000-new-jobs-as-unemployment-rate-falls-to-7-7.html.
6. Robb, Greg. "Bernanke: 'Step Down' in QE Could Come Soon." Market-Watch, May 22, 2013. Accessed December 19, 2021. www.marketwatch.com/story/bernanke-premature-tightening-could-end-growth-2013-05-22.
7. Putnam, Daniel. "What the Spike in Bond Yields Means for the Stock Market." InvestorPlace, May 29, 2013. Accessed December 19, 2021. https://investorplace.com/2013/05/what-the-spike-in-bond-yields-means-for-the-stock-market. Kitano, Masayuki, and Hideyuki Sano. "Global Markets-JGB Yields Surge, Markets Spooked by Bernanke Remarks." Reuters, May 22, 2013. Accessed December 19, 2021. www.reuters.com/article/markets-global-idUSL3N0E40DD20130523. Charlton, Emma, and Lucy Meakin. "German Yields Surge to 14-Month High as Debt Slump Intensifies." Bloomberg, June 21, 2013. Accessed December 19, 2021. www.bloomberg.com/news/articles/2013-06-21/germany-s-bonds-are-little-changed-before-current-account-report.
8. Ismailidou, Ellie. "Is This a Repeat of the 2013 Taper Tantrum?" Market-Watch, May

14, 2015. Accessed December 19, 2021. www.marketwatch.com/story/is-this-a-repeat-of-the-2013-taper-tantrum-2015-05-14.
9. CNBC and Reuters. "Fed's Fisher: We Cannot Live in Fear of 'Monetary Cocaine.'" CNBC, June 6, 2013. Accessed December 19, 2021. www.cnbc.com/id/100790357#.
10. Reinhart, Carmen M., and Kenneth S. Rogoff. "The Aftermath of Financial Crises." *American Economic Review* 99, no. 2 (2009): 466–472. www.aeaweb.org/articles?id=10.1257/aer.99.2.466.
11. Hargreaves, Steve. "Fed Sets Road Map for End of Stimulus." CNN, June 19, 2013. Accessed December 19, 2021. https://money.cnn.com/2013/06/19/news /economy/federal-reserve-stimulus/index.html.
12. Ip, Greg. "Long Study of Great Depression Has Shaped Bernanke's Views." *Wall Street Journal*, December 7, 2005. Accessed December 19, 2021. www.wsj.com/articles/SB113392265577715881.
13. Andolfatto, David, and Li Li. "Quantitative Easing in Japan: Past and Present." *Economic Synopses* (Federal Reserve Bank of St. Louis) 1 (2014). doi.org/10.20955/es.2014.1.
14. Stewart, Heather. "Japan Aims to Jump-Start Economy with $1.4tn of Quantitative Easing." *Guardian*, April 4, 2013. Accessed December 19, 2021. www.theguardian.com/business/2013/apr/04/japan-quantitative-easing-70bn.
15. Bernanke, Ben S. "40th Anniversary of the Annual Conference of the Union of Arab Banks." Federal Reserve Board, November 14, 2013. Accessed December 19, 2021. www.federalreserve.gov/newsevents/speech/bernanke20131114a.htm.
16. *Wall Street Journal*. "Executive Compensation: How CEOs Rank." June 23, 2014. Accessed December 19, 2021. www.wsj.com/articles/executive-compensation-how-ceos-rank-1403547947. Associated Press. "Median CEO Pay Crosses $10 Million in 2013." CNBC, May 28, 2014. Accessed December 19, 2021. www.cnbc.com/2014/05/28/median-ceo-pay-crosses-10-million-in-2013.html.
17. Gould, Elise. "2014 Continues a 35-Year Trend of Broad-Based Wage Stagnation." Economic Policy Institute. Accessed January 14, 2022. www.epi.org/publication/stagnant-wages-in-2014.
18. Bernanke, Ben S. "Speech by Chairman Bernanke on 40th Anniversary of the Annual Conference of the Union of Arab Banks." Board of Governors of the Federal Reserve System, November 14, 2013. www.federalreserve.gov/newsevents/speech/bernanke20131114a.htm.
19. M.S.L.J. "Protesting Predictions." *Economist*, December 23, 2013. Accessed December 19, 2021. www.economist.com/cassandra/2013/12/23/protesting-predictions.
20. Appelbaum, Binyamin. "Fed to Start Unwinding Its Stimulus Next Month." *New York Times*, December 18, 2013. Accessed December 19, 2021. www.nytimes.com/2013/12/19/business/economy/fed-scales-back-stimulus-campaign.html.
21. United Nations. "World Economic Situation and Prospects 2014: Global Economic

Outlook (Chapter 1)." December 18, 2013. Accessed December 19, 2021. www.un.org/en/development/desa/publications/wesp2014-firstchapter.html.
22. M.S.L.J., "Protesting Predictions." *Economist*, December 23, 2013. Accessed March 4, 2022. www.economist.com/cassandra/2013/12/23/protesting-predictions.
23. Shell, Adam, and Kim Hjelmgaard. "S&P 500 Ends January with a Loss: Bad 2014 Omen?" *USA Today*, January 31, 2014. Accessed December 19, 2021. www.usatoday.com/story/money/markets/2014/01/31/stocks-friday/5075599.
24. Bernanke, Ben S. "The Federal Reserve: Looking Back, Looking Forward." Federal Reserve Board, January 3, 2014. Accessed December 19, 2021. www.federalreserve.gov/newsevents/speech/bernanke20140103a.htm.
25. Lagarde, Christine. "Kenya at the Economic Frontier: Challenges and Opportunities." International Monetary Fund, January 6, 2014. Accessed December 19, 2021. www.imf.org/en/News/Articles/2015/09/28/04/53/sp010614.
26. Pew Research Center. "A Fragile Rebound for EU Image on Eve of European Parliament Elections." May 12, 2014. Accessed December 19, 2021. www.pewresearch.org/global/2014/05/12/chapter-1-despair-about-economy-leavened-by-hope.
27. Draghi, Mario. "Financial Integration and Banking Union." European Central Bank, February 12, 2014. Accessed March 4, 2022. www.ecb.europa.eu/press/key/date/2014/html/sp140212.en.html.
28. OECD. "Advanced Economies Growing Again but Some Emerging Economies Slowing, Says OECD." Organisation for Economic Co-operation and Development, March 9, 2013. www.oecd.org/newsroom/advanced-economies-growing-again-but-some-emerging-economies-slowing.htm.
29. Seery, Emma, and Ana Caistor Arendar. "Even It Up." Oxfam, October 2014. Accessed December 19, 2021. https://www-cdn.oxfam.org/s3fs-public/file_attachments/cr-even-it-up-extreme-inequality-291014-en.pdf.
30. Colombage, Dinouk. "In Pictures: Sri Lanka Hit by Religious Riots." Al Jazeera, June 18, 2014. Accessed December 19, 2021. www.aljazeera.com/gallery/2014/6/18/in-pictures-sri-lanka-hit-by-religious-riots. Stute, Dennis. "Anti-Islamization Protests Expand in Germany: DW: 07.12.2014." Deutsche Welle, July 12, 2014. Accessed December 19, 2021. www.dw.com/en/anti-islamization-protests-expand-in-germany/a-18113657.
31. Canadian Press. "Thousands Rally in Montreal to Protest Quebec's Cost-Cutting Measures." CTV News, November 29, 2014. Accessed December 19, 2021. www.ctvnews.ca/thousands-rally-in-montreal-to-protest-quebec-s-cost-cutting-measures-1.2125556. Peters, Mark, and Ben Kesling. "Ferguson Has Long Been Challenged by Racial Tensions." *Wall Street Journal*, August 14, 2014. Accessed December 19, 2021. www.wsj.com/articles/missouri-community-seeks-answers-about-police-shooting-of-teen-1407939862. Watts, Jonathan. "Anti-World Cup Protests

in Brazilian Cities Mark Countdown to Kick-Off." *Guardian*, June 12, 2014. Accessed December 19, 2021. www.theguardian.com/football/2014/jun/12/anti-world-cup-protests-brazilian-cities-sao-paulo-rio-de-janeiro.
32. Chandran, Nyshka. "10 Countries Vulnerable to Extreme Civil Unrest." CNBC, November 11, 2014. Accessed December 19, 2021. www.cnbc.com/2014/11/11/10-countries-vulnerable-to-extreme-civil-unrest.html.
33. Thompson, Marilyn W., Ann Saphir, and Alister Bull. "Insight: Yellen Feared Housing Bust but Did Not Raise Public Alarm." Reuters, October 30, 2013. Accessed December 19, 2021. www.reuters.com/article/us-usa-fed-yellen-insight/insight-yellen-feared-housing-bust-but-did-not-raise-public-alarm-idUSBRE99T05G20131030.
34. Thompson, Marilyn W., Ann Saphir, and Alister Bull. "Insight: Yellen Feared Housing Bust but Did Not Raise Public Alarm." Reuters, October 30, 2013. Accessed December 19, 2021. www.reuters.com/article/us-usa-fed-yellen-insight/insight-yellen-feared-housing-bust-but-did-not-raise-public-alarm-idUSBRE99T05G20131030.
35. Federal Reserve Board. "Janet L. Yellen." Federal Reserve History, Federal Reserve Bank of St. Louis. n.d. Accessed December 19, 2021. www.federalreservehistory.org/people/janet-l-yellen.
36. ProPublica. "Senate Vote 1—Confirms Janet Yellen as Fed Chairwoman." January 6, 2014. Accessed December 19, 2021. https://projects.propublica.org/represent/votes/113/senate/2/1.
37. BBC News. "US Federal Reserve Hints at Interest Rate Rise in 2015." March 20, 2014. Accessed December 19, 2021. www.bbc.com/news/business-26640955.
38. BBC News. "US Federal Reserve Hints at Interest Rate Rise in 2015." March 20, 2014. Accessed December 19, 2021. www.bbc.com/news/business-26640955.
39. Xavier, Luciana Antonello. "Efeito Yellen fortalece dolar ante real." *Estadão*, March 20, 2014. Accessed December 19, 2021. https://economia.estadao.com.br/noticias/mercados,efeito-yellen-fortalece-dolar-ante-real,180024e. Translation by author.
40. Chua, Ian. "Dollar Hurt by Doubts About Growth Momentum; Aussie Hits 2014 High." Reuters, March 24, 2014. Accessed December 19, 2021. www.reuters.com/article/us-markets-forex-idUSBREA2211320140324.
41. Reuters Staff. "Pound Gains Against a Weaker Euro, Flat Versus Dollar." Reuters, March 25, 2014. Accessed December 19, 2021. www.reuters.com/article/markets-forex-sterling-idINL5N0MM2NF20140325.
42. Sommeiller, Estelle, and Mark Price. "The Increasingly Unequal States of America: Income Inequality by State, 1917 to 2011." Economic Policy Institute, February 19, 2014. Accessed December 19, 2021. www.epi.org/publication/unequal-states.
43. Press Association. "Scottish Independence Referendum Deal Signed by Cameron and Salmond." *Guardian*, October 15, 2012. Accessed December 19, 2021. www.theguardian.com/politics/2012/oct/15/scottish-independence-referendum-cameron-

salmond. BBC News. "Scotland Decides: Scotland Votes No." n.d. Accessed December 19, 2021. www.bbc.co.uk/news/events/scotland-decides/results.

44. Cameron, David. "Transcript: PM Scotland Speech." UK Government, February 16, 2012. Accessed December 19, 2021. www.gov.uk/government/speeches/transcript-pm-scotland-speech.

45. Carrell, Severin. "SNP Poised to Become One of UK's Largest Political Parties." *Guardian*, September 22, 2014. Accessed December 19, 2021. www.theguardian.com/politics/2014/sep/22/snp-poised-become-largest-political-parties.

46. Vanguard. "Vanguard Total World Stock ETF." n.d. Accessed December 19, 2021. https://investor.vanguard.com/etf/profile/VT.

47. Vanguard. "Price History Search." n.d. Accessed December 19, 2021. https://personal.vanguard.com/us/funds/tools/pricehistorysearch?radio=3&results=get&FundType=ExchangeTradedShares&FundIntExt=INT&FundId=3141&fundName=3141&beginDate=&endDate=&year=&radiobutton2=3#res.

48. Roubini, Nouriel. "Economic Insecurity and the Rise of Nationalism." *Guardian*, June 2, 2014. Accessed December 19, 2021. www.theguardian.com/business/economics-blog/2014/jun/02/economic-insecurity-nationalism-on-the-rise-globalisation-nouriel-roubini.

49. Inman, Phillip. "Fears of Triple-Dip Eurozone Recession as Germany Cuts Growth Forecasts." *Guardian*, October 14, 2014. Accessed December 19, 2021. www.theguardian.com/business/2014/oct/15/triple-dip-recession-eurozone-fears-germany-cuts-growth-forecasts?CMP=gu_com.

50. Williamson, Chris. "Eurozone Economic Outlook Brightens with Nascent Recovery Confirmed." IHS Markit, March 6, 2015. Accessed December 19, 2021. https://ihsmarkit.com/research-analysis/06032015-Economics-Eurozone-economic-outlook.html.

51. EU加盟28カ国は、ベルギー、ブルガリア、チェコ共和国、デンマーク、ドイツ、エストニア、アイルランド、ギリシャ、スペイン、フランス、クロアチア、イタリア、キプロス、ラトビア、リトアニア、ルクセンブルク、ハンガリー、マルタ、オランダ、オーストリア、ポーランド、ポルトガル、ルーマニア、スロベニア、スロバキア、フィンランド、スウェーデン、イギリス（原書刊行時）。

52. Singh, Harmeet Shah, and Madison Park. "Hindu Nationalist Narendra Modi Claims Victory as India's Next Prime Minister." CNN, May 16, 2014. Accessed December 19, 2021. www.cnn.com/2014/05/16/world/asia/india-election-result/index.html.

53. *Times of India*. "Election Results 2014: India Places Its Faith in Moditva." May 17, 2014. Accessed December 19, 2021. https://timesofindia.indiatimes.com/home/lok-sabha-elections-2014/news/Election-results-2014-India-places-its-faith-in-Moditva/articleshow/35224486.cms.

54. Mishra, Mayank. "Did Narendra Modi Make Gujarat Vibrant?" *Business Standard*, May 16, 2019. Accessed December 19, 2021. www.business-standard.com/article/

current-affairs/did-narendra-modi-make-gujarat-vibrant-113072000740_1.html.
55. Biswas, Soutik. "Will Narendra Modi Change India?" BBC News, November 5, 2014. Accessed March 4, 2022. www.bbc.com/news/world-asia-india-29739689. Rapoza, Kenneth. "China-Style Infrastructure Projects Will Transform India, Just Not Overnight, Central Banker Says." *Forbes*, September 7, 2014. Accessed December 19, 2021. www.forbes.com/sites/kenrapoza/2014/09/07/china-style-infrastructure-projects-will-transform-india-just-not-overnight-central-banker-says/?sh=274470083f8a.
56. Barry, Ellen. "In Indian Candidate, Hindu Right Sees a Reawakening." *New York Times*, May 10, 2014. Accessed December 19, 2021. www.nytimes.com/2014/05/11/world/asia/in-indian-candidate-hindu-right-sees-a-reawakening.html.
57. Fisher, Max. "Who Is Narendra Modi and Why Is the World Afraid of Him Leading India?" *Vox*, May 16, 2014. Accessed December 19, 2021. www.vox.com/2014/4/10/5597644/narendra-modi-india-elections.
58. Salam, Reihan. "Why 19,000 People Cheered for Indian Prime Minister Narendra Modi at Madison Square Garden." *Slate*, September 30, 2014. Accessed December 19, 2021. https://slate.com/news-and-politics/2014/09/narendra-modi-at-madison-square-garden-why-19000-people-cheered-for-the-indian-prime-minister-in-nyc.html. Gowen, Annie. "India's New Prime Minister Drinks Only Warm Water at Dinner with Obama." *Washington Post*, September 30, 2014. Accessed December 19, 2021. www.washingtonpost.com/news/worldviews/wp/2014/09/30/indias-new-prime-minister-drinks-only-warm-water-at-dinner-with-obama.
59. Vaswani, Karishma. "Joko Widodo Wins Indonesia Presidential Election." BBC News, July 22, 2014. Accessed December 19, 2021. www.bbc.com/news/av/world-asia-28425663.
60. Asia Unbound. "A Review of 'Man of Contradictions: Joko Widodo and the Struggle to Remake Indonesia' by Ben Bland." Council on Foreign Relations, September 9, 2020. Accessed December 19, 2021. www.cfr.org/blog/review-man-contradictions-joko-widodo-and-struggle-remake-indonesia-ben-bland.
61. Cochrane, Joe. "A Child of the Slum Rises as President of Indonesia." *New York Times*, July 22, 2014. Accessed December 19, 2021. www.nytimes.com/2014/07/23/world/asia/joko-widodo-populist-governor-is-named-winner-in-indonesian-election.html.
62. Collinson, Stephen. "Republicans Seize Senate, Gaining Full Control of Congress." CNN, November 5, 2014. Accessed December 19, 2021. www.cnn.com/2014/11/04/politics/election-day-story.
63. Yung, Chester. "China Reminds Hong Kong Just Who's in Control." *Wall Street Journal*, June 10, 2014. Accessed December 19, 2021. www.wsj.com/articles/BL-CJB-22653. Liu, Juliana. "Tiananmen Anniversary Marked at Huge Hong Kong Vigil." BBC News, June 4, 2014. Accessed December 19, 2021. www.bbc.com/news/world-asia-china-27702206.

64. Chiu, Joanna, and Kelvin Chan. "Hong Kong Activists Start 'Occupy Central' Protest." *Washington Post*, September 27, 2014. www.washingtonpost.com/world/asia_pacific/hong-kong-activists-start-occupy-central-protest/2014/09/27/95f4051c-468c-11e4-b437-1a7368204804_story.html. Associated Press. "Hong Kong Protests Shrink After Tumultuous Week." CNBC, October 6, 2014. Accessed December 19, 2021. www.cnbc.com/2014/10/06/hong-kong-protests-shrink-after-tumultuous-week.html.
65. Alahmad, Safa. "Reporting Saudi Arabia's Hidden Uprising." BBC News, May 30, 2014. Accessed December 19, 2021. www.bbc.com/news/world-middle-east-27619309.
66. Monaghan, Angela. "Russia's Economic Crisis: Five Key Charts." *Guardian*, December 17, 2014. Accessed December 19, 2021. www.theguardian.com/business/2014/dec/17/russias-economic-crisis-five-key-charts. Hobson, Peter. "10 Events That Shook Russia's Economy in 2014." *Moscow Times*, December 22, 2014. Accessed December 19, 2021. www.themoscowtimes.com/2014/12/22/10-events-that-shook-russias-economy-in-2014-a42498.
67. Smith, Geoffrey. "Finance Minister: Oil Slump, Sanctions Cost Russia $140 Billion a Year." *Fortune*, November 24, 2014. Accessed December 19, 2021. fortune.com/2014/11/24/finance-minister-oil-slump-sanctions-cost-russia-140-billion-a-year.
68. History.com Editors. "Michael Brown Is Killed by a Police Officer in Ferguson, Missouri." History, August 9, 2021. Accessed December 19, 2021. www.history.com/this-day-in-history/michael-brown-killed-by-police-ferguson-mo.
69. Cynamon, Barry Z., and Steven M. Fazzari. "Inequality, the Great Recession, and Slow Recovery." October 24, 2014. Accessed December 19, 2021. ssrn.com/abstract=2205524.
70. Monaghan, Angela. "Fed Calls Time on QE in the US—Charts and Analysis." *Guardian*, October 29, 2014. Accessed December 19, 2021. www.theguardian.com/business/economics-blog/2014/oct/29/the-fed-to-call-time-on-qe-in-the-us.
71. La Monica, Paul R. "These 2 Charts Show QE Worked . . . for Some." CNN, October 29, 2014. Accessed December 19, 2021. https://money.cnn.com/2014/10/29/investing/stocks-qe-federal-reserve-banks/index.html. *Forbes*. "March 9, 2009: The Day Stocks Bottomed Out." July 11, 2012. www.forbes.com/2010/03/06/march-bear-market-low-personal-finance-march-2009.html?sh=4079709b3a13.
72. La Monica, Paul R. "These 2 Charts Show QE Worked . . . for Some." CNN, October 29, 2014. Accessed December 19, 2021. https://money.cnn.com/2014/10/29/investing/stocks-qe-federal-reserve-banks/index.html.
73. Federal Reserve Board. "Monetary Policy Report." February 11, 2014. Accessed December 19, 2021. www.federalreserve.gov/monetarypolicy/files/20140211_mprfullreport.pdf.
74. Pramuk, Jacob. "Fed Ended 2014 with $4.5T in Assets Driven by QE3." CNBC,

March 20, 2015. Accessed December 19, 2021. www.cnbc.com/2015/03/20/fed-ended-2014-with-45t-in-assets-driven-by-qe3.html.
75. Kochhar, Rakesh, and Richard Fry. "Wealth Inequality Has Widened Along Racial, Ethnic Lines Since End of Great Recession." Pew Research Center, December 12, 2014. Accessed December 19, 2021. www.pewresearch.org/fact-tank/2014/12/12/racial-wealth-gaps-great-recession.
76. Parkinson, Martin. "The 2014 G20 Growth Agenda: Why Business as Usual Is Not Enough." The Treasury, Australian Government, July 24, 2014. Accessed December 19, 2021. https://treasury.gov.au/speech/the-2014-g20-growth-agenda-why-business-as-usual-is-not-enough1.
77. University of Toronto. "G20: Australia 2014—Brisbane Action Plan." November 2014. Accessed December 19, 2021. www.g20.utoronto.ca/2014/brisbane_action_plan.pdf.
78. Qiwen, Zhu. "Brisbane Action Plan Should Be Properly Implemented by G20." *China Daily*, March 9, 2015. Accessed December 19, 2021. www.chinadaily.com.cn/world/2015xiattendG20APEC/2015-09/03/content_22420672.htm.
79. Deutsche Welle. "Anti-Austerity Protests Erupt Across Italy." November 14, 2014. Accessed December 19, 2021. www.dw.com/en/anti-austerity-protests-erupt-across-italy/a-18066304.
80. Bird, Mike. "Greece's Election Chaos Is Sending Markets Crashing Again." *Business Insider*, December 11, 2014. Accessed December 19, 2021. www.businessinsider.com/greeces-election-chaos-is-sending-stocks-crashing-again-2014-12.
81. Federal Reserve Bank of St. Louis. "Central Bank Assets for Euro Area (11-19 Countries) (DISCONTINUED) (ECBASSETS)." Accessed December 19, 2021. https://fred.stlouisfed.org/series/ECBASSETS.
82. Draghi, Mario. "Speech by Mario Draghi, President of the European Central Bank at the Global Investment Conference in London 26 July 2012." European Central Bank, July 26, 2012. www.ecb.europa.eu/press/key/date/2012/html/sp120726.en.html.
83. MacroTrends. "Dax 30 Index—27 Year Historical Chart." n.d. Accessed December 19, 2021. www.macrotrends.net/2595/dax-30-index-germany-historical-chart-data.
84. Peralta, Katherine. "2014: The U.S. Economy's Breakout Year." *U.S. News*, December 30, 2014. Accessed December 19, 2021. www.usnews.com/news/articles/2014/12/30/2014-the-us-economys-breakout-year.
85. Rodgers, Lucy, and Nassos Stylianou. "How Bad Are Things for the People of Greece?" BBC News, July 16, 2015. Accessed December 19, 2021. www.bbc.com/news/world-europe-33507802.
86. Daley, Suzanne, and Liz Alderman. "Premier of Greece, Alexis Tsipras, Accepts Creditors' Austerity Deal." *New York Times*, July 13, 2015. Accessed December 19, 2021. www.nytimes.com/2015/07/14/world/europe/greece-debt-plan.html.
87. Quinn, Ben. "UKIP Manifesto 2015—The Key Points." *Guardian*, April 15, 2015.

Accessed December 19, 2021. www.theguardian.com/politics/2015/apr/15/ukip-manifesto-2015-the-key-points.
88. Lundie, David. "What to Make of 'British Values' in the Aftermath of Brexit?" Schools Week, July 27, 2016. Accessed December 19, 2021. https://schoolsweek.co.uk/what-to-make-of-british-values-in-the-aftermath-of-brexit.
89. Martinez, Sanjuana. "Mexico's 2015 Elections—A Citizen Triumph?" Open Democracy, June 28, 2015. Accessed December 19, 2021. www.opendemocracy.net/en/democraciaabierta/mexicos-2015-elections-citizen-triumph.
90. BBC News. "Mexican President Signs Controversial Oil and Gas Law." December 21, 2013. Accessed December 19, 2021. www.bbc.com/news/world-latin-america-25471212.
91. Tuckman, Jo. "Mexico on the Brink: Thousands to Protest over Widespread Corruption and Student Massacre." *Guardian*, November 20, 2014. Accessed December 19, 2021. www.theguardian.com/world/2014/nov/20/mexico-protests-anti-government-anger-violence-students-president.
92. O'Brien, Matt. "Everything You Need to Know about Argentina's Weird Default." *Washington Post*, August 3, 2014. Accessed December 19, 2021. www.washingtonpost.com/news/wonk/wp/2014/08/03/everything-you-need-to-know-about-argentinas-weird-default.
93. BBC News. "Conservative Mauricio Macri Wins Argentina Presidency." November 23, 2015. Accessed December 19, 2021. www.bbc.com/news/world-latin-america-34897150.
94. Astudillo, Javier, and Marta Romero. "The PP May Win Spain's Election, but Mariano Rajoy's Future Is Far from Secure." London School of Economics and Political Science, December 16, 2015. Accessed January 18, 2022. https://blogs.lse.ac.uk/europpblog/2015/12/16/spanish-general-election-preview-the-pp-may-win-the-election-but-mariano-rajoys-future-is-far-from-secure.
95. Monaghan, Angela. "Spain's Economic Recovery Gathers Momentum." *Guardian*, October 30, 2014. Accessed December 19, 2021. www.theguardian.com/world/2014/oct/30/spain-economic-recovery-growth-quarter.
96. Inman, Phillip. "The Chinese Economy Is Slowing Down and There Can Be No Denying It." *Guardian*, August 28, 2015. Accessed December 19, 2021. www.theguardian.com/business/2015/aug/28/chinese-economic-slowdown-jackson-hole-bankers-investors.
97. Lee, Timothy B. "China's Stock Market Crash, Explained in Charts." *Vox*, August 26, 2015. Accessed December 19, 2021. www.vox.com/2015/7/8/8911519/china-stock-market-charts.
98. Banco Central do Brazil. "Taxas de juros basicas—Historico." n.d. Accessed December 19, 2021. www.bcb.gov.br/controleinflacao/historicotaxasjuros.
99. Appelbaum, Binyamin. "I.M.F. Urges Fed to Delay Raising Interest Rates." *New York*

Times, June 4, 2015. Accessed December 19, 2021. www.nytimes.com/2015/06/05/business/economy/imf-recommends-fed-delay-raising-interest-rates.html.
100. Hilsenrath, Jon, and Ben Leubsdorf. "Fed Raises Rates after Seven Years near Zero, Expects 'Gradual' Tightening Path." *Wall Street Journal*, December 16, 2015. Accessed December 19, 2021. www.wsj.com/articles/fed-raises-rates-after-seven-years-at-zero-expects-gradual-tightening-path-1450292616.

第三章　ドラッグ、ポピュリズム、パワープレイ

1. Egan, Matt. "Wild January Stock Market Ends on a High Note." CNNMoney, January 31, 2016. Accessed December 6, 2021. https://money.cnn.com/2016/01/29/investing/dow-january-2016-worst-month.
2. Macalister, Terry. "Oil Prices Crash to 11-Year Low." *Guardian*, January 6, 2016. Accessed December 6, 2021. www.theguardian.com/business/2016/jan/06/oil-prices-crash-to-11-year-low.
3. Chandran, Nyshka. "China Stocks Saw Worst Jan Since 2008." CNBC, February 1, 2016. Accessed December 6, 2021. www.cnbc.com/2016/02/01/china-stocks-post-worst-monthly-performance-since-2008.html.
4. Nakamura, Yuji, and Nao Sano. "Japan Stocks Fall; Nikkei 225 Posts Worst Yearly Start Since 1997." Bloomberg, January 8, 2016. Accessed December 6, 2021. www.bloomberg.com/news/articles/2016-01-08/japan-s-nikkei-225-extends-retreat-after-worst-start-since-1970.
5. Shell, Adam. "A Look Back at the Dow's Wild Rise in 2016." *USA Today*, December 31, 2016. Accessed December 6, 2021. www.usatoday.com/story/money/markets/2016/12/31/dows-2016-highlights/95909234.
6. Cox, Jeff. "Fed Holds Line; Rate Hikes Still on the Table." CNBC, January 27, 2016. Accessed December 6, 2021. www.cnbc.com/2016/01/27/the-fed-holds-rates-unchanged.html.
7. Federal Reserve. "Federal Reserve Statistical Release H.4.1: Factors Affecting Reserve Balances." January 7, 2016. Accessed December 6, 2021. www.federalreserve.gov/releases/h41/20160107.
8. Chandran, Nyshka. "Bank of Japan Adopts Negative Interest Rate Policy." CNBC, January 29, 2016. Accessed December 6, 2021. www.cnbc.com/2016/01/28/bank-of-japan-adopts-negative-interest-rate-policy-reuters.html.
9. Owyang, Michael T., and Hannah G. Shell. "Taking Stock: Income Inequality and the Stock Market." Economic Research—Federal Reserve Bank of St. Louis, April 29, 2016. Accessed December 6, 2021. research.stlouisfed.org/publications/economic-synopses/2016/04/29/taking-stock-income-inequality-and-the-stock-market.
10. International Monetary Fund. "IMF World Economic Outlook (WEO) Update." January 2016. Accessed December 6, 2021. www.imf.org/en/Publications/WEO/

Issues/2016/12/31/Subdued-Demand-Diminished-Prospects.
11. McCauley, Robert N., Patrick McGuire, and Vladyslav Sushko. "Dollar Credit to Emerging Market Economies." Bank for International Settlements, December 6, 2015. Accessed December 6, 2021. www.bis.org/publ/qtrpdf/r_qt1512e.htm.
12. International Monetary Fund. "IMF World Economic Outlook (WEO) Update." January 2016. Accessed December 6, 2021. www.imf.org/en/Publications/WEO/Issues/2016/12/31/Subdued-Demand-Diminished-Prospects.
13. Sang-hun, Choe. "Protest against South Korean President Estimated to Be Largest Yet." *New York Times*, November 26, 2016. Accessed December 6, 2021. www.nytimes.com/2016/11/26/world/asia/korea-park-geun-hye-protests.html. Romero, Simon. "Protesters Across Brazil Call for President Dilma Rousseff's Ouster." *New York Times*, March 13, 2016. Accessed December 6, 2021. www.nytimes.com/2016/03/14/world/americas/brazil-dilma-rousseff-protests.html.
14. Saliba, Emmanuelle. "Thousands Protest in Rio Ahead of Olympics Opening Ceremony." NBC News, August 5, 2016. Accessed December 6, 2021. www.nbcnews.com/storyline/2016-rio-summer-olympics/thousands-protest-rio-ahead-olympics-opening-ceremony-n623851.
15. "Brazil's Unemployment Rate Hits 4-Year High as Recession Bites." CNBC, July 29, 2016. Accessed December 6, 2021. www.cnbc.com/2016/07/29/brazils-unemployment-rate-hits-4-year-high-as-recession-bites.html.
16. Jelmayer, Rogerio. "Brazil President's Approval Rating Remains near All-Time Low." *Wall Street Journal*, February 28, 2016. Accessed December 6, 2021. www.wsj.com/articles/brazil-presidents-approval-rating-remains-near-all-time-low-1456663882.
17. Watts, Jonathan. "Brazil's Dilma Rousseff Impeached by Senate in Crushing Defeat." *Guardian*, September 1, 2016. Accessed December 6, 2021. www.theguardian.com/world/2016/aug/31/dilma-rousseff-impeached-president-brazilian-senate-michel-temer.
18. teleSUR. "Brazil: Temer Admits Impeachment of Dilma Rousseff Was a Coup." teleSUR, September 18, 2019. Accessed December 6, 2021. www.telesurenglish.net/news/Brazil-Temer-Admits-Impeachment-of-Dilma-Rousseff-Was-a-Coup-20190918-0011.html.
19. Aquino, Yara, and Daniel Lima. "Brazil Government Suggests Ceiling for Public Spending." Agencia Brasil, June 15, 2016. Accessed December 6, 2021. https://agenciabrasil.ebc.com.br/en/economia/noticia/2016-06/brazil-government-suggests-ceiling-public-spending.
20. MacroTrends. "Bovespa Index—24 Year Historical Chart." Accessed December 6, 2021. www.macrotrends.net/2597/bovespa-index-brazil-historical-chart-data.
21. Nowrasteh, Alex. "Economics of the Syrian Refugee Crisis." Cato Institute, May 2, 2016. Accessed December 6, 2021. www.cato.org/blog/economics-syrian-refugee-crisis. BBC News. "Migrant Crisis: Migration to Europe Explained in Seven Charts."

March 4, 2016. Accessed December 6, 2021. www.bbc.com/news/world-europe-34131911.
22. International Labour Organization. "World Employment and Social Outlook—Trends 2016: Global Unemployment Projected to Rise in Both 2016 and 2017." January 19, 2016. Accessed December 6, 2021. www.ilo.org/global/about-the-ilo/newsroom/news/WCMS_443500/lang–en/index.htm.
23. Deutsche Welle. "German Right-Leaning AFD Leader Calls for Police Right to Shoot at Refugees." January 30, 2016. Accessed March 4, 2022. www.dw.com/en/german-right-leaning-afd-leader-calls-for-police-right-to-shoot-at-refugees/a-19013137.
24. BBC News. "Migrant Crisis: Austria Passes Controversial New Asylum Law." April 27, 2016. Accessed December 6, 2021. www.bbc.com/news/world-europe-36152927.
25. McAuley, James. "It's Not Just Britain: A New Poll Shows Europeans Elsewhere Are Tired of the E.U." *Washington Post*, June 7, 2016. Accessed December 6, 2021. www.washingtonpost.com/news/worldviews/wp/2016/06/07/beyond-britain-dissatisfaction-with-e-u-spreads.
26. Koran, Laura. "Obama Pledge to Welcome 10,000 Syrian Refugees Far Behind Schedule." CNN, April 1, 2016. Accessed December 6, 2021. www.cnn.com/2016/04/01/politics/obama-pledge-10000-syrian-refugees-falling-short.
27. Ballotpedia. "Donald Trump Presidential Campaign, 2016/Syrian Refugees." n.d. Accessed December 6, 2021. ballotpedia.org/Donald_Trump_presidential_campaign,_2016/Syrian_refugees.
28. Hall, Richard. "How the Brexit Campaign Used Refugees to Scare Voters." *The World*, June 24, 2016. Accessed December 6, 2021. theworld.org/stories/2016-06-24/how-brexit-campaign-used-refugees-scare-voters.
29. Berry, Mike, Inaki Garcia-Blanco, and Kerry Moore. "Press Coverage of the Refugee and Migrant Crisis in the EU: A Content Analysis of Five European Countries." United Nations High Commission for Refugees, December 2015. www.unhcr.org/56bb369c9.html.
30. *Irish Times*. "Brexit: Results." n.d. Accessed December 6, 2021. www.irishtimes.com/news/world/brexit/results.
31. Hutton, Robert. "The Roots of Brexit." Bloomberg Quint, February 2, 2020. Accessed December 6, 2021. www.bloombergquint.com/quicktakes/will-uk-leave-eu.
32. BBC News. "Scottish Independence: Will There Be a Second Referendum?" March 22, 2021. Accessed December 6, 2021. www.bbc.com/news/uk-scotland-scotland-politics-50813510.
33. Witte, Griff. "Britain Will Have First Female Prime Minister Since Margaret Thatcher." *Washington Post*, July 7, 2016. Accessed December 6, 2021. www.washingtonpost.com/world/british-prime-minister-contest-down-to-two-women-amid-eu-exit-fallout/2016/07/07/8499b76e-4390-11e6-a76d-3550dba926ac_story.html.
34. Associated Press. "Timeline of Events in Britain's Exit from the European Union."

December 24, 2020. Accessed December 6, 2021. apnews.com/article/europe-general-elections-elections-referendums-david-cameron-f673af169925d30e524169ef92c4f386.

35. Scott, Michelle P. "Brexit: Winners and Losers." Investopedia, August 22, 2021. Accessed December 6, 2021. www.investopedia.com/news/brexit-winners-and-losers.

36. Allen, Katie, and Larry Elliott. "Bank of England Cuts Interest Rates to 0.25% and Expands QE." *Guardian*, August 4, 2016. Accessed December 6, 2021. www.theguardian.com/business/2016/aug/04/bank-of-england-cuts-uk-interest-rates.

37. Allen, Katie, and Larry Elliott. "Bank of England Cuts Interest Rates to 0.25% and Expands QE." *Guardian*, August 4, 2016. Accessed March 4, 2022. www.theguardian.com/business/2016/aug/04/bank-of-england-cuts-uk-interest-rates.

38. Deutsche Welle. "ECB: No Extra Time for Italy Bank Rescue Plan." September 12, 2016. Accessed December 6, 2021. www.dw.com/en/ecb-no-extra-time-for-italy-bank-rescue-plan/a-36709687.

39. The Local Italy. "Brexit-Spooked Investors Fret over Italy's Debt-Laden Banks." July 4, 2016. Accessed December 6, 2021. www.thelocal.it/20160704/brexit-spooked-investors-fret-over-debt-laden-italian-banks.

40. Head of the ECB between November 1, 2011, and October 31, 2019.

41. Young, Julie. "Bail-Ins During Financial Crisis Helps Financial Institutions." Investopedia, October 30, 2020. Accessed December 6, 2021. www.investopedia.com/terms/b/bailin.asp.

42. European Central Bank. "How Quantitative Easing Works." August 25, 2021. Accessed December 6, 2021. www.ecb.europa.eu/ecb/educational/explainers/show-me/html/app_infographic.en.html.

43. European Central Bank. "How Quantitative Easing Works." August 25, 2021. Accessed December 6, 2021. www.ecb.europa.eu/ecb/educational/explainers/show-me/html/app_infographic.en.html.

44. Rosenfeld, Everett. "Trump vs. Clinton: How China Views the US Elections." CNBC, July 7, 2016. Accessed December 6, 2021. www.cnbc.com/2016/07/07/trump-vs-clinton-how-china-views-the-us-elections.html.

45. Reuters. "Trump Targets China Trade, Says Plans Serious Measures." August 24, 2016. Accessed December 6, 2021. www.reuters.com/article/us-usa-election-trump-china/trump-targets-china-trade-says-plans-serious-measures-idUSKCN10Z2JN.

46. APEC is an intergovernmental forum for twenty-one member economies in the Pacific Rim that promotes free trade throughout the Asia-Pacific region. International Monetary Fund. "Regional Economic Outlook—Asia and Pacific: Building on Asia's Strengths During Turbulent Times." May 2016. Accessed December 6, 2021. www.imf.org/en/Publications/REO/APAC/Issues/2017/03/06/Building-on-Asia-s-Strengths-during-Turbulent-Times.

47. Financed by the China–Latin America Industrial Fund (CLAI Fund) and the China

Railway Engineering Group (CREC) to move commodities from Rio de Janeiro to Peru's Pacific port of Arequipa.
48. BBC News. "Hillary Clinton Warns China Is 'Hacking' Us." July 5, 2015. Accessed December 6, 2021. www.bbc.com/news/av/world-us-canada-33403477. Tiezzi, Shannon. "Why China Dreads a Hillary Clinton Presidency." The Diplomat, February 10, 2016. Accessed December 6, 2021. thediplomat.com/2016/02/why-china-dreads-a-hillary-clinton-presidency.
49. Rosenfeld, Everett. "Trump vs. Clinton: How China Views the US Elections." CNBC, July 7, 2016. Accessed December 6, 2021. www.cnbc.com/2016/07/07/trump-vs-clinton-how-china-views-the-us-elections.html.
50. Agiesta, Jennifer. "Most See a Clinton Victory and a Fair Count Ahead." CNN, October 25, 2016. Accessed December 6, 2021. edition.cnn.com/2016/10/25/politics/hillary-clinton-2016-election-poll/index.html.
51. Kehoe, John. "US Election: Goldman Sachs Tips Hillary Clinton Win." *Australian Financial Review*, November 3, 2016. Accessed December 6, 2021. www.afr.com/markets/us-election-goldman-sachs-tips-hillary-clinton-win-20161103-gsgq8g.
52. Reuters. "Moody's Analytics Election Model Predicts Clinton Win." November 1, 2016. Accessed December 6, 2021. www.reuters.com/article/us-usa-election-research-moody-s-idUSKBN12W56J.
53. Pew Research Center. "2016 Campaign: Strong Interest, Widespread Dissatisfaction: Top Voting Issues in 2016 Election." July 7, 2016. Accessed January 18, 2022. www.pewresearch.org/politics/2016/07/07/4-top-voting-issues-in-2016-election.
54. Alexander, Sophie. "Buy a Piece of Trump: Mansion, Hotel and Island Getaway for Sale." Bloomberg, April 15, 2021. Accessed December 6, 2021. www.bloomberg.com/news/articles/2021-04-15/buy-a-piece-of-trump-mansion-hotel-and-island-getaway-for-sale. Jones, Jonathan. "Why Would Trump Turn Down a Golden Toilet? Because He Already Has One." *Guardian*, January 26, 2018. Accessed December 6, 2021. www.theguardian.com/artanddesign/2018/jan/26/why-would-trump-turn-down-golden-toilet-white-house-guggenheim-maurizio-cattelan-america.
55. Jenkins, Holman W. "Trump Declares War on Mexico." *Wall Street Journal*, May 3, 2016. Accessed December 6, 2021. www.wsj.com/articles/trump-declares-war-on-mexico-1462314185.
56. Horowitz, Juliana Menasce, Ruth Igielnik, and Rakesh Kochhar. "Trends in U.S. Income and Wealth Inequality." Pew Research Center, January 9, 2020. Accessed December 6, 2021. www.pewresearch.org/social-trends/2020/01/09/trends-in-income-and-wealth-inequality.
57. Horowitz, Juliana Menasce, Ruth Igielnik, and Rakesh Kochhar. "Trends in U.S. Income and Wealth Inequality." Pew Research Center, January 9, 2020. Accessed December 6, 2021. www.pewresearch.org/social-trends/2020/01/09/trends-in-income-and-wealth-inequality.

58. 他の集団の状況や利害、とりわけ他国の政治状況に関与しない政策。
59. Library of Congress. “Presidential Election of 1920.” n.d. Accessed December 6, 2021. www.loc.gov/collections/world-war-i-and-1920-election-recordings/articles-and-essays/from-war-to-normalcy/presidential-election-of-1920.
60. Amadeo, Kimberly. “The Economy in the 1920s and What Caused the Great Depression.” The Balance, March 31, 2021. Accessed December 6, 2021. www.thebalance.com/roaring-twenties-4060511.
61. Baker, Peter. “Trump Abandons Trans-Pacific Partnership, Obama's Signature Trade Deal.” *New York Times*, January 23, 2017. Accessed December 6, 2021. www.nytimes.com/2017/01/23/us/politics/tpp-trump-trade-nafta.html. Beeler, Carolyn. “Trump Removes ‘Climate Change’ from the White House Website. History Tells Us Regulatory Change Will Take Longer.” *The World*, January 20, 2017. Accessed December 6, 2021. https://theworld.org/stories/2017-01-20/trump-removes-climate-change-white-house-website-history-tells-us-regulatory.
62. World Bank Group. “Global Economic Prospects, Global Outlook: A Fragile Recovery.” June 2017. Accessed December 24, 2021. https://thedocs.worldbank.org/en/doc/216941493655495719-0050022017/original/GlobalEconomicProspectsJune2017GlobalOutlook.pdf.
63. Bowman, Robin. “Unemployment in the Eurozone Has Fallen to Its Lowest Level Since 2009.” World Economic Forum, August 3, 2017. Accessed December 6, 2021. www.weforum.org/agenda/2017/08/unemployment-falls-optimism-rises-in-eu.
64. Yao, Kevin, and Elias Glenn. “China's 2017 GDP Growth Accelerates for First Time in Seven Years.” Reuters, January 18, 2018. Accessed December 6, 2021. www.reuters.com/article/us-china-economy-gdp/chinas-2017-gdp-growth-accelerates-for-first-time-in-seven-years-idUSKBN1F70OJ.
65. Burns, Judith. “Young People Fear for Futures in Brexit Britain, Says Study.” BBC News, September 13, 2017. Accessed December 6, 2021. www.bbc.com/news/education-41165927.
66. Reuters. “Trump Imposes Steep Tariffs on Imported Solar Panels and Washing Machines.” *Guardian*, January 23, 2018. Accessed December 6, 2021. www.theguardian.com/environment/2018/jan/23/trump-imposes-steep-tariffs-on-imported-solar-panels-and-washing-machines.
67. Mitchell, Anna B. “Tariffs Rattle South Carolina's Manufacturing Supply Chain.” *Greenville News*, June 25, 2018. Accessed December 6, 2021. www.greenvilleonline.com/story/money/2018/06/25/bmw-stays-quiet-tariffs-rattle-scs-manufacturing-supply-chain/721377002.
68. Pramuk, Jacob, Eamon Javers, and John W. Schoen. “Trump Says US Will Institute Tariffs on Steel and Aluminum Imports Next Week.” CNBC, March 1, 2018. Accessed December 6, 2021. www.cnbc.com/2018/03/01/president-trump-will-announce-tariffs-at-meeting-thursday.html.

69. Lawder, David, and Ben Blanchard. "Trump Sets Tariffs on $50 Billion in Chinese Goods; Beijing Strikes Back." Reuters, June 15, 2018. Accessed December 6, 2021. www.reuters.com/article/us-usa-trade-china-ministry/trump-sets-tariffs-on-50-billion-in-chinese-goods-beijing-strikes-back-idUSKBN1JB0KC.
70. Brown, Tanner. "Trade-War Collateral Damage: Destruction of $1.7 Trillion in U.S. Companies' Market Value." MarketWatch, May 31, 2020. Accessed December 6, 2021. www.marketwatch.com/story/trade-war-collateral-damage-destruction-of-17-trillion-in-us-companies-market-value-2020-05-30.
71. NFIB. "Small Business Economy Remains Steady, Despite Doom and Gloom Narrative That's Hampering Expectations." September 10, 2019. Accessed December 6, 2021. www.nfib.com/content/press-release/economy/small-business-economy-remains-steady-despite-doom-and-gloom-narrative-thats-hampering-expectations. Nolen, Melanie C. "CEO Confidence Plunges in August amid Growing Trade Worries and Slowdown Fears." Chief Executive, August 19, 2019. Accessed December 6, 2021. https://chiefexecutive.net/ceo-confidence-plunges-in-august-amid-growing-trade-worries-and-slowdown-fears. Layne, Rachel. "Trump Trade War with China Has Cost 300,000 U.S. Jobs, Moody's Estimates." CBS News, September 12, 2019. Accessed December 6, 2021. www.cbsnews.com/news/trumps-trade-war-squashed-an-estimated-300000-jobs-so-far-moodys-estimates.
72. Layne, Rachel. "Trump Trade War with China Has Cost 300,000 U.S. Jobs, Moody's Estimates." CBS News, September 12, 2019. Accessed December 6, 2021. www.cbsnews.com/news/trumps-trade-war-squashed-an-estimated-300000-jobs-so-far-moodys-estimates.
73. Tariffs Hurt the Heartland. "Highest Tariffs in U.S. History: American Businesses Pay Record $6.8 Billion in July." September 11, 2019. Accessed December 6, 2021. tariffshurt.com/news/highest-tariffs-in-u-s-history-american-businesses-pay-record-6-8-billion-in-july.
74. Swanson, Ana. "W.T.O. Says American Tariffs on China Broke Global Trade Rules." *New York Times*, October 4, 2021. Accessed December 7, 2021. www.nytimes.com/2020/09/15/business/economy/wto-trade-china-trump.html. Cox, Jeff. "US Trade Deficit Widens to $53 Billion as Soybean Exports Plummet amid China Trade Battle." CNBC, October 5, 2018. Accessed December 7, 2021. www.cnbc.com/2018/10/05/the-us-trade-deficit-keeps-going-up-despite-tariffs.html.
75. Porter, Eduardo, and Karl Russell. "Firing Back at Trump in the Trade War with Tariffs Aimed at His Base." *New York Times*, October 3, 2018. Accessed December 7, 2021. www.nytimes.com/interactive/2018/10/03/business/economy/china-tariff-retaliation.html. Appelbaum, Binyamin. "Their Soybeans Piling up, Farmers Hope Trade War Ends Before Beans Rot." *New York Times*, November 5, 2018. Accessed December 7, 2021. www.nytimes.com/2018/11/05/business/soybeans-farmers-trade-war.html. Reuters Staff. "U.S.-China Trade War Has Cost up to 245,000 U.S. Jobs:

Business Group Study." Reuters, January 14, 2021. Accessed December 7, 2021. www.reuters.com/article/us-usa-trade-china-jobs-idUSKBN29J2O9.
76. Trading Economics. "IPC Mexico Stock Market." Accessed December 7, 2021. https://tradingeconomics.com/mexico/stock-market.
77. Kitroeff, Natalie. "The Quest to Raffle Off Mexico's Presidential Plane." *New York Times*, January 18, 2021. Accessed December 7, 2021. www.nytimes.com/2020/09/14/world/americas/Mexico-presidential-plane.html. Brocchetto, Marilia, James Griffiths, and Samantha Beech. "Lopez Obrador Scores Landslide Victory as Mexico Votes for Change." CNN, July 2, 2018. Accessed December 7, 2021. edition.cnn.com/2018/07/01/americas/mexico-election-president-intl/index.html.
78. Deutsche Welle. "Mexico Election: Andres Manuel Lopez Obrador Wins Presidential Vote." February 7, 2018. Accessed December 7, 2021. www.dw.com/en/mexico-election-andres-manuel-lopez-obrador-wins-presidential-vote/a-44483749.
79. O'Neil, Shannon K. "Latin America's New Populism Isn't About the Economy." Council on Foreign Relations, November 27, 2018. Accessed December 7, 2021. www.cfr.org/blog/latin-americas-new-populism-isnt-about-economy.
80. Barbero, Michele. "Has Italy's Five Star Movement Given Up on Populism?" *Foreign Policy*, March 17, 2021. Accessed December 7, 2021. https://foreignpolicy.com/2021/03/17/italy-five-star-movement-populism-europe.
81. BBC News. "Angela Merkel to Step Down as German Chancellor in 2021." October 29, 2018. Accessed December 7, 2021. www.bbc.com/news/world-europe-46020745.
82. Wiseman, Paul. "A Deeper Look at the Trump-EU Trade Truce." *Detroit News*, July 26, 2018. Accessed December 7, 2021. www.detroitnews.com/story/business/2018/07/26/trump-trade-truce-europe/37142551.
83. Balz, Dan, and Michael Scherer. "For Democrats, a Midterm Election That Keeps on Giving." *Washington Post*, November 9, 2018. Accessed December 7, 2021. www.washingtonpost.com/politics/for-democrats-a-midterm-election-that-keeps-on-giving/2018/11/09/b4075ef2-e456-11e8-ab2c-b31dcd53ca6b_story.html.
84. Cooney, Samantha. "2018 Midterm Elections Leads to Historic Wins for Women." *Time*, November 19, 2018. Accessed December 7, 2021. https://time.com/5323592/2018-elections-women-history-records.
85. Bradsher, Keith, and Alan Rappeport. "U.S.-China Trade Truce Gives Both Sides Political Breathing Room." *New York Times*, December 2, 2018. Accessed December 7, 2021. www.nytimes.com/2018/12/02/business/trade-truce-china-us.html.
86. Zarroli, Jim. "U.S. Economy Grew 2.9 Percent in 2018, Just Below Trump's Target." NPR, February 28, 2019. Accessed December 7, 2021. www.npr.org/2019/02/28/698884578/u-s-economy-grew-2-9-percent-in-2018-just-below-trumps-target.
87. Dickler, Jessica. "Most Americans Live Paycheck to Paycheck." CNBC, August 30,

2017. Accessed December 7, 2021. www.cnbc.com/2017/08/24/most-americans-live-paycheck-to-paycheck.html.
88. NBC News. "Fed Chief Janet Yellen: Income Inequality 'Greatly Concerns'Me." October 17, 2014. Accessed March 4, 2022. www.nbcnews.com/business/economy/fed-chief-janet-yellen-income-inequality-greatly-concerns-me-n228096.
89. DeCambre, Mark. "Trump Tweets That Fed 'Is Like a Powerful Golfer Who Can't Score Because He Has No Touch.'" MarketWatch, December 24, 2018. Accessed December 7, 2021. www.marketwatch.com/story/trump-tweets-that-fed-is-like-a-powerful-golfer-who-cant-score-because-he-has-no-touch-2018-12-24.
90. Yi, Joy Sharon, and Christian Caryl. "The Year of the Street Protest." *Washington Post*, December 10, 2019. Accessed December 7, 2021. www.washingtonpost.com/graphics/2019/opinions/global-opinions/2019-was-the-year-of-the-street.
91. BBC News. "The Hong Kong Protests Explained in 100 and 500 Words." November 28, 2019. Accessed December 7, 2021. www.bbc.com/news/world-asia-china-49317695.
92. BBC News. "Hong Kong Elections: Pro-Democracy Groups Makes Big Gains." November 25, 2019. Accessed December 7, 2021. www.bbc.com/news/world-asia-china-50531408.
93. Bennett, Natasha. "Bolivian Protesters Unseated a President. So Why Are They Still in the Streets?" *Washington Post*, November 15, 2019. Accessed December 7, 2021. www.washingtonpost.com/politics/2019/11/15/bolivian-protests-unseated-president-so-why-are-they-still-streets. Euronews. "Dozens Arrested in Nicaragua Anti-Government Protests." March 17, 2019. Accessed December 7, 2021. www.euronews.com/2019/03/17/dozens-arrested-in-nicaragua-anti-government-protests. Kirby, Jen. "The Pro-Democracy Protests Rocking Moscow, Explained." *Vox*, August 13, 2019. Accessed December 7, 2021. www.vox.com/2019/8/13/20802093/moscow-protests-city-concil-opposition-putin.
94. Shear, Michael D., and Maggie Haberman. "For Trump, Brazil's President Is Like Looking in the Mirror." *New York Times*, March 19, 2019. www.nytimes.com/2019/03/19/us/politics/bolsonaro-trump.html.
95. Çelik, S., G. Demirtaş and M. Isaksson. "Corporate Bond Market Trends, Emerging Risks and Monetary Policy." OECD Capital Market Series, Paris, 2020. www.oecd.org/corporate/Corporate-Bond-Market-Trends-Emerging-Risks-and-Monetary-Policy.htm.
96. Tappe, Anneken. "The World Is Drowning in Debt." CNN, January 14, 2020. Accessed December 7, 2021. edition.cnn.com/2020/01/13/economy/global-debt-record/index.html.
97. Macrotrends. "Amazon Market Cap 2006-2021." n.d. Accessed January 18, 2022. www.macrotrends.net/stocks/charts/AMZN/amazon/market-cap. Yahoo! Finance. "Amazon.com, Inc. (AMZN) Stock Historical Prices & Data." January 14, 2022.

https://finance.yahoo.com/quote/AMZN/history.
98. Yahoo! Finance. "Netflix, Inc. (NFLX) Stock Historical Prices & Data." January 14, 2022. https://finance.yahoo.com/quote/NFLX.
99. Yahoo! Finance. "BLK Interactive Stock Chart." n.d. Accessed January 18, 2022. https://finance.yahoo.com/chart/BLK.
100. Norland, Erik. "Trade War Costs to Consumers, Companies and Nations." Brandsuite by CME Group. n.d. Accessed December 7, 2021. www.ft.com/brandsuite/cme-group/trade-war-costs-consumers-companies-nations/index.html.
101. Goodkind, Nicole. "Stock Market and Economic Predictions 2019: What Experts Forecast for the New Year." *Newsweek*, January 1, 2019. Accessed December 7, 2021. www.newsweek.com/stock-market-predictions-2019-sp-fed-dow-trade-trump-nyse-nasdaq-1275903.
102. David, Javier E. "Trump Says He Will Delay Additional China Tariffs Originally Scheduled to Start on March 1." CNBC, February 24, 2019. Accessed December 7, 2021. www.cnbc.com/2019/02/24/trump-us-will-delay-china-tariffs-scheduled-to-start-on-march-1.html.
103. Swanson, Ana, and Alan Rappeport. "Trump Increases China Tariffs as Trade Deal Hangs in the Balance." *New York Times*, May 9, 2019. Accessed December 7, 2021. www.nytimes.com/2019/05/09/us/politics/china-trade-tariffs.html.
104. European Council. "G20 Summit in Osaka, Japan, 28–29 June 2019." June 28, 2019. Accessed December 7, 2021. www.consilium.europa.eu/en/meetings/international-summit/2019/06/28-29. BBC News. "G20 Summit: Trump and Xi Agree to Restart US-China Trade Talks." June 29, 2019. Accessed December 7, 2021. www.bbc.com/news/world-48810070.

第四章　二番底

1. J. P. Morgan. "Mid-Year Market Outlook 2019: Central Banks Stay Easy and in Sync." July 5, 2019. Accessed December 7, 2021. www.jpmorgan.com/insights/research/2019-mid-year-outlook.
2. Borak, Donna. "The Fed Cut Rates for the First Time Since 2008." CNN, July 31, 2019. Accessed December 7, 2021. www.cnn.com/2019/07/31/business/fed-rate-cut-july-meeting/index.html.
3. Federal Reserve Board. "Federal Reserve Issues FOMC Statement." July 31, 2019. Accessed December 7, 2021. www.federalreserve.gov/newsevents/pressreleases/monetary20190731a.htm.
4. Wheatley, Jonathan. "The Great Emerging-Market Growth Story Is Unravelling." *Financial Times*, June 11, 2019. Accessed December 7, 2021. www.ft.com/content/ad11f624-8b8c-11e9-a1c1-51bf8f989972.
5. Misculin, Nicolas, and Cassandra Garrison. "Argentina's Markets Jumpy as

President-Elect Fernandez Plots New Path." Reuters, October 29, 2019. Accessed December 7, 2021. www.reuters.com/article/us-argentina-election-idUSKBN1X81MU.
6. Boadle, Anthony, and Lisandra Paraguassu. "Left's Win in Argentina Strains Brazil Ties, Deepens Regional Divide." Reuters, October 28, 2019. Accessed December 7, 2021. www.reuters.com/article/us-argentina-election-brazil/lefts-win-in-argentina-strains-brazil-ties-deepens-regional-divide-idUSKBN1X71IJ.
7. Davis, Joshua. "How Elon Musk Turned Tesla into the Car Company of the Future." *Wired*, September 27, 2010. Accessed January 18, 2022. www.wired.com/2010/09/ff-tesla. Yahoo! Finance. "TSLA Interactive Stock Chart." n.d. Accessed January 18, 2022. https://finance.yahoo.com/chart/TSLA.
8. Federal Reserve Bank of Kansas City. "In Late August." 2011. Accessed December 7, 2021. www.kansascityfed.org/documents/6509/inlateaugust.pdf.
9. Federal Reserve Bank of Kansas City. "In Late August." 2011. Accessed December 7, 2021. www.kansascityfed.org/documents/6509/inlateaugust.pdf.
10. Lange, Jason, and Ann Saphir. "Graphic-Trump Wants a Weaker Dollar. It Could Be a Hard Sell." Reuters, July 18, 2019. Accessed December 7, 2021. www.reuters.com/article/usa-fed-trump-idUSL2N24I0UM.
11. Federal Reserve Bank of Kansas City. "Challenges for Monetary Policy." Jackson Hole Annual Economic Policy Symposium, August 2019. Accessed December 7, 2021. www.kansascityfed.org/publications/research/escp/symposiums/escp-2019-about.
12. Partington, Richard. "The Verdict on 10 Years of Quantitative Easing." *Guardian*, March 8, 2019. Accessed December 7, 2021. www.theguardian.com/business/2019/mar/08/the-verdict-on-10-years-of-quantitative-easing.
13. Federal Reserve Bank of Kansas City. "Challenges for Monetary Policy." Jackson Hole Annual Economic Policy Symposium, August 2019. Accessed December 7, 2021. www.kansascityfed.org/publications/research/escp/symposiums/escp-2019-about.
14. Powell, Jerome H. "Opening Remarks: Challenges for Monetary Policy." Federal Reserve of Kansas City, August 2019. Accessed December 7, 2021. www.kansascityfed.org/documents/6946/OpeningRemarks_JH2019.pdf.
15. Gopinath, Gita. "Sluggish Global Growth Calls for Supportive Policies." IMF Blog, July 23, 2019. Accessed December 7, 2021. https://blogs.imf.org/2019/07/23/sluggish-global-growth-calls-for-supportive-policies.
16. Strohecker, Karin, and Ritvik Carvalho. "Down, Down They Go: Emerging Central Banks Deliver Most Rate Cuts in a Decade." Reuters, September 2, 2019. Accessed December 7, 2021. www.reuters.com/article/us-emerging-rates-idUSKCN1VN1J2.
17. Federal Reserve Board. "FAQ: What Does It Mean That the Federal Reserve Is 'Independent Within the Government'?" March 1, 2017. Accessed December 7, 2021. www.federalreserve.gov/faqs/about_12799.htm.
18. Federal Reserve Board. "The Federal Reserve System Purposes & Functions." June

2005. Accessed December 7, 2021. www.federalreserve.gov/aboutthefed/files/pf_1.pdf.
19. Romero, Jessie. "The Treasury-Fed Accord." Federal Reserve History, November 22, 2013. Accessed December 7, 2021. www.federalreservehistory.org/essays/treasury-fed-accord.
20. Swanson, Ana. "Trump Says U.S. Will Impose Metal Tariffs on Brazil and Argentina." *New York Times*, December 2, 2019. Accessed December 7, 2021. www.nytimes.com/2019/12/02/business/economy/trump-tariffs-brazil-argentina-metal.html.
21. Barbière, Cécile. "France and Germany Show Unity in Response to US-China Trade War." Euractiv, September 20, 2019. Accessed December 7, 2021. www.euractiv.com/section/economy-jobs/news/france-and-germany-show-unity-in-response-to-us-china-trade-war.
22. Reuters Staff. "Trump: U.S. Will Hit $300 Billion Worth of Chinese Goods with 10% Tariff." Reuters, August 1, 2019. Accessed December 7, 2021. www.reuters.com/article/us-usa-trade-china-tariffs-idUSKCN1UR5CK. Lynch, David J., Heather Long, and Damian Paletta. "Trump Says He Will Impose New Tariffs on $300 Billion of Imports from China Starting Next Month, Ending Brief Cease-Fire in Trade War." *Washington Post*, August 1, 2019. Accessed December 7, 2021. www.washingtonpost.com/business/economy/trump-says-he-will-impose-new-tariffs-on-300-billion-in-chinese-imports-starting-next-month-ending-brief-cease-fire-in-trade-war/2019/08/01/d8d42c86-b482-11e9-8949-5f36ff92706e_story.html. BBC News. "Trump Escalates Trade War with More China Tariffs." August 2, 2019. Accessed December 7, 2021. www.bbc.com/news/business-49199559.
23. Swanson, Ana. "U.S. Delays Some China Tariffs Until Stores Stock Up for Holidays." *New York Times*, August 13, 2019. Accessed December 7, 2021. www.nytimes.com/2019/08/13/business/economy/china-tariffs.html.
24. Stein, Jeff, Taylor Telford, Gerry Shih, and Rachel Siegel. "Trump Retaliates in Trade War by Escalating Tariffs on Chinese Imports and Demanding Companies Cut Ties with China." *Washington Post*, August 23, 2019. Accessed December 7, 2021. www.washingtonpost.com/business/2019/08/23/china-hits-us-with-tariffs-billion-worth-goods-reinstates-auto-levies-state-media-report.
25. Lobosco, Katie. "What China's New Tariffs Mean for You." CNN, August 23, 2019. Accessed December 7, 2021. https://edition.cnn.com/2019/08/23/economy/consumer-impact-china-tariffs/index.html.
26. International Trade Administration. "China—Country Commercial Guide: Automotive Industry." March 2, 2021. Accessed December 7, 2021. www.trade.gov/country-commercial-guides/china-automotive-industry.
27. Shalal, Andrea. "Drowning in Uncertainty: Trade Questions Slow Investment, Squeeze Profits Across U.S." Reuters, December 10, 2019. www.reuters.com/article/

us-usa-trade-uncertainty-idUSKBN1YE185.
28. Rappeport, Alan. "Trump Calls China a 'Threat to the World' as Trade Talks Approach." *New York Times*, September 20, 2019. www.nytimes.com/2019/09/20/us/politics/trump-china-theat-to-world.html.
29. Swanson, Ana. "Trump Reaches 'Phase 1' Deal with China and Delays Planned Tariffs." *New York Times*, December 13, 2019. Accessed December 7, 2021. www.nytimes.com/2019/10/11/business/economy/us-china-trade-deal.html.
30. News Wires. "US Suspends Tariff Hike in 'Limited' China Trade Deal." France 24, December 10, 2019. Accessed December 7, 2021. www.france24.com/en/20191012-us-suspends-tariff-hike-in-limited-china-trade-deal-1.
31. Horowitz, Jason. "Italy's New 'Sardines' Movement Packs Piazzas to Protest Far-Right Leader." *New York Times*, December 14, 2019. Accessed December 7, 2021. www.nytimes.com/2019/12/14/world/europe/italy-sardines-salvini.html.
32. Al Jazeera. "Kashmir Under Lockdown: All the Latest Updates." October 27, 2019. Accessed December 7, 2021. www.aljazeera.com/news/2019/10/27/kashmir-under-lockdown-all-the-latest-updates.
33. Katkov, Mark, and Bill Chappell. "Boris Johnson and Conservative Party Win Large Majority in U.K. Parliament." NPR, December 13, 2019. Accessed January 18, 2022. www.npr.org/2019/12/13/787705261/boris-johnson-and-conservative-party-win-large-majority-in-parliament.
34. Landler, Mark, and Stephen Castle. "U.K. Parliament Advances Brexit Bill in Lopsided Vote, All but Assuring January Exit." *New York Times*, December 21, 2019. Accessed December 7, 2021. www.nytimes.com/2019/12/20/world/europe/brexit-parliament.html.
35. Stockler, Asher. "Donald Trump Is 'Greatest Threat to World Peace,' Ahead of Putin and Kim Jong Un, Germans Say in New Poll." *Newsweek*, December 26, 2019. Accessed December 7, 2021. www.newsweek.com/donald-trump-angela-merkel-germans-putin-kim-1479235.
36. Pew Research Center. "Public Highly Critical of State of Political Discourse in the U.S." June 19, 2019. Accessed December 7, 2021. www.pewresearch.org/politics/2019/06/19/public-highly-critical-of-state-of-political-discourse-in-the-u-s.
37. Mutikani, Lucia. "U.S. Economy Misses Trump's 3% Growth Target in 2019." Reuters, January 30, 2020. Accessed December 7, 2021. www.reuters.com/article/us-usa-economy-idUSKBN1ZT0CA.
38. Federal Reserve Board. "Quarterly Report on Federal Reserve Balance Sheet Developments." September 25, 2017. Accessed December 8, 2021. www.federalreserve.gov/monetarypolicy/bsd-monetary-policy-tools-201708.htm.
39. European Central Bank. "Monetary Policy Decisions." September 12, 2019. Accessed December 8, 2021. www.ecb.europa.eu/press/pr/date/2019/html/ecb.mp190912~08de50b4d2.en.html.

40. Smialek, Jeanna. "Fed Cuts Interest Rates by Another Quarter Point." *New York Times*, September 18, 2019. Accessed December 8, 2021. www.nytimes.com/2019/09/18/business/economy/fed-interest-rate-cut.html.
41. Pang, Iris. "China Cuts Rates via a New Tool." ING Think, September 20, 2019. Accessed December 8, 2021. https://think.ing.com/articles/china-cuts-rates-via-a-new-tool.
42. Cox, Jeff. "The Fed Seems to Have Halted a Potential Crisis in the Overnight Lending Market—for Now." CNBC, December 31, 2019. Accessed December 8, 2021. www.cnbc.com/2019/12/30/the-fed-seems-to-have-halted-a-potential-crisis-in-the-repo-market.html.
43. The Federal Reserve Bank of New York is the branch of the Federal Reserve responsible for logistically implementing monetary policy. Martens, Pam, and Russ Martens. "There's Nothing Normal About the Fed Pumping Hundreds of Billions Weekly to Unnamed Banks on Wall Street: 'Somebody's Got a Problem.'" Wall Street on Parade, October 4, 2019. Accessed December 8, 2021. wallstreetonparade.com/2019/10/theres-nothing-normal-about-the-fed-pumping-hundreds-of-billions-weekly-to-unnamed-banks-on-wall-street-somebodys-got-a-problem.
44. Cox, Jeff. "The Fed Will Be Growing Its Balance Sheet Again, but Don't Call It 'QE4.'" CNBC, September 25, 2019. Accessed December 8, 2021. www.cnbc.com/2019/09/25/the-fed-will-be-growing-its-balance-sheet-again-but-dont-call-it-qe4.html.
45. Long, Heather. "Fed Chair Powell Says Central Bank Will Buy More Treasury Bonds Soon, but This Is 'Not QE.'" *Washington Post*, October 8, 2019. Accessed December 8, 2021. www.washingtonpost.com/business/2019/10/08/fed-chair-powell-says-central-bank-will-buy-more-treasury-bonds-soon-this-is-not-qe.
46. Cox, Jeff. "Powell Says the Fed Will Start Expanding Its Balance Sheet 'Soon' in Response to Funding Issues." CNBC, October 8, 2019. Accessed December 8, 2021. www.cnbc.com/2019/10/08/powell-says-the-fed-will-start-expanding-its-balance-sheet-soon.html.
47. Timiraos, Nick. "The Fed Is Buying Treasurys Again. Just Don't Call It Quantitative Easing." *Wall Street Journal*, October 16, 2019. www.wsj.com/articles/the-fed-is-buying-bonds-again-just-dont-call-it-quantitative-easing-11571218200.
48. Derby, Michael S. "New York Fed Injects $104.15 Billion in Short-Term Liquidity." *Wall Street Journal*, October 17, 2019. Accessed December 8, 2021. www.wsj.com/articles/new-york-fed-injects-30-65-billion-in-short-term-liquidity-11571318743.
49. Gopinath, Gita. "The World Economy: Synchronized Slowdown, Precarious Outlook." IMF Blog, October 15, 2019. Accessed December 8, 2021. https://blogs.imf.org/2019/10/15/the-world-economy-synchronized-slowdown-precarious-outlook.
50. Wong, Andrew. "Central Bank Easing Could Lose Its Shine: AM Giants." Citywire Asia, February 14, 2020. Accessed December 8, 2021. https://citywireasia.com/

news/central-bank-easing-could-lose-its-shine-am-giants/a1323534.
51. Evans-Pritchard, Ambrose. "What the Alarmed IMF Really Thinks in Davos." *Telegraph*, January 21, 2020. Accessed December 8, 2021. www.telegraph.co.uk/business/2020/01/21/alarmed-imf-really-thinks-davos.
52. Strohecker, Karin, and Ritvik Carvalho. "EM Central Bank Easing Runs out of Steam After 20 Months of Cuts." Reuters, October 1, 2020. Accessed December 8, 2021. https://cn.reuters.com/article/instant-article/idUKKBN26M739.
53. Central Bank News. "Central Banks Cut Rates 67 Times in Q3 as Economies Slow." October 1, 2019. Accessed December 8, 2021. www.centralbanknews.info/2019/10/central-banks-cut-rates-67-times-in-q3.html.
54. Banco Central do Brasil. "Taxas de juros básicas—Histórico." n.d. Accessed December 8, 2021. www.bcb.gov.br/controleinflacao/historicotaxasjuros.
55. Romei, Valentina. "Global Manufacturing Contraction Stretches to Longest in 7 Years." *Financial Times*, October 1, 2019. Accessed December 8, 2021. www.ft.com/content/9999171e-e45e-11e9-9743-db5a370481bc.
56. Gopinath, Gita. "The World Economy: Synchronized Slowdown, Precarious Outlook." IMF Blog, October 15, 2019. Accessed December 8, 2021. https://blogs.imf.org/2019/10/15/the-world-economy-synchronized-slowdown-precarious-outlook.
57. Reuters Staff. "Russia Says BRICS Nations Favour Idea of Common Payment System." Reuters, November 14, 2019. Accessed December 8, 2021. www.reuters.com/article/uk-brics-summit-russia-fx-idUSKBN1XO1KQ.
58. Silver, Laura. "U.S. Is Seen as a Top Ally in Many Countries—but Others View It as a Threat." Pew Research Center, December 5, 2019. Accessed December 8, 2021. www.pewresearch.org/fact-tank/2019/12/05/u-s-is-seen-as-a-top-ally-in-many-countries-but-others-view-it-as-a-threat.
59. Xinhua. "China Sets to Further Boost Consumption." January 8, 2019. Accessed December 8, 2021. www.xinhuanet.com/english/2019-08/01/c_138273411.htm.
60. Stern, Zoe. "U.S. Chamber of Commerce." FactCheck.org, April 20, 2018. Accessed December 8, 2021. www.factcheck.org/2018/04/u-s-chamber-commerce. Murphy, John G. "The High Price of Tariffs." U.S. Chamber of Commerce, September 20, 2018. Accessed December 8, 2021. www.uschamber.com/international/the-high-price-of-tariffs.
61. Padden, Brian. "Are US Labor Unions Souring on Trump's Tariffs?" VOA, October 8, 2018. Accessed December 8, 2021. www.voanews.com/a/us-tariffs-unions/4604017.html.
62. Furman, Jason, Katheryn Russ, and Jay Shambaugh. "US Tariffs Are an Arbitrary and Regressive Tax." VoxEU, January 12, 2017. Accessed December 8, 2021. https://voxeu.org/article/us-tariffs-are-arbitrary-and-regressive-tax.
63. Amiti, Mary, Sang Hoon Kong, and David Weinstein. "The Effect of the U.S.-China Trade War on U.S. Investment." National Bureau of Economic Research, May 2020.

Accessed December 8, 2021. www.nber.org/papers/w27114.
64. "The US-China Trade War: Risks and Opportunities for the EU and the United Kingdom." London School of Economics and Political Science—EUROPP, October 17, 2019. Accessed December 8, 2021. https://blogs.lse.ac.uk/europpblog/2019/10/17/the-us-china-trade-war-risks-and-opportunities-for-the-eu-and-the-united-kingdom.
65. MacroTrends. "Bovespa Index—24 Year Historical Chart." Accessed December 8, 2021. www.macrotrends.net/2597/bovespa-index-brazil-historical-chart-data.
66. Mukherjee, Andy. "The Case for QE in India Is Getting Stronger." Bloomberg Quint, December 4, 2019. Accessed December 8, 2021. www.bloombergquint.com/gadfly/india-needs-qe-as-economy-slows-rate-cuts-lose-power.
67. Wearden, Graeme. "FTSE 100 Posts 12% Gain for 2019 After Strong Year for Market—as It Happened." *Guardian*, December 31, 2019. www.theguardian.com/business/live/2019/dec/31/global-markets-rally-shares-ftse-100-pound-oil-markets-business-live.
68. Jones, Marc. "Global Debt to Top Record $255 Trillion by Year's End." Reuters, November 15, 2019. Accessed December 8, 2021. www.reuters.com/article/us-global-markets-debt-idUSKBN1XP1FB.
69. Oxfam International. "Extreme Inequality and Essential Services." n.d. Accessed December 8, 2021. www.oxfam.org/en/what-we-do/issues/extreme-inequality-and-essential-services.
70. *Economist*. "The Pandemic Has Widened the Wealth Gap. Should Central Banks Be Blamed?" July 10, 2021. Accessed January 18, 2022. www.economist.com/finance-and-economics/2021/07/10/the-pandemic-has-widened-the-wealth-gap-should-central-banks-be-blamed.
71. Casselman, Ben. "U.S. Economy Slows, Denying Trump 3% Talking Point." *New York Times*, July 26, 2019. Accessed December 8, 2021. www.nytimes.com/2019/07/26/business/economy/us-gdp-growth.html.
72. Condon, Christopher, and Dave Merrill. "U.S. Debt to Surge Past Wartime Record, Deficit to Quadruple." Bloomberg, April 21, 2020. Accessed December 8, 2021. www.bloomberg.com/graphics/2020-debt-and-deficit-projections-hit-records.
73. International Monetary Fund. "World Economic Outlook, October 2019 Global Manufacturing Downturn, Rising Trade Barriers." October 2019. Accessed December 8, 2021. www.imf.org/en/Publications/WEO/Issues/2019/10/01/world-economic-outlook-october-2019.
74. Crutsinger, Martin. "How Federal Reserve Helped Fuel the Bull Market in Stocks." Associated Press News, March 8, 2019. Accessed December 8, 2021. apnews.com/af30f83aa1394e22807f4a8f617742fb.

第五章　パンデミックの襲来

1. 新型コロナウイルス感染症（COVID-19）は、SARS-CoV-2（サーズコロナウイルス2）によって引き起こされる。
2. Srivastava, Spriha. “Global Debt Surged to a Record $250 Trillion in the First Half of 2019, Led by the US and China.” CNBC, November 15, 2019. Accessed December 8, 2021. www.cnbc.com/2019/11/15/global-debt-surged-to-a-record-250-trillion-in-the-first-half-of-2019-led-by-the-us-and-china.html.
3. International Monetary Fund. “World Economic Outlook Update, July 2019: Still Sluggish Global Growth.” July 2019. Accessed December 8, 2021. www.imf.org/en/Publications/WEO/Issues/2019/07/18/WEOupdateJuly2019.
4. Cox, Jeff. “Companies Are Ramping up Share Buybacks, and They're Increasingly Using Debt to Do So.” CNBC, July 30, 2019. Accessed December 8, 2021. www.cnbc.com/2019/07/29/buybacks-companies-increasingly-using-debt-to-repurchase-stocks.html.
5. Lagarde, Christine. “Our Response to Coronavirus (COVID-19).” European Central Bank, February 19, 2021. www.ecb.europa.eu/home/search/coronavirus/html/index.en.html.
6. News Wires. “US Drops China's Currency Manipulator Label Ahead of Trade Deal Signing.” France 24, January 14, 2020. Accessed December 8, 2021. www.france24.com/en/20200114-us-treasury-reverses-china-currency-manipulator-label-ahead-of-trade-deal-signing. Disis, Jill, and Charles Riley. “A World Trade War Is Brewing. The US-China Deal Won't Stop It.” CNN, January 16, 2020. Accessed December 8, 2021. https://edition.cnn.com/2020/01/15/business/trade-risks-2020/index.html.
7. Reuters Staff. “What's in the U.S.-China Phase 1 Trade Deal.” Reuters, January 15, 2020. Accessed December 8, 2021. www.reuters.com/article/us-usa-trade-china-details-factbox-idUSKBN1ZE2IF.
8. Bown, Chad P. “Why Biden Will Try to Enforce Trump's Phase One Trade Deal with China.” Peterson Institute for International Economics, October 5, 2021. www.piie.com/blogs/trade-and-investment-policy-watch/why-biden-will-try-enforce-trumps-phase-one-trade-deal-china.
9. Heeb, Gina. “US Income Inequality Jumps to Highest Level Ever Recorded.” *Business Insider*, September 27, 2019. Accessed December 8, 2021. https://markets.businessinsider.com/news/stocks/income-inequality-reached-highest-level-ever-recorded-in-2018-2019-9. Gould, Elise. “Decades of Rising Economic Inequality in the U.S.” Economic Policy Institute, March 27, 2019. Accessed December 8, 2021. www.epi.org/publication/decades-of-rising-economic-inequality-in-the-u-s-testimony-before-the-u-s-house-of-representatives-ways-and-means-committee.
10. Lord, Bob. “America 2018: Even More Gilded than America 1918.” Inequality. org, September 28, 2018. Accessed December 8, 2021. https://inequality.org/great-divide/america-2018-more-gilded-america-1918.
11. Saphir, Ann, and Lindsay Dunsmuir. “Fed Chair Powell: ‘No Reason’ Rising Wages,

Job Gains Can't Continue." Reuters, February 12, 2020. Accessed December 8, 2021. www.reuters.com/article/us-usa-fed-powell/fed-chair-powell-no-reason-rising-wages-job-gains-cant-continue-idUSKBN2062DJ.

12. DeCambre, Mark. "The Richest 10% of Households Now Represent 70% of All U.S. Wealth." MarketWatch, May 31, 2019. Accessed December 8, 2021. www.marketwatch.com/story/the-richest-10-of-households-now-represent-70-of-all-us-wealth-2019-05-24.
13. Carlson, Ben. "The Rich Own Stocks, the Middle-Class Own Homes. How Betting It All on Real Estate Is a Wealth Gap Problem." *Fortune*, February 5, 2020. Accessed December 8, 2021. https://fortune.com/2020/02/05/stock-home-ownership-debt-wealth-gap.
14. Branswell, Helen, and Andrew Joseph. "WHO Declares the Coronavirus Outbreak a Pandemic." *Scientific American*, March 11, 2020. Accessed December 8, 2021. www.scientificamerican.com/article/who-declares-the-coronavirus-outbreak-a-pandemic.
15. World Economic Forum. "The Global Risks Report 2020." 2020. Accessed December 8, 2021. www3.weforum.org/docs/WEF_Global_Risk_Report_2020.pdf.
16. United Nations Conference on Trade and Development (UNCTAD). "Trade and Development Report Update: Global Trade Impact of the Coronavirus (COVID-19) Epidemic." March 4, 2020. Accessed December 8, 2021. https://unctad.org/system/files/official-document/ditcinf2020d1.pdf.
17. Malinowski, Matthew. "Brazil Cuts Rates to 3.75% with Recession Likely After Virus." Bloomberg, March 18, 2020. Accessed December 8, 2021. www.bloomberg.com/news/articles/2020-03-18/brazil-cuts-key-rate-to-3-75-with-recession-likely-after-virus.
18. Xinhua. "Economic Watch: China's Large Open Market Operations to Boost Market Confidence." February 5, 2020. Accessed March 5, 2022. https://en.imsilkroad.com/p/310799.html.
19. Jia, Chen. "PBOC: Systemic Financial Risk Control a Priority." *China Daily*, February 25, 2020. Accessed December 8, 2021. www.chinadailyhk.com/article/122300.
20. FRBが設定する主な基準金利。銀行や他の預金金融機関が通常オーバーナイト・ベースで互いに資金を貸し借りするときはこの利率が適用される。
21. Brady, James S. "Remarks by President Trump, Vice President Pence, and Members of the Coronavirus Task Force in Press Conference." National Archives and Records Administration, February 29, 2020. Accessed December 8, 2021. https://trumpwhitehouse.archives.gov/briefings-statements/remarks-president-trump-vice-president-pence-members-coronavirus-task-force-press-conference-2.
22. Cox, Jeff. "Trump Knocks Fed for Not Cutting: 'As Usual, Jay Powell and the Federal Reserve Are Slow to Act,'" CNBC, March 2, 2020. Accessed March 5, 2022. www.cnbc.com/2020/03/02/trump-knocks-fed-for-not-cutting-as-usual-jay-powell-and-

the-federal-reserve-are-slow-to-act.html.
23. Torres, Craig, and Steve Matthews. "Fed Cuts Half Point in Emergency Move amid Spreading Virus." Bloomberg, March 3, 2020. Accessed December 8, 2021. www.bloomberg.com/news/articles/2020-03-03/fed-cuts-rates-half-point-in-emergency-move-amid-spreading-virus.
24. Goldman, David. "Federal Reserve Cuts Rates to Zero to Support the Economy During the Coronavirus Pandemic." CNN, March 16, 2020. Accessed December 8, 2021. www.cnn.com/2020/03/15/economy/federal-reserve/index.html.
25. Labonte, Marc. "The Federal Reserve's Response to COVID-19: Policy Issues." Congressional Research Service, February 8, 2021. Accessed December 8, 2021. https://crsreports.congress.gov/product/pdf/R/R46411.
26. Federal Reserve Board. "Federal Reserve Issues FOMC Statement." March 15, 2020. Accessed December 8, 2021. www.federalreserve.gov/newsevents/pressreleases/monetary20200315a.htm.
27. Collins, Christopher G., and Joseph E. Gagnon. "A Timeline of Central Bank Responses to the COVID-19 Pandemic." Peterson Institute for International Economics, March 30, 2020. Accessed December 8, 2021. www.piie.com/blogs/realtime-economic-issues-watch/timeline-central-bank-responses-covid-19-pandemic.
28. Adhanom, Tedros. "WHO Director-General's Opening Remarks at the Media Briefing on COVID-19." World Health Organization, March 11, 2020. Accessed December 8, 2021. www.who.int/director-general/speeches/detail/who-director-general-s-opening-remarks-at-the-media-briefing-on-covid-19---11-march-2020. *New York Times*. "U.S. to Suspend Most Travel from Europe; N.B.A. Pauses After Player Gets Virus." March 25, 2020. Accessed December 8, 2021. www.nytimes.com/2020/03/11/world/coronavirus-news.html.
29. *New York Times*. "Read President Trump's Speech on Coronavirus Pandemic: Full Transcript." March 11, 2020. Accessed December 9, 2021. www.nytimes.com/2020/03/11/us/politics/trump-coronavirus-speech.html.
30. Riechmann, Deb, and Terry Tang. "Trump Dubs COVID-19 'Chinese Virus' Despite Hate Crime Risks." Associated Press, March 18, 2020. Accessed December 9, 2021. https://apnews.com/article/donald-trump-ap-top-news-asia-crime-virus-outbreak-a7c233f0b3bcdb72c06cca6271ba6713.
31. France 24. "Italy Ramps Up Lockdown, Orders All Shops to Close Other than Supermarkets, Pharmacies." France 24, March 12, 2020. www.france24.com/en/20200312-italy-coronavirus-epidemic-lockdown-store-closures-quarantine.
32. The five central banks were the Bank of Canada, Bank of England, European Central Bank, Bank of Japan, and Swiss National Bank. Wiggins, Rosalind Z. "Central Banks Use Swap Lines to Maintain the Flow of US Dollar." Yale School of Management, May 26, 2020. Accessed December 9, 2021. https://som.yale.edu/blog/central-banks-use-swap-lines-to-maintain-the-flow-of-us-dollar.

33. Fujikawa, Megumi. "Bank of Japan Rolls out Measures to Blunt Coronavirus Impact." *Wall Street Journal*, March 16, 2020. Accessed December 9, 2021. www.wsj.com/articles/bank-of-japan-rolls-out-measures-to-blunt-coronavirus-impact-11584337241.
34. BBC News. "Coronavirus: UK Interest Rates Cut to Lowest Level Ever." March 19, 2020. Accessed December 9, 2021. www.bbc.com/news/business-51962982.
35. Foy, Henry, Anjli Raval, and David Sheppard. "Oil Prices Hit Lowest Level in 17 Years as Demand Plunges." *Financial Times*, March 18, 2020. www.ft.com/content/d63d0618-6928-11ea-800d-da70cff6e4d3.
36. Helm, Toby. "Only 36% of Britons Trust Boris Johnson on Coronavirus, Poll Finds." *Guardian*, March 14, 2020. Accessed December 9, 2021. www.theguardian.com/world/2020/mar/14/only-36-of-britons-trust-boris-johnson-on-coronavirus-poll-finds.
37. Kormann, Carolyn. "From Bats to Human Lungs, the Evolution of a Coronavirus." *New Yorker*, March 27, 2020. Accessed December 9, 2021. www.newyorker.com/science/elements/from-bats-to-human-lungs-the-evolution-of-a-coronavirus.
38. Rogers, Katie, Lara Jakes, and Ana Swanson. "Trump Defends Using 'Chinese Virus' Label, Ignoring Growing Criticism." *New York Times*, March 18, 2021. Accessed December 9, 2021. www.nytimes.com/2020/03/18/us/politics/china-virus.html. Chiu, Allyson. "Trump Has No Qualms about Calling Coronavirus the 'Chinese Virus.' That's a Dangerous Attitude, Experts Say." *Washington Post*, March 20, 2020. Accessed December 9, 2021. www.washingtonpost.com/nation/2020/03/20/coronavirus-trump-chinese-virus.
39. ISTOÉ. "Bolsonaro associa pandemia de novo coronavirus a plano de governo chinês, diz colunista." March 16, 2020. Accessed December 9, 2021. https://istoe.com.br/bolsonaro-associa-pandemia-de-novo-coronavirus-a-plano-de-governo-chines-diz-colunista.
40. Milligan, Susan. "The Political Divide over the Coronavirus." *U.S. News*, March 18, 2020. Accessed December 9, 2021. www.usnews.com/news/politics/articles/2020-03-18/the-political-divide-over-the-coronavirus.
41. Higgins, Andrew. "As Russia Braces for Coronavirus, Putin Lets Underlings Take the Heat." *New York Times*, March 30, 2020. Accessed December 9, 2021. www.nytimes.com/2020/03/30/world/europe/coronavirus-russia-putin.html.
42. Al Jazeera. "India Extends Coronavirus Lockdown to May 31." May 17, 2020. Accessed December 9, 2021. www.aljazeera.com/news/2020/5/17/india-extends-coronavirus-lockdown-to-may-31. Beniwal, Vrishti, and Shruti Srivastava. "India Unveils $22.6 Billion Stimulus Plan to Ease Virus Pain." Bloomberg, March 26, 2020. Accessed December 9, 2021. www.bloomberg.com/news/articles/2020-03-26/india-unveils-22-6-billion-stimulus-to-counter-virus-fallout.
43. Biswas, Soutik. "Coronavirus: India's Pandemic Lockdown Turns into a Human Tragedy." BBC News, March 30, 2020. Accessed December 9, 2021. www.bbc.com/

news/world-asia-india-52086274.
44. Biswas. "Coronavirus: India's Pandemic Lockdown Turns into a Human Tragedy."
45. G20 Research Group. "Extraordinary G20 Leaders' Summit: Statement on COVID-19." University of Toronto, March 26, 2020. Accessed December 9, 2021. www.g20.utoronto.ca/2020/2020-g20-statement-0326.html.
46. Condon, Christopher, Steve Matthews, Matthew Boesler, Rich Miller, and Bloomberg. "Fed Chair Powell Vows Central Bank Is 'Not Going to Run out of Ammunition' in Coronavirus Fight." *Fortune*, March 26, 2020. Accessed December 9, 2021. https://fortune.com/2020/03/26/fed-reserve-chair-powell-support-credit-flow-coronavirus.
47. Federal Reserve Board. "FAQ: What Does It Mean That the Federal Reserve Is 'Independent Within the Government'?" March 1, 2017. Accessed December 9, 2021. www.federalreserve.gov/faqs/about_12799.htm.
48. U.S. Department of the Treasury "About the CARES Act and the Consolidated Appropriations Act." n.d. Accessed December 9, 2021. https://home.treasury.gov/policy-issues/coronavirus/about-the-cares-act.
49. US Department of the Treasury. "Covid-19 Economic Relief." n.d. Accessed December 9, 2021. https://home.treasury.gov/policy-issues/coronavirus.
50. Schindler, Daniel K. "CARES Act: Impacts and Benefits for Individuals." Anders, March 30, 2020. Accessed December 9, 2021. https://anderscpa.com/cares-act-impacts-benefits-individuals/?tag=covid-19.
51. Martin, Allison, Evandro Gigante, Harris Mufson, and Jacob P. Tucker. "CARES Act Expands Unemployment Insurance Benefits." Law and the Workplace, April 5, 2020. Accessed December 9, 2021. www.lawandtheworkplace.com/2020/04/cares-act-expands-unemployment-insurance-benefits.
52. Van Dam, Andrew. "Analysis: The U.S. Has Thrown More than $6 Trillion at the Coronavirus Crisis. That Number Could Grow." *Washington Post*, April 15, 2020. Accessed December 9, 2021. www.washingtonpost.com/business/2020/04/15/coronavirus-economy-6-trillion.
53. Smialek, Jeanna. "How the Fed's Magic Money Machine Will Turn $454 Billion into $4 Trillion." *New York Times*. Accessed December 24, 2021. www.nytimes.com/2020/03/26/business/economy/fed-coronavirus-stimulus.html.
54. Khan, Mariam. "Who Will Get What and When from the $2 Trillion Relief Package." ABC News, March 27, 2020. Accessed December 9, 2021. https://abcnews.go.com/Politics/trillion-stimulus-package/story?id=69791823.
55. SURE stands for Support to Mitigate Unemployment Risks in an Emergency. Koutsokosta, Efi, and Fanny Gauret. "The EU's 100 Billion Euro Scheme to Tackle Unemployment Caused by COVID-19." Euronews, May 6, 2020. Accessed December 9, 2021. www.euronews.com/next/2020/04/22/the-eu-s-100-billion-euro-scheme-to-tackle-unemployment-caused-by-covid-19.

56. Sandford, Alasdair. "Coronavirus in Europe: How Will the EU € 500bn Rescue Deal Help People and Businesses?" Euronews, April 10, 2020. Accessed December 9, 2021. www.euronews.com/2020/04/10/coronavirus-in-europe-how-will-the-eu-500bn-rescue-deal-help-people-and-businesses.
57. Ribeiro, Gustavo. "Brazil to Pay Emergency Salary to Informal Workers." Brazilian Report, April 16, 2020. Accessed December 9, 2021. https://brazilian.report/newsletters/brazil-daily/2020/03/27/brazil-to-pay-emergency-salary-to-informal-workers.
58. Ellyatt, Holly. "'Whatever It Takes': UK Pledges Almost $400 Billion to Help Businesses Through Coronavirus." CNBC, March 18, 2020. Accessed December 9, 2021. www.cnbc.com/2020/03/17/uk-announces-massive-aid-package-for-coronavirus-hit-industries.html.
59. European Central Bank. "ECB Announces € 750 Billion Pandemic Emergency Purchase Programme (PEPP)." March 18, 2020. Accessed December 9, 2021. www.ecb.europa.eu/press/pr/date/2020/html/ecb.pr200318_1~3949d6f266.en.html.
60. Esposito, Anthony, and Diego Oré. "Too Little, Too Late? Mexico Unveils $26 Billion Coronavirus Spending Shift." Reuters, April 22, 2020. Accessed December 9, 2021. www.reuters.com/article/us-health-coronavirus-mexico-budget-idUSKCN22423Q.
61. Blickle, Kristian. "Pandemics Change Cities: Municipal Spending and Voter Extremism in Germany, 1918–1933." Federal Reserve Bank of New York, June 2020. Accessed December 9, 2021. www.newyorkfed.org/medialibrary/media/research/staff_reports/sr921.pdf.
62. Cole, Devan. "Fed Study: 1918 Flu Deaths Linked to Relative Strength of Nazism." CNN, May 5, 2020. Accessed December 9, 2021. www.cnn.com/2020/05/05/politics/1918-influenza-pandemic-nazism-federal-reserve-bank-study/index.html.
63. Powell, Jerome. "Transcript of Chair Powell's Press Conference." Federal Open Market Committee, Federal Reserve, June 10, 2020. Accessed December 9, 2021. www.federalreserve.gov/mediacenter/files/FOMCpresconf20200610.pdf.
64. FDR Presidential Library and Museum. "Great Depression Facts." n.d. Accessed December 9, 2021. www.fdrlibrary.org/great-depression-facts.
65. Margo, Robert A. "Employment and Unemployment in the 1930s." *Journal of Economic Perspectives* 7, no. 2 (1993): 41–59. https://fraser.stlouisfed.org/files/docs/meltzer/maremp93.pdf.
66. Kurtz, Annalyn, Tal Yellin, and Byron Manley. "14.7% Unemployment Is Tragic, and It Doesn't Even Include Everyone Who's Out of Work." CNN, May 8, 2020. Accessed December 9, 2021. www.cnn.com/interactive/2020/05/business/april-jobs-report-unemployment-rate/.
67. Galbraith, John Kenneth. *The Great Crash of 1929*. Boston: Mariner Books, 2009, pages 133–134.〔ジョン・K・ガルブレイス『大暴落 1929』村井章子訳、日経 BP、2008 年〕

68. Sauter, Michael B., and Samuel Stebbins. "How the Current Stock Market Collapse Compares with Others in History." *USA Today*, March 21, 2020. Accessed December 9, 2021. www.usatoday.com/story/money/2020/03/21/stock-market-collapse-how-does-todays-compare-others/2890885001.
69. Franck, Thomas. "Dow Briefly Wipes out All the Gains Since Trump's Election." CNBC, March 23, 2020. Accessed December 9, 2021. www.cnbc.com/2020/03/23/dow-loses-all-gains-since-trumps-election-down-nearly-40percent.html.
70. Winck, Ben. "The US Stock Market Has Now Wiped out the Entire $11.5 Trillion of Value It Gained Since Trump's 2016 Election Victory." *Business Insider*, March 12, 2020. Accessed December 9, 2021. https://markets.businessinsider.com/news/stocks/stock-market-outlook-2016-trump-win-gains-erased-coronavirus-risks-2020-3.
71. Huffstutter, P. J. "Trump Trade-War Aid Sows Frustration in Farm Country." Reuters, September 13, 2019. Accessed December 9, 2021. www.reuters.com/article/us-usa-trade-china-aid/trump-trade-war-aid-sows-frustration-in-farm-country-idUKKCN1VY0Z1.
72. Coy, Peter. "The Trump Tax Cut Wasn't Just for the Rich." Bloomberg, October 27, 2020. Accessed December 9, 2021. www.bloomberg.com/news/articles/2020-10-27/the-trump-tax-cut-wasn-t-just-for-the-rich.
73. Tax Policy Center. "Corporate Income Tax Revenue as a Share of GDP, 1934–2019." April 27, 2021. Accessed December 9, 2021. www.taxpolicycenter.org/statistics/corporate-income-tax-revenue-share-gdp-1934-2019.
74. Marte, Jonnelle. "Trump Touts Stock Market's Record Run, but Who Benefits?" Reuters, February 5, 2020. Accessed December 9, 2021. www.reuters.com/article/us-usa-trump-speech-stocks-analysis-idUSKBN1ZZ19A.
75. Mason, Jeff, Matt Spetalnick, and Humeyra Pamuk. "Trump Threatens New Tariffs on China in Retaliation for Coronavirus." Reuters, April 30, 2020. Accessed December 9, 2021. www.reuters.com/article/us-health-coronavirus-usa-china-idUSKBN22C3DS.
76. "Economic and Trade Agreement Between the Government of the United States and the Government of the People's Republic of China." January 15, 2020. Accessed December 9, 2021. https://ustr.gov/sites/default/files/files/agreements/phase%20one%20agreement/Economic_And_Trade_Agreement_Between_The_United_States_And_China_Text.pdf.
77. Tang, Frank. "China Urged to Focus on Domestic Economy in Next Five-Year Plan to Counter More Hostile World." Yahoo! News, May 8, 2020. Accessed December 9, 2021. https://sg.news.yahoo.com/china-urged-focus-domestic-economy-101713592.html.
78. Hurst, Daniel, and Helen Davidson. "Australia-China Ties at Risk of Slipping into Permanent Hostility, Former Senior Diplomat Warns." *Guardian*, May 14, 2020. Accessed December 9, 2021. www.theguardian.com/australia-news/2020/may/15/australia-china-ties-at-risk-of-slipping-into-permanent-hostility-former-senior-diplomat-

warns.
79. Macrotrends. "Amazon Market Cap 2006–2021." n.d. Accessed January 18, 2022. www.macrotrends.net/stocks/charts/AMZN/amazon/market-cap.
80. Yahoo! Finance. "AMZN Interactive Stock Chart." n.d. Accessed January 18, 2022. https://finance.yahoo.com/chart/AMZN.
81. Yahoo! Finance. "TSLA Interactive Stock Chart." n.d. Accessed January 18, 2022. https://finance.yahoo.com/chart/TSLA. Yahoo! Finance. "XOM Interactive Stock Chart." n.d. Accessed January 18, 2022. https://finance.yahoo.com/chart/XOM.
82. Lagarde, Christine. "Christine Lagarde: ECB Press Conference—Introductory Statement." Bank for International Settlements, April 30, 2020. Accessed December 10, 2021. www.bis.org/review/r200430a.htm.
83. Phillips, Matt. "A Rush to Stocks, Driven by Bargains and Bravery." *New York Times*, April 8, 2020. Accessed December 10, 2021. www.nytimes.com/2020/04/08/business/coronavirus-stock-market-rally.html.
84. Panneflek, Eric. "Q1-2020 GDP Reports of USA, Eurozone and China." PGM Capital, May 3, 2020. Accessed December 10, 2021. www.pgmcapital.com/q1-2020-gdp-reports-of-usa-eurozone-and-china.
85. Reuters Staff. "Italy GDP Plunges 4.7% in Q1 as Coronavirus Bites, Steepest Quarterly Drop for at Least 25 Years." Reuters, April 30, 2020. Accessed December 10, 2021. www.reuters.com/article/italy-gdp-plunges-47-in-q1-as-corovaviru/italy-gdp-plunges-4-7-in-q1-as-corovavirus-bites-steepest-quarterly-drop-for-at-least-25-years-idUSR1N2A701Z.
86. Burin, Gabriel. "Brazil's GDP Likely Shrank 1.5% in First Quarter on Coronavirus Impact: Reuters Poll." Reuters, May 25, 2020. Accessed December 10, 2021. www.reuters.com/article/us-brazil-economy-poll-idUSKBN2311MB.
87. Noticias. "Exports to Asia Grew 27.7% in May; for China, High Was 35.2%." Tridge, June 4, 2020. Accessed December 10, 2021. www.tridge.com/news/exports-to-asia-grew-277-in-may-for-china-high-was.
88. FGV. "Confiança empresarial recua em abril de 2020 e registra o menor nivel da série histórica." May 4, 2020. Accessed December 10, 2021. https://portal.fgv.br/noticias/confianca-empresarial-recua-abril-2020-e-registra-menor-nivel-serie-historica.
89. Meredith, Sam. "Brazil's Bolsonaro Could Soon Be Toppled, Analysts Say, as Coronavirus Cases Surge." CNBC, May 27, 2020. Accessed December 10, 2021. www.cnbc.com/2020/05/27/coronavirus-brazils-bolsonaro-could-soon-be-toppled-analysts-say.html.
90. Meredith, Sam. "Venezuela Files Legal Claim in Bid to Force Bank of England to Hand Over $1 Billion of Gold." CNBC, May 20, 2020. Accessed December 10, 2021. www.cnbc.com/2020/05/20/coronavirus-venezuela-files-claim-against-bank-of-england-gold-reserves.html.
91. Crutsinger, Martin. "CBO Projects Virus Impact Could Trim GDP by $15.7 Trillion."

PBS, June 1, 2020. Accessed December 10, 2021. www.pbs.org/newshour/economy/cbo-projects-virus-impact-could-trim-gdp-by-15-7-trillion.
92. Thomas, Leigh. "OECD Sees Deepest Peace-Time Slump in a Century." Reuters, June 10, 2020. Accessed December 10, 2021. www.reuters.com/article/uk-health-coronavirus-oecd-idUKKBN23H11B.
93. Crutsinger, Martin. "US Economy Shrank 3.5% in 2020 After Growing 4% Last Quarter." Associated Press, January 28, 2021. Accessed December 10, 2021. apnews.com/article/us-economy-shrink-in-2020-b59f9be06dcf1da924f64afde2ce094c.
94. Amaro, Silvia. "Euro Zone Economy Contracted by 6.8% in 2020 on Covid Lockdown Shock." CNBC, February 2, 2021. Accessed December 10, 2021. www.cnbc.com/2021/02/02/euro-zone-gdp-contracts-amid-tight-covid-restrictions-vaccine-rollout.html. McGeever, Jamie. "Brazil GDP Drops 4.1% in 2020, COVID-19 Surge Erodes Rebound." Reuters, March 3, 2021. Accessed December 10, 2021. www.reuters.com/article/us-brazil-economy-gdp/brazil-gdp-drops-4-1-in-2020-covid-19-surge-erodes-rebound-idUSKBN2AV1FZ. BBC News. "Japan's Economy Shrinks 4.8% in 2020 Due to Covid." February 15, 2021. Accessed December 10, 2021. www.bbc.com/news/business-56066065.
95. He, Laura. "China's Economy Grows 2.3% in 2020 as Recovery Quickens." CNN, January 18, 2021. Accessed December 10, 2021. www.cnn.com/2021/01/17/economy/china-gdp-2020-intl-hnk/index.html.
96. Phillips, Matt. "Despite Recession, Stock Markets Turn Positive for the Year." *New York Times*, June 8, 2020. Accessed December 10, 2021. www.nytimes.com/2020/06/08/business/recession-stock-market-coronavirus.html.
97. Heath, Thomas, and Taylor Telford. "NASDAQ Sets Record High, S&P Positive for 2020 as Investors Double Down on Recovery." *Washington Post*, June 8, 2020. Accessed December 10, 2021. www.washingtonpost.com/business/2020/06/08/stocks-market-today-nasdaq-economy.
98. Phillips, Matt. "Despite Recession, Stock Markets Turn Positive for the Year." *New York Times*, June 8, 2020. Accessed December 10, 2021. www.nytimes.com/2020/06/08/business/recession-stock-market-coronavirus.html.
99. Powell, Jerome. "Transcript of Chair Powell's Press Conference." Federal Open Market Committee. Federal Reserve, June 10, 2020. Accessed December 10, 2021. www.federalreserve.gov/mediacenter/files/FOMCpresconf20200610.pdf.
100. *Japan Times*. "Bank of Japan Expands Financing Support for Firms Hit by Virus." June 16, 2020. Accessed December 10, 2021. www.japantimes.co.jp/news/2020/06/16/business/boj-financing-companies-coronavirus.
101. Condon, Christopher, Craig Torres, and Molly Smith. "Fed Will Begin Buying Broad Portfolio of Corporate Bonds." Bloomberg, June 15, 2020. Accessed December 10, 2021. www.bloomberg.com/news/articles/2020-06-15/fed-will-begin-buying-broad-portfolio-of-u-s-corporate-bonds.

102. VOA News. "Asian Markets Rally from Monday's Doldrums." June 16, 2020. Accessed December 10, 2021. www.voanews.com/a/economy-business_asian-markets-rally-mondays-doldrums/6191184.html.
103. Elliott, Larry. "Bank of England Pumps an Extra £100bn into UK Economy." *Guardian*, June 18, 2020. Accessed December 10, 2021. www.theguardian.com/business/2020/jun/18/bank-of-england-uk-economy-quantitative-easing-coronavirus-crisis.
104. Yardeni, Edward, and Mali Quintana. "Central Banks: Monthly Balance Sheets." Yardeni Research, Inc., December 9, 2021. Accessed December 10, 2021. www.yardeni.com/pub/peacockfedecbassets.pdf.
105. Powell, Jerome. "Transcript of Chair Powell's Press Conference." Federal Open Market Committee. Federal Reserve, June 10, 2020. Accessed December 10, 2021. www.federalreserve.gov/mediacenter/files/FOMCpresconf20200610.pdf.
106. Powell, Jerome. "Transcript of Chair Powell's Press Conference." Federal Open Market Committee. Federal Reserve, June 10, 2020. Accessed December 10, 2021. www.federalreserve.gov/mediacenter/files/FOMCpresconf20200610.pdf.
107. Bernal, Rafael. "Bolsonaro's Covid-19 Diagnosis Brings New Uncertainty to Brazil." *The Hill*, July 7, 2020. Accessed December 10, 2021. thehill.com/latino/506284-bolsonaros-covid-19-diagnosis-brings-new-uncertainty-to-brazil.
108. Horton, Jake. "Covid: Why Has Peru Been So Badly Hit?" BBC News, June 1, 2021. Accessed December 10, 2021. www.bbc.com/news/world-latin-america-53150808.
109. BBC News. "Covid-19: Protests as Argentina's Cases Pass 900,000." October 13, 2020. Accessed December 10, 2021. www.bbc.com/news/world-latin-america-54522428.
110. McGeever, Jamie. "Update 2—Brazil Cuts Interest Rates to New Low, Leaves Door Open for 'Residual' Easing." Reuters, June 17, 2020. Accessed December 10, 2021. www.reuters.com/article/brazil-economy-rates/update-2-brazil-cuts-interest-rates-to-new-low-leaves-door-open-for-residual-easing-idUSL-1N2DU2O3.
111. Charner, Flora. "Brazil Tops 1 Million Covid-19 Cases. It May Pass the US Next, Becoming the Worst-Hit Country on the Planet." CNN, June 19, 2020. Accessed December 10, 2021. https://edition.cnn.com/2020/06/19/americas/brazil-one-million-coronavirus-jair-bolsonaro-cases-intl/index.html.
112. Reuters Staff. "Mainland China Reports 19 New Coronavirus Cases, Including 13 in Beijing." Reuters, June 24, 2020. Accessed December 10, 2021. www.reuters.com/article/uk-health-coronavirus-china-cases-idUKKBN23W02L.
113. Bloomberg News. "China Signals Further Reserve Ratio Cut to Spur Bank Lending." Bloomberg, June 17, 2020. Accessed December 10, 2021. www.bloomberg.com/news/articles/2020-06-18/china-signals-further-reserve-ratio-cuts-to-spur-bank-lending.
114. Zhou, Winni, and Andrew Galbraith. "China Pledges Continued Economic Support

but Warns of Liquidity Hangover." Reuters, June 17, 2020. Accessed December 10, 2021. www.reuters.com/article/us-china-pboc-governor/china-pledges-continued-economic-support-but-warns-of-liquidity-hangover-idUSKBN23P0DZ.
115. "Hawkish Fed, Dovish PBOC Diverge in New Phase of Policy." Bloomberg News, December 19, 2021. Accessed January 19, 2022. www.bloombergquint.com/global-economics/hawkish-fed-dovish-pboc-diverge-in-new-phase-of-pandemic-policy.
116. Pelley, Scott. "Full Transcript: Fed Chair Jerome Powell's 60 Minutes Interview on Economic Recovery from the Coronavirus Pandemic." CBS News, March 17, 2020. Accessed December 10, 2021. www.cbsnews.com/news/full-transcript-fed-chair-jerome-powell-60-minutes-interview-economic-recovery-from-coronavirus-pandemic.
117. Federal Reserve. "Federal Reserve Statistical Release H.4.1: Factors Affecting Reserve Balances." January 7, 2016. Accessed December 10, 2021. www.federalreserve.gov/releases/h41/20160107.
118. 名目 GDP はインフレ調整を行なっていない数字。実際には、低インフレの時期には名目 GDP と実質 GDP にあまり開きはない。Silver, Caleb. "The Top 25 Economies in the World." Investopedia, December 24, 2020. Accessed December 10, 2021. www.investopedia.com/insights/worlds-top-economies/#5-india.
119. Portes, Ronamil, and Tayyeba Irum. "Billion-Dollar Bankruptcies Hit Record in 2020 as Covid-19 Takes Toll." S&P Global, January 25, 2021. Accessed December 10, 2021. www.spglobal.com/marketintelligence/en/news-insights/latest-news-headlines/billion-dollar-bankruptcies-hit-record-in-2020-as-covid-19-takes-toll-62267412.
120. Hulbert, Mark. "Opinion: The Dow Has Completely Recovered Its 2020 Bear-Market Loss. Here's What Comes Next." MarketWatch, November 21, 2020. Accessed December 10, 2021. www.marketwatch.com/story/the-dow-has-completely-recovered-its-2020-bear-market-loss-heres-what-comes-next-2020-11-20.
121. Mutlu, Belgin Yakisan. "Central Banks Cut Interest Rates 207 Times in 2020." Anadolu Agency, January 18, 2021. Accessed December 10, 2021. www.aa.com.tr/en/economy/central-banks-cut-interest-rates-207-times-in-2020/2113971.

第六章　無制限に提供されるマネー

1. Pelley, Scott. "Federal Reserve Chairman Jerome Powell on the Coronavirus-Ravaged Economy." CBS News, May 18, 2020. Accessed December 13, 2021. www.cbsnews.com/news/coronavirus-economy-jerome-powell-federal-reserve-chairman-60-minutes. Miller, Rich. "Jerome Powell Sees Long Road Ahead for Jobs Market." BNN Bloomberg, June 11, 2020. Accessed December 13, 2021. www.bnnbloomberg.ca/jerome-powell-sees-long-road-ahead-for-jobs-market-1.1448833.
2.「世界に響き渡った銃弾」という句は、アメリカ独立戦争が始まる契機となった 1775 年 4 月 19 日のレキシントン・コンコードの戦いの最初の銃弾を指す。

3. Draghi, Mario. “Verbatim of the Remarks Made by Mario Draghi.” European Central Bank, July 26, 2012. Accessed December 13, 2021. www.ecb.europa.eu/press/key/date/2012/html/sp120726.en.html. European Central Bank. “New President of the European Central Bank.” November 1, 2019. Accessed December 13, 2021. www.ecb.europa.eu/press/pr/date/2019/html/ecb.pr191101~8f1889db97.en.html.
4. Castro, Ruben. “ECB Will Continue Doing Whatever Is Necessary to Deliver on Mandate, Lagarde Says.” EURACTIV, May 8, 2020. Accessed December 13, 2021. www.euractiv.com/section/economy-jobs/news/ecb-will-continue-doing-whatever-is-necessary-to-deliver-on-mandate-lagarde-says.
5. Vlastelica, Ryan. “What’s Driving Wall Street’s Apple Optimism? Almost Everything.” Bloomberg, June 23, 2020. Accessed December 13, 2021. www.bloomberg.com/news/articles/2020-06-23/what-s-driving-wall-street-s-apple-optimism-almost-everything.
6. Sen, Conor. “Your Net Worth Is America’s Secret Economic Weapon.” *Washington Post*, August 21, 2020. Accessed December 13, 2021. www.washingtonpost.com/business/on-small-business/your-net-worth-is-americas-secret-economic-weapon/2020/08/20/70df5b92-e2d4-11ea-82d8-5e55d47e90ca_story.html.
7. Adrian, Tobias, and Fabio Natalucci. “Financial Conditions Have Eased, but Insolvencies Loom Large.” IMF Blog, June 25, 2020. Accessed December 13, 2021. https://blogs.imf.org/2020/06/25/financial-conditions-have-eased-but-insolvencies-loom-large.
8. Pozen, Robert C. “Donald Trump’s Tax Plan Could Land America $10 Trillion Deeper in Debt.” Brookings, March 7, 2016. Accessed December 13, 2021. www.brookings.edu/opinions/donald-trumps-tax-plan-could-land-america-10-trillion-deeper-in-debt.
9. Yardeni, Edward, and Mali Quintana. “Central Banks: Monthly Balance Sheets.” Figure 6. Yardeni Research, Inc. Accessed January 14, 2022. www.yardeni.com/pub/peacockfedecbassets.pdf.
10. Goldman, David. “European Central Bank Throws 750 Billion Euros at the Economy to Fight the Coronavirus Crash.” CNN, March 18, 2020. Accessed December 13, 2021. www.cnn.com/2020/03/18/economy/ecb-bailout/index.html. Kihara, Leika, and Tetsushi Kajimoto. “Bank of Japan Expands Stimulus as Pandemic Pain Worsens.” Reuters, April 26, 2020. Accessed December 13, 2021. www.reuters.com/article/us-japan-economy-boj/bank-of-japan-expands-stimulus-as-pandemic-pain-worsens-idUSKCN22902K. Bank of England. “Bank of England Measures to Respond to the Economic Shock from Covid-19.” March 11, 2020. Accessed December 13, 2021. www.bankofengland.co.uk/news/2020/march/boe-measures-to-respond-to-the-economic-shock-from-covid-19. Reuters Staff. “China Takes Major Steps to Prop up Coronavirus-Hit Economy.” Reuters, February 20, 2020. Accessed December 13, 2021. www.reuters.com/article/us-china-health-policy-factbox/china-takes-major-steps-to-prop-up-coronavirus-hit-economy-idUSKBN20E101.

11. Wiseman, Paul, and Marcy Gordon. "America's Very Wealthiest Likely Pay Less in Taxes than You Do, ProPublica Finds." *Seattle Times*, June 8, 2021. Accessed December 13, 2021. www.seattletimes.com/business/propublica-many-of-the-uber-rich-pay-next-to-no-income-tax.
12. Gardner, Matthew, and Steve Wamhoff. "55 Corporations Paid $0 in Federal Taxes on 2020 Profits." Institute on Taxation and Economic Policy, April 2, 2021. Accessed December 13, 2021. https://itep.org/55-profitable-corporations-zero-corporate-tax.
13. D'Souza, Deborah. "Modern Monetary Theory (MMT) Definition." Investopedia, February 23, 2021. Accessed December 13, 2021. www.investopedia.com/modern-monetary-theory-mmt-4588060.
14. Greifeld, Robert. "Op-Ed: Pandemic Moves Modern Monetary Theory from the Fringes to Actual US Policy." CNBC, April 29, 2020. Accessed December 13, 2021. www.cnbc.com/2020/04/29/op-ed-pandemic-moves-modern-monetary-theory-from-the-fringes-to-actual-us-policy.html.
15. Lowrey, Annie. "Warren Mosler, a Deficit Lover with a Following." *New York Times*, July 4, 2013. Accessed December 13, 2021. www.nytimes.com/2013/07/05/business/economy/warren-mosler-a-deficit-lover-with-a-following.html.
16. Greifeld, Robert. "Op-Ed: Pandemic Moves Modern Monetary Theory from the Fringes to Actual US Policy." CNBC, April 29, 2020. Accessed December 13, 2021. www.cnbc.com/2020/04/29/op-ed-pandemic-moves-modern-monetary-theory-from-the-fringes-to-actual-us-policy.html.
17. Kelton, Stephanie. *The Deficit Myth: Modern Monetary Theory and the Birth of the People's Economy*. New York: Public Affairs, 2021, page 234.〔ステファニー・ケルトン『財政赤字の神話――MMT入門』土方奈美訳、ハヤカワ文庫NF、2022年〕
18. Elder, Bryce, Adam Samson, Joshua Oliver, and Hudson Lockett. "Wall Street Stocks Seal Best Quarter Since 1998." *Financial Times*, June 30, 2020. Accessed December 13, 2021. www.ft.com/content/6d09858e-6dc8-4e74-bbcb-9f837e4aa7c8.
19. Horowitz, Julia. "Inequality in America Was Huge Before the Pandemic. The Stock Market Is Making It Worse." CNN, June 17, 2020. Accessed December 13, 2021. https://edition.cnn.com/2020/06/17/investing/stock-market-inequality-coronavirus/index.html.
20. MSCIはモルガン・スタンレー・キャピタル・インターナショナルの略。同社の指標は世界の主要市場・地域の株価の動きを表す指標として広く使われている。
21. Warrick, Ambar. "Emerging Markets-Stocks Set for Best Quarter in Nearly 11 Years; Currencies Muted." Yahoo! Money, June 30, 2020. Accessed December 13, 2021. https://money.yahoo.com/emerging-markets-stocks-set-best-091404817.html.
22. Tan, Huileng. "Taiwan's Economy Has Held up 'Extremely Well' Despite the Coronavirus, Says Economist." CNBC, June 29, 2020. Accessed December 13, 2021. www.cnbc.com/2020/06/29/taiwans-economy-has-held-up-extremely-well-despite-the-coronavirus.html.

23. Lee, Yen Nee. "This Is Asia's Top-Performing Economy in the Covid Pandemic—It's Not China." CNBC, January 28, 2021. Accessed December 13, 2021. www.cnbc.com/2021/01/28/vietnam-is-asias-top-performing-economy-in-2020-amid-covid-pandemic.html.
24. Alfano, V., and S. Ercolano. "The Efficacy of Lockdown Against COVID-19: A Cross-Country Panel Analysis." *Applied Health Economics and Health Policy* 18 (2020): 509–517. doi.org/10.1007/s40258-020-00596-3.
25. Stiglitz, Joseph E. "Op-Ed: Joseph Stiglitz Explains Why the Fed Shouldn't Raise Interest Rates." *Los Angeles Times*, August 27, 2015. Accessed December 13, 2021. www.latimes.com/opinion/op-ed/la-oe-0827-stiglitz-interest-rates-20150827-story.html.
26. Zarroli, Jim. "It's Nice to Be Rich: Wall Street Is Raking In Profits in the Stock Market." NPR, July 15, 2020. Accessed December 13, 2021. www.npr.org/sections/coronavirus-live-updates/2020/07/15/891318651/its-nice-to-be-rich-big-banks-are-raking-in-profits-in-the-stock-market.
27. Dudley, Bill. "A $10 Trillion Fed Balance Sheet Is Coming." BNN Bloomberg, June 22, 2020. Accessed December 13, 2021. www.bnnbloomberg.ca/a-10-trillion-fed-balance-sheet-is-coming-1.1454178.
28. Bosley, Catherine. "Government Debts May Hold Monetary Policy Hostage, BIS Warns." Bloomberg, June 30, 2020. Accessed December 13, 2021. www.bloomberg.com/news/articles/2020-06-30/indebted-governments-may-hold-monetary-policy-hostage-bis-warns.
29. Curran, Enda, and Chris Anstey. "Pandemic-Era Central Banking Is Creating Bubbles Everywhere." Bloomberg, January 24, 2021. Accessed March 5, 2022. www.bloomberg.com/news/features/2021-01-24/central-banks-are-creating-bubbles-everywhere-in-the-pandemic.
30. Reuters Staff. "U.S. Records over 25,000 Coronavirus Deaths in July" Reuters, July 31, 2020. Accessed December 24, 2021. www.reuters.com/article/us-health-coronavirus-usa-july/u-s-records-over-25000-coronavirus-deaths-in-july-idUSKCN24W1G1.
31. *New York Times*. "See Reopening Plans and Mask Mandates for All 50 States." July 1, 2021. Accessed December 13, 2021. www.nytimes.com/interactive/2020/us/states-reopen-map-coronavirus.html.
32. BBC News. "Coronavirus: US Economy Sees Sharpest Contraction in Decades." July 30, 2020. Accessed December 13, 2021. www.bbc.com/news/business-53574953.
33. Wiltermuth, Joy, and Sunny Oh. "U.S. Stocks End Higher After Fed Keeps Interest Rates Near Zero, Powell Vows to Keep up Support During Pandemic." MarketWatch, July 29, 2020. Accessed December 13, 2021. www.marketwatch.com/story/stock-index-futures-edge-higher-as-investors-await-fed-decision-wade-through-earnings-flood-2020-07-29.

34. Smith, Alexander, and Eric Baculinao. "Chinese Foreign Minister Says U.S. Ties Worst Since 1979, Calls for 'Peaceful Coexistence.'" NBC News, July 9, 2020. Accessed December 13, 2021. www.nbcnews.com/news/world/chinese-foreign-minister-says-u-s-ties-worst-1979-calls-n1233281.
35. Frayer, Janis Mackey, and Yuliya Talmazan. "China Closes U.S. Consulate in Chengdu in Tit-for-Tat with Washington." NBC News, July 27, 2020. Accessed December 13, 2021. www.nbcnews.com/news/world/u-s-closes-consulate-chengdu-china-after-houston-order-n1234951.
36. McGeever, Jamie. "Brazil Economy Could Fall 7%, Deficit Top 11% of GDP, Treasury Secretary Says." Reuters, June 24, 2020. Accessed December 13, 2021. www.reuters.com/article/us-brazil-economy-deficit-idUSKBN23V2GF.
37. Taylor, Derrick Bryson. "A Timeline of the Coronavirus Pandemic." *New York Times*, March 17, 2021. Accessed January 18, 2022. www.nytimes.com/article/coronavirus-timeline.html.
38. BBC News. "India Coronavirus: Why Is India Reopening amid a Spike in Cases?" May 31, 2020. Accessed December 13, 2021. www.bbc.com/news/world-asia-india-52808113.
39. Beck, Martha Viotti, and Simone Preissler Iglesias. "Bolsonaro's Social Spending Defies Austerity Drive in Brazil." Bloomberg, August 14, 2020. Accessed December 13, 2021. www.bloomberg.com/news/articles/2020-08-14/bolsonaro-s-new-social-program-defies-austerity-drive-in-brazil.
40. Associated Press. "California Faces a Staggering $54 Billion Budget Deficit Due to Economic Devastation from Coronavirus." CNBC, May 7, 2020. Accessed December 13, 2021. www.cnbc.com/2020/05/07/california-faces-a-staggering-54-billion-budget-deficit-due-to-economic-devastation-from-coronavirus.html.
41. Siripurapu, Anshu, and Jonathan Masters. "How Covid-19 Is Harming State and City Budgets." Council on Foreign Relations, March 19, 2021. Accessed December 13, 2021. www.cfr.org/backgrounder/how-covid-19-harming-state-and-city-budgets.
42. Evans, Pat. "16 Mind-Blowing Facts About California's Economy." *Business Insider*, April 26, 2019. Accessed December 13, 2021. https://markets.businessinsider.com/news/stocks/california-economy-16-mind-blowing-facts-2019-4.
43. Associated Press. "Gov. Newsom Signs Budget Closing $54.3 Billion Deficit with Tax Raises, School Funding Delay and Cuts to Services." KTLA, June 29, 2020. Accessed December 13, 2021. https://ktla.com/news/california/gov-newsom-signs-budget-closing-54-3-billion-deficit-with-tax-raises-school-funding-delay-and-cuts-to-services.
44. McGreevy, Patrick. "California's Unemployment Agency Targeted for Audit as Criticism Grows." *Los Angeles Times*, June 26, 2020. Accessed December 13, 2021. www.latimes.com/california/story/2020-06-26/california-unemployment-agency-audit-criticism-edd.
45. Congress. "Oversight of the Treasury Department's and the Federal Reserve's

Pandemic Response." U.S. Government Publishing Office, June 6, 2020. Accessed March 5, 2022. www.congress.gov/event/116th-congress/house-event/LC65881/text?s=3&r=2.
46. Goodman, Peter S., Patricia Cohen, and Rachel Chaundler. "European Workers Draw Paychecks. American Workers Scrounge for Food." *New York Times*, July 3, 2020. Accessed December 13, 2021. www.nytimes.com/2020/07/03/business/economy/europe-us-jobless-coronavirus.html.
47. Powell, Jerome H. "Testimony by Chair Powell on the Coronavirus and CARES Act." Federal Reserve System Board, June 30, 2020. Accessed December 13, 2021. www.federalreserve.gov/newsevents/testimony/powell20200630a.htm.
48. Lang, Hannah. "Cheat Sheet: 8 Ways Fed Is Using Emergency Powers to Counter Pandemic." *American Banker*, May 4, 2020. Accessed December 13, 2021. www.americanbanker.com/list/cheat-sheet-8-ways-fed-is-using-emergency-powers-to-counter-pandemic.
49. Powell, Jerome. "Transcript of Chair Powell's Press Conference." Federal Open Market Committee. Federal Reserve, June 10, 2020. Accessed December 13, 2021. www.federalreserve.gov/mediacenter/files/FOMCpresconf20200610.pdf.
50. Timiraos, Nick. "Automakers, Technology Firms Are Largest Components of Fed's Corporate-Bond Purchases." *Wall Street Journal*, June 28, 2020. Accessed December 13, 2021. www.wsj.com/articles/automakers-technology-firms-are-largest-components-of-feds-corporate-bond-purchases-11593376778.
51. Smith, Molly, and Jeremy Hill. "A $1 Trillion Fed-Fueled Borrowing Bonanza for the Creditworthy." Bloomberg, June 4, 2020. Accessed December 13, 2021. www.bloomberg.com/news/articles/2020-06-04/it-s-borrow-or-bust-for-companies-in-the-coronavirus-pandemic?sref=mrm8kJge.
52. Lim, Dawn. "BlackRock Closes in on the Once Unthinkable, $10 Trillion in Assets." *Wall Street Journal*, July 14, 2021. Accessed January 12, 2022. www.wsj.com/articles/blackrock-now-has-close-to-10-trillion-under-management-11626259550.
53. Reuters. "Blackrock Conflicts Managed 'Extremely Carefully,' Fed's Powell Says." Thomson Reuters, July 29, 2020. Accessed January 12, 2022. www.reuters.com/article/us-usa-fed-blackrock-idUSKCN24U377.
54. Riquier, Andrea. "The Fed Has Bought $8.7 Billion Worth of ETFs. Here Are the Details." MarketWatch, September 21, 2020. Accessed January 12, 2022. www.marketwatch.com/story/the-fed-has-been-buying-etfs-what-does-it-mean-11600704182.
55. Goldstein, Matthew. "Fed Releases Details of BlackRock Deal for Virus Response." *New York Times*. March 27, 2020. www.nytimes.com/2020/03/27/business/coronavirus-blackrock-federal-reserve.html.
56. Martens, Pam, and Russ Martens. "Fed Chair Powell Had 4 Private Phone Calls with BlackRock's CEO Since March as BlackRock Manages Upwards of $25 Million of

Powell's Personal Money and Lands 3 No-Bid Deals with the Fed." Wall Street on Parade, August 7, 2020. Accessed January 12, 2022. wallstreetonparade.com/2020/08/fed-chair-powell-had-4-private-phone-calls-with-blackrocks-ceo-since-march-as-blackrock-manages-upwards-of-25-million-of-powells-personal-money-and-lands-3-no-bid-deals-with-the-fed.
57. Koh, Wee Chian, and John Baffes. "Gold Shines Bright Throughout the Covid-19 Crisis." World Bank Blogs, July 27, 2020. Accessed December 13, 2021. https://blogs.worldbank.org/opendata/gold-shines-bright-throughout-covid-19-crisis.
58. Collier, Paul. "Pandemic Threatens African Economic Success." *Financial Times*, August 9, 2020. Accessed December 13, 2021. www.ft.com/content/3e1bcd36-d2a7-4429-af55-859e2ddf0366.
59. Rosati, Andrew. "Brazil Is a Virus Mess but Its Economy Is Outperforming." Bloomberg, August 13, 2020. Accessed December 13, 2021. www.bloomberg.com/news/articles/2020-08-13/brazil-latin-america-s-covid-hotbed-leads-its-economic-rebound.
60. Tyrrell, Patrick. "With New Zealand's New Lockdown, Auckland Trapped in COVID-19 Nightmare." Heritage Foundation, August 17, 2020. Accessed December 13, 2021. www.heritage.org/international-economies/commentary/new-zealands-new-lockdown-auckland-trapped-covid-19-nightmare.
61. Hellmann, Jessie. "US No Longer 'Flattening the Curve' of Coronavirus Pandemic, Administration Official Says." *The Hill*, July 2, 2020. Accessed December 13, 2021. https://thehill.com/policy/healthcare/505667-us-no-longer-flattening-the-curve-of-coronavirus-pandemic.
62. Aratani, Lauren. "How Did Face Masks Become a Political Issue in America?" *Guardian*, June 29, 2020. Accessed December 13, 2021. www.theguardian.com/world/2020/jun/29/face-masks-us-politics-coronavirus.
63. Chappell, Bill. "EU Sets New List of Approved Travel Partners. The U.S. Isn't on It." NPR, June 30, 2020. Accessed December 13, 2021. www.npr.org/sections/coronavirus-live-updates/2020/06/30/883858231/eu-sets-new-list-of-approved-travel-partners-the-u-s-isnt-on-it.
64. Szmigiera, M. "Impact of the Coronavirus Pandemic on the Global Economy—Statistics & Facts." Statista, November 23, 2021. Accessed December 13, 2021. www.statista.com/topics/6139/covid-19-impact-on-the-global-economy/#dossierKeyfigures.
65. World Bank Group. "The Global Economic Outlook During the COVID-19 Pandemic: A Changed World." June 8, 2020. Accessed December 14, 2021. www.worldbank.org/en/news/feature/2020/06/08/the-global-economic-outlook-during-the-covid-19-pandemic-a-changed-world.
66. World Bank Group. "Covid-19 to Plunge Global Economy into Worst Recession Since World War II." June 8, 2020. Accessed December 14, 2021. www.worldbank.org/en/

news/press-release/2020/06/08/covid-19-to-plunge-global-economy-into-worst-recession-since-world-war-ii.
67. World Trade Organization. "World Merchandise Trade Fell 14% in Volume, 21% in Value in Q2 amid Global Lockdown." September 23, 2020. www.wto.org/english/news_e/news20_e/stat_23sep20_e.htm.
68. Prasad, Eswar. "Hearing on Supply Chain Resiliency." Brookings Institution, July 2, 2020. Accessed December 14, 2021. www.brookings.edu/testimonies/hearing-on-supply-chain-resiliency.
69. Yamey, Gavin, and Dean T. Jamison. "U.S. Response to Covid-19 Is 100 Times Worse than China's." *Time*, June 10, 2020. Accessed December 14, 2021. https://time.com/5850680/u-s-response-covid-19-worse-than-chinas.
70. Feldman, Nina. "In Pandemic, Green Doesn't Mean 'Go.' How Did Public Health Guidance Get So Muddled?" NPR, August 4, 2020. Accessed December 14, 2021. www.npr.org/sections/health-shots/2020/08/04/896647937/in-pandemic-green-doesnt-mean-go-how-did-public-health-guidance-get-so-muddled.
71. Erlanger, Steven. "Betraying Frustration with China, E.U. Leaders Press for Progress on Trade Talks." *New York Times*, January 6, 2021. Accessed December 14, 2021. www.nytimes.com/2020/06/22/world/europe/china-eu-trade-talks.html.
72. Kassam, Natasha. "Great Expectations: The Unraveling of the Australia-China Relationship." Brookings Institution, July 20, 2020. Accessed December 14, 2021. www.brookings.edu/articles/great-expectations-the-unraveling-of-the-australia-china-relationship.
73. Institute of Developing Economies–Japan External Trade Organization. "China in Africa." n.d. Accessed December 14, 2021. www.ide.go.jp/English/Data/Africa_file/Manualreport/cia_11.html.
74. Regan, Helen. "China Passes Sweeping Hong Kong National Security Law." CNN, June 30, 2020. Accessed December 14, 2021. www.cnn.com/2020/06/29/china/hong-kong-national-security-law-passed-intl-hnk/index.html.
75. Nye, Joseph S. "Soft Power: The Means to Success in World Politics." *Foreign Affairs*, June 2020. Accessed December 14, 2021. www.foreignaffairs.com/reviews/capsule-review/2004-05-01/soft-power-means-success-world-politics.
76. Herszenhorn, David M. "Pompeo Says US Ready to Team Up on China, but EU Eyes a Post-Trump World." Politico, June 25, 2020. Accessed December 14, 2021. www.politico.eu/article/pompeo-says-us-ready-to-team-up-on-china-but-eu-eyes-a-post-trump-world.
77. BBC News. "US Imposes Visa Restrictions on Chinese Officials over Hong Kong Security Law." June 27, 2020. Accessed December 14, 2021. www.bbc.com/news/world-us-canada-53201664.
78. Erlanger, Steven. "Global Backlash Builds Against China over Coronavirus." *New York Times*, August 19, 2020. Accessed December 14, 2021. www.nytimes.

com/2020/05/03/world/europe/backlash-china-coronavirus.html.
79. Joseph, Andrew, and Helen Branswell. "Trump: U.S. Will Terminate Relationship with WHO amid Covid-19 Pandemic." STAT, May 29, 2020. Accessed December 14, 2021. www.statnews.com/2020/05/29/trump-us-terminate-who-relationship.
80. Rappeport, Alan. "I.M.F. Chief Says Claims She Inflated China Data at World Bank Are 'Not True.'" *New York Times*, September 17, 2021. Accessed December 14, 2021. www.nytimes.com/2021/09/17/business/imf-world-bank-kristalina-georgieva.html.
81. BBC News. "Coronavirus: Boris Johnson Moved to Intensive Care as Symptoms Worsen." April 7, 2020. Accessed December 14, 2021. www.bbc.com/news/uk-52192604.
82. Agência Brasil. "President Jair Bolsonaro Tests Positive for Covid-19." July 7, 2020. Accessed December 14, 2021. https://agenciabrasil.ebc.com.br/en/politica/noticia/2020-07/president-jair-bolsonaro-tests-positive-covid-19.
83. CNN. "A Timeline of Trump's Battle with Covid-19." October 12, 2020. Accessed December 14, 2021. https://www.cnn.com/interactive/2020/10/politics/trump-covid-battle/.
84. Skelley, Geoffrey. "Biden Has a Historically Large Lead over Trump, but It Could Disappear." FiveThirtyEight, June 25, 2020. Accessed December 24, 2021. https://fivethirtyeight.com/features/biden-has-a-historically-large-lead-over-trump-but-it-could-disappear.
85. Goodkind, Nicole. "The Economy Is No Longer Americans' Top Concern Heading into the 2020 Election." *Fortune*, July 30, 2020. Accessed December 14, 2021. https://fortune.com/2020/07/30/coronavirus-us-economy-election-issue-gdp-trump-biden-covid-19.
86. Cook, Cindi. "France: 61% Feel Macron Failed in Pandemic." Anadolu Agency, August 10, 2020. Accessed December 14, 2021. https://webcache.googleusercontent.com/search?q=cache%3AsZa4F8z2MLwJ%3Ahttps%3A%2F%2Fwww.aa.com.tr%2Fen%2Feurope%2Ffrance-61-feel-macron-failed-in-pandemic%2F2000239%2B&cd=1&hl=pt-BR&ct=clnk&gl=br.
87. ABC News. "Italians Back Referendum to Reduce Size of Parliament by a Third." September 22, 2020. Accessed December 14, 2021. www.abc.net.au/news/2020-09-22/italians-vote-to-dump-a-third-of-parliamentarians/12688792.
88. Schwartz, Brian. "Wall Street Spent over $74 Million to Back Joe Biden's Run for President, Topping Trump's Haul." CNBC, October 28, 2020. Accessed December 14, 2021. www.cnbc.com/2020/10/28/wall-street-spends-74-million-to-support-joe-biden.html.
89. Schwartz, Brian. "Joe Biden's Fundraiser List Includes More than 30 Executives with Wall Street Ties." CNBC, November 6, 2020. Accessed December 14, 2021. www.cnbc.com/2020/11/01/joe-biden-turned-to-over-30-executives-with-ties-to-wall-street-for-he.html.

90. Cathey, Libby. "Trump Calls for Vote Counting to Stop as Path to Victory Narrows, Biden Urges All to 'Stay Calm.'" ABC News, November 5, 2020. Accessed December 14, 2021. https://abcnews.go.com/Politics/overview-trump-calls-vote-counting-stop-path-victory/story?id=74038071.
91. Slater, Joanna, Rick Noack, Miriam Berger, Adam Taylor, Siobhan O'Grady, and Gerry Shih. "As U.S. Election Hangs in Balance, America's Allies, Rivals and Foes Watch for What's Next." *Washington Post*, November 4, 2020. Accessed December 14, 2021. www.washingtonpost.com/world/2020/11/03/world-reaction-us-election-2020.
92. NBC News. "November 7 Highlights: Joe Biden Becomes the President-Elect." November 7, 2020. Accessed December 14, 2021. www.nbcnews.com/politics/2020-election/blog/2020-11-07-trump-biden-election-results-n1246882. Collinson, Stephen, and Maeve Reston. "Biden Defeats Trump in an Election He Made about Character of the Nation and the President." CNN, November 8, 2020. Accessed December 14, 2021. https://edition.cnn.com/2020/11/07/politics/joe-biden-wins-us-presidential-election/index.html.
93. Anderson, Sarah, and Margot Rathke. "Low-Income Voters Showed up for Biden, Now They Need Relief." *Times Republican* (Iowa), November 17, 2020. Accessed December 14, 2021. www.timesrepublican.com/opinion/columnists/2020/11/low-income-voters-showed-up-for-biden-now-they-need-relief.
94. Bekiempis, Victoria. "70% Of Republicans Say Election Wasn't 'Free and Fair' Despite No Evidence of Fraud—Study." *Guardian*, November 10, 2020. Accessed December 14, 2021. www.theguardian.com/us-news/2020/nov/10/election-trust-polling-study-republicans.
95. Cillizza, Chris. "1 in 3 Americans Believe the 'Big Lie.'" CNN, June 21, 2021. Accessed December 14, 2021. https://edition.cnn.com/2021/06/21/politics/biden-voter-fraud-big-lie-monmouth-poll/index.html.
96. Reuters. "Global Stock Markets Pause Today After 'Awesome' Month." Mint, November 30, 2020. Accessed December 14, 2021. www.livemint.com/market/stock-market-news/global-stock-markets-pause-today-after-awesome-month-11606713671890.html.
97. Timiraos, Nick, Kate Davidson, and Ken Thomas. "Biden Picks Janet Yellen for Treasury Secretary." *Wall Street Journal*, November 23, 2020. Accessed December 14, 2021. www.wsj.com/articles/janet-yellen-is-bidens-pick-for-treasury-secretary-11606161637.
98. Boseley, Sarah, and Philip Oltermann. "Hopes Rise for End of Pandemic as Pfizer Says Vaccine Has 90% Efficacy." *Guardian*, November 10, 2020. Accessed December 14, 2021. www.theguardian.com/world/2020/nov/09/covid-19-vaccine-candidate-effective-pfizer-biontech.
99. White, Martha C. "Wall Street Minted 56 New Billionaires Since the Pandemic Began—but Many Families Are Left Behind." NBC News, December 30, 2020.

Accessed December 14, 2021. www.nbcnews.com/business/business-news/wall-street-s-best-year-ever-why-pandemic-has-been-n1252512.
100. Chapman, Ben. "UK Stock Market Records Best Week Since April as Vaccine Hopes Boost Shares." *Independent*, November 13, 2020. Accessed December 14, 2021. www.independent.co.uk/news/business/uk-stock-market-ftse-100-latest-vaccine-pfizer-b1722660.html.
101. BBC News. "UK Unemployment Rate Continues to Surge." November 10, 2020. Accessed December 14, 2021. www.bbc.com/news/business-54884592.
102. Saha, Manojit. "Why Indian Stock Markets Have Hit All-Time High despite Covid, Lockdown, Record Slowdown." ThePrint, November 10, 2020. Accessed December 14, 2021. theprint.in/economy/why-indian-stock-markets-have-hit-all-time-high-despite-covid-lockdown-record-slowdown/540678. Paulo, Derrick A., and Tamal Mukherjee. "Hunger, Death, Exploitation: The Plight of the Poor in India in the Pandemic." CNA, November 23, 2020. Accessed December 14, 2021. www.channelnewsasia.com/cnainsider/hunger-death-exploitation-plight-poor-poverty-india-covid-19-562811.
103. Martinez, Juan. "Poverty in Argentina Reaches 44.2%; Greatest Impact on Families with Children." *Rio Times*, December 4, 2020. Accessed December 14, 2021. https://riotimesonline.com/brazil-news/mercosur/poverty-in-argentina-reaches-442-of-the-population-with-special-impact-on-households-with-children.
104. Squires, Scott. "Best Emerging-Market Bonds Are from Argentina's Junk-Rated MSU." Bloomberg, December 2, 2020. Accessed December 14, 2021. www.bloomberg.com/news/articles/2020-12-02/best-emerging-market-bonds-are-from-argentina-s-junk-rated-msu.
105. Wheatley, Mike. "Rise in Cash Offers Negatively Impacts Traditional Buyers." Realty Biz News, December 20, 2020. Accessed December 14, 2021. realtybiznews.com/rise-in-cash-offers-negatively-impacts-traditional-buyers/98760794.
106. Giles, Chris, and Valentina Romei. "Pandemic Fuels Broadest Global House Price Boom in Two Decades." *Financial Times*, August 1, 2021. Accessed December 14, 2021. www.ft.com/content/491a245d-4af7-4cad-b860-6ba51b86b45f.
107. Kollewe, Julia. "UK House Prices Soar to Record High Despite Covid Crisis." *Guardian*, September 7, 2020. Accessed December 14, 2021. www.theguardian.com/money/2020/sep/07/uk-house-prices-high-covid-crisis-stamp-duty-property.
108. *The Age*. "Through-the-Roof Home Prices Nothing Short of a Crisis." August 2, 2021. Accessed December 14, 2021. www.theage.com.au/national/through-the-roof-home-prices-nothing-short-of-a-crisis-20210801-p58erx.html.
109. Imbert, Fred, and Jesse Pound. "Dow Rises Nearly 200 Points, Hits Record High to Wrap up Wild 2020." CNBC, December 31, 2020. Accessed December 14, 2021. www.cnbc.com/2020/12/30/stock-market-futures-open-to-close-news.html.
110. Lipschultz, Bailey. "From Tech to Tesla, Stocks Get $14 Trillion Boost in Covid

Year." Bloomberg, January 1, 2021. Accessed December 14, 2021. www.bloomberg.com/news/articles/2020-12-31/from-tech-to-tesla-stocks-get-14-trillion-boost-in-covid-year.

111. Peterson-Withorn, Chase. "The World's Billionaires Have Gotten $1.9 Trillion Richer in 2020." *Forbes*, December 16, 2020. Accessed December 14, 2021. www.forbes.com/sites/chasewithorn/2020/12/16/the-worlds-billionaires-have-gotten-19-trillion-richer-in-2020/?sh=7bb0b02c7386.
112. Rothman, Lawrence. "How Has Amazon Stock Done Since the Beginning of 2020?" Nasdaq, December 23, 2020. Accessed January 18, 2022. www.nasdaq.com/articles/how-has-amazon-stock-done-since-the-beginning-of-2020-2020-12-23.
113. Beer, Tommy. "Top 1% of U.S. Households Hold 15 Times More Wealth than Bottom 50% Combined." *Forbes*, October 8, 2020. Accessed December 14, 2021. www.forbes.com/sites/tommybeer/2020/10/08/top-1-of-us-households-hold-15-times-more-wealth-than-bottom-50-combined/?sh=771709051795.

第七章　三つのI──インフラ（Infrastructure）、インフレ（Inflation）、不平等（Inequality）

1. Roan, Dan. "Tokyo Olympics 'Unlikely to Go Ahead in 2021.'" BBC News, January 19, 2021. Accessed January 10, 2022. www.bbc.com/news/business-55722542.
2. Savage, Michael, and Daniel Boffey. "EU's Vaccine Blunder Reopens Brexit Battle over Irish Border." *Guardian*, January 30, 2021. Accessed January 10, 2022. www.theguardian.com/world/2021/jan/30/eus-vaccine-blunder-reopens-brexit-battle-over-irish-border.
3. Quinn, Dale. "Mexico Overtakes India to Have World's Third Most Covid Deaths." Bloomberg, January 28, 2021. Accessed January 10, 2022. www.bloomberg.com/news/articles/2021-01-29/mexico-overtakes-india-to-have-world-s-third-most-covid-deaths.
4. Tan, Shelly, Youjin Shin, and Danielle Rindler. "How One of America's Ugliest Days Unraveled Inside and Outside the Capitol." *Washington Post*, January 9, 2021. Accessed January 10, 2022. https://www.washingtonpost.com/nation/interactive/2021/capitol-insurrection-visual-timeline/.
5. Cai, Weiyi. "A Step-by-Step Guide to the Second Impeachment of Donald J. Trump." *New York Times*, February 13, 2021. Accessed January 10, 2022. www.nytimes.com/interactive/2021/02/08/us/politics/trump-second-impeachment-timeline.html.
6. Hickey, Christopher, Curt Merrill, Richard J. Chang, Kate Sullivan, Janie Boschma, and Sean O'Key. "Here Are the Executive Actions Biden Signed in His First 100 Days." CNN, April 30, 2021. Accessed January 10, 2022. https://www.cnn.com/interactive/2021/politics/biden-executive-orders/. Woolley, John T., and Gerhard Peters. "Biden in Action: The First 100 Days." American Presidency Project, April 30, 2021. Accessed January 10, 2022. www.presidency.ucsb.edu/analyses/biden-action-

the-first-100-days.
7. Still, Ashlyn, and Adrian Blanco. "A Visual Breakdown of Biden's Barrage of Executive Actions in His First Weeks." *Washington Post*, February 5, 2021. Accessed January 10, 2022. www.washingtonpost.com/politics/interactive/2021/biden-executive-orders-breakdown/.
8. White House. "President Biden Announces American Rescue Plan." United Stated Government, January 20, 2021. Accessed January 10, 2022. www.whitehouse.gov/briefing-room/legislation/2021/01/20/president-biden-announces-american-rescue-plan.
9. Ziv, Shahar. "Americans Should Receive $1,400 Stimulus Checks Starting End of March, Says Biden." *Forbes*, March 8, 2021. Accessed January 10, 2022. www.forbes.com/sites/shaharziv/2021/03/08/americans-should-receive-1400-stimulus-checks-starting-this-month-says-biden/?sh=32fe2a5a51dd.
10. Segers, Grace, and Melissa Quinn. "House Approves $1.9 Trillion Covid Relief Package, Sending Bill to Biden." CBS News, March 11, 2021. Accessed January 10, 2022. www.cbsnews.com/news/covid-relief-bill-american-rescue-plan-passes-house-representatives.
11. Fram, Alan, Andrew Taylor, Laurie Kellman, and Darlene Superville. "Trump Signs $2.2T Stimulus After Swift Congressional Votes." Associated Press, March 28, 2020. https://apnews.com/article/donald-trump-financial-markets-ap-top-news-bills-virus-outbreak-2099a53bb8adf2def7ee7329ea322f9d.
12. White House. "Fact Sheet: The American Jobs Plan." May 31, 2021. Accessed January 10, 2022. www.whitehouse.gov/briefing-room/statements-releases/2021/03/31/fact-sheet-the-american-jobs-plan.
13. Federal Government. "Cabinet Adopts Germany Recovery and Resilience Plan." German Government, April 27, 2021. Accessed January 10, 2022. www.bundesregierung.de/breg-en/news/german-recovery-and-resilience-plan-1898532. Ministry of Economics and Finance. "National Recovery and Resilience Plan 2021." French Government, April 27, 2021. Accessed January 10, 2022. www.economie.gouv.fr/files/files/PDF/2021/PNRR-SummaryEN-extended.pdf.
14. De Maricourt, Francois. "Rebooting Indonesia's Economy in Post-Pandemic World." *Jakarta Post*, October 21, 2020. Accessed January 10, 2022. www.thejakartapost.com/academia/2020/10/21/rebooting-indonesias-economy-in-post-pandemic-world.html.
15. De Borchgrave, Trisha. "Taiwan Might Hold the Key to Building Back Better in a Post-Pandemic World." Zawya, May 21, 2021. Accessed January 10, 2022. www.zawya.com/mena/en/economy/story/Taiwan_might_hold_the_key_to_building_back_better_in_a_postpandemic_world-SNG_212774524.
16. Graham, Dave. "Mexico Unveils Private-Backed $14 Billion Investment Plan to Lift Ailing Economy." Reuters, October 5, 2020. Accessed January 10, 2022. www.reuters.com/article/mexico-infrastructure/mexico-unveils-private-backed-14-billion-

investment-plan-to-lift-ailing-economy-idUSKBN26R06N.
17. White House. "President Biden Nominates Jerome Powell to Serve as Chair of the Federal Reserve, Dr. Lael Brainard to Serve as Vice Chair." November 22, 2021. Accessed January 10, 2022. www.whitehouse.gov/briefing-room/statements-releases/2021/11/22/president-biden-nominates-jerome-powell-to-serve-as-chair-of-the-federal-reserve-dr-lael-brainard-to-serve-as-vice-chair.
18. Tzanetos, Georgina. "Wall Street Readies Clients for Big Government Spending—What They Recommend You Do." Yahoo!, August 24, 2021. Accessed January 10, 2022. www.yahoo.com/now/wall-street-readies-clients-big-173829981.html. Power Engineering International. "What Biden's Infrastructure Plan Means for the US Energy Sector." April 2, 2021. Accessed January 10, 2022. www.powerengineeringint.com/world-regions/north-america/what-bidens-infrastructure-plan-means-for-the-us-energy-sector. Jones, Kendall. "What Biden's Infrastructure Plan Means for the Construction Industry." ConstructConnect, April 8, 2021. Accessed January 10, 2022. www.constructconnect.com/blog/what-bidens-infrastructure-plan-means-for-the-construction-industry.
19. McNally, Catherine. "Nearly 1 in 4 Households Don't Have Internet-and a Quarter Million Still Use Dial-Up." Reviews.org, August 17, 2021. Accessed January 10, 2022. www.reviews.org/internet-service/how-many-us-households-are-without-internet-connection.
20. Greene, Tommy. "Green Stimulus Plan Could Create 1.2m UK Jobs in Two Years, Research Finds." *Guardian*, April 20, 2021. Accessed January 10, 2022. www.theguardian.com/environment/2021/apr/20/green-stimulus-plan-uk-jobs-green-new-deal.
21. HM Treasury. "Plan for Jobs in Action: Hundreds of Thousands of Jobs Supported in Record £650 Billion Infrastructure Investment." UK Government, September 13, 2021. Accessed January 10, 2022. www.gov.uk/government/news/plan-for-jobs-in-action-hundreds-of-thousands-of-jobs-supported-in-record-650-billion-infrastructure-investment.
22. *Japan Times*. "Japan Approves ¥4.4 Trillion for Green Growth." July 8, 2021. Accessed January 10, 2022. www.japantimes.co.jp/news/2021/07/08/business/economy-business/green-growth-budget. Deutsche Welle. "German Infrastructure Begging for Overhaul." April 19, 2021. Accessed January 10, 2022. www.dw.com/en/german-infrastructure-begging-for-overhaul/a-57250602. Chaudhary, Archana, and Suvashree Ghosh. "India Aims to Spend $1.4 Trillion Building Infrastructure." Bloomberg, August 15, 2021. Accessed January 10, 2022. www.bloomberg.com/news/articles/2021-08-15/india-aims-to-end-energy-imports-boost-infrastructure-spending.
23. Bloomberg. "China's under Pressure Jobs Market Remains 'Top Priority.'" *South China Morning Post*, August 17, 2021. Accessed January 10, 2022. www.scmp.com/

economy/china-economy/article/3145275/china-jobs-market-remains-top-priority-record-number.
24. Cheng, Evelyn. “China's After-School Crackdown Wipes out Many Jobs Overnight.” CNBC, August 29, 2021. Accessed January 10, 2022. www.cnbc.com/2021/08/26/chinas-after-school-crackdown-wipes-out-many-jobs-overnight.html.
25. Fengler, Wolfgang, Marie-Francoise Nelly, Indermit Gill, Benedicte Baduel, and Facundo Cuevas. “South Africa After COVID-19-Light at the End of a Very Long Tunnel.” Brookings Institution, July 13, 2021. Accessed January 10, 2022. www.brookings.edu/blog/future-development/2021/07/13/south-africa-after-covid-19-light-at-the-end-of-a-very-long-tunnel.
26. International Monetary Fund. “World Economic Outlook Update: Policy Support and Vaccines Expected to Lift Activity.” January 2021. Accessed January 10, 2022. www.imf.org/en/Publications/WEO/Issues/2021/01/26/2021-world-economic-outlook-update. Jones, Lora, Daniele Palumbo, and David Brown. “Coronavirus: How the Pandemic Has Changed the World Economy.” BBC News, January 24, 2021. Accessed January 10, 2022. www.bbc.com/news/business-51706225.
27. Torpey, Elka. “Green Growth: Employment Projections in Environmentally Focused Occupations.” U.S. Bureau of Labor Statistics, April 2018. Accessed January 10, 2022. www.bls.gov/careeroutlook/2018/data-on-display/green-growth.htm?view_full.
28. Brannigan, Peggy. “How to Find Green Work.” LinkedIn, April 19, 2021. Accessed January 10, 2022. www.linkedin.com/pulse/how-find-green-work-peggy-brannigan.
29. Roslansky, Ryan. “Global Green Skills Report 2022.” Foreword, page 3. LinkedIn Economic Graph, February 22, 2022. Accessed March 3, 2022. https://economicgraph.linkedin.com/content/dam/me/economicgraph/en-us/global-green-skills-report/global-green-skills-report-pdf/li-green-economy-report-2022.pdf.
30. ILO News. “World Employment and Social Outlook 2018: 24 Million Jobs to Open up in the Green Economy.” International Labour Organization, May 14, 2018. Accessed January 10, 2022. www.ilo.org/global/about-the-ilo/newsroom/news/WCMS_628644/lang—en/index.htm.
31. FAANG stands for Facebook (which changed its corporate name to Meta in October 2021), Amazon, Apple, Netflix, and Google (whose parent company is Alphabet). Microsoft is considered another of the tech giants. Schechner, Sam. “Amazon and Other Tech Giants Race to Buy up Renewable Energy.” *Wall Street Journal*, June 23, 2021. Accessed January 10, 2022. www.wsj.com/articles/amazon-and-other-tech-giants-race-to-buy-up-renewable-energy-11624438894. Hook, Leslie, and Dave Lee. “How Tech Went Big on Green Energy.” *Financial Times*, February 10, 2021. Accessed January 10, 2022. www.ft.com/content/0c69d4a4-2626-418d-813c-7337b8d5110d.
32. Quinson, Tim, and Mathieu Benhamou. “Banks Always Backed Fossil Fuel over Green Projects—Until This Year.” Bloomberg, May 19, 2021. Accessed January 10,

2022. www.bloomberg.com/graphics/2021-wall-street-banks-ranked-green-projects-fossil-fuels.

33. ESG は「環境（environment）」「社会（social）」「企業統治（corporate governance）」を表す。社会や環境に対する企業の全体的な誠実性を評価する基準のことである。US Securities and Exchange Commission. “Environmental, Social and Governance (ESG) Funds—Investor Bulletin.” Investor.gov, February 26, 2021. Accessed January 10, 2022. www.investor.gov/introduction-investing/general-resources/news-alerts/alerts-bulletins/investor-bulletins-1.
34. Levitt, Hannah, and Jennifer Surane. “JPMorgan, Citi Pledge Trillions Toward Climate, Sustainability.” Bloomberg, April 15, 2021. Accessed January 10, 2022. www.bloomberg.com/news/articles/2021-04-15/jpmorgan-embarks-on-2-5-trillion-climate-sustainability-effort. Hudson, Caroline. “Bank of America Ups Environmental Commitment to $1 Trillion by 2030.” *Charlotte Business Journal*, April 8, 2021. Accessed January 10, 2022. www.bizjournals.com/charlotte/news/2021/04/08/bank-of-america-1-trillion-environment-by-2030.html.
35. Levitt, Hannah, and Jennifer Surane. “JPMorgan, Citi Pledge Trillions Toward Climate, Sustainability.” Bloomberg, April 15, 2021. Accessed January 10, 2022. www.bloomberg.com/news/articles/2021-04-15/jpmorgan-embarks-on-2-5-trillion-climate-sustainability-effort.
36. Probasco, Jim. “What's in the Infrastructure Investment and Jobs Act?” Investopedia, November 19, 2021. Accessed January 10, 2022. www.investopedia.com/infrastructure-investment-jobs-act-5209581.
37. White House. “President Biden Announces the Build Back Better Framework.” October 28, 2021. Accessed January 10, 2022. www.whitehouse.gov/briefing-room/statements-releases/2021/10/28/president-biden-announces-the-build-back-better-framework.
38. Scott, Dylan. “Congress Is on the Brink of an Immense Health Policy Failure.” *Vox*, December 20, 2021. Accessed January 10, 2022. www.vox.com/policy-and-politics/22846276/build-back-better-bill-health-care-covid-response.
39. Yahoo! Finance. “NUE Interactive Stock Chart.” n.d. Accessed January 10, 2022. https://finance.yahoo.com/chart/NUE.
40. Yahoo! Finance. “PAVE Interactive Stock Chart.” n.d. Accessed January 10, 2022. https://finance.yahoo.com/chart/PAVE#
41. Yahoo! Finance. “J Interactive Stock Chart.” n.d. Accessed January 10, 2022. https://finance.yahoo.com/chart/J.
42. Swanson, Ana, and Keith Bradsher. “U.S. Signals No Thaw in Trade Relations with China.” *New York Times*, November 16, 2021. Accessed January 10, 2022. www.nytimes.com/2021/10/04/business/economy/us-china-trade.html.
43. Gan, Nectar, Jill Disis, and Ben Westcott. “The West Is Uniting to Confront China. How Worried Should Beijing Be?” CNN, June 14, 2021. Accessed January 10, 2022.

www.cnn.com/2021/06/14/economy/g7-china-rebuke-mic-intl-hnk/index.html.
44. BBC News. "G7 Summit: Spending Plan to Rival China Adopted." June 12, 2021. Accessed January 10. 2022. www.bbc.com/news/world-us-canada-57452158.
45. Stein, Jeff, and Antonia Noori Farzan. "G-7 Countries Reach Agreement on 15 Percent Minimum Global Tax Rate." *Washington Post*, June 5, 2021. Accessed January 10, 2022. www.washingtonpost.com/us-policy/2021/06/05/g7-tax-us-yellen.
46. Editorial Board. "Make Tax-Dodging Companies Pay for Biden's Infrastructure Plan." *New York Times*, April 17, 2021. Accessed January 10, 2022. www.nytimes.com/2021/04/17/opinion/sunday/biden-taxes-companies.html.
47. International Consortium of Investigative Journalists. "The Panama Papers: Exposing the Rogue Offshore Finance Industry." n.d. Accessed January 10, 2022. www.icij.org/investigations/panama-papers.
48. Reuters. "The G7 Has Agreed to Set a Global Minimum Tax Rate: What Does It Mean and How Will It Work?" EuroNews, July 19, 2021. Accessed January 10, 2022. www.euronews.com/next/2021/06/05/the-g7-has-agreed-to-set-a-global-minimum-tax-rate-what-does-it-mean-and-how-will-it-work.
49. U.S. Department of the Treasury. "Transcript of Press Conference by Secretary of the Treasury Janet L. Yellen Following the Close of the G20 Finance Ministers and Central Bank Governors Meetings." July 11, 2021. Accessed January 10, 2022. https://home.treasury.gov/news/press-releases/jy0270.
50. Organisation for Economic Co-operation and Development. "International Community Strikes a Ground-Breaking Tax Deal for the Digital Age." October 8, 2021. www.oecd.org/tax/international-community-strikes-a-ground-breaking-tax-deal-for-the-digital-age.htm.
51. Ocampo, Jose Antonio, and Tommaso Faccio. "A Global Tax Deal for the Rich, Not the Poor." Project Syndicate, June 11, 2021. www.project-syndicate.org/commentary/g7-corporate-tax-agreement-unfair-to-developing-countries-by-jose-antonio-ocampo-and-tommaso-faccio-2021-06.
52. Nardelli, Alberto, and Eric Martin. "U.S., EU Strike Deal to Remove Tariffs on Steel and Aluminum." Bloomberg, October 30, 2021. Accessed January 10, 2022. www.bloomberg.com/news/articles/2021-10-30/u-s-eu-near-trade-deal-to-remove-steel-aluminum-tariffs.
53. Sully, Evan, and Lindsay Dunsmuir. "U.S. Consumer Sentiment Plummets in Early August to Decade Low." Reuters, August 13, 2021. Accessed January 10, 2022. www.reuters.com/business/us-consumer-sentiment-plummets-early-august-decade-low-2021-08-13.
54. Sawhill, Isabel V., and Christopher Pulliam. "Six Facts About Wealth in the United States." Brookings, June 25, 2019. Accessed January 10, 2022. www.brookings.edu/blog/up-front/2019/06/25/six-facts-about-wealth-in-the-united-states.
55. Tanzi, Alexandre, and Mike Dorning. "Top 1% of U.S. Earners Now Hold More

Wealth than All of the Middle Class." Bloomberg, October 8, 2021. Accessed January 10, 2022. www.bloomberg.com/news/articles/2021-10-08/top-1-earners-hold-more-wealth-than-the-u-s-middle-class.
56. Federal Reserve Board. "Distribution of Household Wealth in the U.S. Since 1989." December 17, 2021. Accessed January 10, 2022. www.federalreserve.gov/releases/z1/dataviz/dfa/distribute/table.
57. Leonhardt, Megan. "The Top 1% of Americans Have About 16 Times More Wealth than the Bottom 50%." CNBC, June 23, 2021. Accessed January 10, 2022. www.cnbc.com/2021/06/23/how-much-wealth-top-1percent-of-americans-have.html.
58. Collins, Chuck. "Updates: Billionaire Wealth, U.S. Job Losses and Pandemic Profiteers." Inequality.org, October 18, 2021. Accessed January 10, 2022. inequality.org/great-divide/updates-billionaire-pandemic. Sundaram, Anjali. "Yelp Data Shows 60% of Business Closures Due to the Coronavirus Pandemic Are Now Permanent." CNBC, December 11, 2020. Accessed January 10, 2022. www.cnbc.com/2020/09/16/yelp-data-shows-60percent-of-business-closures-due-to-the-coronavirus-pandemic-are-now-permanent.html.
59. Renton, Adam, Melissa Macaya, Brad Lendon, and Meg Wagner. "September 23 Coronavirus News." CNN, September 24, 2020. Accessed January 10, 2022. www.cnn.com/world/live-news/coronavirus-pandemic-09-23-20-intl/h_e5fadff9398283a520fc6cd1711830fb.
60. OECD. "Coronavirus (COVID-19) Vaccines for Developing Countries: An Equal Shot at Recovery." February 4, 2021. Accessed January 10, 2022. www.oecd.org/coronavirus/policy-responses/coronavirus-covid-19-vaccines-for-developing-countries-an-equal-shot-at-recovery-6b0771e6.
61. Bridge Consulting. "China COVID-19 Vaccine Tracker." Bridge Consulting, January 10, 2022. https://bridgebeijing.com/our-publications/our-publications-1/china-covid-19-vaccines-tracker/#China8217s_Vaccines_in_Asia.
62. Sample, Ian. "What Do We Know About the Two New Covid-19 Variants in the UK?" *Guardian*, December 23, 2020. Accessed January 10, 2022. www.theguardian.com/world/2020/dec/23/what-do-we-know-about-the-two-new-covid-19-variants-in-the-uk.
63. Ritchie, Hannah, Edouard Mathieu, Lucas Rodés-Guirao, Cameron Appel, Charlie Giattino, Esteban Ortiz-Ospina, Joe Hasell, Bobbie Macdonald, Diana Beltekian, and Max Roser. "Coronavirus (COVID-19) Vaccinations." Our World in Data. n.d. Accessed April 27, 2022. https://ourworldindata.org/grapher/share-people-vaccinated-covid.
64. Ugochukwu, Nnaemeka. "Vaccine Equity: How Developing African Nations Are Being Left behind, Again." Eco Warrior Princess, March 27, 2021. Accessed January 10, 2022. https://ecowarriorprincess.net/2021/03/vaccine-equity-developing-african-nations-left-behind.
65. COVID-19 Observatory in Latin America and the Caribbean. "The Recovery

Paradox in Latin America and the Caribbean." United Nations ECLAC, July 8, 2021. Accessed January 10, 2022. www.cepal.org/sites/default/files/presentation/files/covid-19_special_report_no_11_launch_ppt_final-visto_jl.pdf. Associated Press. "Covid-19 Vaccine Inequity Threatens the Middle East's Economic Recovery: IMF." CNA, April 11, 2021. Accessed January 10, 2022. www.channelnewsasia.com/business/covid-19-vaccine-inequity-threatens-middle-east-economy-imf-211036.
66. Rastello, Sandrine, and Kait Bolongaro. "Canada Has Reserved More Vaccine Doses per Person than Anywhere." BNN Bloomberg, December 7, 2020. Accessed January 10, 2022. www.bnnbloomberg.ca/canada-has-reserved-more-vaccine-doses-per-person-than-anywhere-1.1533041. Eaton, Joshua, and Joe Murphy. "15 Million Covid Vaccine Doses Thrown Away in the U.S. Since March, New Data Shows." NBC News, September 1, 2021. Accessed January 10, 2022. www.nbcnews.com/news/us-news/america-has-wasted-least-15-million-covid-vaccine-doses-march-n1278211.
67. White House. "COVID-19: The Biden-Harris Plan to Beat COVID-19." n.d. Accessed January 10, 2022. www.whitehouse.gov/priorities/covid-19.
68. Cox, Jeff. "Powell Sees No Interest Rate Hikes on the Horizon as Long as Inflation Stays Low." CNBC, January 14, 2021. Accessed January 10, 2022. www.cnbc.com/2021/01/14/powell-sees-no-interest-rate-hikes-on-the-horizon-as-long-as-inflation-stays-low.html.
69. Rugaber, Christopher. "Fed Keeps Key Rate Near Zero, Sees Inflation as 'Transitory.'" Associated Press, April 28, 2021. Accessed January 10, 2022. https://apnews.com/article/financial-markets-health-coronavirus-economy-inflation-bbe992c9352a72f189ffd634fe7c9383.
70. Brainard, Lael. "Assessing Progress as the Economy Moves from Reopening to Recovery." Federal Reserve Board, July 30, 2021. Accessed January 10, 2022. www.federalreserve.gov/newsevents/speech/brainard20210730a.htm.
71. Bloomberg. "The Fix." n.d. Accessed January 10, 2022. www.bloomberg.com/markets/fixed-income.
72. Chrysoloras, Nikos, Carolynn Look, and Jeannette Neumann. "Lagarde Tells EU Leaders They Must 'Water the Green Shoots.'" Bloomberg, June 25, 2021. Accessed January 10, 2022. www.bloomberg.com/news/articles/2021-06-25/lagarde-tells-eu-leaders-they-must-water-the-green-shoots.
73. De Guindos, Luis. "Euro Area Banks in the Recovery." European Central Bank, June 28, 2021. Accessed January 10, 2022. www.ecb.europa.eu/press/key/date/2021/html/ecb.sp210628_1~a91b7b3d4a.en.html.
74. Bank of Japan. "Statement on Monetary Policy." June 18, 2021. Accessed January 10, 2022. www.boj.or.jp/en/announcements/release_2021/k210618a.pdf.
75. Masayoshi, Amamiya. "Japan's Economy and Monetary Policy Speech at a Meeting with Local Leaders in Niigata (via Webcast)." Bank of Japan, July 21, 2021. Accessed January 10, 2022. www.boj.or.jp/en/announcements/press/koen_2021/ko210721a.

htm.
76. Burden, Lizzy, Eamon Akil Farhat, and Libby Cherry. "Bank of England Official Sees Inflation Rising Further to 4%." Bloomberg, July 14, 2021. Accessed January 10, 2022. www.bloomberg.com/news/articles/2021-07-14/boe-s-ramsden-says-inflation-could-peak-near-4-as-gdp-recovers.
77. Turton, William, and Kartikay Mehrotra. "Hackers Breached Colonial Pipeline Using Compromised Password." Bloomberg, June 4, 2021. Accessed January 10, 2022. www.bloomberg.com/news/articles/2021-06-04/hackers-breached-colonial-pipeline-using-compromised-password.
78. Lucas, Amelia. "Attention Shoppers: Price Hikes Are Ahead, but Consumer Companies Hope You Won't Notice." CNBC, April 24, 2021. Accessed January 10, 2022. www.cnbc.com/2021/04/24/price-hikes-ahead-but-consumer-companieshope-shoppers-wont-notice.html.
79. Bousso, Ron. "Big Oil Back to Boom after Pandemic Bust, Aiding Climate Push." Reuters, July 29, 2021. Accessed January 10, 2022. www.reuters.com/business/energy/wrapup-big-oil-back-boom-after-pandemic-bust-aiding-climate-push-2021-07-29. Li, Yvonne Yue, and Thomas Biesheuvel. "Copper Jumps to Record as Growth Bets Supercharge Commodities." Bloomberg, May 7, 2021. Accessed January 10, 2022. www.bloomberg.com/news/articles/2021-05-07/copper-surges-to-all-time-high-as-global-growth-fuels-rally. Associated Press. "Rising Commodities Costs Hit Americans at Home and on Road." AP NEWS, May 12, 2021. Accessed January 10, 2022. https://apnews.com/article/health-coronavirus-pandemic-business-3af1bc787f3333bf89f5e9e91b92161a.
80. Lambert, Lance. "Pandemic-Spurred Home Renovation Boom Would Be Bigger If Not for 208% Spike in Lumber Price." *Fortune*, April 16, 2021. Accessed January 10, 2022. https://fortune.com/2021/04/16/lumber-prices-home-depot-lowes-construction. Egan, Matt. "Steel Prices Have Tripled. Now Bank of America Is Sounding the Alarm." CNN, May 6, 2021. Accessed January 10, 2022. www.cnn.com/2021/05/06/investing/steel-shortage-stocks-bubble/index.html.
81. Lambert, Lance. "Steel Prices Are up 200%. When Will the Bubble Pop?" *Fortune*, July 8, 2021. Accessed January 10, 2022. fortune.com/2021/07/08/steel-prices-2021-going-up-bubble.
82. Baffes, John, and Jinxin Wu. "Raw Material Commodity Prices Continue Rising amid Stronger Demand." World Bank, June 17, 2021. Accessed January 10, 2022. blogs.worldbank.org/opendata/raw-material-commodity-prices-continue-rising-amid-stronger-demand.
83. Good, Keith. "China: High Demand for Farm Commodities Expected, as Food Inflation and Security Jitters Persist." Farm Policy News, University of Illinois, September 7, 2020. Accessed January 10, 2022. https://farmpolicynews.illinois.edu/2020/09/china-high-demand-for-farm-commodities-expected-as-food-inflation-

and-security-jitters-persist.
84. Egan, Matt. "Get Used to Surging Food Prices: Extreme Weather Is Here to Stay." CNN, August 13, 2021. Accessed January 10, 2022. www.cnn.com/2021/08/13/business/food-prices-inflation-climate-change/index.html.
85. Hume, Neil. "Iron Ore Hits Record on China Demand." *Financial Times*, April 27, 2021. Accessed January 10, 2022. www.ft.com/content/4b3aed47-c049-41c6-ad87-0cfaabf6a7b3. Lee, Annie. "Iron Ore Joins Steel in Hitting Record as China Demand Unleashed." Bloomberg, May 6, 2021. Accessed January 10, 2022. www.bloomberg.com/news/articles/2021-05-06/iron-ore-surges-steel-powers-to-a-record-as-china-returns.
86. First Trust. "Market Watch." May 24, 2021. Accessed January 10, 2022. www.ftportfolios.com/Commentary/MarketCommentary/2021/5/24/week-of-may-24th. S&P Dow Jones Indices. "S&P GSCI." n.d. Accessed January 10, 2022. www.spglobal.com/spdji/en/indices/commodities/sp-gsci/#overview.
87. Food and Agriculture Organization of the United Nations. "FAO Food Price Index." January 6, 2022. Accessed January 10, 2022. www.fao.org/worldfoodsituation/foodpricesindex/en.
88. Georgieva, Kristalina. "Urgent Action Needed to Address a Worsening 'Two-Track' Recovery." IMF Blog, July 7, 2021. Accessed January 10, 2022. blogs.imf.org/2021/07/07/urgent-action-needed-to-address-a-worsening-two-track-recovery.
89. Powell, Jerome H. "Monetary Policy in the Time of COVID." Federal Reserve Board, August 27, 2021. Accessed January 10, 2022. www.federalreserve.gov/newsevents/speech/powell20210827a.htm.
90. Powell, Jerome H. "Monetary Policy in the Time of COVID." Board of Governors of the Federal Reserve System. Accessed January 14, 2022. www.federalreserve.gov/newsevents/speech/powell20210827a.htm. Yardeni, Edward, and Mali Quintana. "Central Banks: Monthly Balance Sheets." Yardeni Research, Inc., January 7, 2022. Accessed January 10, 2022. www.yardeni.com/pub/peacockfedecbassets.pdf.
91. Leonhardt, Megan. "Inflation Is High, but Wage Gains for Low-Income Workers Are Higher. For Now." *Fortune*, December 10, 2021. Accessed January 22, 2022. https://fortune.com/2021/12/10/inflation-wages-low-income-workers.
92. Cox, Jeff. "Fed Chair Powell Calls Inflation 'Frustrating' and Sees It Running into Next Year." September 29, 2022. CNBC. Accessed January 22, 2022. www.cnbc.com/2021/09/29/fed-chair-powell-calls-inflation-frustrating-and-sees-it-running-into-next-year.html.
93. Inman, Phillip. "UK Interest Rate Rise in 2022 Becoming More Likely, Says Bank Chief." *Guardian*, September 27, 2021. Accessed January 10, 2022. www.theguardian.com/business/2021/sep/27/uk-interest-rate-rise-in-2022-becoming-more-likely-says-bank-chief-andrew-bailey.
94. Torres, Craig, Matthew Boesler, and Christopher Condon. "Powell Weighs Earlier

End to Bond Tapering Amid Hot Inflation." Bloomberg, November 30, 2021. Accessed January 10, 2022. www.bloomberg.com/news/articles/2021-11-30/powell-says-appopriate-to-weigh-earlier-end-to-bond-buy-tapering.
95. Agence France Presse. "ECB 'Very Unlikely' to Raise Interest Rates in 2022: Lagarde." Barron's, December 16, 2021. Accessed January 10, 2022. www.barrons.com/news/ecb-very-unlikely-to-raise-interest-rates-in-2022-lagarde-01639663807.
96. Koranyi, Balazs. "Euro Zone Inflation Hump Near Its Peak, Will Decline Next Year: Lagarde." Conservative Talk—Freedom 95.9. n.d. Accessed January 10, 2022. https://freedom959.net/2021/12/03/euro-zone-inflation-hump-near-its-peak-will-decline-next-year-lagarde.
97. Hagan, Shelly. "Central Bankers Are Spooked by Signs That Inflation Is Lingering for Longer." Bloomberg, October 9, 2021. Accessed January 10, 2022. www.bloomberg.com/news/articles/2021-10-09/central-bankers-spooked-by-signs-inflation-lingering-for-longer.
98. Federal Reserve. "Federal Reserve Issues FOMC Statement." Board of Governors of the Federal Reserve System. Accessed January 14, 2022. www.federalreserve.gov/newsevents/pressreleases/monetary20211215a.htm.
99. Smialek, Jeanna. "Fed Shifts to Inflation Battle, Winding Down Pandemic Support." *New York Times*, December 15, 2021. Accessed January 10, 2022. www.nytimes.com/2021/12/15/business/economy/inflation-fed-fomc-meeting-december-2021.html.
100. Milliken, David, and Andy Bruce. "BoE Becomes First Major Central Bank to Raise Rates Since Pandemic." Reuters, December 16, 2021. Accessed January 10, 2022. www.reuters.com/markets/europe/inflation-risk-omicron-slowdown-boe-rate-move-balance-2021-12-16. BBC News. "What Is the UK's Inflation Rate and Why Is the Cost of Living Going up?" BBC, April 13, 2022. www.bbc.com/news/business-12196322.
101. Fujioka, Toru, and Sumio Ito. "BOJ Takes Slow Lane on Paring Covid Aid as Peers Accelerate." Bloomberg. Accessed January 14, 2022. www.bloomberg.com/news/articles/2021-12-17/boj-extends-covid-aid-holds-key-tools-in-place-as-fed-tapers.
102. CNN Brasil. "Três maiores redres de mercados do país têm queda forte em vendas do 2o trimestre." July 30, 2021. Accessed January 10, 2022. www.cnnbrasil.com.br/business/tres-maiores-redes-de-mercados-do-pais-tem-queda-forte-em-vendas-do-2-trimestre.
103. Reuters. "China's Factory Inflation Hits 13-Year High as Materials Costs Soar." September 10, 2021. Accessed January 10, 2022. www.reuters.com/world/china/chinas-factory-prices-rise-fastest-pace-since-august-2008-2021-09-09.
104. Fairless, Tom, Alistair MacDonald, and Jesse Newman. "Commodity Price Surges Add to Inflation Fears." *Wall Street Journal*, June 7, 2021. Accessed January 10, 2022. www.wsj.com/articles/commodity-price-surges-add-to-inflation-fears-11623079860.
105. Blas, Javier. "Commodity Traders Harvest Billions While Prices Rise for Everyone

Else." Bloomberg, June 29, 2021. www.bloomberg.com/news/features/2021-06-29/commodity-traders-make-billions-as-oil-copper-battery-metals-prices-rise.
106. Investing.com. "Bloomberg Commodity Spot Index Chart (BCOMSP)." n.d. Accessed January 10, 2022. www.investing.com/indices/bloomberg-commodity-spot-chart.
107. Gupta, Kriti. "Oil Prices Could Hit $100 by 2023 Despite Omicron Concerns." Bloomberg, December 17, 2021. Accessed May 10, 2022. https://finance.yahoo.com/quote/BZ=F?p=BZ=F&.tsrc=fin-srch.
108. Ha, Jongrim, M. Ayhan Kose, and Franziska Ohnsorge. "Inflation in Emerging and Developing Economies." World Bank Group, 2019. Accessed January 10, 2022. www.worldbank.org/en/research/publication/inflation-in-emerging-and-developing-economies.
109. Carson, Ruth, and Masaki Kondo. "King Dollar Rally Set to Be Supercharged by Fed into 2022." Bloomberg. Accessed January 14, 2022. www.bloomberg.com/news/articles/2021-12-16/fed-hike-bets-seen-supercharging-king-dollar-s-gains-into-2022.
110. Zuckerman, Gregory, Gunjan Banerji, and Michael Wursthorn. "Behind the Stock Market Turmoil: A High-Speed Investor U-Turn." *Wall Street Journal*, January 27, 2022. www.wsj.com/articles/behind-the-stock-market-turmoil-a-high-speed-investor-u-turn-11643305162.
111. Ortiz-Lytle, Carly. "Nearly 40% of US Small Businesses Shutter in Pandemic." Yahoo!, June 16, 2021. www.yahoo.com/now/nearly-40-us-small-businesses-155500902.html.
112. Opportunity Insights Economic Tracker. "Recession Has Ended for High-Wage Workers, Job Losses Persist for Low-Wage Workers." Accessed January 14, 2022. https://tracktherecovery.org/?fbclid=IwAR3SqpDsXjbsM3XoCOg9tXL0Hg3UFzNWFvz5_3G7j6BVTAml8RlbVoKFzFY.
113. Gould, Elise, and Melat Kassa. "Low-Wage, Low-Hours Workers Were Hit Hardest in the COVID-19 Recession." Economic Policy Institute, May 20, 2021. Accessed January 10, 2022. www.epi.org/publication/swa-2020-employment-report.
114. Bateman, Nicole, and Martha Ross. "Why Has Covid-19 Been Especially Harmful for Working Women?" Brookings Institution, October 2020. Accessed January 10, 2022. www.brookings.edu/essay/why-has-covid-19-been-especially-harmful-for-working-women.
115. Silva, Daniella. "'A Huge, Huge Toll': For Households Reliant on Two Incomes, Covid Job Loss Changed Everything." NBC News, March 27, 2021. Accessed January 10, 2022. www.nbcnews.com/news/us-news/huge-huge-toll-households-reliant-two-incomes-covid-job-loss-n1261973.
116. Faiola, Anthony, and Megan Janetsky. "Covid Pushed Millions Worldwide from the Middle Class to Poverty. One Man Is Trying to Work His Way Back." *Washington Post*, May 29, 2021. Accessed January 10, 2022. www.washingtonpost.com/

world/2021/05/29/coronavirus-colombia-middle-class-poverty. Reuters Staff. “Portugal’s Jobless Numbers Jump Nearly 37%, Worst Since 2017.” Reuters, March 22, 2021. Accessed January 10, 2022. www.reuters.com/article/health-coronavirus-portugal-unemployment-idUSL8N2LK2Y6.

117. Reuters Staff. “Update 1—South Africa’s Unemployment Rate Reaches New Record High in First Quarter.” Reuters, June 1, 2021. Accessed January 10, 2022. www.reuters.com/article/safrica-economy-unemployment-idUSL2N2NJ0NV.

118. Goldin, Ian, and Robert Muggah. “Covid-19 Is Increasing Multiple Kinds of Inequality. Here’s What We Can Do About It.” World Economic Forum, October 9, 2020. Accessed January 10, 2022. www.weforum.org/agenda/2020/10/covid-19-is-increasing-multiple-kinds-of-inequality-here-s-what-we-can-do-about-it.

119. Blakeley, Grace. “How Corporate Welfare Props Up the Billionaire Class.” *Tribune*, May 25, 2021. Accessed March 5, 2022. https://tribunemag.co.uk/2021/05/how-corporate-welfare-props-up-the-billionaire-class.

120. BBC News. “Peru: Leftist Castillo Wins Popular Vote in Presidential Race.” June 16, 2021. Accessed January 10, 2022. www.bbc.com/news/world-latin-america-57492974.

121. Bonnefoy, Pascale, and Ernesto Londoño. “Gabriel Boric, a Former Student Activist, Is Elected Chile’s Youngest President.” *New York Times*, December 19, 2021. www.nytimes.com/2021/12/19/world/americas/chile-president-election.html.

122. Exame. “Eleições 2022: Diferença Entre Lula e Bolsonaro Diminui Em Pesquisa BTG.” Exame, April 25, 2022. https://exame.com/brasil/eleicoes-vantagem-de-lula-para-bolsonaro-cai-5-pontos-sem-moro-na-disputa/.

123. BBC News. “France Elections: Far-Right National Rally Fails in Key Regional Battles.” June 28, 2021. Accessed January 10, 2022. www.bbc.com/news/world-europe-57631418.

124. France24. “As It Happened: Macron Beats Far-Right Rival Le Pen to Win Second Term.” April 24, 2022. www.france24.com/en/france/20220424-live-follow-the-results-of-france-s-presidential-election-run-off.

125. Bhatti, Jabeen. “Germany’s Far-Right AfD Party Gains Seats in National Parliament in Major Cultural Shift.” *USA Today*, September 24, 2017. Accessed January 10, 2022. www.usatoday.com/story/news/world/2017/09/24/germany-afd-gains-seats-national-parliament/698039001.

126. Morris, Loveday. “After 16 Years, Germany’s Merkel Is Stepping Down. Here’s How She Built Her Legacy.” *Washington Post*, September 13, 2021. Accessed January 10, 2022. www.washingtonpost.com/world/interactive/2021/merkel-germany-legacy/. Kirby, Paul. “Germany Elections: Centre-Left Claim Narrow Win over Merkel’s Party.” BBC News, September 27, 2021. Accessed January 10, 2022. www.bbc.com/news/world-europe-58698806. Deutsche Welle. “Olaf Scholz Formally Sworn in as German Chancellor.” DW.com, December 8, 2021. www.dw.com/en/olaf-scholz-formally-sworn-in-as-german-chancellor/a-60052911.

127. Gordon, Paul, and Francine Lacqua. "ECB's Lagarde Foresees July Policy Shift, 2022 'Transition.'" Bloomberg, July 12, 2021. Accessed January 10, 2022. www.bloomberg.com/news/articles/2021-07-11/ecb-s-lagarde-sees-policy-change-in-july-possible-2022-measures.
128. Gaspar, Vitor, Paulo Medas, John Ralyea, and Elif Ture. "Fiscal Policy for an Unprecedented Crisis." IMF Blog, October 14, 2020. Accessed January 10, 2022. https://blogs.imf.org/2020/10/14/fiscal-policy-for-an-unprecedented-crisis.
129. Yardeni, Edward, and Mali Quintana. "Central Banks: Monthly Balance Sheets." Yardeni Research, Inc. Accessed January 14, 2022. www.yardeni.com/pub/peacockfedecbassets.pdf.
130. Egan, Matt. "Get Rid of Tariffs on China to Help Ease Inflation, Two Dozen Business Groups Tell Biden." CNN. November 15, 2021. https://edition.cnn.com/2021/11/15/investing/china-tariffs-biden/index.html.
131. Semenova, Alexandra. "Stock Market News Live Updates: Stocks End 2021 on a Down Note, but Close Within View of Record Highs." Yahoo!, December 31, 2021. Accessed March 5, 2022. https://finance.yahoo.com/news/stock-market-news-live-updates-december-31-2021-234034836.html.
132. Treisman, Rachel. "The U.N. Now Projects More than 8 Million People Will Flee Ukraine as Refugees." NPR, April 26, 2022. www.npr.org/2022/04/26/1094796253/ukraine-russia-refugees.
133. Zorthian, Julia. "Here's What the New, Tightened SWIFT Sanctions on Russian Banks Actually Do." *Time*, March 2, 2022. Accessed March 5, 2022. https://time.com/6153951/swift-sanctions-russia.
134. Cox, Jeff. "Federal Reserve Approves First Interest Rate Hike in More Than Three Years, Sees Six More Ahead." CNBC, March 16, 2022. Accessed March 29, 2022. www.cnbc.com/2022/03/16/federal-reserve-meeting.html.

第八章　リテール投資家の反乱

1. Curry, David. "Venmo Revenue and Usage Statistics (2022)." Business of Apps, January 11, 2022. Accessed January 12, 2022. www.businessofapps.com/data/venmo-statistics.
2. Reddit, established in 2005, is a network of social news and web content aggregation and discussion.
3. Richter, Briony. "PayPal History Begins 20 Years Ago, Now the Company Is a Global Giant." Electronic Payments International, July 18, 2018. Accessed January 12, 2022. www.electronicpaymentsinternational.com/news/paypal-history-milestones. Daxue Consulting. "Payment Methods in China: How China Became a Mobile-First Nation." July 4, 2021. Accessed January 12, 2022. daxueconsulting.com/payment-methods-in-china.

4. Dutta, Purbalee. "Nubank—Controlling Money and Creating Developments." StartupTalky, April 2, 2021. Accessed January 12, 2022. https://startuptalky.com/nubank-success-story/.
5. Menezes, Fabiane Ziolla. "The Next Steps of PicPay, the Largest Digital Wallet in Latin America." Latin America Business Stories, June 1, 2021. Accessed January 12, 2022. https://labsnews.com/en/articles/business/the-next-steps-of-picpay-the-largest-digital-wallet-in-latin-america.
6. Rogozinski, Jaime. "I'm Jaime Rogozinski. Author of WallStreetBets: How Boomers Made the World's Biggest Casino for Millennials. AMA!" Reddit, 2020. Accessed January 12, 2022. www.reddit.com/r/IAmA/comments/ey7ax7/i_am_im_jaime_rogozinski_author_of_wallstreetbets.
7. MacroTrends. "Dow Jones—10 Year Daily Chart." n.d. Accessed January 12, 2022. www.macrotrends.net/1358/dow-jones-industrial-average-last-10-years. Vos, Rob. "World Economic Situation and Prospects 2012." United Nations, January 2012. Accessed January 12, 2022. www.un.org/en/development/desa/policy/wesp/wesp_archive/2012wespupdate.pdf.
8. CNN. "Trading App Tries to Fix a 'Rigged' Financial System." n.d. Accessed January 12, 2022. www.cnn.com/videos/business/2018/09/21/robinhood-founders-investing-fresh-money-orig.cnn.
9. Curry, David. "Robinhood Revenue and Usage Statistics (2022)." Business of Apps, January 11, 2022. Accessed January 12, 2022. www.businessofapps.com/data/robinhood-statistics.
10. Levintova, Hannah. "Robinhood Promises Free Trades. Did Alex Kearns Pay with His Life?" *Mother Jones*, April 29, 2021. Accessed January 12, 2022. www.motherjones.com/politics/2021/04/robinhood-gamestop-free-trades-alex-kearns.
11. Aten, Jason. "Robinhood Is the Facebook of Investing. You're the Data, Not the Customer." *Inc.*, January 28, 2021. Accessed January 12, 2022. www.inc.com/jason-aten/robinhood-is-facebook-of-investing-youre-data-not-customer.html.
12. Yanowitz, Jason. "Robinhood Sells Your Data, but Does That Matter?" Blockworks, June 15, 2020. Accessed January 12, 2022. https://blockworks.co/robinhood-sells-your-data-but-does-that-matter.
13. Ingram, David, and Jason Abbruzzese. "Robinhood and Reddit: A Timeline of Two Apps Tormenting Wall Street." NBC News, January 28, 2021. Accessed January 12, 2022. www.nbcnews.com/tech/tech-news/robinhood-reddit-timeline-two-apps-tormenting-wall-street-n1256080.
14. Narayanan, Aparna. "Robinhood Adds Free Options Trades to Free Stock Trading Platform." *Investor's Business Daily*, December 13, 2017. Accessed January 12, 2022. www.investors.com/news/robinhood-adds-free-options-trades-to-free-stock-trading-platform.
15. Peters, Jay. "Square's Cash App Officially Adds Free Stock Trading, Starting at $1."

The Verge, October 24, 2019. Accessed January 12, 2022. www.theverge.com/2019/10/24/20930659/square-cash-app-invest-stocks-commission-free-robinhood-competition.

16. Stormwillpass. "WallStreetBets Will Be Going Private at 1 Million Subscribers (~3.7k Away)." Reddit, 2020. Accessed January 12, 2022. www.reddit.com/r/wallstreetbets/comments/fj9a9e/rwallstreetbets_will_be_going_private_at_1.
17. Robinhood. "Two Million Thanks." April 26, 2017. Accessed January 12, 2022. https://blog.robinhood.com/news/2017/4/26/two-million-thanks. Popper, Nathaniel. "Robinhood Has Lured Young Traders, Sometimes with Devastating Results." *New York Times*, September 25, 2021. Accessed January 12, 2022. www.nytimes.com/2020/07/08/technology/robinhood-risky-trading.html.
18. Kollmeyer, Barbara. "Robinhood Picks Goldman Sachs to Prepare for IPO That Could See It Valued at $20 Billion: Report." MarketWatch, December 9, 2020. Accessed January 12, 2022. www.marketwatch.com/story/robinhood-picks-goldman-sachs-to-prepare-for-ipo-that-could-see-it-valued-at-20-billion-report-11607511566.
19. Yahoo! Finance. "GME Interactive Stock Chart." n.d. Accessed January 12, 2022. https://finance.yahoo.com/chart/GME.
20. Li, Yun. "GameStop Soars Nearly 70%, Trading Briefly Halted amid Epic Short Squeeze." CNBC, January 22, 2021. www.cnbc.com/2021/01/22/gamestop-soars-nearly-70percent-trading-briefly-halted-amid-epic-short-squeeze.html.
21. Li, Yun. "GameStop Soars Nearly 70%, Trading Briefly Halted amid Epic Short Squeeze." CNBC, January 22, 2021. www.cnbc.com/2021/01/22/gamestop-soars-nearly-70percent-trading-briefly-halted-amid-epic-short-squeeze.html.
22. Martin, Jena. "Why GameStop Shares Stopped Trading: 5 Questions Answered." The Conversation, January 28, 2021. Accessed January 12, 2022. https://theconversation.com/why-gamestop-shares-stopped-trading-5-questions-answered-154255.
23. Aranal, Lyshiel. "A Simple Explanation for Why Everyone's Talking About GameStop's Stocks." POP!, January 29, 2021. Accessed January 12, 2022. https://pop.inquirer.net/104532/a-simple-explanation-for-why-everyones-talking-about-gamestops-stocks.
24. Leonard, Christopher. "Jerome Powell's Fed Policies Have Boosted the System That Made Him Rich." *Fortune*, November 22, 2021. Accessed January 12, 2022. https://fortune.com/2021/11/22/jerome-powell-fed-reserve-chairman-wall-street-private-equity-debt.
25. Marte, Jonnelle. "Fed's Powell: Don't Blame Us for GameStop Frenzy." Reuters, January 27, 2021. Accessed January 12, 2022. www.reuters.com/article/us-usa-fed-powell-gamestop-idUSKBN29W32J.
26. Ingram, David, and Jason Abbruzzese. "Robinhood and Reddit: A Timeline of Two Apps Tormenting Wall Street." NBC News, January 28, 2021. Accessed January 12,

2022. www.nbcnews.com/tech/tech-news/robinhood-reddit-timeline-two-apps-tormenting-wall-street-n1256080.
27. Dellinger, AJ. “Robinhood Cut off Traders Because the Game Is Rigged for the Rich.” Mic, January 28, 2021. Accessed January 12, 2022. www.mic.com/impact/robinhood-cut-off-traders-because-the-game-is-rigged-for-the-rich-59497691.
28. Goldstein, Alexis. “Game Stopped? Who Wins and Loses When Short Sellers, Social Media, and Retail Investors Collide, Part II.” United States House Financial Services Committee, March 17, 2021. Accessed March 3, 2022. https://financialservices.house.gov/uploadedfiles/hhrg-117-ba00-wstate-goldsteina-20210317.pdf.
29. Chung, Juliet. “Citadel, Point72 to Invest $2.75 Billion into Melvin Capital Management.” *Wall Street Journal*, January 25, 2021. Accessed January 12, 2022. www.wsj.com/articles/citadel-point72-to-invest-2-75-billion-into-melvin-capital-management-11611604340.
30. Nagarajan, Shalini. “GameStop Short-Seller Melvin Capital Suffered a 49% Loss in the 1st-Quarter After Being Hit by the Reddit-Fanned Trading Frenzy.” *Business Insider*, April 12, 2021. Accessed January 12, 2022. https://markets.businessinsider.com/news/stocks/melvin-capital-gamestop-losses-49-first-quarter-decline-reddit-trading-2021-4.
31. Picardo, Elvis. “Two and Twenty Definition.” Investopedia, March 3, 2021. www.investopedia.com/terms/t/two_and_twenty.asp.
32. Picker, Leslie, Nick Wells, and Whitney Ksiazek. “How Hedge Fund Investors Are Making Money off the Data You're Giving Them for Free.” CNBC, April 24, 2019. Accessed January 12, 2022. www.cnbc.com/2019/04/23/how-hedge-funds-use-alternative-data-to-make-investments.html.
33. Komisar, Lucy. “The Gamestop Mess Exposes the Naked Short Selling Scam.” *American Prospect*, February 25, 2021. Accessed January 12, 2022. https://prospect.org/power/gamestop-mess-exposes-the-naked-short-selling-scam.
34. Mozée, Carla. “GameStop Stock Worth $359 Million ‘Failed to Deliver’ Following Frenzied Short-Squeeze.” *Business Insider*, February 18, 2021. https://markets.businessinsider.com/news/stocks/gamestop-stock-359-million-failed-to-deliver-sec-short-squeeze-2021-2.
35. Yahoo! Finance. “AMC Interactive Stock Chart.” n.d. Accessed January 12, 2022. https://finance.yahoo.com/chart/AMC.
36. Whitten, Sarah. “AMC Frenzy Triggers Trading Halts as Stock Surges 100 Percent.” NBC News, June 2, 2021. Accessed January 12, 2022. www.nbcnews.com/business/business-news/amc-trading-frenzy-triggers-trading-halts-stock-surges-more-80-n1269379.
37. Whitten, Sarah. “AMC Plans to Reward Retail Investors with Free Popcorn and Exclusive Screenings.” CNBC, June 2, 2021. Accessed January 12, 2022. www.cnbc.com/2021/06/02/amc-plans-to-reward-retail-investors-with-free-popcorn-and-

exclusives.html.
38. Yahoo! Finance. "AMC Interactive Stock Chart." n.d. Accessed January 12, 2022. https://finance.yahoo.com/chart/AMC.
39. Taibbi, Matt. "Suck It, Wall Street." *TK News by Matt Taibbi*, January 28, 2021. Accessed January 12, 2022. https://taibbi.substack.com/p/suck-it-wall-street.
40. Berkowitz, Bram. "Here Is What Recent Federal Reserve Stress Testing Results Mean for Large Bank Stocks." The Motley Fool, June 25, 2021. Accessed January 12, 2022. www.fool.com/investing/2021/06/25/federal-reserve-stress-testing-bank-stocks. Federal Reserve. "Federal Reserve Announces Temporary and Additional Restrictions on Bank Holding Company Dividends and Share Repurchases Currently in Place Will End for Most Firms after June 30, Based on Results from Upcoming Stress Test." Board of Governors of the Federal Reserve System. Accessed January 14, 2022. www.federalreserve.gov/newsevents/pressreleases/bcreg20210325a.htm.
41. Franck, Thomas. "Fed Allows Banks to Resume Share Buybacks, JPMorgan Stock Jumps 5%." CNBC, December 18, 2020. Accessed January 12, 2022. www.cnbc.com/2020/12/18/fed-to-allow-big-banks-to-resume-share-buybacks-with-limitations.html.
42. Federal Reserve Board. "Federal Reserve Board Releases Second Round of Bank Stress Test Results." December 18, 2020. Accessed January 12, 2022. www.federalreserve.gov/newsevents/pressreleases/bcreg20201218b.htm. Chappatta, Brian. "Jamie Dimon Gets His $30 Billion Buyback Wish." Bloomberg, December 18, 2020. Accessed January 12, 2022. www.bloomberg.com/opinion/articles/2020-12-18/bank-stress-tests-jamie-dimon-gets-his-30-billion-buyback-wish.
43. Walker, Doug. "The Fed's Increasingly Toothless Stress Tests No Longer Stress or Test the Banks; Are Cover for Wall Street's Biggest Banks Massive Stock Buybacks." Better Markets, June 24, 2021. Accessed January 12, 2022. https://bettermarkets.org/newsroom/fed-s-increasingly-toothless-stress-tests-no-longer-stress-or-test-banks-are-cover-wall.
44. 大手6行は、JPモルガン・チェース、バンク・オブ・アメリカ、シティグループ、ウェルズ・ファーゴ、モルガン・スタンレー、ゴールドマン・サックス。
45. Briancon, Pierre. "U.S. Banks to Pay Extra $2 Billion in Quarterly Dividends After Fed's Green Light." MarketWatch, June 29, 2021. Accessed January 12, 2022. www.marketwatch.com/story/u-s-banks-to-pay-extra-2-billion-in-quarterly-dividends-after-feds-green-light-11624968897.
46. Ennis, Dan. "5 Of the 6 Largest US Banks Boost Dividends After Stress Tests." Banking Dive, June 25, 2021. Accessed January 12, 2022. www.bankingdive.com/news/5-of-the-6-largest-us-banks-boost-dividends-after-stress-tests/602463.
47. Krauskopf, Lewis. "Analysis: Investors Look to Near $2 Trillion Corporate Cash Hoard to Buoy Stocks." Reuters, July 21, 2021. www.reuters.com/business/finance/investors-look-near-2-trillion-corporate-cash-hoard-buoy-stocks-2021-07-21.

48. Weil, Dan. "Share Buybacks Seen Continuing at Record Rate in 2022." TheStreet, December 22, 2021. www.thestreet.com/investing/share-buybacks-record-rate-2022.
49. McEnery, Thornton. "WallStreetBets Is Dying, Long Live the WallStreet-Bets Movement." MarketWatch, June 26, 2021. Accessed January 12, 2022. www.marketwatch.com/story/wallstreetbets-is-dying-long-live-the-wallstreetbets-movement-11624714750.
50. Menin, Anna. "Leaders of the Reddit Share-Trading Rabble Revealed." *Sunday Times*, January 31, 2021. Accessed January 12, 2022. www.thetimes.co.uk/article/leaders-of-the-reddit-share-trading-rabble-revealed-wvzg8nk7n.
51. Duprey, Rich. "Forget AMC: These 3 Meme Stocks Actually Have a Future." The Motley Fool, June 22, 2021. Accessed January 12, 2022. www.fool.com/investing/2021/06/22/forget-amc-these-3-meme-stocks-actually-have-a-fut. Gecgil, Tezcan. "7 Best Meme Stocks to Buy Now Before They're Trending on Reddit." InvestorPlace, June 17, 2021. Accessed January 12, 2022. https://investorplace.com/2021/06/7-best-meme-stocks-to-buy-now-before-theyre-trending-on-reddit.
52. Dylan, Josh. "Top Meme Stocks to Watch Today? 5 in Focus." Nasdaq, June 22, 2021. Accessed January 12, 2022. www.nasdaq.com/articles/top-meme-stocks-to-watch-today-5-in-focus-2021-06-22.
53. Kabir, Usman. "10 Meme Stocks That More than Doubled in 2021." Yahoo! Accessed January 14, 2022. www.yahoo.com/now/10-meme-stocks-more-doubled-181816031.html.
54. Walsh, Deirdre. "Outside Ethics Group Says 7 House Lawmakers Didn't Disclose Stock Trades." NPR, September 23, 2021. Accessed January 12, 2022. www.npr.org/2021/09/22/1039287987/outside-ethics-group-says-7-house-lawmakers-didnt-disclose-stock-trades.
55. 定期的な取引報告（PTR）。
56. Leonard, Kimberly, Dave Levinthal, and Camila DeChalus. "Congress and Top Capitol Hill Staff Have Violated the Stock Act Hundreds of Times. But the Consequences Are Minimal, Inconsistent, and Not Recorded Publicly." *Business Insider*, December 15, 2021. Accessed January 12, 2022. www.businessinsider.com/congress-stock-act-violations-penalties-consequences-2021-12.
57. Smialek, Jeanna. "Fed Officials Under Fire for 2020 Securities Trading Will Resign." *New York Times*, October 21, 2021. Accessed January 12, 2022. www.nytimes.com/2021/09/27/business/fed-rosengren-kaplan.html.
58. Liesman, Steve. "Fed Chief Powell, Other Officials Owned Securities Central Bank Bought During Covid Pandemic." CNBC, September 18, 2021. Accessed January 12, 2022. www.cnbc.com/2021/09/17/fed-officials-owned-securities-it-was-buying-during-pandemic-raising-more-questions-about-conflicts.html.
59. United Fintech. "The Rise of Retail Investing." unitedfintech.com/blog/the-rise-of-retail-investing.

第九章　暗号通貨をめぐる戦い
1. Library of Congress. "A Century of Lawmaking for a New Nation: U.S. Congressional Documents and Debates, 1774–1875." n.d. Accessed January 15, 2022. http://memory.loc.gov/cgi-bin/ampage?collId=llsl&fileName=001%2Fllsl001.db&recNum=369.
2. The phrase "Federal Reserve Note" is printed above the words "United States of America," which are above the picture of George Washington on the front of the US dollar bill.
3. Lisa, Andrew. "Here's a Bitcoin Timeline for Everything You Need to Know About the Cryptocurrency." Yahoo! Sports, May 2, 2021. Accessed January 15, 2022. https://sports.yahoo.com/bitcoin-timeline-everything-know-cryptocurrency-120003591.html.
4. Bryant, Martin. "20 Years Ago Today, the World Wide Web Opened to the Public." TNW, August 6, 2011. Accessed January 15, 2022. thenextweb.com/news/20-years-ago-today-the-world-wide-web-opened-to-the-public.
5. CoinDesk Staff. "Who Is Satoshi Nakamoto?" CoinDesk, August 20, 2013. Accessed January 15, 2022. www.coindesk.com/learn/who-is-satoshi-nakamoto.
6. Nakamoto, Satoshi. "Bitcoin: A Peer-to-Peer Electronic Cash System." United States Sentencing Commission, 2018. Accessed January 15, 2022. www.ussc.gov/sites/default/files/pdf/training/annual-national-training-seminar/2018/Emerging_Tech_Bitcoin_Crypto.pdf. Leech, Ollie. "Bitcoin White Paper Celebrates 13th Birthday." CoinDesk, October 31, 2021. Accessed January 15, 2022. www.coindesk.com/tech/2021/01/21/what-is-the-bitcoin-white-paper.
7. Tardi, Carla. "Genesis Block Definition." Investopedia, July 2, 2021. Accessed January 15, 2022. www.investopedia.com/terms/g/genesis-block.asp.
8. Popper, Nathaniel. "Hal Finney, Cryptographer and Bitcoin Pioneer, Dies at 58." *New York Times*, August 30, 2014. Accessed January 15, 2022. www.nytimes.com/2014/08/31/business/hal-finney-cryptographer-and-bitcoin-pioneer-dies-at-58.html.
9. Peterson, Andrea. "Hal Finney Received the First Bitcoin Transaction. Here's How He Describes It." *Washington Post*, January 3, 2014. www.washingtonpost.com /news/the-switch/wp/2014/01/03/hal-finney-received-the-first-bitcoin-transaction-heres-how-he-describes-it.
10. Malwa, Shaurya. "The First Bitcoin Transaction Was Sent to Hal Finney 12 Years Ago." Decrypt, January 12, 2021. Accessed January 15, 2022. https://decrypt.co/53727/the-first-bitcoin-transaction-was-sent-to-hal-finney-12-years-ago.
11. Finney, Hal (@halfin). "Running bitcoin." Twitter, January 10, 2009. Accessed January 15, 2022. https://twitter.com/halfin/status/1110302988?s=20.
12. McCall, Matt. "A $200 Million Pizza! Here's How Bitcoin Made That Possible." Nasdaq, December 2, 2020. Accessed January 15, 2022. www.nasdaq.com/articles/a-%24200-million-pizza-heres-how-bitcoin-made-that-possible-...-2020-12-02.

13. CoinMarketCap. "Bitcoin Price." n.d. Accessed January 15, 2022. https://coinmarketcap.com/currencies/bitcoin.
14. Hicks, Coryanne. "The History of Bitcoin." *U.S. News*, September 1, 2020. Accessed January 15, 2022. https://money.usnews.com/investing/articles/the-history-of-bitcoin.
15. Edwards, John. "Bitcoin's Price History." Investopedia, December 9, 2021. Accessed January 15, 2022. www.investopedia.com/articles/forex/121815/bitcoins-price-history.asp.
16. Hicks, Coryanne. "The History of Bitcoin." *U.S. News*, September 1, 2020. Accessed January 15, 2022. https://money.usnews.com/investing/articles/the-history-of-bitcoin.
17. Huobi Global. "Litecoin." n.d. Accessed January 15, 2022. www.huobi.com/en-us/asset-introduction/details/?currency=ltc.
18. Ball, James. "Bitcoins: What Are They, and How Do They Work?" *Guardian*, June 22, 2011. www.theguardian.com/technology/2011/jun/22/bitcoins-how-do-they-work.
19. StatMuse. "Bitcoin Price 2011." n.d. Accessed January 15, 2022. www.statmuse.com/money/ask/bitcoin+price+2011.
20. Brito, Jerry. "Online Cash Bitcoin Could Challenge Governments, Banks." *Time*, April 16, 2011. Accessed January 15, 2022. https://techland.time.com/2011/04/16/online-cash-bitcoin-could-challenge-governments.
21. Keiser, Max, and Stacy Herbert. "Keiser Report: Anti-Bank Currency (E272)." YouTube, April 7, 2012. Accessed January 15, 2022. www.youtube.com/watch?v=ujdWCXxGC9g.
22. Kitco News. "2013: Year of the Bitcoin." *Forbes*, December 10, 2013. Accessed January 15, 2022. www.forbes.com/sites/kitconews/2013/12/10/2013-year-of-the-bitcoin.
23. Hiltzik, Michael. "The Bitcoin Crash of 2013: Don't You Feel Silly Now?" *Los Angeles Times*, December 7, 2013. Accessed January 15, 2022. www.latimes.com/business/hiltzik/la-fi-mh-the-bitcoin-crash-20131207-story.html. Morris, Chris. "Bitcoin Price Soars: How Much $100 Would Be Worth Today If You Had Invested Earlier." Yahoo!, February 8, 2021. Accessed January 15, 2022. www.yahoo.com/now/bitcoin-price-soars-much-100-163535191.html.
24. Kitco News. "2013: Year of the Bitcoin." *Forbes*, December 10, 2013. Accessed January 15, 2022. www.forbes.com/sites/kitconews/2013/12/10/2013-year-of-the-bitcoin.
25. Buterin, Vitalik. "Ethereum Whitepaper." Ethereum.org, January 5, 2022. Accessed January 15, 2022. https://ethereum.org/en/whitepaper.
26. Browne, Ryan. "Ethereum, the World's Second-Largest Cryptocurrency, Soars Above $4,000 for the First Time." CNBC, May 10, 2021. Accessed January 15, 2022. www.cnbc.com/2021/05/10/ethereum-eth-price-soars-above-4000-for-the-first-time.

html.
27. Cox, Jeff. "Fed Raises Rates by 25 Basis Points, First Since 2006." CNBC, December 17, 2015. Accessed January 15, 2022. www.cnbc.com/2015/12/16/fed-raises-rates-for-first-time-since-2006.html.
28. Roberts, Jeff John. "Bitcoin Ends 2016 as the Top Currency as It Nears $1,000." *Fortune*, December 28, 2016. Accessed January 15, 2022. https://fortune.com/2016/12/28/bitcoin-2016-currency.
29. Son, Hugh, Hannah Levitt, and Brian Louis. "Jamie Dimon Slams Bitcoin as a 'Fraud.'" Bloomberg, September 12, 2017. Accessed January 15, 2022. www.bloomberg.com/news/articles/2017-09-12/jpmorgan-s-ceo-says-he-d-fire-traders-who-bet-on-fraud-bitcoin.
30. Mint Staff. "Bitcoin Tops $60,000: Will We See Another 2017-Style Rally Ahead?" Mint, April 10, 2021. Accessed January 15, 2022. www.livemint.com/market/cryptocurrency/bitcoin-tops-60-000-will-we-see-another-2017-style-rally-ahead-11618037172584.html.
31. Kim, Tae. "Warren Buffett Says Bitcoin Is 'Probably Rat Poison Squared.'" CNBC, May 6, 2018. Accessed January 15, 2022. www.cnbc.com/2018/05/05/warren-buffett-says-bitcoin-is-probably-rat-poison-squared.html.
32. Punjabi, Mehak. "Bitcoin Price Analysis—December 11, 2019: BTC Trades Around $7,200." CryptoNewsZ, December 19, 2019. Accessed January 15, 2022. www.cryptonewsz.com/bitcoin-price-analysis-december-11-2019-btc-trades-around-7200.
33. *Economic Times*. "Cryptocurrency Has Risen Despite the Pandemic & Is Expected to Continue." May 20, 2021. Accessed January 15, 2022. https://economictimes.indiatimes.com/markets/cryptocurrency/cryptocurrency-has-risen-despite-the-pandemic-is-expected-to-continue/articleshow/82800680.cms.
34. Yahoo! Finance. "Bitcoin USD (BTC-USD) Price History & Historical Data." n.d. Accessed January 15, 2022. https://finance.yahoo.com/quote/BTC-USD/history?period1=1606780800&period2=1609977600&interval=1d&filter=history&frequency=1d&includeAdjustedClose=true.
35. Carstens, Agustin, Jens Weidmann, Jerome H. Powell, and Gillian Tett. "BIS Innovation Summit 2021: How Can Central Banks Innovate in the Digital Age?" Bank for International Settlements, March 22, 2021. Accessed January 15, 2022. www.bis.org/events/bis_innovation_summit_2021/agenda.htm.
36. Bank for International Settlements. "How Can Central Banks Innovate in the Digital Age?" YouTube, March 25, 2021. Accessed January 15, 2022. www.youtube.com/watch?v=N-IaJUmkcV8.
37. Carstens, Agustin. "Digital Currencies and the Future of the Monetary System." Bank for International Settlements, January 27, 2021. Accessed January 15, 2022. www.bis.org/speeches/sp210127.pdf.
38. Reuters Staff. "ECB's Lagarde Calls for Regulating Bitcoin's 'Funny Business.'"

Reuters, January 13, 2021. Accessed January 15, 2022. www.reuters.com/article/us-crypto-currency-ecb/ecbs-lagarde-calls-for-regulating-bitcoins-funny-business-idUSKBN29I1B1.

39. Dellatto, Marisa. "Crypto's Super User: Young Men. 43% of U.S. Males Aged 18 to 29 Have Bought the Currency." *Forbes*, November 11, 2021. Accessed March 5, 2022. www.forbes.com/sites/marisadellatto/2021/11/11/cryptos-super-user-young-men-43-of-us-males-aged-18-to-29-have-bought-the-currency/?sh=36b26f65349a.

40. Horowitz, Julia. "Crashing Crypto Prices Spooked Some New Investors. Others Are Doubling Down." CNN, June 5, 2021. Accessed January 15, 2022. www.cnn.com/2021/06/05/investing/cryptocurrency-investing-crash/index.html.

41. Shapira, Ariel. "Visa, MasterCard Are Taking Crypto. So What's next?—Opinion." *Jerusalem Post*, April 25, 2021. Accessed January 15, 2022. www.jpost.com/crypto-currency/visa-mastercard-are-taking-crypto-so-whats-next-opinion-666319.

42. EDGAR. "Coinbase Global, Inc: Form S-1 Registration Statement." Securities and Exchange Commission, February 25, 2021. Accessed January 15, 2022. www.sec.gov/Archives/edgar/data/1679788/000162828021003168/coinbaseglobalincs-1.htm.

43. Browne, Ryan. "Bitcoin and Ether Set Fresh Record Highs Ahead of Landmark Coinbase Listing." CNBC, April 14, 2021. Accessed January 15, 2022. www.cnbc.com/2021/04/14/bitcoin-btc-and-ether-eth-prices-rally-ahead-of-coinbase-listing.html. Tse, Crystal, Katie Roof, and Olga Kharif. "Coinbase's Whipsaw Debut Takes It Past $100 Billion, Then Back." Bloomberg, April 14, 2021. Accessed January 15, 2022. www.bloomberg.com/news/articles/2021-04-14/coinbase-tops-100-billion-value-in-landmark-for-cryptocurrency.

44. Mohamed, Theron. "'Big Short' Investor Michael Burry Slams Bitcoin as a 'Speculative Bubble'—and Says a Crash Is Coming." *Business Insider*, March 1, 2021. Accessed January 17, 2022. https://markets.businessinsider.com/news/currencies/big-short-michael-burry-says-bitcoin-speculative-bubble-crash-coming-2021-3.

45. Musk, Elon (@elonmusk). "Tesla & Bitcoin." Twitter, May 12, 2021. Accessed January 17, 2022. twitter.com/elonmusk/status/1392602041025843203?s=20. Klebnikov, Sergei. "Elon Musk Is $20 Billion Poorer Since Hosting 'Saturday Night Live.'" *Forbes*, May 13, 2021. Accessed January 17, 2022. www.forbes.com/sites/sergeiklebnikov/2021/05/13/elon-musk-is-20-billion-poorer-since-hosting-saturday-night-live.

46. Kharpal, Arjun. "As Much as $365 Billion Wiped off Cryptocurrency Market After Tesla Stops Car Purchases with Bitcoin." CNBC, May 13, 2021. Accessed January 17, 2022. www.cnbc.com/2021/05/13/bitcoin-btc-price-falls-after-tesla-stops-car-purchases-with-crypto.html.

47. Kharpal, Arjun. "A Major Chinese Bitcoin Mining Hub Is Shutting Down Its Cryptocurrency Operations." CNBC, April 9, 2021. Accessed January 17, 2022. www.cnbc.com/2021/03/02/china-bitcoin-mining-hub-to-shut-down-cryptocurrency-

projects.html. Shead, Sam. "China's Bitcoin Mining Is Threatening Its Climate Change Targets, Study Says." CNBC, April 9, 2021. Accessed January 17, 2022. www.cnbc.com/2021/04/08/chinas-bitcoin-mining-is-threatening-its-climate-change-targets.html.
48. Ziady, Hanna. "Bitcoin Tumbles After Elon Musk Tweets Breakup Meme." CNN, June 4, 2021. Accessed January 17, 2022. www.cnn.com/2021/06/04/investing/elon-musk-bitcoin-breakup/index.html.
49. Ledger. "Energy Consumption—Crypto vs Fiat?" May 27, 2020. Accessed January 17, 2022. www.ledger.com/energy-consumption-crypto-vs-fiat.
50. Mellor, Sophie. "CO2 Emissions after China's Bitcoin Crackdown May Increase." *Fortune*, July 15, 2021. Accessed January 17, 2022. https://fortune.com/2021/07/15/china-bitcoin-crackdown-mining-emissions-hash-rate.
51. Perez, Sarah. "Jack Dorsey Says Bitcoin Will Be a Big Part of Twitter's Future." TechCrunch, July 22, 2021. Accessed January 17, 2022. https://techcrunch.com/2021/07/22/jack-dorsey-says-bitcoin-will-be-a-big-part-of-twitters-future.
52. CNBC. "CNBC Transcript: Senator Cynthia Lummis Speaks with Ylan Mui from the CNBC Financial Advisor Summit." June 29, 2021. Accessed January 17, 2022. www.cnbc.com/2021/06/29/cnbc-transcript-senator-cynthia-lummis-speaks-with-ylan-mui-from-the-cnbc-financial-advisor-summit.html.
53. Sigalos, MacKenzie. "Miami's Mayor Looks to Woo Chinese Bitcoin Miners with Low Energy Prices and Clean Nuclear Power." CNBC, June 17, 2021. Accessed January 17, 2022. www.cnbc.com/2021/06/17/miami-mayor-francis-suarez-trying-to-win-over-chinese-bitcoin-miners.html.
54. Ostroff, Caitlin, and Caitlin McCabe. "What Is Dogecoin, How to Say It, and Why It's No Longer a Joke." *Wall Street Journal*, June 2, 2021. Accessed January 17, 2022. www.wsj.com/articles/what-is-dogecoin-how-to-say-it-and-why-its-no-longer-a-joke-thanks-elon-11612820776.
55. Elena R. "Dogecoin Price Prediction—Will DOGE Mania Burst Price To $1 In 2021?" Coinpedia, December 14, 2021. Accessed January 17, 2022. https://coinpedia.org/price-prediction/dogecoin-price-analysis.
56. Schild, Darcy. "Elon Musk's Mom, Maye Musk, Joked on 'SNL' That She Hopes Dogecoin Isn't Her Mother's Day Gift." Yahoo!, May 9, 2021. Accessed January 17, 2022. https://ca.movies.yahoo.com/elon-musks-mom-maye-musk-133049485.html.
57. Scribner, Herb. "Mark Cuban Says Dogecoin Is Better than 'a Lottery Ticket.'" *Deseret News*, May 1, 2021. Accessed January 17, 2022. www.deseret.com/2021/5/1/22411726/dogecoin-mark-cuban-investment-prediction.
58. Locke, Taylor. "Dogecoin Rallies After Elon Musk Agrees with Mark Cuban That It's the 'Strongest' Cryptocurrency as a Medium of Exchange." CNBC, August 16, 2021. Accessed January 17, 2022. www.cnbc.com/2021/08/16/dogecoin-rallies-after-mark-cuban-and-elon-musk-agree.html.

59. Crawley, Jamie. "Watford FC Sports Dogecoin Logo in Sponsorship Deal Worth Almost $1M." CoinDesk, September 14, 2021. Accessed January 17, 2022. www.coindesk.com/markets/2021/08/16/watford-fc-sports-dogecoin-logo-in-sponsorship-deal-worth-almost-1m.
60. Becker, Samuel. "What Is Crypto Staking?" SoFi, October 22, 2021. Accessed January 17, 2022. www.sofi.com/learn/content/crypto-staking.
61. ETF Database. "Blockchain ETF List." January 17, 2022. Accessed January 17, 2022. https://etfdb.com/themes/blockchain-etfs.
62. Browne, Ryan. "Bitcoin Is at a Tipping Point and Could Become 'Currency of Choice' for Global Trade, Citi Claims." CNBC, March 8, 2021. Accessed January 17, 2022. www.cnbc.com/2021/03/01/bitcoin-btc-is-at-a-tipping-point-citi-says.html.
63. Surane, Jennifer. "Citigroup Joins Rivals Helping Wealthy Clients Access Crypto." Bloomberg, June 24, 2021. Accessed January 17, 2022. www.bloomberg.com/news/articles/2021-06-24/citigroup-joins-rivals-helping-wealthy-clients-access-crypto.
64. Reuters Staff. "JPMorgan to Give All Wealth Clients Access to Crypto Funds—*Business Insider*." Reuters, July 22, 2021. Accessed January 17, 2022. www.reuters.com/business/finance/jpmorgan-give-all-wealth-clients-access-crypto-funds-business-insider-2021-07-22.
65. McShane, Alex. "Bitcoin Price Could 10x, but JPMorgan CEO Jamie Dimon Doesn't Care." Nasdaq, September 27, 2021. Accessed January 17, 2022. www.nasdaq.com/articles/bitcoin-price-could-10x-but-jpmorgan-ceo-jamie-dimon-doesnt-care-2021-09-27.
66. Nik. "World Famous Hotel Chain, Pavilions Hotels & Resorts, to Accept Bitcoin Payments." Bitcoin Magazine, July 6, 2021. Accessed January 17, 2022. https://bitcoinmagazine.com/culture/famous-hotel-bitcoin-payment. Cooling, Sam. "The Pavilions Hotels and Resorts to Accept Crypto Payments from Today." Yahoo! Finance, July 7, 2021. Accessed January 17, 2022. https://finance.yahoo.com/news/pavilions-hotels-resorts-accept-crypto-091010603.html.
67. Resorts World Las Vegas. "Resorts World Las Vegas Announces Partnership With Cryptocurrency Exchange Gemini." Cision, May 6, 2021. Accessed January 17, 2022. www.prnewswire.com/news-releases/resorts-world-las-vegas-announces-partnership-with-cryptocurrency-exchange-gemini-301285716.html.
68. Williams, Roxanne. "Aston Villa Has Signed an Agreement with eToro to Become the Club's Primary Sponsor." CryptoNewsZ, August 27, 2021. Accessed January 17, 2022. www.cryptonewsz.com/aston-villa-has-signed-an-agreement-with-etoro-to-become-the-clubs-primary-sponsor/.
69. Namcios. "Mercado Bitcoin Is the New Sponsor of Brazilian Football Club Corinthians." Bitcoin Magazine, September 3, 2021. Accessed January 17, 2022. https://bitcoinmagazine.com/business/mercado-bitcoin-sponsor-corinthians-brazil-club. Martin, Nicolas. "Venezuelans Try to Beat Hyperinflation with Cryptocurrency Revolution." Deutsche Welle, April 16, 2021. Accessed January 17, 2022. www.

dw.com/en/venezuelans-try-to-beat-hyperinflation-with-cryptocurrency-revolution/a-57219083. Reuters Staff. "Bitcoin to Become Legal Tender in El Salvador on Sept 7." Reuters, June 24, 2021. Accessed January 17, 2022. www.reuters.com/technology/bitcoin-become-legal-tender-el-salvador-sept-7-2021-06-25. Browne, Ryan. "PayPal Launches Its Cryptocurrency Service in the UK." CNBC, August 23, 2021. Accessed January 17, 2022. www.cnbc.com/2021/08/22/paypal-crypto-service-launches-in-the-uk.html.

70. Associated Press, Dave McMenamin, and Ohm Youngmisuk. "Staples Center to Become Crypto.com Arena in Reported $700 Million Naming Rights Deal." ESPN, November 17, 2021. Accessed January 17, 2022. www.espn.com/nba/story/_/id/32650662/staples-center-become-cryptocom-arena-rich-naming-rights-deal. Lowery, Steve. "AEG Sells Staples Center Naming Rights to Crypto.com for $700M." *Los Angeles Business Journal*, November 22, 2021. https://labusinessjournal.com/news/2021/nov/22/aeg-sells-staples-center-naming-rights-cryptocom-7.

71. Lee, Isabelle, and Will Daniel. "Bitcoin vs. Gold: 10 Experts Told Us Which Asset They'd Rather Hold for the Next 10 Years, and Why." *Business Insider*, February 20, 2021. Accessed January 17, 2022. https://markets.businessinsider.com/news/currencies/bitcoin-vs-gold-experts-cryptocurrency-precious-metals-analysis-2021-2.

72. Popper, Nathaniel. *Digital Gold: Bitcoin and the Inside Story of the Misfits and Millionaires Trying to Reinvent Money*. New York: Harper, 2016.〔ナサニエル・ポッパー『デジタル・ゴールド——ビットコイン、その知られざる物語』土方奈美訳、日本経済新聞出版社、2016 年〕; Newbery, Emma. "Mnuchin's Bitcoin U-Turn: It Could Be Digital Gold." The Motley Fool, July 18, 2021. Accessed January 17, 2022. www.fool.com/the-ascent/cryptocurrency/articles/mnuchins-bitcoin-u-turn-it-could-be-digital-gold.

73. Brunnermeier, Markus K., Harold James, and Jean-Pierre Landau. "BIS Working Papers No 941: The Digitalization of Money." Bank for International Settlements, May 2021. Accessed January 17, 2022. www.bis.org/publ/work941.pdf.

74. Jones, Marc. "Central Bank Digital Currencies Get Full BIS Backing." Reuters, June 23, 2021. Accessed January 17, 2022. www.reuters.com/business/central-bank-digital-currencies-get-full-bis-backing-2021-06-23.

75. Jones, Marc. "Central Bank Digital Currencies Get Full BIS Backing." Reuters, June 23, 2021. Accessed January 17, 2022. www.reuters.com/business/central-bank-digital-currencies-get-full-bis-backing-2021-06-23.

76. Rosenfeld, Liran. "The Number of Cryptocurrencies Is Exploding. This Is How You Can Learn About the Different Altcoins and Safely Get Involved." Yahoo! Finance, June 1, 2021. Accessed March 5, 2022. https://finance.yahoo.com/news/number-cryptocurrencies-exploding-learn-different-124923879.html.

77. Tergesen, Anne. "Saving for Retirement? Now You Can Bet on Bitcoin." *Wall Street Journal*, June 25, 2021. Accessed January 17, 2022. www.wsj.com/articles/saving-for-

retirement-now-you-can-bet-on-bitcoin-11624613435.
78. McGeever, Jamie. "Column: Hedge Funds Get Smoked on Sterling by Boe Sizzler." Reuters, November 8, 2021. Accessed January 17, 2022. www.reuters.com/business/finance/hedge-funds-get-smoked-sterling-by-boe-sizzler-mcgeever-2021-11-08.
79. Macheel, Tanaya. "Bitcoin Tumbles Nearly 10% as El Salvador Adopts It as Legal Tender." CNBC, September 7, 2021. Accessed January 17, 2022. www.cnbc.com/2021/09/07/bitcoin-retreats-from-the-highest-level-since-may-as-el-salvador-adopts-it-as-legal-tender.html.
80. Majcher, Kristin. "El Salvador's President Says It Will Use Bitcoin Surplus to Build a Pet Hospital." The Block, October 10, 2021. Accessed January 17, 2022. www.theblockcrypto.com/post/119994/el-salvadors-president-tweets-plan-to-use-bitcoin-profits-to-build-an-animal-hospital.
81. Browne, Ryan. "Bitcoin Tops $60,000 for First Time in Six Months as Traders Bet on ETF Approval." CNBC, October 15, 2021. Accessed January 17, 2022. www.cnbc.com/2021/10/15/bitcoin-is-inches-away-from-reaching-60000-amid-etf-speculation.html.
82. Ponciano, Jonathan. "Solana Leads Massive Altcoin and Bitcoin Rally as JPMorgan Warns Crypto Markets Are Looking Bubbly Again." *Forbes*, September 7, 2021. www.forbes.com/sites/jonathanponciano/2021/09/06/solana-leads-massive-altcoin-rally-as-jpmorgan-warns-crypto-markets-are-looking-bubbly-again.
83. Konish, Lorie. "Financial Advisors Feel Pull of Cryptocurrency Wave as More Clients Express Interest." CNBC, June 14, 2021. www.cnbc.com/2021/06/06/advisors-feel-pull-of-cryptocurrency-wave-as-clients-ask-questions.html.
84. Perrin, Andrew. "16% Of Americans Say They Have Ever Invested in, Traded or Used Cryptocurrency." Pew Research Center, November 11, 2021. www.pewresearch.org/fact-tank/2021/11/11/16-of-americans-say-they-have-ever-invested-in-traded-or-used-cryptocurrency.
85. Namcios. "Survey: 48% of Brazilians Want to Make Bitcoin a Legal Currency." Bitcoin Magazine, September 10, 2021. Accessed January 17, 2022. https://bitcoinmagazine.com/markets/brazilians-want-to-make-bitcoin-a-legal-currency.
86. Coinbase. "Bitcoin (BTC) Price, Charts, and News." n.d. Accessed January 17, 2022. www.coinbase.com/price/bitcoin.
87. Coinbase. "Ethereum (ETH) Price, Charts, and News." n.d. Accessed January 17, 2022. www.coinbase.com/price/ethereum.

第一〇章　ゆがんだ未来

1. Cartwright, Mark. "Gold in Antiquity." World History Encyclopedia. Accessed January 10, 2022. www.worldhistory.org/gold.
2. Statista. "Number of Active Online Banking Users Worldwide in 2020 with Forecasts

from 2021 to 2024, by Region." Accessed January 19, 2022. www.statista.com/statistics/1228757/online-banking-users-worldwide.
3. Desjardins, Jeff. "Visualizing 200 Years of U.S. Stock Market Sectors." Visual Capitalist. Accessed January 19, 2022. www.visualcapitalist.com/200-years-u-s-stock-market-sectors.
4. CGTN. "China to Lead Global Growth, India to Surpass U.S. in 2024." October 22, 2019. https://news.cgtn.com/news/2019-10-22/China-to-lead-global-growth-India-to-surpass-U-S-in-2024-KZQQxOV6rC/index.html.
5. I News. "Which Countries Abstained from UN vote on Ukraine? Result of General Assembly's Resolution on Russia Explained." March 3, 2022. Accessed March 5, 2022. https://inews.co.uk/news/un-vote-ukraine-russia-countries-abstained-general-assembly-result-resolution-explained-1495346.
6. Guterres, Antonio. "Secretary-General's Address to the 76th Session of the UN General Assembly Secretary-General." United Nations, September 21, 2021. Accessed January 12, 2022. www.un.org/sg/en/node/259283.
7. Competence Centre on Foresight. "The Population Is Growing." European Commission. Accessed January 12, 2022. knowledge4policy.ec.europa.eu/foresight/topic/increasing-demographic-imbalances/population-growth_en.
8. Ball, Jeffrey. "The Electrification of the Auto Industry Is Speeding Up—and Shaking Up the Energy Economy." *Fortune*, May 24, 2021. https://fortune.com/2021/02/16/auto-industry-climate-change-electric-cars-gm-general-motors-exxon-mobil-green.
9. Kizzier, Kelley. "COP26 Ends with a Strong Result on Carbon Markets and an International Call to Action for the Most Urgent Climate Priorities." Environmental Defense Fund, November 13, 2021. www.edf.org/media/cop26-ends-strong-result-carbon-markets-and-international-call-action-most-urgent-climate.
10. Deloitte. "2022 Renewable Energy Industry Outlook." November 29, 2021. www2.deloitte.com/us/en/pages/energy-and-resources/articles/renewable-energy-outlook.html.
11. Clark, Larry. "Innovation in a Time of Crisis." Harvard Business Publishing: Corporate Learning, March 26, 2020. www.harvardbusiness.org/innovation-in-a-time-of-crisis.
12. Starling, Mike. "The World's Most Valuable Companies." *The Week*. Accessed January 12, 2022. www.theweek.co.uk/business/companies/955282/worlds-most-valuable-companies.
13. Ladenheim, Brock. "Microsoft CEO Satya Nadella Sells Half His Equity." Nasdaq, November 30, 2021. Accessed January 12, 2022. www.nasdaq.com/articles/microsoft-ceo-satya-nadella-sells-half-his-equity.
14. WebFindYou. "How the Rapid Evolution of the Internet Might Affect Your Business: Adapt or Die Trying." May 31, 2018. Accessed January 13, 2022. www.webfindyou.com/blog/how-the-rapid-evolution-of-the-internet-might-affect-your-business-adapt-or-

die-trying.
15. Sozzi, Brian. "Metaverse Will Disrupt Human Life—Here Are 7 Companies That May Win Big." Yahoo! Finance, December 6, 2021. Accessed January 13, 2022. https://finance.yahoo.com/news/metaverse-will-disrupt-human-life-here-are-7-companies-that-may-win-big-183756942.html.
16. CGTN. "5G-Powered Medical Remebot Performs Remote Brain Surgery in 60 Seconds." China Global Television Network, November 8, 2021. Accessed January 14, 2022. news.cgtn.com/news/2021-11-08/5G-powered-medical-Remebot-performs-remote-brain-surgery-in-60-seconds-151tj2h2CXu/index.html.
17. Balasubramanian, Sai. "The Next Frontier for Healthcare: Augmented Reality, Virtual Reality, and the Metaverse." *Forbes*, November 20, 2021. Accessed December 10, 2021. www.forbes.com/sites/saibala/2021/11/29/the-next-frontier-for-healthcare-augmented-reality-virtual-reality-and-the-metaverse.

金融《きんゆう》ディストピア
カネはなぜ超富裕層に集中するのか

2024年12月10日　初版印刷
2024年12月15日　初版発行

＊

著　者　ノミ・プリンス
訳　者　藤井《ふじい》清美《きよみ》
発行者　早川　浩

＊

印刷所　星野精版印刷株式会社
製本所　大口製本印刷株式会社

＊

発行所　株式会社　早川書房
東京都千代田区神田多町2－2
電話　03-3252-3111
振替　00160-3-47799
https://www.hayakawa-online.co.jp
定価はカバーに表示してあります
ISBN978-4-15-210385-7　C0033
Printed and bound in Japan
乱丁・落丁本は小社制作部宛お送り下さい。
送料小社負担にてお取りかえいたします。